オーストリアの成年後見法制

青木 仁美 著
Hitomi Aoki

成 文 堂

はしがき

　本書は，2012年に早稲田大学に提出した学位論文に加筆修正を加えたものである。筆者は，同論文「オーストリアにおける成年後見法制の研究－日本およびドイツの法制度との比較のもとで－」に対して，2013年2月に学位を授与していただいた。

　本書は，オーストリアにおける成年後見法制を明らかにし，日本法と比較することによって，日本における成年後見制度が今後発展すべき方向を提示することを目的としている。日本の成年後見制度は，1999年に改正された。しかし，現行の成年後見制度は，近時の時代の変化に適合しているとは言い難い。この時代の変化として，人権感覚の変化，社会の法化および少子高齢化といったことが挙げられる。これに対応して，過剰な他者決定および行為能力の制限からの脱却，成年後見人等に対する医療同意権および居所決定権の付与，ならびに成年後見人等の確保等が新たな問題点として成立する（これらの問題点に対しては，それぞれ第1章，第2章および第3章で検討を行っている）。これに加えて，国際的潮流への対応が意識され始めており，日本の成年後見制度は，これらの問題点を解決するに際し，諸外国の対応を踏まえた上での態度決定が求められている。本書において行ったような比較法研究の意義は，ここに見出すことができる。例えば，成年被後見人の選挙権の回復に際しては，判決の中で諸外国の法状況が言及された。また，財産保護の側面に関しては，後見類型および保佐類型が障害者権利条約に抵触しており，改正の必要が生じている。一方で，身上監護に関しては，オーストリアの成年後見制度による保護は本人の人格権にまで及ぶのに対し，日本の成年後見制度は財産保護をその中心的役割としており，両国の成年後見制度の本質的差異は大きい。ここから，医療同意権および居所決定権の有無に差が生じるのである。この差異があまりにも明確であるため，安易にオーストリア法のよい点をすべて取り入れればよいとするのは早急である。しかし，この点を考慮しても，

オーストリア法との比較を通じて，成年後見制度は制度創設時よりもより多くの役割を求められている制度であり，より社会に資する制度となる可能性を秘めていることが明らかになると考えられる。オーストリア法を研究することによって，時代に即した制度の発展の必要性および方向性を示すことができればと思っている。

　修士課程および博士課程にわたり行ってきた本研究が一冊の本として結実するに至ったのは，ひとえに指導教授である田山輝明先生（早稲田大学）のご指導のおかげである。先生から与えていただいた学恩に対して，この場をお借りして心より感謝申し上げるとともに，今後もこの学恩をもとに，真摯に研究に取り組むことで，少しでも恩返しをしたい所存である。また，学位論文の副査の労をとってくださった岩志和一郎先生，棚村政行先生（いずれも早稲田大学）にも，厚く感謝申し上げたい。

　オーストリア政府奨学金給付生としてインスブルック大学に留学した際には，受け入れ教授であったケプラー先生（Gerhard Köbler，インスブルック大学）から，公私にわたって支援をしていただいた。また，オーストリア成年後見法の第一人者ともいえるガナー先生（Michael Ganner，インスブルック大学）には，突然の指導申し入れを快諾していただき，多分なご教示を賜った。最後に，ドイツ法に関して，故ヴィンクラー先生（Wolfgang Winkler，ゲッティンゲン大学）にもお世話になったことを記しておきたい。ご専門ではないにもかかわらずドイツ世話法を勉強してくださり，熱心に指導をしていただいた。上3先生のご指導によって，留学中の研究は非常に充実したものになり，本書をまとめる基盤とすることができた。3人の先生方には，この場を借りて，厚く御礼申し上げる次第である。

　また，私の2年間の留学の全てにつき奨学金を支給してくださったオーストリア政府に対しても，感謝申し上げたい。日本においてオーストリアの文献を入手することは困難であり，この留学がなければ，本研究は不可能であったといっても過言ではない。さらに，オーストリアにおける成年後見制度に携わる方々にも，その調査に際して大変お世話になった。心より，お礼申し上げる。

　本書の出版を引き受けていただいた成文堂社長阿部耕一氏と編集を担当し

ていただいた飯村晃弘氏にも，この場をお借りして，心より感謝申し上げたい。校正には，亀岡鉱平氏（早稲田大学助手）にご援助いただいた。

　最後に，研究者としての道を進むことを了承し，応援してくれた父順一，母靖子と，いつもそばで支えてくれる夫，藤江真也に感謝の意を表したい。

2014 年 7 月
青木　仁美

目　次

はしがき

序　章 ……………………………………………………………… 1
　　1　問題の所在（1）
　　2　本書の目的と課題（13）
　　3　本書の構成（20）

第1章　代弁人法の成立・発展過程と現在の法状況 ………… 21

第1節　一般民法典成立から代弁人法成立まで ……………… 21
　　第1項　1811年の一般民法典における成年者の法的保護に関する
　　　　　　制度 …………………………………………………… 21
　　　1　一般民法典の成立過程（21）
　　　2　障害者に関する法的規制の経緯（24）
　　　3　1811年の一般民法典における「代弁人」の意義（27）
　　　4　1811年の一般民法典における成年者保護制度（30）
　　第2項　行為能力剥奪宣告令の成立とその内容 ……………… 34
　　　1　行為能力剥奪宣告令の成立過程（34）
　　　2　行為能力剥奪宣告令の内容（36）
　　　3　行為能力剥奪宣告令に対する非難（39）
　　第3項　小　括 ………………………………………………… 43
　　　1　要約（43）
　　　2　分析（44）

第2節　代弁人法成立から2006年の代弁人法改正まで ……… 45
　　第1項　代弁人法の成立過程 ………………………………… 45
　　　1　草案成立まで（45）
　　　2　行為能力剥奪宣告令から代弁人法へ（46）

        3　代弁人協会設立のためのモデル・プロジェクト（48）
        4　法改正に必要とされた費用（52）
        5　代弁人法の革新的部分（53）
    第2項　1983年の代弁人法の内容 …………………………………… 56
        1　代弁人の法的地位（56）
        2　代弁人が任命されるための要件（58）
        3　代弁人制度利用の効果（60）
        4　代弁人の選任（63）
        5　代弁人制度利用の終了（63）
        6　ドイツ法との比較（64）
    第3項　代弁人協会の発足とその活動内容 ………………………… 67
        1　代弁人協会の成立過程（67）
        2　代弁人協会の法的基礎（67）
        3　専業代弁人（68）
        4　ボランティア代弁人（69）
        5　代弁人の活動（71）
    第4項　代弁人法成立後の状況 ……………………………………… 72
        1　代弁人法施行5年後の状況（72）
        2　代弁人法施行10年後の状況（75）
        3　代弁人法以外の法改正（76）
    第5項　小　括 ………………………………………………………… 78
        1　要約（78）
        2　分析（79）
  第3節　2006年の代弁人法の改正 ………………………………………… 80
    第1項　改正前の問題点および状況 ………………………………… 80
        1　代弁人制度利用の増加原因（80）
        2　代弁人協会からみた代弁人法改正の必要性（83）
        3　クリアリングによる経費削減（84）
    第2項　2006年代弁人法改正法における主たる改正点 …………… 85
        1　改正の経緯（85）

　　　　2　主たる改正点（*86*）
　第3項　代弁人法改正法の革新的部分 ……………………………… *89*
　　　　1　補充性原則の強化（*89*）
　　　　2　代弁人として任命される者（*90*）
　　　　3　本人の福祉に関する代弁人の権利および義務（*95*）
　　　　4　身上監護（*97*）
　第4項　老齢配慮代理権 ………………………………………………… *100*
　　　　1　2つの老齢配慮代理権の差異（*101*）
　　　　2　老齢配慮代理権が形式要件を満たしていない場合（*103*）
　第5項　近親者の法定代理権（Vertretungsbefugnis nächster
　　　　Angehöriger）………………………………………………… *103*
　　　　1　制度の基本的内容（*103*）
　　　　2　近親者代理権の要件と効果（*104*）
　　　　3　濫用防止措置（*106*）
　第6項　オーストリア中央代理〔権〕目録への登録 ………………… *107*
　　　　1　老齢配慮代理権の登録（*107*）
　　　　2　近親者代理権の登録（*108*）
　　　　3　登録証明書の効力（*108*）
　　　　4　オーストリア中央代理〔権〕目録への登録状況（*109*）
　第7項　患者配慮処分（Patientenverfügung）……………………… *111*
　　　　1　患者配慮処分法の制定（*111*）
　　　　2　患者配慮処分の種類（*112*）
　　　　3　患者配慮処分の登録方法（*114*）
　第8項　小　括 …………………………………………………………… *116*
　　　　1　要約（*116*）
　　　　2　分析（*117*）
第4節　被代弁人の選挙権 ………………………………………………… *118*
　第1項　日本の問題点とオーストリアの状況 ………………………… *118*
　第2項　憲法裁判所の違憲判決 ………………………………………… *121*
　　　　1　憲法裁判所訴訟のきっかけ（*121*）

         2　当時の手続過程（*122*）
         3　憲法裁判所の見解（*123*）
　　第3項　投票に際する障害者への援助 ················· *125*
　　第4項　障害者が投票所へ行けない場合の選挙実施方法 ········· *127*
         1　選挙カードによる投票（*127*）
         2　移動する選挙管理委員会（Fliegende Wahlkommission）（*128*）
         3　郵便投票（*129*）
　　第5項　チロル州官庁職員へのインタビュー ·············· *129*
　　第6項　小　括 ··························· *132*
         1　要約（*132*）
         2　分析（*132*）
　第5節　障害者権利条約が代弁人法へ及ぼす影響 ············· *134*
　　第1項　障害者権利条約と代弁人法との関係 ·············· *134*
         1　問題となる条項（*134*）
         2　条約と代弁人法の関係（*134*）
　　第2項　条約12条が代弁人法へ及ぼす影響 ··············· *136*
         1　権利能力との関係（*136*）
         2　法定代理との関係（*136*）
         3　行為能力の制限との関係（*139*）
         4　行為能力の制限以外の問題点（*141*）
　　第3項　小　括 ··························· *143*
         1　要約（*143*）
         2　分析（*144*）

第2章　本人保護の不十分さに関する問題 ················· *145*

　第1節　代弁人法における身上監護概念 ················· *145*
　　第1項　身上監護に関する条文の変遷 ················· *146*
         1　1984年代弁人法施行時の条文（*146*）
         2　2001年親子法改正に伴う改正（*147*）

3　2006 年代弁人法改正に伴う改正（*149*）
　第 2 項　代弁人法における「事務」概念 …………………………… *150*
　　　1　財産に関する事務（*151*）
　　　2　身上監護として分類される事務（*152*）
　第 3 項　身上監護に関する判例 ………………………………………… *156*
　　　1　見守り的身上監護の排除が問題となった判例（*156*）
　　　2　代弁人の自由制限に関する権限を否定した判例（*160*）
　　　3　判例の分析（*165*）
　第 4 項　家族法に関する事務 …………………………………………… *165*
　　　1　婚姻（*166*）
　　　2　離婚（*168*）
　　　3　親子関係（*173*）
　　　4　遺言の作成（*177*）
　　　5　家族法に関する判例の分析（*178*）
　第 5 項　身上監護を任務とする代弁人の任命に関する議論 ………… *178*
　　　1　判例（*179*）
　　　2　学説（*184*）
　第 6 項　小　括 …………………………………………………………… *186*
　　　1　要約（*186*）
　　　2　分析（*187*）
第 2 節　代弁人の医療同意権 ………………………………………………… *188*
　第 1 項　医療同意権の法内容 …………………………………………… *189*
　　　1　本人が同意に対して認識能力および判断能力を有する場合
　　　　（*189*）
　　　2　同意に関する認識能力および判断能力の有無が不明確な場
　　　　合（*191*）
　　　3　本人が同意に対して認識能力および判断能力を有しない場
　　　　合（*192*）
　　　4　医療同意権に関する判例（*196*）
　第 2 項　小　括 …………………………………………………………… *209*

　　　　1　要約（*209*）
　　　　2　分析（*209*）
　第3節　代弁人の居所決定権 …………………………………………… *209*
　　第1項　現在の法状況 ……………………………………………… *210*
　　　　1　本人が居所決定に対して認識能力および判断能力を有する場合（*210*）
　　　　2　本人が居所決定に対して認識能力および判断能力を有しない場合（*211*）
　　　　3　居所決定権の制定過程（*212*）
　　　　4　裁判所の許可（*213*）
　　第2項　本人の住居の確保 ………………………………………… *213*
　　　　1　代弁人の一般的義務（*213*）
　　　　2　解約告知に対する防御（*215*）
　　第3項　自由制限措置 ……………………………………………… *217*
　　　　1　代弁人による自由制限（*217*）
　　　　2　措置入院法とホーム滞在法（*217*）
　　第4項　ホーム契約 ………………………………………………… *220*
　　　　1　ホーム契約とは（*220*）
　　　　2　ホーム契約の内容（*221*）
　　　　3　ホーム契約と代弁人制度との関係（*223*）
　　第5項　小　括 ……………………………………………………… *227*
　　　　1　要約（*227*）
　　　　2　分析（*228*）
　第4節　代弁人と裁判所の関係 ………………………………………… *228*
　　第1項　代弁人の報告義務 ………………………………………… *229*
　　　　1　原則（*229*）
　　　　2　報告義務に関する判例（*231*）
　　第2項　裁判所による許可 ………………………………………… *234*
　　　　1　条文の内容および判例（*235*）
　　　　2　身上監護に関する許可が必要となる事務（*238*）

3　財産管理に関する事務（*239*）
　　　4　医的治療，不妊手術，研究（*243*）
　　　5　居所決定（*244*）
　　　6　自由制限（*244*）
　　　7　ホーム契約の締結（*244*）
　第3項　本人の福祉 ··· *245*
　　　1　本人の福祉という概念の内容（*245*）
　　　2　本人の福祉に関する根拠条文（*246*）
　　　3　本人の福祉のための裁判所の活動（*247*）
　第4項　小　括 ··· *247*
　　　1　要約（*247*）
　　　2　分析（*248*）
第5節　代弁人の責任 ··· *249*
　第1項　代弁人の責任の法的基礎 ··· *249*
　　　1　代弁人の責任を検討する意義（*249*）
　　　2　責任の法的基礎（*250*）
　第2項　代弁人と国家賠償責任 ··· *258*
　　　1　官職賠償責任法との関係（*258*）
　　　2　最高裁2001年10月22日判決（*259*）
　第3項　未申請の社会扶助に関する代弁人の責任 ························ *263*
　　　1　問題点（*263*）
　　　2　判例（*263*）
　　　3　社会扶助申請義務に関する見解（*266*）
　第4項　小　括 ··· *269*
　　　1　要約（*269*）
　　　2　分析（*269*）

第3章　オーストリア，日本およびドイツにおける成年後見人等獲得の取り組み ································ *271*

第1節　オーストリアの協会代弁人制度 ……………………………… 271
　第1項　協会代弁人制度 ………………………………………………… 271
　　1　適格な協会（*271*）
　　2　代弁人協会の任務（*272*）
　第2項　2006年の法改正において与えられた代弁人協会の課題 …… 274
　　1　代弁人制度の利用件数の増加（*274*）
　　2　任務範囲拡張の過程（*274*）
　第3項　代弁人協会の任命と協会代弁人への代弁人職の委託 ……… 279
　　1　法人代弁人としての代弁人協会（*279*）
　　2　協会代弁人への委託（*280*）
　　3　協会代弁人の権利および義務（*281*）
　　4　協会代弁人の交代と代理（*282*）
　第4項　代弁人へのインタビュー ……………………………………… 282
　　1　協会代弁人ゴッドフリード・ガブリエルさんへのインタビュー（*282*）
　　2　協会代弁人バーバラ・レーナー＝ビュルグルさんへのインタビュー（*284*）
　　3　ボランティア代弁人，クリスティン・ヘニングさんへのインタビュー（*285*）
　第5項　小　括 …………………………………………………………… 289
　　1　要約（*289*）
　　2　分析（*289*）
第2節　日本における成年後見人等の確保に対する取り組み ………… 290
　第1項　「成年後見の社会化」に対する国および地方公共団体の取り組み ……………………………………………………………… 291
　　1　成年後見制度の必要性（*291*）
　　2　区市町村長の申立権と成年後見制度利用支援事業（*292*）
　　3　地方自治体の取り組み（*296*）
　第2項　成年後見人の確保に対する各職能団体の取り組み ………… 300
　　1　第三者後見の増加（*300*）

2　弁護士の取り組み（*301*）
　　　3　司法書士の取り組み（*303*）
　　　4　社会福祉士の取り組み（*305*）
　　　5　エフピックの取り組み（*306*）
　第3項　社会福祉協議会の成年後見制度に対する取り組み ………… *307*
　　　1　社会福祉協議会とは（*307*）
　　　2　社会福祉協議会と地域福祉権利擁護事業（*309*）
　　　3　社会福祉協議会の具体的な取り組み（*311*）
　　　4　成年後見人等へのサポート（*313*）
　第4項　日本における法人後見 ……………………………………… *314*
　　　1　明文化の経緯（*314*）
　　　2　現在の法人後見の利用状況（*314*）
　　　3　法人後見の意義（*315*）
　　　4　社会福祉協議会と法人後見（*318*）
　　　5　リーガルサポートと法人後見（*320*）
　第5項　小　括 ………………………………………………………… *322*
　　　1　要約（*322*）
　　　2　分析（*322*）
第3節　ドイツ世話協会の取り組み ……………………………………… *323*
　第1項　ドイツの世話制度の利用状況 ………………………………… *324*
　第2項　世話協会の活動の歴史 ………………………………………… *324*
　　　1　世話法改正前の後見協会（*324*）
　　　2　組織化された後見（*325*）
　　　3　ボランティア世話人の経緯（*327*）
　第3項　世話協会の必要性 ……………………………………………… *329*
　　　1　個人的な世話（*329*）
　　　2　自然人の任命の優先（*330*）
　　　3　法人による世話の必要性（*333*）
　　　4　協会による世話人職の受任（*335*）
　第4項　世話協会の認可要件 …………………………………………… *336*

1　ドイツ民法典における世話協会の認可要件（*336*）
　　　2　認可の具体的要件（*338*）
　　　3　州法における認可要件（*340*）
　　　4　支部協会が世話協会になる場合の問題点（*341*）
　　　5　独立した世話協会の具体的な活動状況（*342*）
　第5項　小　括 ……………………………………………………………… *344*
　　　1　要約（*344*）
　　　2　分析（*344*）

終章 …………………………………………………………………………… *345*

　第1項　オーストリア代弁人法と日本の成年後見法との比較 ……… *345*
　第2項　序章で提示した問題提起に対する考察 ……………………… *353*
　　　1　本人の能力を必要以上に制限する側面について（*353*）
　　　2　本人保護が不十分である側面について（*357*）
　第3項　統括と今後の課題 ……………………………………………… *358*
　　　1　統括（*358*）
　　　2　今後の課題（*361*）

資料 …………………………………………………………………………… *369*

　　　一　2006年オーストリア代弁人法改正法（BGBl I 2006/92）（*369*）
　　　二　ホーム契約法（消費者保護法からの抜粋）（*386*）

　主要条文索引（*392*）
　主要判例索引（*393*）
　主要事項索引（*394*）

初出一覧

序　章　書き下ろし

第1章
　「オーストリア代弁人制度の成立過程に関する一考察－一般民法典（1811/1812年）から代弁人制度成立（1983年）まで－」，早稲田法学会誌60巻2号1頁以下（2010年）
　「オーストリア代弁人制度の発展過程に関する一考察－代弁人制度成立（1983年）から代弁人制度改正（2006年）まで－（1～2・完）」，早稲田法学会誌61巻1号1頁以下，同61巻2号1頁以下（2010～2011年）
　「オーストリア法における被代弁人の選挙権」，田山輝明（編著）『成年後見制度と障害者権利条約』，三省堂，178頁以下（2012年）
　以上をもとに，大幅に加筆修正した。

第2章　書き下ろし

第3章

　第1節　書き下ろし

　第2節および第3節
　　「成年後見人の確保に対する日本とドイツの取組みについて（1～4・完）」，早稲田大学法研論集120号1頁以下，同121号1頁以下，同122号1頁，同123号1頁以下（2006～2007年）

終　章　書き下ろし

資　料

一　「2006年オーストリア代弁人法改正法」，比較法学44巻1号219頁以下（2010年）
二　書き下ろし

序　章

1　問題の所在
(1)　1999 年の成年後見法改正時と現在の問題の相違点

「成年後見」ないし「成年後見制度」とは，広義においては，主として成年者について，その意思能力にある程度継続的な衰えが認められるときに，その衰えを補い，その者を法律的に支援するための制度をいう。ここには，任意後見も含まれる。狭義においては，法定後見のみを指し，民法の規定に従って，意思能力が十分でない者の行為能力を制限し（補助人に代理権のみが付与される場合は例外），その者を保護するとともに，取引の円滑を期する制度をいう[1]。本書では，狭義の意味において用いる。

本書は，オーストリアの成年後見法を検討し，日本の成年後見法と比較することで，日本の成年後見法が今後取るべき方向性を見出すことを目的とするものである。オーストリアの成年後見法の原語は「Sachwalterrecht」であり，保護者としての役割を担う者は「Sachwalter」である。オーストリアでは，日本の成年後見制度のように本人の事理弁識能力の程度に応じて保護者の名前が変わることはなく，保護者は一律に「Sachwalter」と呼ばれている。本書では，日本の成年後見法と区別することを目的に，オーストリアの成年後見法である「Sachwalterrecht」を「代弁人法」，「Sachwalter」を「代弁人」と訳する[2]。

日本の成年後見法は 2000 年 4 月 1 日に施行され，2014 年 4 月 1 日から施行 15 年目を迎えている[3]。1999 年の改正時に目指されたことは，自己決定，

---

1) 我妻栄＝有泉亨＝清水誠＝田山輝明『我妻・有泉コンメンタール民法－総則・物権・債権－第 3 版』（日本評論社，2013 年）66 頁。
2) 本書の代弁人法（Sachwalterrecht），代弁人（Sachwalter）の邦語訳は，田山輝明『成年後見法制の研究（下）』（成文堂，2000 年）466 頁以下に倣うものである。
3) 成年後見制度に関する文献は多数存在する。さしあたり，須永醇（編）『被保護成年者制度の研究』（勁草書房，1996 年），升田純『高齢者を悩ませる法律問題』（判例時報社，1998 年），米

残存能力の活用およびノーマライゼーション等の新しい理念と従来の本人保護の理念との調和を旨として制度を柔軟かつ弾力的な利用しやすいものにすることであった。旧制度である禁治産・準禁治産制度は，2類型のみの硬直的な制度であった。そして，制度名が差別を感じさせるものであること，宣告の結果が戸籍に記載されることなどから，制度利用者に社会的偏見を生じさせていた。このような社会的偏見を払拭することを目的として，本改正においては制度の名称が「成年後見制度」と改められ，成年後見制度専用の登記制度が創設された。

しかし，この改正は成年後見制度に内在する問題を全て解決するものでは

倉明『信託法・成年後見の研究』（新青出版，1998年），新井誠『高齢社会の成年後見法（改訂版）』（有斐閣，1999年），上山泰（著）＝日本社会福祉士会（編）『成年後見と身上配慮』（筒井書房，2000年），小林昭彦＝大門匡（編著）『新成年後見制度の解説』（金融財政事情研究会，2000年），田山輝明『成年後見法制の研究（上巻）』（成文堂，2000年），同『成年後見法制の研究（下巻）』（成文堂，2000年），同『続・成年後見法制の研究』（成文堂，2002年），ベーム，レルヒ＝レースルマイヤー，ヴァイス（著）＝（社）日本社会福祉士会（編訳）＝新井誠（監訳）＝上山泰（解題）『ドイツ成年後見ハンドブック－ドイツ世話法の概説－』（勁草書房，2000年），ジムニー，G.H.＝グロスバーグ，G.T.（著者）＝（社）日本社会福祉士会（編訳）＝新井誠（監訳）＝橋本聡（解題）『アメリカ成年後見ハンドブック』（勁草書房，2002年），新井誠『成年後見法と信託法』（有斐閣，2005年），新井誠＝赤沼康弘＝大貫正男（編）『成年後見制度－法の理論と実務－』（有斐閣，2006年），英国医師協会（著）＝（社）日本社会福祉士会（編訳）＝新井誠（監訳・解題）『イギリス成年後見ハンドブック　能力判定の手引』（勁草書房，2005年），新井誠『成年後見と医療行為』（日本評論社，2007年），田山輝明『成年後見読本』（三省堂，2007年），上山泰『専門職後見人と身上監護（第2版）』（民事法研究会，2010年），小林一俊＝小林秀文＝村田彰（編）『高齢社会における法的諸問題－須永醇先生傘寿記念論文集－』（酒井書店，2010年），菅富美枝『イギリス成年後見制度にみる自律支援の法理－ベストインタレストを追求する社会へ－』（ミネルヴァ書房，2010年），新井誠＝赤沼康弘＝大貫正男（編）『成年後見法制の展望』（日本評論社，2011年），新井誠（監修）＝2010年成年後見法世界会議組織委員会（編）＝紺野包子（訳）『成年後見法における自律と保護－成年後見法世界会議講演録－』（日本評論社，2012年），小賀野晶一『民法と成年後見法－人間の尊厳を求めて－』（成文堂，2012年），田山輝明（編著）『成年後見制度と障害者権利条約』（三省堂，2012年），法政大学大原社会問題研究所＝菅富美枝（編著）『成年後見制度の新たなグランド・デザイン』（法政大学出版局，2013年），田山輝明（編著）『成年後見－現状の課題と展望』（日本加除出版株式会社，2014年）等を参照。なお，意思能力と行為能力の問題に関して，次の文献も参照した。熊谷士郎『意思無能力法理の再検討』（有信堂，2003年），須永醇『意思能力と行為能力』（日本評論社，2010年）。

4) 法務省民事局参事官室・法務省民事局第二課「民法の一部を改正する法律案等要綱の概要－成年後見制度の改正及び公正証書遺言等の方式の改正」金融法務事情1539号（1999年）6頁，「成年後見制度と立法過程－星野英一先生に聞く－（特集・新しい成年後見制度）－」ジュリスト1172号（2000年）3頁。

なく，使いやすい制度への移行という限られた目的を達成したものであったに過ぎない。というのも，現在の成年後見制度をとりまく状況をみると，制度は，いまなお深刻かつ制度の本質に疑問を呈するような問題を抱えているからである。この問題を一言でいうと，本人が求める保護と法が与える保護に不一致が生じているということである。この不一致は，具体的には成年後見法と障害者権利条約との関係，成年被後見人の選挙権剥奪問題および成年後見人等の医療同意権の有無の問題といった形で現れている。ここから，成年後見制度は，現在，制度設立時に解決が目指された問題とほぼ全く異なる問題を有しているといってよい。

そこで，本書ではこの不一致を一致させることができるのかという視点から考察を行う。考察するにあたり，主として（1）本人の能力を必要以上に制限する側面，つまり本人保護に際し，本人が必要とする以上に法による能力制限が生じる側面および（2）本人保護が不十分な側面の2点から，分析を進める。

(2) 本人の能力を必要以上に制限する側面
(ⅰ) 代理権および取消権の範囲の自動的決定
(a) 障害者権利条約との関係

「本人の能力を必要以上に制限する」という観点からは，法により成年後見人等に自動的に付与される代理権，同意権および取消権が問題として挙げられる。取消権の付与は，本人が1人で法律行為を行えなくなることを意味するため，行為能力の剥奪または制限と同義となる。さらに成年後見人等の権限の法による自動的な決定とは，本人がその事務について代理権，同意権および取消権を必要とするかどうかを検討することなしに，事理弁識能力の程度という一定の要件のもとに，法が法定代理人に付与する権限の範囲を決定することである。日本の成年後見制度において，これは，後見類型および保佐類型において生じている。後見類型においても，保佐類型においても，本人の事理弁識能力の程度のみを判断基準として，どの事務について法定代理人に権限を付与するかを法が決定する（民法9条，13条1項および4項ならびに859条）。

この保護手段を疑問視するきっかけとなったのは，障害者権利条約である。

日本は，2007年9月に同条約に署名し，2013年12月に批准した。同条約12条は，「締約国は，障害者が生活のあらゆる側面において他の者と平等に法的能力を享有することを認める」と規定している[5]。この「平等な法的能力の享有」に成年後見人等への法による自動的な権限の付与が抵触すると考えられている[6]。

日本では，成年後見制度利用の約85％が後見類型となっているが，これは成年後見制度を利用する大半の人が広汎な法律行為に関して，法律によって自動的に他者に代理権・取消権が与えられ，その行為能力を法律によって自動的に剥奪されていることを意味する。日本が同条約の批准を行った以上，このような現状に対する何らかの対応は避けられない[7]。

(b) 法定代理ならびに行為能力の剥奪および制限の沿革

そもそも，制限行為能力者制度は，精神的障害を理由に自己の行動について認識能力および判断能力を有しない者を，その行為能力を制限することによって保護するという趣旨のもとで設けられた[8]。このため，行為無能力者は，意思能力を有するか否かとは必ずしも一致することなしに，法律行為を行う資格を制限または剥奪され，その結果として，自己が行う法律行為によって不当な不利益を被るおそれを免れるという形での保護を受けてきた[9]。このように，その意思能力に関係なく，本人は行為無能力者として扱われることによって，容易にその行為能力の有無を立証できる一方で，取引の相手方も登記を確認することによって，行為無能力者の法律行為をめぐるトラブルを回

---

5) 本書の障害者権利条約の訳については，政府仮訳（http://www.mofa.go.jp/mofaj/gaiko/treaty/shomei_32.html）による。
6) 先行研究として，松井亮輔＝川島聡（編）『概説 障害者権利条約』（2010年，法律文化社）（池原毅和執筆部分）183頁以下，田山輝明「障害者権利条約と成年後見制度－条約12条と29条を中心に－」成年後見法研究第10号（2013年）23頁以下，新井誠「障害者権利条約と成年後見法－『前門の虎，後門の狼』－」千葉大学法学論集第28巻1・2号（2013年）29頁以下等がある。
7) 先行研究として，上山泰＝菅富美枝「成年後見制度の理念的再検討－イギリス・ドイツとの比較を踏まえて－」筑波ロー・ジャーナル8号（2010年）1頁以下，同「成年後見制度のグランドデザイン－イギリス・ドイツとの比較を踏まえて－」実践成年後見34号（2010年）57頁以下，等がある。
8) 田山輝明『民法総則（第4版）民法要義1』（成文堂，2010年）38頁，近江幸治『民法講義I 民法総則（第6版）』（成文堂，2008年）54頁。
9) 谷口知平＝石田喜久夫（編）『新版注釈民法（1）総則（1）（改訂版）』（有斐閣，2002年）277頁（鈴木禄弥執筆箇所）。

避することが可能となる。ここから，現在の成年後見制度は，本人の行為能力を制限することによって，将来生じるかもしれない不利益を事前に防ぐということに重点を置いているといえる。

法定代理ならびに行為能力の自動的剥奪および制限という保護手段は，日本民法編纂当初からとられている。

まず，明治初期における第 1 回目の民法草案といわれる皇国民法仮規則 (1872 年) において，132 条は，「白癡狂疾等ノ者ハ時アリテ平常ニ復スルコトアリト雖モ戸主トナルコトヲ許サス之ヲ治産ノ禁受シ者ト云フ」と規定していた[10]。また，同 137 条は，「治産ノ禁ヲ受シ者ノ支配人ハ其心得幼者ノ後見人ト均シカルヘシ」と規定している。ここから，支配人の権限は「幼者ノ後見人」と同等であると解される。この支配人の権限は，同 122 条において「後見人ハ幼者ヲ管督シ財産ヲ支配シ且民法ニ管スル諸件ニツキ幼者ニ代ルヘシ」と規定されており，この「代ル」という表現が法定代理の考え方であるとされる[11]。つまり，日本で最初の民法草案における後見制度では，「白癡狂疾ノ者」が「治産ノ禁」という行為能力の制限を受け，「支配人」という法定代理人を付されていたことになる。

次に，旧民法典人事編 (1890 年公布) 222 条は，「心神喪失ノ常況ニ在ル者ハ時時本心ニ復スルコト有ルモ其治産ヲ禁スルコトヲ得」と規定していた。ここでは，すでに禁治産制度の基礎が形成されていた。もっとも，旧民法は，禁治産者の行う法律行為の効果に関して，「禁治産者ハ禁治産ノ裁判言渡ノ日ヨリ無能力者トス（1 項）裁判言渡後ニ為シタル禁治産者ノ行為ハ之ヲ銷除スルコトヲ得（2 項）」（旧民法人事編 230 条）と規定していた。「銷除スル」とは，法律行為を無効にするということである[12]。つまり，禁治産者の行為は，取消しではなく無効主張の対象であったのである。

その後，成年者保護に関しては，「心神喪失ノ常況ニ在ル者ニ付テハ裁判所ハ本人，配偶者，四親等内ノ親族，戸主，後見人，保佐人又ハ檢事ノ請求

---

10) なお，条文は，利谷信義（編）『皇国民法仮規則－附，・解題・明治民法編纂史関係主要文献目録－（日本近代法史研究資料集　第一）』（東京大学社会科学研究所特定研究「日本近代化」研究組織，1970 年）を参照した。
11) 田山輝明『続・成年後見法制の研究』（成文堂，2002 年）16 頁。
12) 田山・前掲注 11・68 頁。

ニ因リ禁治産ノ宣告ヲ為スコトヲ得」(7条),「禁治産者ノ行為ハ之ヲ取消スコトヲ得」(9条) と規定されるに至った。この禁治産制度は，成年後見制度の施行 (2000年4月1日) まで100年以上にわたり，利用されることとなった。

以上から，日本における成年者保護は，初期民法典編纂の段階から現在に至るまで，法定代理人に権限を付与し，本人の行為能力を剥奪または制限することによって行われてきたといえる。ここで，本人の法律行為の効果が無効から取消しうると変更されたことは，わずかではあるが本人意思の尊重を認めたものとも受け取れる[13]。

(c) 法定代理および行為能力制限の問題点

現在，法定代理権の付与および行為能力の制限という保護手段は，障害者権利条約によってその問題性が明らかにされた。まず，法定代理権の付与によって，本人の自己決定権が抑圧される点が指摘されている。このため，障害者権利条約との関係で法定代理制度を否定し，何らかの援助方式に切り替えるべきとする見解も存在する[14]。しかし，法定代理には，その固有の存在意義が明確に存在する。というのも，意思能力のない者の法律行為を行うには，法定代理制度を用いる以外に方法はないからである。例えば，全く意思能力を有しない者（例えば意識のない者）の法律関係を形成するには，他者による代理以外に取るべき方法がない。つまり，援助方式では，ある程度の意思能力を有する者を前提とする，限られた保護しか実現できないのである。したがって，法定代理を完全に否定することは，結果的に保護を必要とする者に必要な法的保護を与えることができず，実質的な不平等を生じさせるという事態をもたらしかねない。

一方で，法定代理権（または同意権）の付与の効果として，本人の行為能力の制限を完全に排除してしまうと，本人が悪意のある相手方に財産を搾取される可能性が否定できない。このため，筆者の見解は，成年後見制度におけ

---

13) この点，オーストリアで本人の法律行為が無効から保護者の同意によって左右される「不確定的無効」へと変化したのは，1984年7月1日施行の代弁人法からである。それ以前の本人の法律行為の効果は，無効であった。

14) Lachwitz, Übereinkommen der Verreinten Nation über die Rechte von Menschen mit Behinderung, BtPrax (2008), S. 148; Buchner, „Meine Wünsche sollen ernst genommen werden!", iFamZ (2009), S. 122.

る取消権の付与自体を否定するものではない。ここで障害者権利条約との関係で問題となるのは，代理権や取消権の付与そのものではなく，その付与の方法および程度であると考える。現行の成年後見制度における後見類型および保佐類型では，本人が代理権，同意権および取消権を必要とする事務が何かについて把握することなく，法律がその範囲を決定する。これは，本人にとって必要限度を超えた能力制限が行われるという結果をもたらす。このような自動的かつ必要以上の行為能力の制限こそが，障害者権利条約の趣旨に抵触すると考えられる。

(d) 必要となる対応

このような成年後見制度が抱える問題性を改善するためには，法定代理権および取消権を付与する範囲を制限することが必要となる。これに対する具体的対応策として，①成年後見制度の利用要件の厳格化，②行為能力の制限を伴わない法定代理制度の創設および③成年後見制度内の類型の改正の3点を挙げる。

まず①に関しては，現行の成年後見制度利用の要件として，事理弁識能力が減退した状態が課されている。一方，本人が処理を必要とする事務を有することに関して，条文は明記していない。ここから，本人が処理能力の可能性を有する事務または処理の必要がない事務に関しても，代理権，同意権または取消権が付与されるという事態が生じうる。②に関して，オーストリアおよびスイスでは，近年，比較的簡易な事務に関する法定代理権を本人の身近にいる者に付与する制度が創設されている。この制度では，代理権のみが付与され，取消権は付与されない。つまり，この制度を利用すれば，行為能力を制限することなく本人を保護することができる。そして，同制度の利用で本人を十分保護できるのであれば，成年後見制度の利用を認めないとして，補充性の原則を徹底することが可能となる。③に関して，諸外国は行為能力の制限という保護手段を敬遠し，行為能力制限をより限定する方向で立法を行ってきた。例えば，ドイツ世話法においては，原則的に行為能力の制限は

---

15) ドイツ世話法に関して，文献は多数存在する。ドイツ成年後見法研究会「ドイツ成年後見制度の改革－世話法（Betreuungsgesetz）注解1－」民商法雑誌105巻4号（1992年）572頁以下，同「ドイツ成年後見制度の改革－世話法（Betreuungsgesetz）注解2－」同105巻6号（1992年）

生じず，同意留保をつけた場合にのみ（ドイツ民法典1903条参照），本人の行為能力が制限される。また，スイスでは，新法（2013年1月1日施行）における成年後見制度において，本人の財産管理について広汎な法定代理権を付与するが，行為能力の制限は生じないという類型が創設された。このスイスにおける類型の創設は，同じく類型を有する日本の成年後見制度への示唆を有するものと思われる。日本には，代理権および取消権を制限的に付与する類型として補助類型が存在するが，その利用は低調である。障害者権利条約との関係から，後見・保佐類型の改正を検討するとともに，法定代理権を与えるが，取消権は与えないといった補助類型の柔軟な活用を促進することも必要であると考えられる。

　成年者の法的保護は，時代の人権感覚に左右される。明治時代の草案は，本人を「白癡狂疾ノ者」と表現した。その後は，本人を「禁治産者」と呼ぶ時代が100年以上も続いた。現在，法定代理および行為能力の自動的制限について疑問が生じているのは，障害者の人権に対する考えが，再び法改正を必要とするまでに高まったことを意味する。成年後見法に関しては，時代とともに変化する人権意識と調和する制度のあり方が常に意識されていなければならない。現在，成年者保護においては，自己決定の尊重が国際的潮流となっている。ここでは，本人保護と自己決定の尊重のバランスをとるという

850頁以下，同「ドイツ成年後見制度の改革－世話法（Betreuungsgesetz）注解3－」同108巻3号（1993年）462頁以下，同「ドイツ成年後見制度の改革－世話法（Betreuungsgesetz）注解4－」同109巻2号（1993年）353頁以下，神野礼斉「第三者による意思決定代行の限界－ドイツ世話法を中心として－」広島法学21巻2号（1997年）175頁以下，同「ドイツ世話法における居所指定権行使の限界（1）」同22巻4号（1999年）185頁以下，同「ドイツ世話法における居所指定権行使の限界（2・完）」同23巻1号（1999年）119頁以下，上山泰「ドイツ世話法改正について（上）」法律時報71巻12号（1999年）74頁以下，同「ドイツ世話法改正について（下）」法律時報72巻2号（2000年）54頁以下，神野礼斉「医療における意思決定代行－ドイツ世話法の動向を中心として－」九州国際大学法学論集8巻1・2号（2001年）89頁，黒田美亜紀「世話の費用および報酬について－ドイツ成年後見制度における費用負担のあり方を考える前提として－」早稲田大学大学院法研論集109巻（2004年）271頁以下，同「個別報告ドイツ成年者世話法の第二次改正について」成年後見法研究3号（2006年）3頁以下，同「ドイツ成年後見制度と公証人の役割」公証法学37号（2007年）77頁以下，新井誠「ドイツ成年者世話法から学ぶのもの」月報司法書士444号（2009年）2頁以下，同「ドイツ成年者世話法とわが国の成年後見制度」ドイツ研究44号（2010年）152頁以下，上山泰「成年後見制度における『本人意思の尊重』－ドイツ世話法との比較から－」大原社会問題研究所雑誌622号（2010年）2頁以下等参照。

繊細かつ綿密な作業が求められる。このような作業を通じて，民法が想定する「人」の再構成が結果的に促される。そして，現在において，行為能力を法律によって自動的に制限および剥奪される必要のある「人」が存在するのかという論点を導出することになると考えられる。

(ⅱ) 成年被後見人に対する選挙権の剥奪

このような行為能力の自動的制限と関連して検討しなければならなかったのが，成年被後見人の選挙権剥奪の問題であった。

公職選挙法旧11条1項1号は，成年後見人の任命による選挙権の自動的剥奪を規定していた。同条が憲法に違反するとして，2007年ごろから訴訟が立て続けに提起された。同条の趣旨として，「主として①成年被後見人は事理弁識能力を欠くことから，投票に際して必要な判断を行うことができない，②（①と関連して）現実問題として投票行動を行うことが非常に困難であること，あるいは仮に選挙権を認めた場合に，成年被後見人本人以外の者による不正な投票行為がなされる虞がある」といったことが，禁治産制度時代の認識・問題意識として維持されていると指摘されていた[16]。しかし，事理弁識能力の状態のみで全ての法律行為に関する能力を判断することについて疑問が生じている今，事理弁識能力と選挙能力を同視することもまた問題となることは明らかである。また同条は「締約国は，障害者に対して政治的権利を保障し，及び他の者と平等にこの権利を享受する機会を保障するもの」と規定する障害者権利条約29条に抵触するおそれもあった。

その後，2013年3月14日に東京地裁において公職選挙法11条1項1号に対する違憲判決が出され，同規定は削除されることとなった。

(3) 本人保護が不十分である側面

一方で，成年後見法において本人の保護が不十分であると思われる点も存在する。この点について，本書では身上監護，裁判所による監督，成年後見人等の確保という3つの視点から分析する。

(ⅰ) 身上監護について

1999年の改正時に，民法典には，成年後見人は本人の身上監護について

---

16) 日本弁護士連合会「成年後見制度に関する改善提言」（2005年5月6日）30頁
（http://www.nichibenren.or.jp/library/ja/opinion/report/data/2005_31.pdf）。

配慮しなければならない旨が規定された (858条)。本条文を根拠として、成年後見人は介護などの事実行為も行わなければならないかという議論があるが、これについては否定的な見解が多い[17]。そもそも制限行為能力者制度は、判断能力を有しない者の財産を保護する制度と考えられてきた[18]。とすれば、成年後見制度においても基本的に財産管理が中心となる[19]。ここから、成年後見人は本人の財産管理のために任命される法定代理人であるから、介護サービスの契約、施設入所契約などの身上監護の必要性から生じる法律行為の代理は行うが、介護労働などはその任務には含まれないというのが支配的見解となっている。そこで、成年後見人が行う身上監護に事実行為は含まれないことを前提とすると、身上監護は「健康、生命の保持、その他一身上の世話に関する決定権限」と定義される[20]。この身上監護は、さらに次の2通りに区別される[21]。ひとつは前述した介護サービス契約および施設入所契約の締結であり、もうひとつは手術などに同意する医療同意である。前者は財産管理の一種であるため、成年後見人は、代理人として当該契約を締結することができる。問題となるのは、後者の医療同意権を成年後見人に与えることが認められるかという点である。

もともと1999年の改正時に、成年後見人に医療同意権を与えるかどうかが議論されたが、社会的コンセンサスが得られていないという理由で見送られる結果となった[22]。そして制度施行から14年目を迎えた今でも、この点に

---

17) 否定的見解としては、法務省民事局参事官室『成年後見制度の改正に関する要綱試案及び補足説明』(金融財政事情研究会、1998年) 41頁、道垣内弘人「成年後見制度私案 (二)」ジュリスト1075号 (1995年) 93頁、水野紀子「成年後見制度－その意義と機能と限界について－」法学教室218号 (1998年) 95頁、前掲注4・「成年後見制度と立法過程－星野英一先生に聞く－」7頁参照。一方で、全面的に否定する見解をとらないものとして、新井誠『高齢社会の成年後見法 (改訂版)』(有斐閣、1999年) 167頁、上山泰『成年後見と身上配慮』(筒井書房、2000年) 82頁がある。
18) 我妻栄『新訂民法総則』(岩波書店、1965年) 67頁。
19) 前掲注4・「成年後見制度と立法過程－星野英一先生に聞く－」ジュリスト1172号 (2000年) 6頁。
20) 米倉明『信託法・成年後見の研究』(新青出版、1998年) 433頁。ここでは、前者の例として、付添の看護師を雇ったり、車いすでの移動のために家屋を改築する契約が挙げられている。
21) 道垣内・前掲注17・94頁
22) 小林昭彦＝大門匡 (編著)『新成年後見制度の解説』(金融財政事情研究会、2000年) 145頁。

ついては議論が継続中である[23]。他国の立法状況を鑑みても，高齢化・法化が進む中で，今後，成年後見人も含めた医療同意権者に関する明文規定を設けることは必要となると考えられる。そこで他国の制度を比較検討し，医療同意権を含めた身上監護について，日本民法典がどこまで法的規制を行えるのかを検討する必要がある。

(ⅱ) 裁判所による監督

2点目として，裁判所による成年後見人等の監督について取り上げる。成年後見制度施行後，成年後見人等の不祥事は後を絶たない[24]。2010年度に成年後見人等が本人の財産を着服したケースは，少なくとも184件になるとされており，その被害総額は18億円に上ることが明らかになっている[25]。さらに，平成22年6月から平成24年12月末までの間で，成年後見人等による不正事件の件数は1058件，被害総額は94億4000万円になる[26]。この原因のひとつとして，成年後見人等に対する裁判所の監督の不十分さを挙げることができる。また，実際に2012年2月20日の広島高等裁判所においては，家事審判官が成年後見人の横領を防止する措置を取らなかったとして，国家賠償責任を認める判決が出されている[27]。

裁判所による監督には，成年後見人等の報告義務と成年後見人等の代理行為に関する裁判所の許可という2つの側面がある。

成年後見人等の報告義務という側面に関しては，863条が「後見監督人又は家庭裁判所は，いつでも，後見人に対し後見の事務の報告若しくは財産の

---

23) 成年後見人の医療同意権に関する学説整理については，銭偉栄「成年後見人の医療同意権」高岡法学29号（2011年）39頁以下，永水裕子「医療同意における成年後見人と家族の位置づけ」実践成年後見40号（2012年）4頁以下等参照。
24) 2012年2月1日から，不正防止のために，成年被後見人または未成年被後見人の財産の中で，日常的な支払いをするのに必要な金銭を預貯金として後見人が管理し，通常使用しない金銭を信託銀行等に信託する後見制度支援信託が導入されている。当該制度の課題については，矢頭範之「後見制度支援信託の運用について」月報司法書士481号（2013年）85頁以下参照。
25) 読売新聞2011年10月20日。着服は，親族のみならず，弁護士など法の専門家によっても生じている。2013年には，弁護士が9億円以上を着服したとして，岡山地裁において懲役14年を言渡されている（日本経済新聞2013年8月29日）。
26) 小池信行「成年後見制度の現状と問題点」登記研究796号（2014年）36頁。
27) 金融・商事判例1392号（2012年）49頁以下。判例評釈として，藤原正則・実践成年後見43号（2012年）93頁以下がある。

目録の提出を求め，又は後見の事務若しくは被後見人の財産の状況を調査することができる」と規定している。これを障害者権利条約と照らし合わせてみると，同条約は障害者保護の措置について「権限のある，独立の，かつ，公平な当局又は司法機関による定期的な審査」の確保を要請しているのに対し（同条約12条4項），863条は「いつでも」と規定しているのみで，年に1度または数年に1度といった定期的な報告義務を課していない。これでは本人保護が不十分となるおそれがあり，障害者権利条約との関係においても問題となる。

次に，裁判所の許可という観点からみると，859条の3は成年被後見人の居住用不動産の処分の際に裁判所の許可を義務付けており，本条文は保佐類型および補助類型においても準用されている（876条の5第2項および876条の10第1項）。成年後見人等の代理行為について裁判所の許可が義務付けられているのはこの居住用不動産の処分のみであり，成年後見人は，原則として他の法律行為について裁判所の許可なしに処理することができる。これは，成年後見人等に課されている報告義務の不十分さを鑑みても，本人の保護という観点からみると十分な監督とはいえない。家庭裁判所がこれ以上成年後見制度に関する機能を有することが不可能であれば，他の監督機関を設けるという方法を検討する必要もある。この問題を考慮するに際し，まずは日本法を他国の法と比較し，その監督が不十分なものであるかどうかを確認する。

(ⅲ) 成年後見人等の確保

最後に，成年後見人等のなり手の確保について取り上げる。

成年後見制度は，どれほど内容的に優れた制度が創設されても，成年後見人という人的資源が不足すればその制度運営が成り立たないという側面を有している。現在は高齢化社会に加えて核家族化が進み，成年後見制度施行時には約9割であった親族後見の割合は，2013年には全体の42.2％にまで減少している[28]。目下，弁護士，司法書士，社会福祉士が第三者後見を担っているが[29]，職能団体が提供できる人的資源にも限りがあり，後見は1人が何件も

---

28) 最高裁判所事務総局家庭局「成年後見関係事件の概況－平成25年1月～12月－」
 (http://www.courts.go.jp/vcms_lf/koukengaikyou_h24.pdf)。
29) 2013年における新規の第三者後見の割合は，全体の57.8％である。

受任してよいものでもない。そこで今後日本が超高齢化社会を迎えても，制度がその存在意義を十分発揮できるような人的資源の確保が必要となる。職能団体以外にも，社会福祉協議会や各地の成年後見センターが成年後見制度に取り組んでいるが，成年後見人等の数は依然として不足しており，将来的には成年後見人等を提供する公的機関が必要になる可能性もある。

2　本書の目的と課題
(1) 本書の目的
　以上の日本法における問題意識をもとに，オーストリア法，一部ドイツ法を検討し，日本法と比較することで今後の成年後見法の方向性を見出すというのが本書の目的となる。
(2) なぜオーストリアなのか
　本書においてオーストリア法を比較対象とした理由として，次の点が挙げられる。すなわち，(ⅰ)歴史を有し，かつ成年者保護に関する法領域において時代に即した改正が積極的に行われていること，(ⅱ)障害者権利条約との関係で，日本法と同様の問題を抱えていること，(ⅲ)最後に整備された協会代弁人制度を有していることである。
(ⅰ) その歴史と改正
　オーストリアは，日本と同様に大陸法系に属する。現行の一般民法典の成立は1811年であり，施行は1812年である。この一般民法典には，すでに1811年の成立当時から成年者保護に関する制度が存在した。その後2度の改正を経て，現在の制度である代弁人法が1984年7月1日に施行された。代弁人法は，ドイツの世話法（1992年1月1日施行）に先行して施行されており，ドイツ世話法および日本の成年後見法の改正の際に参考にされている[30]。その後，施行後約20年間で蓄積された経験をもとに，代弁人法は，2006年に再び抜本的な改正が行われた。
　まずは，このような長い歴史を有するオーストリアの成年者保護制度を歴

---
30) これについて，「オーストリアは成年後見制度の成立についてはドイツの先駆をなしたほどの力のいれようである」と評されている（米倉明「日本法への示唆−結びを兼ねて−」ジュリスト972号（1991年）50頁）。

史的に辿ることにより，法定代理権の付与ならびに行為能力の剥奪および制限といった保護手段が，時代とともに制限的に用いられるようになったことを証明することができると考えられる。

次に注目すべきなのは，2006年の改正である[31]。本改正では，「老齢配慮代理権（Vorsorgevollmacht）」および「近親者代理権（Vertretungsbefugnis nächster Angehöriger）」が民法典に新たに設けられ，成年者保護制度の多様化が図られるとともに，代弁人制度の利用制限が改正の目的として掲げられた。

本改正前に，代弁人制度の利用件数は著しく増加したが，これにより，国家財政および裁判所は，大きな負担を負うこととなった。そこで，利用件数の増加を抑止するために，2006年改正がなされたのである。この際に，「老齢配慮代理権」と「近親者代理権」という新制度が民法典に導入された。老齢配慮代理権は日本の任意後見制度に相当し，今回の民法典への導入以前から実務では認められていたが，その実定法化が代弁人制度利用件数の増加の抑制につながることが期待されたために，条文化されるに至った。これに対し，近親者代理権は全くの新制度である。この制度では，本人の判断能力および認識能力が低下すると，一定の範囲の事務について一定の範囲の親族に法定代理権が生じる。本制度も，一定の範囲内の事務における代弁人制度利用回避を目的として制定された。本制度により，その行為能力の制限を生じさせずに，本人を保護することが可能となるからである。

また，代弁人法についてみると，改正の重点は身上監護分野に置かれている。本改正では，代弁人が本人とコンタクトを取るべき回数が月に1度と義務付けられ（オーストリア一般民法典282条，以下一般民法典とする），さらに代弁人の医療同意権および居所決定権が規定された（一般民法典283条および284条a）。

このように，オーストリアは成年者保護に関する法領域を時代の必要性に合わせて積極的に改正しており，代弁人制度以外の複数の制度を準備して判断能力が不十分な者の保護を図っている国であるといえる。しかし，これま

---

31) 2006年以降の代弁人法の文献としては，BMJ (Hrsg.), Recht und Würde im Alter (2006); Maurer, Das österreichische Sachwalterrecht in der Praxis (2007, 3. Aufl.); Zierl, Sachlwalterrecht (2007); Barth/Ganner (Hrsg.), Handbuch des Sachwalterrechts (2010, 2. Aufl.) 等がある。

でのオーストリア代弁人法およびその他の成年者保護制度に関する先行業績は決して多いとはいえない[32]。ここにも，オーストリア代弁人法を研究する意義が認められる。

(ⅱ) 障害者権利条約との関係

障害者権利条約は，日本と同様にオーストリアに対しても影響を及ぼしている。ドイツを例にとると，ドイツでは世話人を任命しても同意権の留保（ドイツ民法典1903条）をつけない限り，本人の行為能力は制限されない。しかしオーストリアでは代弁人が任命されると，その任務範囲内の事務について本人の行為能力は制限される（一般民法典280条）。この点，オーストリアにおいて，本人は，代弁人の任務範囲内において，その同意なしに法律行為を行うことができないのである。本人が同意なしに行った法律行為は不確定的無効とされ，代弁人の同意を得られなければ無効が確定する。日本では，本人が行った法律行為は一度有効となるが，成年後見人等が取り消すことができる。ここから，日本およびオーストリアでは，本人の行った法律行為の効果に差が生じているものの，本人が１人で有効に法律行為を行うことができないという点では一致しているといえる。つまり，制度利用が，本人に行為能力の制限をもたらすという点において，両国は共通しているのである。

このため，障害者権利条約との関係でみれば，日本およびオーストリアはともに法による自動的な行為能力の剥奪または制限という問題に直面している。そこで，オーストリア国内において条約と代弁人法の関係についてどのような議論がなされているのかを検討することは，日本法にとって有意義であると考えられる。

(ⅲ) 協会代弁人制度

代弁人法を検討する理由として，最後に協会代弁人制度の存在が挙げられ

---

[32] 先行業績として，岡孝「オーストリアにおける成年後見法の新たな展開」ジュリスト972号（1991年）32頁以下，同「ドイツ法・オーストリア法総論」須永醇（編）『被保護成年者制度の研究』（勁草書房，1996年）267頁以下，田山輝明「オーストリア法における成年後見制度」『現代家族法の諸相 高野竹三郎先生古稀記念』（成文堂，1993年）383頁以下，同（編著）『成年後見制度に関する調査報告書・オーストリア編』（社会福祉法人東京都社会福祉協議会権利擁護センターすてっぷ，1994年），阿部潤「オーストリア・ドイツの成年後見制度」ケース研究252号（1997年）147頁以下，同「オーストリア・ドイツの成年後見制度－その裁判実務を中心にして－」家庭裁判月報49巻11号（1997年）１頁以下，等がある。

る。協会代弁人制度とは，司法大臣から認可を得た代弁人協会が司法省から補助金を得て，専任職員を有し代弁人制度について活動を行う制度である。ドイツでは世話法改正以前から宗教団体などが後見活動を行っており，それが継続して世話協会となったものも存在する。一方で，オーストリアの代弁人協会は，1983年の代弁人法成立をきっかけに新設された組織である。国家は，代弁人法改正に合わせて，協会代弁人制度を設立するために国家規模の学術的実験を行った。その実験結果を踏まえて，現在では4つの代弁人協会が設立され，オーストリア全土で活動を行っている。代弁人協会において，専任職員は協会代弁人として代弁人職を受任するほか，ボランティア代弁人の育成・指導を行っている。

さらに2006年の改正においても，代弁人協会では新任務となる「クリアリング（Clearing）」について再びモデル・プロジェクトが実施された。このクリアリングという制度においては，まず協会職員が代弁人制度の利用提案者に対して助言を行い，代弁人制度に代わる選択肢が存在するかどうか調査を行う。この助言段階を経てもなお代弁人の任命が必要と思われる場合には，協会は，代弁人の任命手続きにおいて裁判官の判断を援助するための書類を裁判所に対して提出し，また代弁人として活動する親族を援助する。

このように，オーストリアでは，日本で現在課題となっている成年後見人等の確保に対し，国が代弁人法成立当初から積極的に取り組んでいる。さらにこの協会代弁人制度は，必要性に応じて代弁人制度と共に進化している。このようなオーストリアの取り組みは，日本の状況に示唆を与えてくれるものと思われる。

(3) 本書における検討対象

本書は，オーストリアの代弁人法を検討し，そこから日本法への示唆を得ることを目的とするものであるから，検討対象は日本法で問題となっている分野が中心となる。具体的には，①代弁人法のこれまでの歴史，②現在の代弁人法の状況，③障害者権利条約と代弁人法の関係，④被代弁人の選挙権の問題，⑤身上監護，⑥裁判所の監督，⑦代弁人の責任，⑧協会代弁人制度が検討対象となる。

（ⅰ）本人の能力を必要以上に制限することに関する検討（①，②，③，④）

本人保護に際し，本人が必要とする以上に法的規制により本人の能力が制限されるという問題では，行為能力の法律による自動的制限および剥奪の考察が中心となる。そこで，本書ではオーストリア法の現在の状況を検討するために，1811 年の一般民法典成立以降の成年者保護制度の変遷の中で，行為能力の制限および剥奪がこれまで成年者の法的保護においてどのように行われてきたのかを明らかにする（①）。ここから，行為能力の制限および剥奪が次第に制限的に用いられることになってきたことが証明されると考えられる。

　この歴史的考察においては，行為能力の制限および剥奪とともに，現在の保護者の名称となっている「代弁人（Sachwalter）」の由来についても着目する。Sachwalter は，ドイツ語における日常用語ではなく法律の専門用語である。ドイツでは代弁人制度にあたる世話制度において「Betreuer（世話人）」という語が用いられているが，この「Betreuer」という語は，もともとドイツ語で日常的に「世話人」を意味しており，法学を学んでいない者が耳にしても違和感を覚えない言葉である。これに対し「Sachwalter」という語は，1811 年の一般民法典において使用されていた専門用語である。当時の一般民法典においては，代弁人という語は今の代弁人とは別の任務を担う者を示していた。以前の「代弁人」が担っていた任務を知ることは，立法者が現在の代弁人にどのような役割を委ねたかを知る手がかりになる。そこで，歴史的考察においては，行為能力の制限および剥奪の変遷とともに，代弁人という語が有していた意味についても検討する。

　現在の法状況については，2006 年の法改正を中心に検討する（②）。現行の代弁人法は 1983 年に成立し，1984 年 7 月 1 日に施行された。代弁人法は，旧制度であった行為能力剥奪宣告令とは対照的に国民によって広く受け入れられ，制度利用者数は，その施行後に著しく増加した。この制度利用者数の増加は，国家費用の増加と裁判所の負担の増加を結果としてもたらし，代弁人制度の質の低下が危惧され始めた。そこで設立されたのが，老齢配慮代理権，近親者代理権およびクリアリングといった新制度である。近代的内容を有していた代弁人法の施行は 1984 年であり，ドイツおよび日本と比較すると早かったために，オーストリアはそこから蓄積された経験を有している。

このため，その結果を踏まえた改正を検討することは，今後の成年者保護の法領域の方向性を検討するために，意義を有すると考えられる。

2006年の改正を検討した後に，障害者権利条約と成年後見制度との関係（③）および成年被後見人の選挙権の剥奪問題（④）に関連して，オーストリアの現在の法状況を検討する。障害者権利条約については，オーストリアは，日本と同様に行為能力の自動的制限および剥奪という観点から代弁人法と条約12条2項との抵触問題を抱えており，その国内における議論を知ることは日本にとって非常に重要となる。選挙権については，オーストリアにおいても以前は被代弁人の選挙権が法律により自動的に剥奪されていた。しかし，1987年の憲法裁判所が出した違憲判決により同条文は削除されており，現在は被代弁人に対する法律による自動的な選挙権の制限は存在しない。さらに，その障害のために投票行為において何らかの援助を必要とする者に対しては，法律によって援助制度が設けられている。そこで本書では，この違憲判決と現在の選挙制度について検討する。

（ⅱ）本人保護の不十分さに関する検討（⑤，⑥，⑦，⑧）

前述した行為能力の制限とは対照的に，成年被後見人等が求める保護が法によって実現されていない点として，次の4点を検討する。

まず第1に，身上監護を挙げる（⑤）。日本の身上監護における中心的テーマのひとつは，成年後見人等に対し医療同意権が認められるかという点である。しかし，医療同意権以外にも，日本では成年後見人等の任務に身上監護として事実行為が含まれるかといった身上監護の範囲そのものについても議論がなされている。そこで，オーストリアでは成年後見制度における身上監護の範囲がどのように設定されているのか，医療同意権および居所決定権が代弁人に認められた根拠はどこにあるのかといった検討を通して，日本とオーストリアにおける身上監護の差異を明らかにしたい。

第2に，裁判所の監督（⑥）についてであるが，オーストリアでは，代弁人は法律によって年に1度，裁判所への報告が義務付けられており，また代弁人が本人のために重大な事務を処理する場合には裁判所の許可を得ることが義務付けられている。裁判所の許可を得なければならない事務は，法律によって大まかな方向性が示されており，日本と比較すると広汎な範囲の事務

について裁判所の許可が必要となっている。日本では，成年後見人等の不正が相次いでいることから，オーストリアでは裁判所がどのように代弁人を監督しているのかを検討することは，今後の成年後見制度の運営のために必要であると考えられる。

　第3に，本人保護の観点から代弁人の責任を取り上げる（⑦）。代弁人の責任が強化されることは，本人保護の強化につながると考えられる。その一方で，代弁人は親族が任命される場合も多く，責任が厳格になれば親族による受任者の減少が生じることも予想される。日本では，未成年後見の事例について，後見人の財産処分が横領に相当するとされた事例[33]が存在する。本事例では，後見人は本人の祖母であり，親族相盗例にあたるとの主張がなされたが，最高裁判所は，後見人は裁判所から未成年後見人として任命された以上，公的任務を帯びるとして親族相盗例の適用を否定した。ここでは，未成年後見人の公的性格が明らかにされ，これは成年後見人の性格についてもいえることであると考えられた[34]。その後，成年後見人の公的性格を認める最高裁判決が出された[35]。これは，本人の養父である成年後見人が本人の預貯金を引き出したという事件であった。被告人である成年後見人は，養父であるということを理由に，刑法255条が準用する244条1項に鑑みて量刑判断を行うよう主張した。しかし，最高裁は，成年後見人は家庭裁判所から選任されているために公的性格を有するとして，被告側の主張を認めなかった。これに関連して，オーストリアでは代弁人が「国家機関」として責任を取るべきかについて判示した最高裁判例が存在する。また，一般民法典277条は，代弁人と本人の関係を考慮して代弁人の責任を軽減する旨を規定している。代弁人に対する裁判所の監督が厳格であるオーストリアであるが，代弁人の責任も厳格に捉えられているのかに関しても，本人保護の観点から検討したい。

　最後に，第4点目として成年後見人等の確保について，日本，オーストリア，ドイツの3カ国の取り組みを比較する（⑧）。日本では成年後見人等のなり手不足が問題となっており，成年後見人等が十分に確保されないと制度

---

33) 最判平成20年2月18日・刑集62巻2号37頁。
34) 田山輝明「公的成年後見制度」実践成年後見28号（2009年）58頁。
35) 最判平成24年10月9日・家庭裁判所月報65巻2号88頁，裁判所時報1565号3頁。

自体が成り立たないことから，本問題についても本人保護の不十分さの改善という観点からの検討となる。日本で成年後見人確保に対する取り組みが行われているのと同様に，オーストリアおよびドイツでも同様の取り組みが行われている。もっとも日本と異なるのは，オーストリアとドイツにおいては「代弁人協会」と「世話協会」の要件および活動内容等が法律で規定されており，制度成立の時点から，それぞれの協会の設立が制度成功のために非常に重要な要素として認識されていたことである。日本でも成年後見制度のための公的機関の設立が提案されているが，実現には至っておらず，各地方自治体および各職能団体がそれぞれ独自に取り組んでいる状況である。そこで，オーストリアおよびドイツにおける制度に関係する組織が，国家によってどのように統制され，どのような任務を与えられているのかを明らかにすることで，日本の今後の取り組みに対する示唆を得たい。

3　本書の構成

本論文は，3章からなる。第1章においては，「本人保護に際し，本人に対して法的規制が必要以上に及ぶ（法律による必要以上の行為能力の制限または剥奪）」という観点から，オーストリア代弁人法の歴史，現行法の状況，障害者権利条約と代弁人法の関係および本人の選挙権の剥奪問題について検討する。

第2章においては，第1章とは対照的に「本人保護の不十分さ」という観点から，身上監護，裁判所の監督，代弁人の責任について検討する。

第3章においては，成年後見人等の確保に対する取り組み方について検討する。本来ならば成年後見人等の確保も本人保護が不十分であることの一内容であり，第2章において論ずべきテーマである。しかし，論じる分量が多いことと，内容が法内容そのものではなく制度の担い手の確保という独自性を有するという点で，第2章で扱うテーマとは性格を異にするという理由から，第3章において独立の章を設けることとした。本章では，オーストリア，日本，ドイツが成年後見人等（代弁人，世話人）の獲得のためにどのような取り組みを行っているかを比較する。

第1章　代弁人法の成立・発展過程と現在の法状況

第1節　一般民法典成立から代弁人法成立まで

　オーストリア民法典の原語は「Allgemeines bürgerliches Gesetzbuch」である。本書では，これを「一般民法典」と表記する。

　一般民法典は1811年6月1日に公布され，翌1812年1月1日に施行された。そこには，成年者を保護するための法制度がすでに存在していた。この制度は，後に改正を重ねて現在の代弁人法へと発展することになる。このため，代弁人法について考察する基礎として一般民法典成立当時の制度に遡り，代弁人法がどのような発展を遂げてきたのかを知る必要がある。また，このような考察を行うことによって，行為能力の剥奪および制限という保護手段が時代を追うごとに制限されていったことを証明できる。そこで，本章は，一般民法典成立時における成年者の法的保護に関する制度について考察することから始める。

第1項　1811年の一般民法典における成年者の法的保護に関する制度

1　一般民法典の成立過程
(1) 法典編纂の開始から一般民法典成立まで

　オーストリアでは，すでにマクシミリアン一世（在位1493年から1519年）の時代から包括的な法典編纂が計画されていた[1]。しかし，法典編纂のために必要となる国家的基盤が整わなかったために，本格的な法典編纂が開始されたのは18世紀になってからであった。マリア・テレジアは，1753年に法典編

---

1) Froßmann, Österreichische Privatrechtsgeschichte (2008, 6. Aufl.), S. 14.

集宮廷委員会を設置し，オーストリア諸国およびボヘミアのための統一された刑法典，刑事手続法典および民法典編纂のための準備を開始させた[2]。これにより，オーストリアにおける法典編纂が開始され[3]，この結果として1766年に，8巻からなるテレジア法典（Codex Theresianus）が提出された。しかし，テレジア法典は，その教科書的な性格により法典としての適性を有していないとしてマリア・テレジアの許しを得られず，草案のままで終わることとなった[4]。その後，マリア・テレジアは改定を命じ，宮廷顧問官であったホルテン（Horten）に改定に関する指揮管轄権が与えられた。ホルテンが作成したいわゆる「ホルテン草案」は，1786年11月1日にヨーゼフ2世のもとで「ヨーゼフ法典（Josephinisches Gesetzbuch）」として公布された[6]。しかし，この法律は，多くの批判を受けた[7]。

ヨーゼフ法典が施行された後も，法典編纂は，ヨーゼフ二世とレオポルト二世のもとで続行された。そして1790年には，レオポルト二世のもとで招集された宮廷会議において議長を務め，ウィーン大学の教授でもあったマルティーニ（Martini）によるマルティーニ草案（いわゆる「原草案（Urentwurf）」）が，1797年に西ガリーチエンにおいて，1798年には東ガリーチエンにおいて施行された。ここから，マルティーニ草案は，西ガリーチエン法典（東ガリーチエン法典）（Westgalizisches（Ostgalizisches）Gesetzbuch）とも称される[8]。その後，この西ガリーチエン法典をもとに，一般民法典となる最終的な草案が作成された。一般民法典の草案作成の中心的人物となったのは，マルティーニの弟子のツァイラー（Zeiller）であった[9]。ツァイラーは，ヨーゼフ刑法典の改正

---

2) Froßmann, a. a. O. 1, S. 14 ; Vgl Heider, Die Geschichte der Vormundschaft seit der Aufklärung (2011), S. 89.
3) 勝田有垣＝森征一＝山内進（編著）『概説西洋法制史』（ミネルヴァ書房，2004年）264頁（屋敷二郎執筆部分）。
4) H・シュロッサー（著）＝大木雅夫（訳）『近代私法史要論』（有信堂，1993年）114頁，Froßmann, a. a. O. 1, S. 15.
5) 刑事法の領域では，テレジア刑法典（Constitutio Criminalis Theresiana）が1768年に施行された。勝田＝森＝山内・前掲注3・264頁。
6) F・ヴィーアッカー（著）＝鈴木禄弥（訳）『近代私法史』（創文社，1961年）423頁。
7) シュロッサー（著）＝大木（訳）・前掲注4・114頁。
8) Froßmann, a. a. O. 1, S. 15.
9) シュロッサー（著）＝大木（訳）・前掲注4・115頁，碧海純一＝伊藤正巳＝村上淳一（編）『法

と平行して1801年から一般民法典の編纂に従事し，1802年にはウィーン大学の教職から離れ，最上級司法官として民法典編纂を行った。現在においても，ツァイラーは，一般民法典の真の立法者であると称されている。草案は1806年にはすでに完成されており，1811年6月1日に「オーストリア王国全ドイツ継承国のための一般民法典（Allgemeines Bürgerliches Gesetzbuch für die gesamten Deutschen Erbländern der Österreischien Monarchie）」として公布され，1812年1月1日に施行された。

(2) 一般民法典が影響を及ぼした地域

一般民法典は，オーストリア帝国の約半分の領域に適用された。ハンガリー王国は，一時的に同法典を押し付けられた(1849年から1867年)。オーストリア・ハンガリー二重帝国の崩壊後，一般民法典を含めたその法は，新国家であるポーランド，チェコ・スロバキア，ユーゴスラビア，さらにイタリア，ルーマニアといった国家に併合された一部においても引き続き用いられた。

また，一般民法典はフランス民法典ほどではなかったが，国境を越えて他国に強い影響力を及ぼした。1816年のルーマニアのカリマコス法典（Codex Callimachus），1844年のセルビア法典および1856年のギリシャ法典の一部は，一般民法典に依拠していた。リヒテンシュタインは，その後の小改正には参加しなかったものの，1812年に一般民法典を継受した。さらに，同法典がスイスの諸州の民法典に与えた影響力は大きく，ドイツ語圏の州は，主として一般民法典を参考に立法を行った。例えばベルン州の民法典（1824年から1830年に成立）は，一般民法典の体系だけでなく，その物権法および債務法を文言どおりに受け継いでいた。その後，スイスでは州法に基づいてスイス

　学史』（東京大学出版会，1976年）133頁（村上淳一執筆部分）。
10) 堀川信一「フランツ・フォン・ツァイラー」勝田有垣＝山内進（編著）『近世・近代ヨーロッパの法学者たち－グラーティアヌスからカール・シュミットまで－』（ミネルヴァ書房，2008年）270頁。
11) シュロッサー（著）＝大木（訳）・前掲注4・115頁。
12) ヴィルヘルム・ブラウネーダー（著）＝堀川信一（訳）「ヨーロッパ私法典としてのオーストリア一般民法典」一橋法学第10巻1号（2011年）22頁。その後，ポーランド，チェコ・スロバキアおよびリヒテンシュタインといった国では，一般民法典と自国の法の置き換えが行われている。
13) Gschnitzer, Allgemeiner Teil des bürgerlichen Rechts (1992, 2. Aufl.) S. 20.
14) ブラウネーダー（著）＝堀川（訳）・前掲注12・21頁。

民法典（1912年1月1日施行）が編纂されたことから[15]，スイス民法典は，間接的にオーストリア一般民法典の影響を受けているといえる。このように，一般民法典は成立後次々とその周辺国によって参考にされていった。その理由として，当時の一般民法典が最も若くかつ近代的な私法典であったことが挙げられている[16]。

(3)「一般民法典」という表現について

一般民法典において「一般」という表現が用いられたのは，特権階級のためではなく，全ての人のための法を作り出そうとしたことの現れであり，その目標は法の下の平等であったとされている[17]。一方で，民法と名づけられたのは貴族および聖職者以外の第三階級が台頭してきたことの現れであった。このため，一般民法典は，貴族および聖職者の特権に関する規定を有していなかった[18]。

2 障害者に関する法的規制の経緯

一般民法典は，理性的・倫理的な個人の存在を基礎として個人に自由を保障しており[19]，自由意思の主体である人間の一般的権利能力を認めた法律として画期的な意義を有していた[20]。しかし，このような一般民法典においても精神的障害者は理性を有しない者とみなされ，保護というよりは「権利の剥奪」の対象とされていた。次からは，一般民法典成立前および一般民法典成立時において，精神的障害者の保護についてどのような対応および法規制がなされていたのかを明らかにする。

(1) 近代以前

精神病者は，古くは奇人，狂人と見なされており，精神病者から悪魔祓いで身を守るということまで行われていた。キリスト教の影響により，近代前

---

15) Tuor/Schnyder/Schmid/Rumo-Jungo, Das schweizerische Zivilgesetzbuch (2009, 13. Aufl.), S. 5.
16) ブラウネーダー（著）＝堀川（訳）・前掲注12・21頁。
17) Gschnitzer, a. a. O. 13, S. 14.
18) Gschnitzer, a. a. O. 13, S. 14.
19) 皆川宏之「オーストリアにおける民法典の成立－特に国家制定法と人的権に関する規定の編纂過程を中心として－」『歴史創造の事理と法理－思想・制度・社会⑦』（未来社，1998年）252頁。
20) 村上淳一『近代法の形成』（岩波全書，1979年）172頁。

からようやく「監護（Fürsorge）」という考えが認められるようになり，本人を保護するための後見制度が設けられ始めた。後見制度を利用するかどうかの判断は基本的に本人の家族に委ねられていたが，家族が本人に対して後見人を付すと決断した場合には，裁判所における告知により，その後見人の任命が公にされなければならなかった。[21]

すでに近代に入る前から，身体的障害者および精神的障害者は，行為能力または権利能力を制限する対象とされていた。つまり中世末期から，行為能力剥奪に関する規定ならびに精神病者および浪費者に対する後見の命令が存在していたのである。これは，現代でも存在する「Entmündigung」[22]といわれる行為能力の剥奪である。すなわち，行為能力の剥奪は少くとも中世末期から行われており，現在まで続いていることになる。以前は，家族が本人の保護を引き受けていたが，この頃になるとその保護の役割が国家に移行し，監護という考え方が注目され始めた。役人が後見人を任命するようになる一方で，本人の家族・親族は，後見人の任命に関する申請権および聴取権を有するのみになっていった。[23]

(2) 一般民法典前[24]

近代初期においては，精神的障害または身体的障害のために，本人が後見人を必要とするかどうかの判断は，広汎に官庁の裁量下に置かれていた。後見人の任命に際しては医師が本人を診察して判断していたが，その際，病気という概念には，精神病，精神薄弱，心身の障害および身体的障害と理解されるもの全てが含まれていた。当時の制度においても精神病者から処分能力を剥奪し，後見人を任命するためには，裁判所による公的かつ明確な書類が必要であった。[25]この点は，現在の制度と共通する。なお当時，ローマ法にお

---

21) Floßmann, a. a. O. 1, S. 46.
22) オーストリアにおいて，「Entmündigung」という言葉自体は，1916年公布の行為能力剥奪宣告令においてドイツ法から導入された。
23) Floßmann, a. a. O. 1, S. 46.
24) ドイツ民法典成立以前のドイツにおける成年後見制度の歴史に関する先行研究として，神野礼斉「ドイツ成年後見法の歴史的発展－BGB成立以前－」小林一俊＝小林秀文＝村田彰（編）『高齢社会における法的諸問題－須永醇先生傘寿記念論文集－』（酒井書店，2010年）323頁以下がある。
25) Floßmann, a. a. O. 1, S. 47.

ける「監護（cura）」と「後見（tutela）」という概念は，オーストリアの裁判所実務に取り入れられていたものの，その違いは実質上，存在しなかった。ローマ法において，後見は，一定の理由で生活能力が全くなかったり，自分で生活する能力が乏しい人およびその財産の世話を意味し，監護とは，特別な理由で世話を必要とする人および成人の財産管理を意味していた。[26]

　1786年に施行されたヨーゼフ法典では，心身の障害により，自ら事務を処理できない者には「後見人（Kurator）」が任命されると定められていた。このヨーゼフ法典においては後見人を任命するのは裁判官であり，その判断は医師の鑑定に基づいている必要はないとされていた。これと同様の規定が，施行されることなく終わってしまったテレジア法典においても規定されていたとされている。[27]

(3) 一般民法典

　1811年の一般民法典は，精神的障害者の保護を21条，269条，270条および273条において規定していた。同法典においても精神障害者に対する保護は行為能力の剥奪を意味しており，後見人が任命された後に，本人の収容の場所や収容状況について配慮されることはなかった。つまり，本人は行為能力剥奪手続きの「客体」にすぎなかったのである。[28]

(4) 身体的障害を有する者について

　古い法律においては，戦闘能力を有する男性のみが完全な権利を享受できるとされており，身体障害を有する者は，中世末期まで完全にまたは部分的に行為無能力であると見なされていた。[29]中世末期において当該制限は消滅したが，身体的な障害が権利の実現の妨げになる場合には，身体的障害は行為能力剥奪理由となる場合があった。例えば1811年の一般民法典は，275条において耳の不自由な者に対する後見について規定しており，これは身体障害者への一般的な対応の一例として捉えられていた。一般民法典以前は，精神的障害者だけでなく身体の障害者も行為能力の剥奪の対象とみなされてい

---

26) オッコー・ベーレンツ＝河上正二（訳著）『歴史の中の民法－ローマ法との対話－』（日本評論社，2001年）153頁および155頁。
27) Floßmann, a. a. O. 1, S. 47.
28) Floßmann, a. a. O. 1, S. 48.
29) Floßmann, a. a. O. 1, S. 48.

たことから，一般民法典の275条はその名残であったと考えられる。

3　1811年の一般民法典における「代弁人」の意義

　一般民法典において，精神障害者は「理性を有しない者」とされ，その行為能力は常に，完全に剥奪されていた。ここでは，当時の成年者保護制度について考察していく前に，「代弁人（Sachwalter）」という言葉に着目したい。現行の代弁人制度の原語は「Sachwalterschaft」といい，ドイツ語の日常用語ではない言葉が用いられている。しかし，一方でこの言葉は新しく生み出されたというわけでもなく，1811年の一般民法典においてすでに存在していたのである。なぜ1983年の民法典改正時に立法者が新制度を代弁人制度と名付けたのか，そこにはどのような意図が存在したのかを探るために，ここでは1811年の一般民法典の「代弁人」という言葉が有していた意味を検討する。

(1) 成年後見人に当たる者

　1811年の一般民法典269条には，1983年の民法典改正の際に採用された「代弁人」という文言が用いられている。つまり「代弁人」という言葉は，代弁人法成立時に新たに生み出されたものではなく，1811年に成立した一般民法典の条文において用いられた言葉であり，これを代弁人法立法者は採用したと考えられる。1983年の改正においては，「Vormund（後見人）」という言葉が差別を想定させるという理由から回避され[30]，代弁人という言葉が再び用いられたものと考えられる。なぜ，代弁人という言葉が再び用いられたのか。次からは，当時の代弁人が担っていた役割を考察しつつ，その理由を検討する。

　1811年一般民法典269条は，自らその事務を処理できない者に，「代弁人」を任命すべき旨を規定している。269条は，次の通りである。

【1811年一般民法典　第269条】
　　自己の事務を自ら処理できない者および自己の権利を自ら守れない者のために，裁判所は，父権的権能または後見的権能になじまない場合には，後見人（Curator）または代弁人（Sachwalter）を任命しなければならない。

30）インスブルック大学法学部ミヒャエル・ガナー教授のご教示による。

本条では、代弁人という言葉が用いられているが、代弁人が任命される割合は、後見人[31]に比べて比較的低かったと考えられる。次にみる187条では成年者に対する後見人が任命される場合が規定されているが、代弁人という文言は出てこないからである。一般民法典187条は次の通りであった。

【1811年一般民法典 187条】
　父親による監護が受けられず、未成年またはその他の理由でその事務を自ら処理できない者に対し、法律は、未成年後見人（Vormund）または後見人（Curator）により特別な保護を授ける。

本条には、成年でその事務を自ら処理できない者は後見人による保護を受けると定められており、「代弁人」という文言は出てこない。当時の成年後見人にあたる者は、次条である188条に規定されている。188条は、次の通りである。

【1811年一般民法典 188条】
　未成年後見人は、特に未成年者の身上監護を行わなければならないが、同時にその財産も管理しなければならない。後見人は、未成年であることと異なる理由から事務の処理ができない者の身上監護および財産管理のために必要とされる。

本条から、成年者保護にとって重要な役割を果たしていたのは、代弁人ではなく、後見人であったと考えられる。188条2文によれば、成年後見人は、自己の事務処理ができない成年者の身上監護および財産管理のために必要とされていた。

(2) 1811年の一般民法典における代弁人の役割

後見人がその役割を果たしていたのにもかかわらず、当時は、269条に代弁人という文言が規定されていた。当時代弁人という者が任命されるべき

---

31) 本書では、1811年の一般民法典におけるCuratorを後見人、Vormundを未成年後見人と訳す。当時のCuratorという語は、現在の日本における成年後見人および不在者管理人の両方の意味を併せ持っていたと考えられる。このために、未成年者にも最終的に後見人（Curator）を任命できるという表現がなされている。

ケースが条文として規定されていたからである。しかし，それは現在の日本の成年後見人等の任命に相当するケースではなかった。

1811年の一般民法典において，「代弁人制度（Sachwalterschaft）」という語が用いられたのは，269条，274条，275条，276条および1239条の5つの条文においてであった[32]。

前述した269条を除けば，その他の4条は具体的なケースにおける代弁人の任命を規定していた。それぞれ条文ごとに見ていくと，274条は子孫一般の遺産の管理または胎児の権利維持のために代弁人が置かれる旨を規定していた。275条は，耳の不自由な者が裁判所に出廷する際には代弁人を有するべき旨を規定していた。276条は，不在者の場合および，法律行為の当事者が不明であり，正規かつ通常の代弁人を置いておらず，代弁人なしではその者の権利または他者の権利が害される場合に，後見人が任命されると規定していた。最後に1239条は，夫は，妻の財産を管理する代弁人と見なされる旨を規定していた。

当該4条から，当時の「代弁人」は，何らかの具体的な事務ができない者

---

32) 1811年一般民法典274条
「まだ生まれていない者を考慮して，子孫一般のために，または既に存在する胎児（22条）のために代弁人が置かれる。前者の場合において，代弁人は，子孫に定められた遺産が減少させられないように配慮しなければならない。しかし後者においては，まだ生まれていない子の権利が維持されるように配慮しなければならない。」
1811年一般民法典275条
「耳の不自由な者は，同時に状況が理解できない場合には，持続的に後見のもとに置かれる。しかし，開始後25年が経過し，その事務を処理できるならば，本人の意思に反して後見人が置かれなくてもよい。ただしその者は，代弁人なしに出廷すべきではない。」
1811年一般民法典276条
「不在者または裁判所に目下まだ把握されていない法律行為の参加者のための後見人（Curator）の任命は，その者が正規の代弁人を置いていないが，代弁人なしではその権利が危険にさらされるか，または他者の権利がその行使を妨げられる場合に行われる。不在者の所在地が判明した場合には，後見人は，その者にその法律行為の状態を知らせなければならず，もし他の処理がなされない場合には，未成年者の法律行為の場合と同様にその法律行為を処理しなければならない。」
1811年一般民法典1239条
「夫はその〔妻の財産の〕管理を考慮して，一般に代理権を有する代弁人と見なされる。しかし，彼は，相続財産または基本財産についてのみ責任を負う。管理の間に受けとった利益について，それがはっきりと生み出されたものでなければ，彼は，その利益を返還する責任を負わない。このことは，管理が終了する日まで正当な権利とみなされる。」

のための「代理人」と言える存在であったといえる。例えば，胎児であるために遺産を管理できない者ために，または耳が不自由である者が出廷するために，代弁人が任命されていた。ここから，当時の代弁人が担っていた役割は特定の者の事務処理であり，それは本人の行為能力を制限する保護ではなかったということができる。

(3) 「私的代弁人（Privat=Sachwalter）」という表現

276条は，「後見人の任命は，もしその者が正規の代弁人を残しておらず，しかし代弁人なしではその権利が危険にさらされるか，または他者の権利がその動きを停止させられる場合に行われる」と規定しているため，本条の「正規の代弁人」とは何かが問題となる。

一般民法典制定当時，未成年者の教育と身上監護のために未成年後見人が任命されており，成年者の財産管理および権利保護のために後見人が任命されていた。これに加えてさらに，後見人と区別される「私的代弁人（Privat=Sachwalter）」という者が存在していたと考えられる。ツァイラーによれば，私的代弁人は，裁判所ではなく，本人または本人の世話人が選任した者であり，この者が「正規の代弁人」と考えられる[33]。

本来ならば，代弁人は成年者のために選任されると考えられるが，一般民法典成立当時は，代弁人は未成年者のためにも選任されえたのではないかと思われる。というのも，ツァイラーのコンメンタールには，「父親または未成年後見人が，特定の事務を自ら処理できず，加えて特別な理由により代弁人を選任できない場合にのみ，後見人が必要である[34]」という記述があるからである。ここから，未成年者でも必要があれば代弁人を有することができ，さらに後見人は，私的代弁人を選任できない場合の最終手段であったことがうかがえる。

4 1811年の一般民法典における成年者保護制度

次に，1811年の一般民法典成立時の成年者保護制度について検討する。

---

33) Zeiller, Commentar über das allgemeine bürgerliche Gesetzbuch für die gesammten deutschen Erbländer der österreichischen Monarchie (1811), S. 540.
34) Zeiller, a. a. O. 33, S. 540.

(1) 国家による保護

　現行の一般民法典 21 条 1 項は，「未成年者および未成年であるということ以外の理由から，全ての事務または個々の事務を自ら適切に処理するこがきない者は，法の特別な保護のもとにある」と規定しており，本条は代弁人制度の根拠条文とされている。つまり，代弁人制度は本条を具体化したものなのである。1811 年の一般民法典 21 条も，法が特別に保護すべき者を規定していた。これが，当時の成年者保護の根拠条文となっていたと思われる。1811 年の一般民法典 21 条は，次の通りである。

【1811 年一般民法典 21 条】
　年齢の不足，精神の障害またはその他の状況[35]により，自己の事務を自ら適切に処理できない者は，法律の特別な保護のもとにある。そこに含まれる者〔は次の通りである〕[36]。7 歳の児童。14 歳の未成熟者。その人生の 21 年間をまだ終えていない未成年者。そして，理性を用いることを完全に奪われたか，少なくとも自己の行為の結果を理解する能力がない狂乱した者（Rasenden），気の狂った者（Wahnsinnigen）および痴愚の者（Blödsinnigen）。さらに，裁判官が明らかな浪費者としてその財産の今後の管理を禁止した者。最後に，不在者および市町村（Gemeinden）。

　同条は，年齢が若いことと，理解力が乏しいことを「特別な人格」とし，特別な人格の保持者は自ら権利を有し，行使することができないと規定していた。財産をだまし取られるというような危険から本人を保護するために，立法者は「特別な人格」の保持者を，他者の援助を必要とする者として法の特別な保護の下に置いたのである。現行法 21 条と 1811 年の一般民法典の21 条を比較すると，現行法における「全ての事務または個々の事務を自ら適切に処理するこができない者」という本人を表す文言の代わりに，当時は「狂乱した者」「気の狂った者」「痴愚の者」という文言があてられていた。

---

[35]「またはその他の関係により」という表現から，列挙は例示的と考えられていた。列挙されていないが，行為能力を喪失している疑いがある者として，当時はアルコール中毒者，薬物中毒者などが想定されていた。
[36] 本書では，訳注を〔　〕で示す。

これらの文言の意味について，当時の医者および心理学者は一致した見解を有しているわけではなかった。それにもかかわらず，このような文言が規定されたのは，当時の立法者が，正常ではない精神状態が原因で自己の行為の結果が判断できずに保護を必要とする者を一般的に知られている名称で示すことを重視したためである。[37]

(2) 特別代理人を任命する要件

21条は，狂乱した者，気の狂った者，痴愚の者を国家による保護の対象者として規定しており，さらに後見人を任命する具体的な要件として，当時の270条は次のように規定していた。

【1811年一般民法典 270条】
> 次のような〔者に後見の必要性が生じる〕。別の行政区域に不動産を所有する未成年者（225条），または特別な事例において父または未成年後見人により代理されえない未成年者。気の狂った状態，または痴愚の状態に陥った成年者。まだ生まれてきていない者。時として耳の不自由な者。不在者および受刑者。

本条から，当時は成年者保護の制度利用者に対して，「気の狂った者」または「痴愚の者」という言葉が使われていたことが分かる。

一般民法典成立当時は，「狂乱した者」「気の狂った者」「痴愚の者」という文言の解釈について，法律家と医師との間で相違が生じていた。

ツァイラーによれば，「狂乱した者」，「気の狂った者」は共に理性を用いることを完全に奪われた者であるとされ，「気の狂った者」は通常荒々しい態度をとることがその特徴であるとされていた。[38] 一方で「痴愚の者」は，自己の行動の結果を理解できない者とされ，前2者と比較すると，理性を完全に用いることができないわけではない者として想定されていた。

一方で医師は，「気の狂った状態」を，感覚と想像力のアンバランスな状態が継続的に続くために自己の判断を誤り，想像を現実と見なす精神状態と

---

37) Zeiller, a. a. O. 33, S. 118.
38) Zeiller, a. a. O. 33, S. 118.

していた。ここから不利な法律行為に巻き込まれることを防ぐため，この状態にある者に対し，厳格な後見が行われる必要があると考えられた。「痴愚」は，注意力が欠如しており，謝った判断を行う危険がある状態と考えられた[39]。

このように，法律家および医師は，「狂乱した者」「気の狂った者」「痴愚の者」の意味について異なる見解を主張していたものの，それぞれの概念は，実務においては結果的に差異なく取り扱われるようになっていった。というのも，効果の上では全て完全に行為能力を剥奪されており，3つの概念には実質的な差は存在しなかったからである。

1916年に施行された行為能力剥奪宣告令は，「精神病（Geisteskrankheit）」と「精神薄弱（Geistesschwäche）」を区別していたが，この差異もやはり法的な意味を持たなかったといわれている[40]。

(3) 手続方法

1811年の一般民法典273条は，後見人を任命すべき状態にあると宣告する際の手続きを規定している。同条は，次のとおりである。

【1811年一般民法典 273条】
> 気が狂っている，または痴愚であると見なされるのは，その態度を厳密に観察することにより，そして裁判所によってこれについて指示された医師の同意により，裁判所によってこのように宣告された者だけである。しかし，届けられた通告とこれに基づいて行われた調査により，その者が財産を思慮のない方法で浪費し，軽率にまたは不利な条件のもとで結ばれた消費貸借契約によって，自らまたはその家族を将来的に苦境に陥らせることが明らかである場合には，裁判所はその者を浪費者として宣告しなければならない。双方の場合において，裁判所による宣告は，公示されなければならない。

本条では，宣告に際し，医師の同意および裁判所の関与が定められている。この手続きについては，裁判所が行為能力の剥奪に関与するという点で現行

---

39) Zeiller, a. a. O. 33, S. 543.
40) Klang/Gschnitzer, Kommentar zum Allgemeinen bürgerlichen Gesetzbuch (1964, 2 Aufl.), S. 153.

法と共通している。

　同条は医師の同意について規定しているが，実際にどのような状態が「気が狂っている」または「痴愚である」のかは，精神科医の判断に全面的に委ねられていた。当時，精神病と判断するための基準は不明確であり，他者に診断結果が利用されるおそれもあった。このため，裁判官は本人の状態を推測できる事実および目撃者の証言を自ら調査し，状況に応じて，直接，本人の態度と状態について判断すべきとされていた。つまり，実務では，まず専門医による診察が行われたが，裁判官は，本人が特別代理人の任命を必要としているかどうかを，この診察結果に拘束されることなく判断していたのである。

　なお，本条は浪費者についても言及している。日本でも禁治産制度において浪費者が制度の対象者とみなされていたが，これはオーストリアでも同様であった。21条に挙げられてはいないが，浪費は本人だけでなく，家族および国家も巻き込む悲惨な結果を生じさせる可能性があるという理由から，浪費者も行為能力を剥奪すべき者として考えられていた。もっとも学説においては，一般民法典制定以前の法学者が浪費者を完全に理性を奪われた者として「狂乱した者」または「気の狂った者」に相当すると考えていたのに対し，ツァイラーは，浪費後は後悔することが多く，理性を完全に奪われているわけではないとして，浪費者を「痴愚の者」とみなしていた。[42]

第2項　行為能力剥奪宣告令の成立とその内容

1　行為能力剥奪宣告令の成立過程

　1811年における一般民法典内の成年者保護制度の次の制度である行為能力剥奪宣告令は，1916年に公布されている。従って，「気が狂った者」「痴愚である者」を利用要件とする成年後見制度は，1812年から100年以上も維持されていたことになる。その改正のきっかけとなったのは，精神病院へ

---

41) Zeiller, a. a. O. 33, S. 545.
42) Zeiller, a. a. O. 33, S. 119.

患者を収容する際の劣悪な状況に対するマスコミからの非難であった。

(1) 精神病院に対する批判

一般民法典成立から50年ほどは，精神的障害者の法的地位に何の変化も生じず，後見人を任命し，行為能力を剥奪するということが成年者保護の中心的内容であった。1870年の「帝国衛生法 (Reichssanitätsgesetz)」および1874年の「司法省との協力における内務省勅令 (die Verordnung des Ministeriums des Inneren im Einvernehmen mit dem Justizministerium)」において，精神病者に関係する規定が置かれるようになってきたが，精神病者をその収容の際に十分に保護するには至っていなかった。もっとも，このころから徐々に，精神病者の収容，強制収容および退院には，官庁の特別な法的規制および監督が必要であることが気付かれ始めていた。[43]

当時の新聞の紙面では，私立の精神病院における患者に対する対応が非難されていた。具体的には，院長などの責任者が本人が精神病でないにも関わらずその財産を横領するために本人を患者として収容したり，本人を病院に追いやりたいという親族の要求をかなえるために，本人を病院に収容しているという報道がなされていた。このため，行政官庁では，私立の精神病院の設立許可およびその後の監督の必要性が主張されていた。このことを発端として，私立の精神病院には自由制限を行う権利はないとして，私立の精神病院を全て廃止することを主張する者まででてきたが，公的収容施設の収容能力が限界に達していたために，私立の施設が必要とされているのが現状であった。[44]

(2) 対外的状況

法改正のきっかけをもたらしたのは，国内の動向だけではなかった。1880年代に中央ヨーロッパでは，精神病者に関する法改正の要請が強まっており，法学者および精神医学者が当該問題に取り組んでいた。一方で，オーストリアは，少なくとも1894年の時点でヨーロッパの文化的国家の中で唯一精神病者に関する法律を有していなかった。対外的にみても，当時のオーストリ

---

43) Hartl, Der Weg zur Entmündigungsordnung 1916, in: Weinzierl/Stadler (Hrsg.), Justiz und Zeitgeschichte (1983), S. 373.
44) Hartl, a. a. O. 43, S. 374.

アの精神病者に関する法領域は，他国に遅れをとっていた。

(3) 当時の実務状況

精神病院に関する悪評が出回ったため，裁判官は，強制収容および行為能力剥奪宣告を躊躇するようになっていった。当時，強制収容の要件は条文上定められておらず，実務では行為能力の剥奪が強制収容の実質的な手続きであり，行為能力剥奪の手続きを経て本人を収容するということが行われていた。このため，強制収容のための要件が早急に定められなければならず，そうすれば精神病院への非難も収束すると考えられた。そこで長年の準備作業を経て，1907年に行為能力剥奪宣告令の草案が作成された。[45]

(4) 公布に至るまでの経緯

行為能力剥奪宣告令は，1907年に草案が作成されてから公布にいたるまで，9年を要した。これは，旧法がすでに広く知られており，時代の風潮に即していたからであるといわれている。その当時は，「気が狂っている」者が「全ての」行為能力を剥奪されるという制度が社会に根強く深透していた。しかし，いつまでも旧法を引きずるわけにもいかず，その後若干の修正が加えられた草案は，1916年6月28日に「行為能力剥奪宣告令」として，皇帝フランツ・ヨーゼフ1世により勅令という形で公布された。[46] 行為能力剥奪宣告令の詳細な内容については後述するが，旧制度との大きな差異は「制限的な行為能力の剥奪」が設けられたことにある。[47]

2 行為能力剥奪宣告令の内容

(1) 旧法との差異

行為能力剥奪宣告令の革新的部分は，次の点であった。①制限的な行為能力剥奪の導入，②浪費による行為能力剥奪の導入，③アルコール中毒および神経毒の乱用が原因による行為能力の剥奪の導入，④行為能力剥奪の手続き

---

45) Hartl, a. a. O. 43, S. 376. なお，この頃の歴史的背景については，Weinzierl, Die historischen Hintergründe der Einführung des neuen Entmündigungsrechtes, in: Weinzierl/Stadler (Hrsg.), Justiz und Zeitgeschichte (1983), S. 121ff. 参照。

46) Reichsgesetzblatt 1916/207.

47) 同令において完全な行為能力の剥奪を行うために，本人は，7歳以上である必要があった。制限的な行為能力の剥奪を行うには，本人は，成年でなければならなかった。

に関する詳細な規定の創設，⑤本人は保護の客体ではなく主体であることの確認，⑥強制収容の誤用濫用の防止である[48]。

(2) 行為能力剥奪宣告令の構成と表現

　行為能力剥奪宣告令は，1916年に公布され，1984年の代弁人法施行まで効力を有していた。その構成は，次の6章から成り立っていた。(1) 行為能力剥奪宣告の要件（同令1条から11条），(2) 管轄権（12条から15条），(3) 精神病者のための病院への入院に関する裁判手続き（16条から24条），(4) 行為能力剥奪宣告の手続き（25条から55条），(5) 一般規定（同令56条から67条）および (6) 終末・経過規定（68条から74条）である[49]。関連する一般民法典の規定は，本令により失効した。注目すべきなのは，強制収容の手続きが同令に規定されたことである。強制収容の法的規制が同令制定のきっかけだったために，行為能力剥奪に関する規定と強制収容に関する規定が同一の法律で規定された。これは，オーストリアの行為能力剥奪宣告令の特色である。

　行為能力剥奪宣告令で用いられた文言の多くは，ドイツ法から採用された。例として，「行為能力の剥奪（Entmündigung）[50]」，「精神病（Geisteskrankheit）」，「精神薄弱（Geistesschwäche）」などが挙げられる。現在でも用いられる「行為能力の剥奪（Entmündigung）」という言葉は，もともとはこの頃にドイツ法から取り入れられたものだったのである。しかし，このために，制限的に行為能力を剥奪された者に対しても「行為能力の剥奪」という言葉を使うといった矛盾も生じていた[51]（同令4条参照）。

　なお，行為能力剥奪宣告令は，一貫して行為能力に「Handlungsfähigkeit」という語を用いていたが，これは現在でいうところの「Geschäftsfähigkeit」

---

48) Lehner, Entstehung, Absicht und Wirkung der Entmündigungsordnung 1916, in: Weinzierl/Stadler (Hrsg.), Justiz und Zeitgeschichte (1983), S. 154.
49) 田山輝明『成年後見法制の研究（下巻）』（成文堂，2000年）468頁。
50)「Entmündigung」という表現は，古高ドイツ語および中高ドイツ語の「munt」という語に由来する。muntとは，保護（SchutzまたはSchirm）と同様の意味を有していた。その後，この言葉の持つ意味は，他者による保護決定という意味に変化する。Harrer, Die Rolle des ärztlichen Sachverständigen nach der Entmündigungsordnung, in: Hellmich/BMJ (Hrsg.), Enquete über die Reform der Entmündigungsordnung (1978), S. 12.
51) Forster/Pelikan, Von der Entmündigung zur Sachwalterschaft - Das Modellprojekt Sachwalterschaft vom 1. 1. 1981 - 30. 6. 1984 - (1984), S. 41.

を想定していたと考えられる。

(3) 行為能力剥奪宣告令の内容およびドイツ法との異同

行為能力剥奪宣告令において行為能力剥奪の要件は，本人が精神病または精神薄弱を理由に自己の事務を自ら処理できないこと（行為能力剥奪宣告令1条1項）およびその事務の適切な処理のために援助者を必要としていること（同令1条2項）であった。ここから，代弁人の任命要件の原型は，すでに同令によって形成されていたといえる。

行為能力剥奪宣告令において，完全な行為能力被剥奪者は行為無能力となり，法定代理人として「後見人（Kurator）」を任命されていた（同令3条）[52]。制限的行為能力被剥奪者は，判断能力のある未成年者と同等の法的地位にあり，法定代理人として「援助者（Beistand）」を任命されていた（同令4条1項）。

オーストリアの行為能力剥奪宣告令においては，本人は，完全に行為能力を剥奪されていても，日常生活に関する法律行為を行うことができた。一方で，当時のドイツ法では，制限的行為能力被剥奪者のみが日常生活に関する法律行為を行うことが許容されていた[53]。

婚姻能力に関しては，オーストリアでは，制限的行為能力被剥奪者は援助者の同意を得て婚姻できたが（同令4条2項），完全な行為能力被剥奪者は後見人の同意をもってしても婚姻することができなかった。当時のドイツ法においても同様の規制がなされていた。

ドイツでは行為能力の剥奪理由に関係なく遺言能力が排除されていたのに対し，オーストリアでは制限的に行為能力を剥奪された者は，法廷において口頭で遺言を行うことができた（同令4条2項）。

選挙権は，行為能力が剥奪される理由に関係なく両国共に認められていなかった[54]。

(4) 手続方法

行為能力剥奪宣告令の立法者は，行為能力剥奪宣告の要件とともに，精神病者のための病院への入院に関する裁判手続き（16条から24条）および行為

---

[52] 行為能力剥奪宣告令では，Kuratorを「後見人」とし，Beistandを「援助者」と訳する。
[53] Forster/Pelikan, a. a. O. 51, S. 43.
[54] Forster/Pelikan, a. a. O. 51, S. 44.

能力剥奪宣告の手続き（25条から55条）も同令に規定した[55]。

当時，行為能力の剥奪の要不要を判断する管轄を有していたのは地区裁判所であり（同令12条1項），それに引き続いて行われる後見人および援助者の任命は，監護裁判所が行っていた[56]。行為能力剥奪手続きは基本的に申請によって行われていたが，精神病または精神薄弱が原因で行為能力の剥奪が命じられる場合は，職権による手続きの開始が可能であった（同令25条）。申請権が与えられていたのは，本人の一定の範囲の親族の他に，検察官および市町村長であった。もっとも，検察官は浪費者に対する行為能力の剥奪は申請できず（同令26条2項），市町村長は浪費，アルコール中毒および神経毒の乱用の場合にのみ申請できた（同令26条3項）。この手続きにおいて本人は，原則的に個人的に聴取されなければならず（同令32条2項），精神状態が変化した場合には，完全な行為能力の剥奪から制限的な行為能力の剥奪への変更が可能であった（同令50条2項）。行為能力の剥奪を命じた決定は，裁判所によって公表され，かつ監護裁判所に伝達されなければならなかった（同令66条2項）。

行為能力剥奪宣告令では，手続開始後の本人保護のために，本人に「一時的な援助者」を任命することができた（同令8条以下）。裁判所は，同令9条により一時的な援助者の任務範囲を定めることができ，かつ援助者の任命にともなって本人に行為能力の剥奪が生じた[57]。裁判所がその決定において行為能力の剥奪を最終的に認めなかった場合でも，一時的な援助者の行った法律行為は有効とされた[58]。この「一時的な援助者」の任命は，その後，恒久的な行為能力の剥奪を回避するために，従来の目的から逸脱した用いられ方をするようになっていった。

3　行為能力剥奪宣告令に対する非難
(1)　非難を受けた点
行為能力剥奪宣告令の時代では，後見人または援助者として，全体の約

---

55) 田山・前掲注49・468頁
56) Forster/Pelikan, a. a. O. 51, S. 45.
57) Forster/Pelikan, a. a. O. 51, S. 46.
58) Forster/Pelikan, a. a. O. 51, S. 47.

50％において親族が任命されていた。また，弁護士・公証人の割合が約5％であり，残りを他者が占めていた[59]。オーストリアでは，2009年1月1日の時点で親族代弁人の割合が61％となっており[60]，その割合は高いとはいえない。しかし，行為能力剥奪宣告令において，親族が任命される割合は，さらに低かった。

1947年以降は，浪費者および神経毒乱用者に対する行為能力の剥奪件数が減少した。完全な行為能力被剥奪者と制限的行為能力被剥奪者の割合はほぼ同程度となり，1975年では行為能力の剥奪件数は約900件，制限件数は約700件であった[61]。また，1984年の代弁人法改正以前は，およそ26,000人から27,000人が行為能力を剥奪または部分的に制限されていた[62]。

長期間準備作業が行われたにもかかわらず，行為能力剥奪宣告令施行後の成果は芳しいものではなかった。公布直後には再改正の動きもあったが，実際の改正には至ることなく終わってしまった。

実務では，裁判官の中には，いまだに旧法を良しとする者がおり，施行後1年以上経過しても，同令はその目的に既した適用がなされているとは言い難かった。非難されていたのは，具体的には，次の点である。①裁判所は，同令1条の文言を根拠として[63]，無資力者の行為能力剥奪を宣告していない，②一時的援助者の任命（同令8条[64]）は恒久的に行われ，行為能力剥奪宣告が

---

59) Forster/Pelikan, a. a. O. 51, S. 50.
60) Pilgram/Hanak/Kreissl/Neumann, Entwicklung von Kennzahlen für die gerichtliche Sachwalterrechtspraxis als Grundlage für die Abschätzung des Bedarfs an Vereinsachwalterschaft － Abschlussbericht － (2009), S. 16. http://www.irks.at/ から入手可能。
61) Pelikan, Zur Initiierung der Vereinssachwalterschaft, in: Rechtsfürsorge für psychisch Kranke und geistig Behinderte (1984), S. 5.
62) Lehner, a. a. O. 48, S. 165.
63) 行為能力剥奪宣告令1条
「(1) 精神的病気または精神薄弱のためその事務をみずから処理することができない7歳以上の者は，完全な行為能力剥奪宣告を受けることができる。
(2) その事務を処理することができないわけではないが，精神的病気または精神薄弱を理由としてその事務の処理のために援助者を必要とする成年者は，制限的な行為能力剥奪宣告を受けることができる。」（526頁）
なお，本法に関しては，田山・前掲注49に部分訳が掲載されているので参照した。以下訳文とともに掲載頁数を付記する。
64) 行為能力剥奪宣告令8条

もはや行われていない，③裁判所の行為能力剥奪の理由付けは，本人の具体的な事情に既しておらず, 画一的である，④ 18 条に基づく医師の診察は，個々の裁判官の下で行われていない，⑤ 29 条に反して，本人は手続きの際に裁判所に招致されていない，⑥制限的な行為能力の剥奪が必要な場合にも完全な行為能力の剥奪が宣告され，またその逆も生じている。[67]

また，手続面においても，行為能力剥奪宣告令において手続開始の決定に関する規定が置かれていないことが非難されていた。[68] このような規定がないために，本人は，専門家の鑑定を受けるために，正当な手続を経ずに理由なく裁判所によって招致されていたという実体が存在した。このような手続きの不透明さを改善するために，代弁人法では，本人の手続面における地位が向上することとなった。[69]

(2) 無資力者に対する行為能力剥奪宣告の回避

とりわけ①については，裁判所と司法省の間で見解の相違がみられた。裁判所は，行為能力剥奪法令1条および2条が，「行為能力剥奪宣告を受けることができる」と規定していることを根拠に，裁判官が行為能力剥奪宣告を強制的に行う必要はないと主張した。これに対し司法省は，行為能力剥奪を宣告するための理由が必ずしも本人にある必要はなく，行為能力剥奪宣告は公法の観点からも行われうると反論した。しかし，司法省の主張は認められず，無資力者に対する行為能力剥奪宣告は行われないという状況が続いた。[70]

「(1) 自己の利益を有する者の保護のために緊急に必要な場合には，精神病院またはこれに類似した施設に入院させ，または申立もしくは職権により行為能力剥奪宣告手続の導入の後，その者に暫定的擁護者が任命されるべきである。」(527頁)

65) 行為能力剥奪宣告令18条
「(1) この決定に先立って，この決定を担当する区裁判所の裁判官による指導のもとで1人もしくは2人の鑑定人により病人の検査が行われなければならない。」(528頁)

66) 行為能力剥奪宣告令29条
「申請者，行為能力を剥奪されるべき者，その代理人および一時的な援助者は，全ての審理，尋問およびその他の公判において招致され，決定に関する基本的な事実について知らされなければならない。」(本条は，著者が翻訳したものである。)

67) Lehner, a. a. O. 48, S. 156.

68) Knell, Anregungen aus der richterlichen Praxis, in: BMJ (Hrsg.), Enquete über die Reform der Entmündigungsordnung (1979), S. 31.

69) Pelikan, Rechtsfürsorge als Beitrag der Justiz zur Psychiatriereform in Österreich, in: Rechtsfürsorge für psychisch Kranke und geistig Behinderte (1984), S. 167.

(3) 行為能力剥奪宣告令の硬直性

日本の禁治産制度と同様に，行為能力剥奪宣告令は，その硬直性に対する非難を受けていた。つまり，完全な行為能力の剥奪と制限的な行為能力の剥奪という2類型しか存在しなかったため，本人の必要性に合わせた適切な対応をとることができなかったのである。行為能力被剥奪者は「分別のつく未成年者」または「7歳未満の子」と同一視されたために，当該制度を利用する結果として，周囲からの差別も生じていた。さらに，「行為能力の剥奪」[71]という言葉は，精神病の公的証明書と受け取られ，取引の安全について本人を保護する以上の不利益を本人およびその家族に生じさせていた。

1970年頃から，行為能力剥奪宣告の件数は減少していった。裁判所も，行為能力剥奪宣告制度を不適切と見なすようになっていたのである。ドイツには，当時，行為能力の剥奪を伴わないで本人を保護する「障害監護制度（Gebrechlichkeitspflegeschaft）」という制度が存在していた[72]。オーストリアには，このようなドイツにおける障害監護制度に相当する制度が存在しなかったので，裁判官の多くが行為能力剥奪手続を最後まで終えずに，前述した「一時的な援助者」を任命するにとどめるようになっていた[73]。

(4) 実務における行為能力剥奪宣告令の適用状況

行為能力の剥奪は，強制収容手続きの繰り返しを回避するためにも利用されていた。つまり，一度行為能力を剥奪してしまえばその後の収容手続きは省略することができたために，行為能力の剥奪は本人の利益のためでなく，収容手続きの煩雑さを回避するために行われていたのである。

行為能力剥奪宣告令の制定直後には，本人に後見人が必要かどうかの判断を行うのは裁判官ではなく，医師になってしまっているという批判が挙がっていた。本来，裁判官は医師の鑑定に拘束されず，裁判官自身が本人に個人的に面会し，調査することが義務付けられていた。しかし，実務では，裁判

---

70) Lehner, a. a. O. 48, S. 160.
71) Forster/Pelikan, a. a. O. 51, S. 49.
72) ディーター・シュヴァーブ（著）＝鈴木禄弥（訳）『ドイツ家族法』（創文社，1986年）357頁以下参照。
73) Forster/Pelikan, a. a. O. 51, S. 48.

官が医師の鑑定結果を覆して判断したケースはほとんど見受けられず，むしろ収容期間などの詳細な点に至るまで，医師が判断するようになっていた。[74]

また，行為能力剥奪宣告の手続きでは，なぜ完全な行為能力剥奪宣告を行ったのかに関する説明がなされないことが多かった。制限的に行為能力を剥奪する場合には理由が言及されていたが，完全に剥奪する場合には，理由は明示されなかったのである。[75]ここから，制限的な行為能力の剥奪は，完全な行為能力の剥奪に対して例外的とみなされていたといえる。

行為能力の剥奪には専門家による鑑定が必要とされており，たいていは精神科医が鑑定を行っていた。しかし，精神科医および精神病院・施設関係者は，行為能力剥奪宣告令制定時に法改正に反対しており，この法改正を自分たちへの不信感の現れ，および職務領域への干渉と受け取っていた。そして，裁判所が収容不許可の決定を下しても，病院側がそれを無視するなど，法改正後もその対立は依然として続いていた。この医師と法律家の緊張関係は，行為能力剥奪宣告令の適用を困難なものにするとともに，十分な鑑定医の確保を困難にしていた。[76]

第3項　小　括

1　要約

本節においては，オーストリアの一般民法典成立時から行為能力剥奪宣告令までの成年者保護の法制度を概観した。国家は中世末期から障害者の法的保護を開始し，当時は身体障害者に対しても行為能力の制限を行っていた。その後，一般民法典成立時において，その保護の対象は精神的障害者のみとなった。一般民法典成立時の制度は，本人を「狂乱した者」，「痴愚の者」と表記し，行為能力を剥奪するのみの，極めて差別的な制度であった。その中で，代弁人とは，特定の者が自ら事務処理を行えなくなった場合に，裁判所によって任命されるか，本人自身が任命する者であり，単に事務処理を実施

---

74) Lehner, a. a. O. 48, S. 180.
75) Lehner, a. a. O. 48, S. 181.
76) Lehner, a. a. O. 48, S. 157.

する者として活動する者であったといえる。

　その後，行為能力剥奪宣告令が成立し，部分的な行為能力の剥奪が導入された。同令の成立の契機は，強制収容の手続きの不透明性であったことから，同令には強制収容手続きに関する規定も置かれた。しかし，精神科医および裁判官の中には旧制度をよしとする者が存在し，旧制度からの実質的な移行は容易に進まなかった。これに加えて，行為能力制限令においては，「行為能力の剥奪（Entmündigung）」という文言がドイツ法から持ち込まれ，国民の間に制度に対する偏見を生じさせる決定的な言葉として深く浸透した。この偏見が行為能力剥奪宣告令の利用を減少させ，代弁人制度創設の契機となった。もっとも，「行為能力の剥奪（Entmündigung）」という言葉自体は代弁人法制定時に削除されたが，行為能力の制限という法的効果は依然として存在したままである。

2　分析

　本節の考察から，第1に制度に対する意識の変化の難しさ，第2に一般民法典成立当時における代弁人の意義を重要な点として挙げることができる。

　まず，制度の歴史的変遷をたどることで，成年者保護制度に対する意識の転換の難しさが明らかになった。成立当時の一般民法典では，精神的障害者の法的保護は，本人を保護の客体としてとらえ，本人の能力を剥奪するという方法をとっていた。本制度は非常に偏見的内容を有していたにもかかわらず，行為能力剥奪宣告令成立のきっかけは，強制収容手続きの不透明性であったことから，当該改正は前制度における本人への偏見の内容が問題視されていたことによる改正ではなかったといえる。ここから，本人を主体とする制度への移行は，行為能力剥奪宣告令当時の人権意識からでは難しいものであったといえ，その後の改正が1983年であるから，本人保護に対する意識の転換は，かなりの年月を要したといえる。本節は，代弁人制度の成立・発展のためには，制度に対する偏見と，それによって生じる利用への心理的躊躇という重いきっかけが必要となること，かつこの段階を経て，制度が発展していくことを示している。

　また，一般民法典成立時の代弁人という語が，現行法の代弁人とは異なる

意味合いを有していたことが明らかになった。当時の代弁人は，その任命が行為能力の剥奪を伴わず，本人自ら選択しうる存在であった。後述するが，代弁人法創設の主たる目的は，行為能力剥奪宣告によってもたらされる烙印というイメージを払しょくすることであった。一般民法典成立当時の「代弁人」が自治を想定しうる存在であったことから，この言葉が現行制度に採用されたと考えられる。

第2節　代弁人法成立から2006年の代弁人法改正まで

第1項　代弁人法の成立過程

1　草案成立まで
(1) 代弁人法成立の契機

1916年に行為能力剥奪宣告令が成立してからの約40年間は改正に向けた動きは何もなく，代弁人法成立の動きは，1955年から始まったとされる[77]。もっとも，1955年に提案された目的は，行為能力剥奪宣告令の改正を正面から目指したものではなく，精神科医などが「慢性アルコール中毒の好ましくない効果を把握し，調査・研究し，どのようにアルコール中毒に立ち向かえるかについて発表する」というものであった。これに付随して，もしかしたら法改正が必要になるかもしれないという程度の認識がなされていたにすぎなかった。

しかし，その後まもなく行為能力剥奪宣告令の改正が意識されるようになった。アルコール中毒者も含めた判断能力のない患者を治療するためには，強制措置が必要になる場合もあり，これには行為能力剥奪宣告令が関係しているとの認識がなされたからである[78]。

また，1953年のヨーロッパ人権条約も心的病気の者または精神的障害者の法的地位の改善をもたらした。当該条約によって，個人の自由，自己決定

---

[77] Ent, Die Bemühungen zur Reform der Entmündigungsordnung seit 1945, in: Weinzierl/Stadler (Hrsg.), Justiz und Zeitgeschichte (1983), S. 288.
[78] Ent, a. a. O. 77, S. 289.

および尊厳ある生活に関する権利が次第に社会的に認められ始め，これは1970年代の開かれた病院および本人の社会への受け入れといった精神医学の発展をもたらすこととなった。

(2) 代弁人法の草案

代弁人法成立への具体的な発端は，1978年の研究集会である[79]。当時は行為能力剥奪宣告令そのものを改善するのではなく，行為能力被剥奪者の法的地位を改善することが目的とされていた。

前述した通り，行為能力剥奪宣告令は強制収容に関しても規定していた。本研究集会において，行為能力の制限と強制収容は，その法領域が異なっているとの指摘がなされた。強制収容が行為能力剥奪宣告令に規定されていることはオーストリア法の特殊な一面であり，その分離が提案され始めたのである。行為能力剥奪宣告令に強制収容法が規定されていた理由として，行為能力剥奪宣告令施行以前に，行為能力剥奪宣告が強制収容の手続となってしまっていたことが挙げられる。これを受けて，司法省は「措置入院法」と「代弁人法」という2つの草案を準備した[80]。

代弁人法に関する草案は1979年5月21日に鑑定にかけられ，2年後の1981年5月20日に国会に上程された。その間，改正の方向性についての議論が様々な障害者団体によって行われた。このような議論の場では，代弁人制度の個人の必要性に合わせた柔軟性および協会代弁人制度が，基本的に支持を受けていた。「協会代弁人制度」について詳細は後述するが，これは，代弁人協会に所属する専業の代弁人が代弁人職を受任し，かつボランティア代弁人を募集し，指導する制度である。

2 行為能力剥奪宣告令から代弁人法へ
(1) 改正直前の行為能力剥奪宣告令の適用状況

行為能力剥奪宣告令の改正理由として，本人に対する確実な援助が保障さ

---

79) Ent/Hopf, Das Sachwalterrecht für Behinderte (1983), S. 27; Vgl Ent, Die Reform der Entmündigungsordnung, in: BMJ (Hrsg.), Enquete über die Reform der Entmündigungsordnung (1979), S. 6ff.
80) ErlRV 742 BlgNR 15. GP, 10.

れておらず，行為能力の剥奪および制限が「本人の権利の制限」という性格を有していたことが挙げられる。例えば，本人の行為能力の剥奪は，家族との争いを避けることを目的として本人を施設へ追いやるための手段として利用されていた。さらに後見人の数が足りずに，1人の後見人が100人単位で被後見人を受け持っていたことから，後見人が付されても，その後見人が一度も被後見人と個人的に会わないという，いわゆる「顔の見えない後見」が行われていた。また，被後見人は，施設に収容されているために全ての必要性をカバーできているという理由で，その財産の使用を禁止されていた。当時，様々な施設のソーシャルワーカーはこのような状況について危機的意識を持っており，外部の人にも当該問題意識を持ってもらおうと少なからず努力していた。[81]

行為能力剥奪宣告がもたらす社会的偏見は，代弁人法の成立直前にはすでに同令に関係する全ての関係者に認識されていた。さらに，本人がその必要性に合致しない行為能力の剥奪または制限を受けていることも非難を受けていた。ほとんどの行為能力の剥奪は生涯を通じて行われ，制限的な行為能力の剥奪と全面的な行為能力の剥奪の間に差はほとんどなく，権利の制限は広範囲に及んでいた。[82]

(2) 改正に関する提案

以上のような行為能力剥奪宣告令の問題点を改善するために，代弁人制度では，次のような手段が提案された。

まず，本制度を利用することによって生じる差別を解消するために，手続内での本人の地位が強化され，専門用語が変更された。このため，代弁人法において「行為能力の剥奪（Entmündigung）」という文言が条文上使用されることはなくなった。もっとも，行為能力の剥奪および制限という手段は一般民法典280条に存在するため，単純に文言が使用されなくなったというだけである。

次に，適切な後見人（代弁人）の不足は，新たな組織および新しい職業によっ

---

81) Forster; Sachwalterschaft-Sozialarbeit zwischen Recht und Psychiatrie, in: Rechtsfürsorge für psychisch Kranke und geistig Behinderte, (1984), S. 279.
82) Forster, a. a. O. 81, S. 280.

て補われるべきであると考えられた。ここでいう新たな組織とは代弁人協会であり，新たな職業とは専業の代弁人である。もっとも代弁人制度では，補充性の原則により本人はまずは身近な者によって援助されるべきと考えられていたことから，代弁人制度のいわゆる「プロ化」は必要最小限度に計画されるにとどまった[83]。それでも，代弁人協会設立は，代弁人法の革新的部分であることに変わりはなかった。代弁人法を成功させるには，代弁人協会の活動が鍵となると考えられていたために，法改正前に代弁人協会を設立するための国家によるモデル・プロジェクトが行われた。

3　代弁人協会設立のためのモデル・プロジェクト
(1)　協会代弁人制度

協会代弁人制度は，本改正の中心的要素であった。代弁人協会は本人をその意思に反して強制したり，本人の潜在能力を無視することなく，行為能力剥奪宣告令1条に規定されている「代理および個人的な世話」を保障する場所であり，また強制収容および行為能力の制限が別の方法で代替しえないかを検討すべき場所であると考えられていた[84]。

代弁人制度の新たな側面として，専門職の代弁人（以下，専業代弁人とする）の存在が挙げられる。協会代弁人制度のコンセプトのひとつとして，本人の代理および世話の保障は，専業代弁人としての訓練を受け，その職務に従事する者によってのみなされうることが主張されていた。専業代弁人のメリットとしては，その資格と経験が保障されている点および本人との利益相反が生じないという点が挙げられた。また，専業代弁人を養成するということはボランティア代弁人を排除するということではなく，ボランティア代弁人は，むしろ協会代弁人制度の運営にとって必要不可欠な存在であると考えられていた[85]。このため，ボランティア代弁人は，専業代弁人のもとで訓練および援助され，代弁人協会の活動に統合されるよう計画された。この計画を実現さ

---

83) Forster, a. a. O. 81, S. 280.
84) Forster/Pelikan, Psychiatriereform, Persönlichkeitsschutz und Rechtsfürsorge. Vom Krankenanstaltengesetz 1956 zum Modellprojekt Sachwalterschaft, in: Rechtfürsorge für psychisch Kranke und geistig Behinderte (1984), S. 210.
85) Forster/Pelikan, a. a. O. 84, S. 211.

せ，代弁人協会は，現在，代弁人制度にとってなくてはならない存在となっている。

代弁人協会は，法的基礎を有し，国家による財政的援助を受ける独立した代弁人法のための組織であること，およびボランティアを投入することの2点をそのコンセプトとして有している。このような組織を設立することにより，本人の利益を，その必要性に応じた個人的な世話により保護することが目指された。協会代弁人制度を設立するために，代弁人法の成立に先駆けて，協会代弁人制度のための「モデル・プロジェクト」が国によって実施された。

この協会代弁人制度は，民事法的代理において国家が果たすべき責任を意味するものであり，共同作業を行う組織による精神的障害者の利益擁護の可能性を明示したといわれた。[86]

(2) モデル・プロジェクトの実施

協会代弁人制度設立のためのモデル・プロジェクトは，1981年から実施された。プロジェクトでの計画を遂行したのは，当時「代弁人制度のための協会（Verein für Sachwalterschaft）」と名付けられた代弁人協会であり，[87] ここから得られた結果を調査，分析するという任務は，「医療社会学のためのルートビヒ・ボルツマン研究所（Ludwig Bolzmann Institut für Medizinsoziologie）」に与えられた。[88]

この代弁人協会は，司法省の主導により1980年11月に設立された協会である。本協会は，1981年および1982年にモデル・プロジェクトの実施を依頼された。このモデル・プロジェクトは，ウィーンおよびニーダーエストライヒ州の一部の地区においてのみ行われた。[89]

---

[86] Kopetzki, Der Verein für Sachwalterschaft und Patientenanwaltschaft – 20 Jahre Rechtsschutz für psychisch kranke und geistig behinderte Menschen, in: Verein für Sachwalterschaft und Patientenanwaltschaft (Hrsg.), Vertreten-Beraten – Unterstützen 10 Jahre Patientenanwälte in der Psychiatrie (2002), S. 103.

[87] この協会は，現在は „VertretungsNetz" という名称で活動している。

[88] Forster/Pelikan, a. a. O. 84, S. 212; Vgl Forster/Pelikan, Psychiatriereform Persönlichkeitsschutz und Rechtsfürsorge. Vom Krankenanstaltengesetz 1956 zum Modellprojekt Sachwalterschaft, in: Weinzierl/Stadler (Hrsg.), Justiz und Zeitgeschichte (1982), S. 305ff; Forster/Pelikan, Erster Zwischenbericht zum Modellprojekt Sachwalterschaft, in: Rechtsfürsorge für psychisch Kranke und geistig Behinderte (1984), S. 127ff.

同プロジェクトにおいて，協会は国からの援助を受けてソーシャルワーカーを雇用し，ボランティアとして参加した市民とソーシャルワーカーが共同作業を行った。さらに，法律家および精神科医が顧問として参加した。このような人材を備えることによって，協会は，裁判所に対し専業代弁人もしくはボランティア代弁人を推薦するための準備を行った。

当該モデルはこの時期に初めて考え出されたわけでなく，すでに以前からオーストリアでなされていた精神病者に対する社会的取り組みの経験に基づいて形成されたものだった[90]。後述するが，ドイツにおいても類似するモデルが存在し，「組織化された世話」として世話協会で実施されている。

(3) モデル・プロジェクトから得られた結果

このモデル・プロジェクトは，1981年3月から3人のソーシャルワーカーによって実施され，1年後の1982年3月からは6人のソーシャルワーカーによって実施された。

第1段階では，実際に精神病院に入院させられた者（約70ケース）または行為能力剥奪宣告手続きを開始した者（約50ケース）についての代理および世話が行われた。これに続く第2段階では，その世話の対象者が，長期間強制的に病院に収容されている者または行為能力被剥奪者に拡大された。この2年間の経験から，専業代弁人の投入は，裁判所または関連施設などの行為能力制限宣告の実務関係者から必要とされていることが明らかとなった[91]。患者代弁人（Patientensachwalter）についても同様のプロジェクトが並行して行われたが，より効果的な結果が得られたのは代弁人制度に関するプロジェクトであった。患者代弁人とは，強制収容において，裁判所における手続きおよび収容施設に対して本人の利益を主張するために活動する者である[92]。

2年間のモデル・プロジェクトから，代弁人の活動の重点は，①代弁人の任命手続きにおける本人の代理（暫定的代弁人），②役所および契約の相手方に対する本人の代理，③必要な医学的サービスまたは社会的サービスの保障，

---

89) Forster/Pelikan, Das Modellprojekt"Sachwalterschaft" in Österreich, in: Rechtfürsorge für psychisch Kranke und geistig Behinderte (1984), S. 150.
90) Forster/Pelikan, a. a. O. 89, S. 151.
91) Forster/Pelikan, a. a. O. 89, S. 156.
92) Forster, a. a. O. 81, S. 284.

④収入および財産の管理，⑤日常生活における様々な問題に関する個人的な援助および助言であるとされた。[93]

代弁人としての活動には，ソーシャルワーカーとしての訓練が必要であると考えられた。さらに，代弁人の能力として必要とされたのは，①心的病気の者および精神障害者とかかわる能力および経験，②法的思考に慣れること，③共同作業ができること，④独立して働く能力，⑤個々のケースに関する重要な疑問および一般的な世話の方針に関して，チームで調整する能力などが挙げられた。[94]

モデル・プロジェクトの結果，協会の専業代弁人は，適切な資格および能力を有しており，本人との利益相反の危険も生じないことから，代弁人の役割を担うのにふさわしいと考えられるようになった。すなわち，モデル・プロジェクトから，協会代弁人制度の存在は，本人を管理するのではなく，世話をするという新法の目的にかなったものであるという結論が出されたのである。しかし，専業代弁人の数には限りがある。そこで，代弁人制度の利用が長期間必要であると思われる者には最初に専業代弁人がつき，その者が一定期間代弁人として活動した後に，ボランティアもしくは家族に代弁人職が引き継がれるということが行われた。この際，代弁人となるボランティアおよび家族・親族と本人との間に利益相反がないか，候補者が代弁人として活動することに適した人物かという点が吟味されなければならないとされた。[95]なお，モデル・プロジェクトにおいては，弁護士の任命が必要となったケースはわずかであり，原則的に弁護士を任命しないということが代弁人制度本来の目的に適っていると考えられた。

(4) 2006年の改正前のモデル・プロジェクト

本モデル・プロジェクトでは協会代弁人の有効性が証明された。その後の2006年の改正の際には，協会代弁人制度において代弁人制度利用件数の減少を試みるモデル・プロジェクトが行われた。すでに2006年の改正以前から，裁判所からの援助要請が専業代弁人に対してなされていた。このため，裁判

---

93) Forster, a. a. O. 81, S. 283.
94) Forster, a. a. O. 81, S. 283.
95) Forster/Pelikan, a. a. O. 89, S. 157.

所が代弁人を任命する際の支援を代弁人協会が行う「クリアリング」と呼ばれる業務が，モデル・プロジェクトとして実施された。クリアリングが裁判所から好評を得た結果，本業務は 2006 年に立法化された。

4　法改正に必要とされた費用
(1)　予算の見積もり

代弁人法の草案は，その進歩的内容が高い評価を受け，施行も速やかに行われた。しかし，協会代弁人制度の設立は，それほど速やかに進行したわけではなかった。その理由として，協会代弁人制度の設立が多額の予算を必要としたことが挙げられる。このため，協会代弁人制度は段階的な実現が目指された[96]。

改正前に司法省によって実施された調査によれば，当時の制度利用者の数は 26,000 人から 27,000 人であった。当時は，本人の事情等を考慮して代弁人を任命するようにすれば，今後必要とされる代弁人制度利用件数は 14,000 件ほどに減少するのではないかという予測が立てられていた。しかし，この予測はその後大きく外れ，2006 年の改正を迎えるのであるが，当時はこのような予測をもとに予算が立てられていった。

(2)　当時の状況

改正前は，1 人の弁護士が約 200 件のケースを受任し，官庁後見では 1 人の公務員が 100 件以上のケースを受任することが頻繁に生じていた。協会代弁人制度の設立によってこの状況が少しでも改善し，少なくとも 1 人の代弁人に 100 件を超えるケースが委託されないよう努力された。このような状況を改善するために，協会代弁人制度は改正に必要不可欠な存在であったため，予算も正確に見積もられた。

具体的には，完全な協会代弁人制度の設立には，約 140 人の専業代弁人が必要であると考えられた。1 人の代弁人にかかる年間費用が約 25 万シリングだとすると，協会代弁人制度の運用にかかる人件費は，完全に設立された段階において約 3,500 万シリングになると見積もられた[97]。

---

96) ErlRV 742 BlgNR 15. GP, 13.

(3) 協会代弁人制度のための年間費用

もっとも，協会代弁人制度の設立は，その制度が有する性格上，慎重に行われなければならなかった。協会代弁人制度における責任ある活動のために，職員は適切な訓練を必要とした。ここから，徐々に段階を経て，協会代弁人制度を構築していくことが非常に重要であると考えられた。改正前には，前述したモデル・プロジェクトが行わたが，これは，単に代弁人の不足を改善するためだけでなく，専業代弁人の経験を体系的に集積し，分析するためのものでもあった。このプロジェクトから，障害者に応じて必要となる世話およびそれに必要となる時間，代弁人に必要となる訓練，ならびに客観的な世話の成功などを考慮しながら，代弁人制度の目的に既した協会代弁人制度の組織が創設されなければならないと結論付けられた。1981年と1982年の2年間に行われたモデル・プロジェクトに要した費用は，年間約200万シリングであった。[98]

モデル・プロジェクトから得られた経験に基づいて，1983年から協会代弁人制度の拡張が進められた。拡張は段階的に進められ，毎年10人の専業代弁人の新規投入が見込まれていた。このため，協会代弁人制度が人的条件を十分に備えるのは，90年代に入ってからと考えられていた。[99]

5 代弁人法の革新的部分
(1) 代弁人法成立過程の特徴

代弁人法は，1984年7月1日に施行された。[100]これにより，行為能力剥奪

---

97) ErlRV 742 BlgNR 15. GP, 15. 2002年に，シリングは1ユーロ約14シリングで置き換えられた。1ユーロ約140円とすると，ユーロへの移行直前は1シリング約10円と考えられる。

98) ErlRV 742 BlgNR 15. GP, 15.

99) ErlRV 742 BlgNR 15. GP, 15. 2013年現在でも協会代弁人の数は不十分であるとされる。

100) Bundesgesetzblatt (BGBl) I 1983/136. 日本語文献については，序章注32参照。
オーストリア国内のものについては，次の文献等がある。

Forster/Pelikan, a. a. O. 51, S. 52ff；Ent /Hopf, Das Sachwalterrecht für Behinderte (1983)；Kremzow, Österreichisches Sachwalterrecht (1984); Pichler, Probleme, Erfreuliches und gesetzgeberische Fehlleistungen im neuen Sachwalterrecht, JBl (1984), S. 225ff; Edlbacher, Ein paar allgemeine Anmerkungen zum Sachwalterschaftsgesetz, ÖJZ (1985), S. 161ff; Gitschthaler, Einzelne Probleme des neuen Sachwalterrechtes und der Versuch einer Lösung, ÖJZ (1985), S. 193ff; Maurer, Das Sachwalterrecht für behinderte Personen (Teil 1), RZ (1986), S. 50ff, (Teil 2),

宣告令は，強制収容に関する規定を除いて失効した。

行為能力剥奪宣告令は特別法として規定されていたが，代弁人法の規定は本改正により再び一般民法典に戻されることになり，代弁人任命の手続規定は主に非訟事件手続法に置かれることとなった。そして協会代弁人制度に関する規定のみが，特別法として制定された[101]。この他，婚姻法（Ehegesetz），民事訴訟法（Zivilprozeßordnung），非訟事件法（Außerstreitgesetz），土地登記簿法（Grundbuchsgesetz），および国民議会選挙令（Nationalwahlordnung）などの規定が代弁人法に関連する部分につき改正された。

本改正により，強制収容の分野を除く精神的障害者の法的保護の領域は，抜本的に改正された。この改正の革新性は，その改正に先立って，長期間学術的実験が行われたこと，および立法過程において，その研究結果が影響を与えたことにあった[102]。

(2) 専門用語の変更

代弁人法の目的は，本人に保護と世話を与えるというものであったため，まずは社会的偏見を生じさせる専門用語が排除された。「精神病（Geisteskrankheit）」および「精神薄弱（Geistesschwäche）」の代わりに，「心的病気（psychische Krankheit）」および「精神的障害（geistige Behinderung）」という言葉が用いられた。「行為能力の剥奪（Entmündigung）」という文言もその差別的性格により条文から排除されたが，代弁人が任命されると，本人が行為能力を失うという効果は，旧制度と同様に維持されていた。行為能力の剥奪に代わり行為能力の剥奪または制限を示す専門用語が存在しなかったので，「行為能力の剥奪または制限」という概念は，「法定代理人を任命する」（一般民法典280条）という文言で表現されることとなった。

なお，一般民法典成立時はその保護者に対し「後見人（Curator）」，行為能力剥奪宣告令では「後見人（Kurator）」「援助者（Beistand）」という文言が用いられてきたが，新法では「代弁人（Sachwalter）」という語が用いられた。もともと，代弁人という言葉は「後見人」という使われ方をしていなかった

RZ (1986), S. 75ff; Zierl, Sachwalterschaftsprobleme in Österreich, Rpfleger (1989), S. 225ff.
101) BGBl I 1983/136, S. 706.
102) Stabentheiner, Ein Überblick über das neue Sachwalterschaft, AnwBl (1985), S. 287.

ので，本改正の際には，他の代弁人と差異化するために「障害者代弁人（Behindertensachwalter）」という言葉を使うべきとする見解も存在した[103]。

代弁人制度は，この他にも新しい概念を導入した。本人は，「患者（Kranden）」または「行為能力被剥奪者（Entmündigte）」ではなく「障害者（behinderte Personen）」と表記され，代弁人の任命の決定までは単に「本人（Betroffener）」，代弁人の任命後は，「監護を命じられた者（Pflegebefohlene）」と称されることになった。行為能力剥奪宣告令における「後見人」および「援助者」は，改正後統一され「代弁人」となった。旧制度において，重要な役割を果たしていた「一時的な援助者（vorläufiger Beistand）（行為能力剥奪宣告令8条）」は，「暫定的代弁人（einstweiliger Sachwalter）（非訟事件手続法283条2項）」とされた。後見という概念は，代弁人制度という概念に変更された[104]。

(3) 代弁人に引き継がれる任務

行為能力剥奪宣告令における「後見人（Kurator）」および「援助者（Beistand）」の任務は，「代弁人（Sachwalter）」に承継された。重要な改正点は，代弁人が本人個人の必要性に適合するように，段階的に任務を引き受けるようになった点である。すなわち，代弁人法においては，裁判所は，代弁人に，本人の個別の事務，一定の範囲の事務または全ての事務処理を委託するという3類型が設けられた。もっとも，代弁人が任命される範囲の事務においては，本人の行為能力は制限される。つまり，本人は基本的に代弁人の同意によってのみ法律行為が行えるという意味において，行為能力の制限または剥奪が生じる。なお，「後見人（Kurator）」という言葉は，不在者の財産管理人として条文上残っている（一般民法典270条等）[105]。本書では，これを「特別代理人」と訳す。

改正前に生じていた後見人の不足は，協会代弁人制度の創設によって対応されることになった。代弁人制度のためには，法改正だけでなく組織的な基盤が重要であると考えられたため，代弁人協会が設立されたのである。こう

---

103) Schwimann, Das jüngsten Schritte der österreichischen Familienrechtsreform, Das Standesamt (1985), S. 34.
104) Stabentheiner, a. a. O. 102, S. 287.
105) 田山輝明『成年後見読本』（三省堂，2007年）201頁。

して設立された代弁人協会は，司法省から財政的援助を受けながら専業の代弁人を雇用かつボランティア代弁人も含めて育成し，これらの者を裁判所が代弁人として任命できるよう備えている。[106]

第2項　1983年の代弁人法の内容

　代弁人法は，草案の時点からその進歩的内容につき高い評価を受けていた。ドイツは，1992年の世話法改正の際に，オーストリア代弁人法を参照したといわれている。[107]ここでは，1984年施行の代弁人法の内容を概観する。

1　代弁人の法的地位

　代弁人は，障害者の法定代理人であり，行為能力剥奪宣告令における後見人または援助者にあたる者である。行為能力剥奪宣告令との差異は，代弁人の任務範囲を硬直的に決めるのではなく，個人の必要性に合わせて柔軟に決定することにあった。その任命方法は，2類型（完全な行為能力の剥奪および制限的な行為能力の剥奪）から3類型に改正された。1984年施行の一般民法典旧273条3項[108]は，①個々の事務，②一定範囲の事務の処理，または③全ての事務の処理を代弁人に委託しうると規定しており，実際にはどのような範囲の

---

106) Foster/Pelikan, a. a. O. 51, S. 54.
107) Schwab, in : Münchener Kommentar zum Bürgerlichen Gesetzbuch (5. Aufl.) Band 8, (2008), Vor § 1896, Rz1.
108) 現行法との関係上，1984年施行の代弁人法の条文については，条文の前に「1984年一般民法典」と前置する。実際に代弁人法が施行されたのは，1984年7月1日である。
一般民法典旧273条
「(1) 心的病気にかかり，または精神的に障害を受けている者が，その者の事務の全部または一部を受損なしに自ら処理することができない場合には，その者の申請よりまたは職権により，その者に対して代弁人がその事務のために任命される。
(2) 本人がその援助，特にその家族の範囲内においてまたは公私の障害者援助施設によって，その事務を必要な程度に処理できる状態にある場合には，代弁人の任命は許可されない。代弁人の任命は，単なる妄想上の請求権の訴訟上の行使〔訳注―訴訟マニア等〕から第三者を守るためにのみなされてはならない。
(3) 障害の程度と処理されるべき事務の性質および範囲に応じて，代弁人は，障害者の，次に掲げる事務を委託される。
1　個々の事務の処理，例えば，請求権の行使と防御または法律行為の着手および履行
2　一定範囲の事務の処理，例えば，財産の全部または一部の管理

事務についても代弁人を任命できる規定内容となっていた。

代弁人は，法定代理人として，裁判所から命じられた範囲内において，本人に対して基本的に制限されない代理権を有する。さらに本改正において，代弁人は，裁判所が特段に定めない限り，必要な身上監護，とりわけ医学的世話および社会的世話を確保しなければならないと規定された（1984年一般民法典旧282条[109]）。

また，本人の社会的孤立および心理的孤立を防ぐため，重要な事務を行う場合には，代弁人は本人に適切に報告しなければならず，本人にはこれについて一定期間内に発言する権利（発言権）が認められた。さらに，本人の意見が代弁人が意図していた措置よりも本人の福祉により合致しているのであれば，代弁人は，その意見を顧慮しなければならないとされた（1984年一般民法典旧273条a第3項[110]）。

さらに，代弁人の活動は常時裁判所による管理下に置かれており，重要な代理行為については，代弁人は裁判所による許可を得てのみ行うことができた（一般民法典旧282条，旧245条ならびに旧154条2項および3項）。

加えて1984年一般民法典283条3項[111]により，裁判所は適切な間隔において職権により，本人の福祉が代弁人制度の終了または変更（制限もしくは拡張）を必要としているかどうか調査しなければならなかった。

3　全事務の処理」（530頁）

　なお，本法に関しては，田山・前掲注49に部分訳が掲載されているので，参照した。以下訳文とともに掲載頁数を付記する。

109)　一般民法典旧282条

　「特段の定めがないかぎり，後見人に関する規定が代弁人（特別代弁人）の権利・義務についても適用される。障害者の代弁人は，裁判所が特別な命令を発しない限り，必要な身上監護について，特に医学的世話および社会的世話を確保しなければならない。」（530頁）

110)　一般民法典旧273条a第3項

　「(3) 障害者は，意図されている，自分の身上についての重要な措置またはその財産に関する事務処理について，代弁人を通じて適時に理解を獲得し，その点について，その他の措置の場合と同様に，適切な期間内に意見表明をする権利を有する。この意見表明は，そこで表明された希望が障害者の福祉に少なからず関係する場合には，考慮されなければならない。」（530頁）

111)　一般民法典旧283条

　「(3) 裁判所は，その保護義務の枠内において適切な間隔をもって，被監護者の福祉にとって代弁人（特別代理人）資格の消滅または変更が必要であるか否かを判断しなければならない。」（531頁）

2　代弁人が任命されるための要件

代弁人を任命するには，次の4点が満たされなければならない。

(1) 心的病気および精神的障害を有すること

代弁人法の対象は日本と同様に精神的障害者のみであり，身体障害者のために代弁人が任命されることはない。もっとも，改正案の段階においては，身体障害者の監護に関する規定が置かれていた。しかし，身体障害者に対する保護は，現行法以上のものは必要ないとして，この規定は削除された。[112] 旧273条aでは，代弁人を任命するための要件が明確に規定されており，その表現は「精神病」「精神薄弱」から「心的病気」「精神的障害」に変更された。さらに，行為能力剥奪宣告令では，浪費者，神経毒中毒者およびアルコール中毒者についても後見人が任命されていたが，これらについては，それ自体は，代弁人を任命する要件ではなくなった。もちろん，アルコール中毒が悪化して精神的障害とみなされる症状が現れた場合には，代弁人の任命が可能になる。

(2) 障害者が処理すべき事務を有すること

代弁人は，障害者が処理しなければならない事務を有していなければ任命されない。日本法においては，例えば成年後見人を任命する場合には，本人が「精神上の障害により事理を弁識する能力を欠く常況」であることのみが要件となる（日本民法7条）。つまり，本人が判断能力および認識能力を有していないというだけで，成年後見人を任命する要件が満たされる。これに対してオーストリアでは，本人の精神状態に加えて，本人が処理すべき事務が代弁人任命の要件として必要となる。このため，要件の面で比較すると，日本よりもその利用要件は厳格であるといえる。

「事務」とはどのように解釈されるのかが問題となるが，代弁人に委託する事務は，法律行為に限られるとするのが支配的見解になっている。もっとも，これらの事務は，いつか一度は処理されなければならないというような漠然としたものを指すのではなく，すでに予定されている具体的な事務であることが前提となる。[113]

---

112) Stabentheiner, a. a. O. 102, S. 288.
113) Zierl, Sachwalterschaftsprobleme in Österreich, Rpfleger (1989), S. 227.

(3) 本人が受損なしにその事務を処理できないこと

さらに，本人は「受損なしにその事務を処理することができない」状態であることが必要となる。つまり，代弁人が任命されなければ，本人に損害が生じる危険が存在しなければならないのである。これに対し，代弁人が任命されないと第三者の利益が害されうるというだけでは，代弁人の任命理由としては不十分である。行為能力剥奪宣告令では，アルコール中毒によって家族を危険にさらすおそれのある者，他者に対して繰り返し理由のない訴訟提起を行い他者の利益を害する者に対して，行為能力を制限または剥奪することが可能であったが，このような第三者のために本人の行為能力を制限するという考えは，代弁人法では排除されることとなった。これは，旧法と新法の根本的違いである。すなわち，代弁人法では，他者の危険のために代弁人が任命されることは不可能になった。[114]

(4) 補充性の原則

本人が代弁人以外の者の援助によって，特に家族または公的もしくは私的な障害者援助に関する施設により，その事務を必要な程度に処理できるのであれば，代弁人の任命は認められない（1984年一般民法典273条2項）。本項は，補充性の原則について規定している。この補充性の原則は，代弁人件数が著しく増加した現在，遵守されなければならない制度の基本原則となっているために，本項は，代弁人制度にとって非常に重要な条文であるといえる。補充性の原則が働く第1段階は，障害者が特定の事務処理のための認識能力または判断能力を有する場合である。つまり，本人が自ら事務を処理する能力を有していれば，代弁人が任命されることはない。第2段階として，本人がその事務を処理できる親族を有している場合には，代弁人は任命されず，その親族の者が事務処理を行うことになる。さらに第3段階では，代弁人を任命する必要があり，親族の中で代弁人職を受任できる者がいるのであれば，親族の中から代弁人が任命される（1984年一般民法典281条1項）。[115]代弁人を任

---

114) Stabentheiner, a. a. O. 102, S. 289.
115) 一般民法典旧281条1項
　「(1) 1人の障害者には，その福祉のために特別の必要がないかぎり，障害者の身近にいる1人の適切な者が，障害者が未成年者であるときは，従来の法定代理人が，代弁人に任命されるものとする。」(531頁)

命する場合でも，はじめに親族などを代弁人として任命するという可能性を探ることも，補充性の原則が機能する場面のひとつであると考えられている[116]。

3　代弁人制度利用の効果
(1)　行為能力の剥奪および制限
一般民法典865条[117]によれば，理性を用いることができない全ての者は，日常生活に関する些細な法律行為を除いて行為無能力であるとされている。1811年の一般民法典成立時から，成年者保護の制度を利用するために，本人は理性を用いることができないことが要件とされてきた。この要件は，代弁人法においても維持され続けた。すなわち，代弁人法においても認識能力および判断能力がないことが代弁人の任命要件となっており，本人は，代弁人が任命される範囲内で行為能力を制限される（1984年一般民法典273条a第1項[118]）。ここでは，条文上，「行為能力の剥奪」という文言はもはや存在しないが，

---

116) Stabentheiner, a. a. O. 102, S. 289.
117)　一般民法典865条
　「7歳未満の子および理性を用いることができない7歳以上の者は，(170条3項の場合を除いて,)契約を締結すること，またはこれを引き受けることができない。その他の未成年者または代弁人が任命されている者は，確かに，単にその者の利益になる契約を締結することができる。しかし，その者がその契約に伴う負担を負い，または自ら何かの約束をする場合には，(170条3項および280条2項の場合を除いて,)契約の有効性は，第1部第3章および4章の規定に従い，通常，代理人の同意，または同時に裁判所の同意にかかる。この同意があるまでは，相手方は撤回することができないが，意思表示のための適切な期間を要求することができる。」
　一般民法典170条
　「(1)　未成年者は，その法定代理人の明示または黙示の同意なしに，法律行為により処分行為を行うことも，義務を負うこともできない。
　(2)　しかし，分別を有した後は，その者が自由に処分するために譲渡された物および働いて得た収入を，それを使うことによって生活の必要性の充足が危険にさらされない限りにおいて，処分し，義務を負うことができる。
　(3)　未成年者が，その年齢において通常締結され，かつ日常生活のささいな事務に関する法律行為を行う場合には，この法律行為は，2項の要件が存在しなくても，子に課される義務の履行によって遡及的に有効となる。」
118)　一般民法典旧273条a第1項
　「(1)　障害者は，代弁人の権限の範囲内においては，その明示または黙示の同意なしに法律行為をし，または義務を負担することはできない。障害者の福祉がそれによって危険に晒されない限り，裁判所は，障害者は代弁人の権限の範囲内においても一定の物もしくはその収入またはその

「明示または黙示の同意なしに法律行為をし，または義務を負担することはできない」という文言は，本人が実質的に行為能力を制限されることを意味している。本人に，一時的な精神的混濁などによって代弁人の権限外にある法律行為に関する認識能力および判断能力が欠けている場合には，本人も代弁人も当該法律行為を行うことはできない。もし，支障が出る場合には，代弁人の効力範囲は拡張されなければならない[119]（1984年一般民法典283条3項）。

(2) 本人が代弁人の任務範囲の法律行為を行った場合

本人は，代弁人の任務範囲内では，代弁人の同意なしに法律行為をすることも義務を負担することもできないのが原則である（1984年一般民法典273条a）。もし本人がこの範囲で法律行為を行った場合には，当該法律行為は，完全に無効ではなく「不確定的無効」であり，代弁人の同意があるまで効力を有しない（一般民法典865条）。つまり，本人の法律行為は代弁人の同意によって完全に有効となるか，または代弁人による同意の拒否によって初めて無効となる。旧法である行為能力剥奪宣告令においては，本人が行う法律行為は後見人の同意を待つまでもなく無効であったが，代弁人法においては「不確定的無効」となっており[120]，ここにも本人への社会的偏見を払拭するための努力がわずかではあるが見受けられる。

また，本改正では，代弁人の任務範囲内においても，裁判所は，本人の福祉に反しない限り，特定の物，収入，または収入の一部について自由に処分し，または義務を負う権限を本人に対して認めることができると定められた（1984年一般民法典273条a第1項）。このため，裁判所が許可した財産については，代弁人の権限は排除される。なお，たとえ全ての事務について代弁人を任命されていても，本人は，日常生活における些細な法律行為を行うことが認められた（同条2項）[121]。

　一部について自由に処分し，かつ義務を負担することができる旨の決定をなすことができる。」（530頁）
119) Schwimann, a. a. O. 103, S. 37.
120) Koziol/Welser, Bürgerliches Recht (2006, 13. Aufl.) S. 61; Schlemmer, in: Schwimann (Hrsg.) ABGB Praxiskommentar Ⅰ (1990, 1. Aufl.) §273a Rz1; Schwimann, a. a. O. 103, S. 37.
121) 一般民法典273条a第2項
　「(2) 障害者が代弁者の権限の範囲内において日常生活の重要でない事務に関する法律行為をなした場合には，この法律行為は，1項2文の要件を満たさない場合であっても，障害者の履行によっ

(3) 遺言能力および婚姻能力の制限

1984年の時点では，本人は，代弁人に与えられた任務範囲に関係なく，一度代弁人が任命されれば，法律により自動的にその遺言能力および婚姻能力を制限されていた。まず，遺言能力に関しては，法廷でまたは公証人の面前で口頭により遺言できるにすぎなかった（一般民法典旧568条[122]）。このような遺言能力の制限は，2004年の法改正により撤廃された。

婚姻能力に関しては，本人は代弁人の同意によってのみ婚姻できるとされており，いまだ改正がなされていない（2014年10月現在）。その際，代弁人が不当に同意を拒絶した場合には，これに代わって裁判所が婚姻を許可することができる（婚姻法3条[123]）。日本では，成年被後見人は，事理を弁識する能力を一時的に回復していれば遺言をすることができる（日本民法962条，973条）。さらに婚姻能力については制限されていない（日本民法738条）。このため，遺言の観点からみれば，この当時のオーストリア法は，日本法と比較すると本人に対してより厳格な制限を課していたといえる。さらに遺言能力と異なり，婚姻能力の制限は現在でも引き続き存在しており，障害者権利条約との関係で問題となっている。

(4) 責任能力

代弁人が任命されても，本人の責任能力は，影響を受けない[124]。刑法上の有罪判決および訴追も，それ自体は代弁人の任命理由にはならない。このため，代弁人の任命に関係なく，帰責能力は個々のケースにおいて判断される。

てその義務は遡及的に有効となる。」(530頁)
122) 一般民法典旧568条
　「民法273条によって代弁人が任命されている者は，法定において口頭で，または口述のうえ公正証書で遺言を行うことができる。」(531頁)
123) 婚姻法3条
　「(1) 未成年または他の理由から行為能力を制限されている者は，婚姻についてその法定代理人の同意を必要とする。
　(2) さらに，この者は，その監護および教育に権限を有する者の同意を必要とする。
　(3) 1項2項に基づいて必要な同意が拒否される場合には，裁判所は，その拒否の正当な理由が存在しない場合には，その同意を必要とする婚約者の申請により，同意を代替して行うことができる。」
124) Maurer, Das österreichische Sachwalterrecht in der Praxis (2007, 3. Aufl.) §268 Rz 47.

(5) 選挙権

代弁人法成立当時は，代弁人が任命されることによって，本人は，国民議会選挙令旧24条により自動的に選挙権を制限されていた。しかしその後，同条は1987年の憲法裁判所の違憲判決を受け，1988年に失効した。これについては第1章第4節において後述する。

4 代弁人の選任

1984年の代弁人法は，まずは本人の身近な者を代弁人として任命すべきとする規定を設けていたものの（1984年一般民法典281条），具体的にどのような場合に，本人に近い立場の者または協会代弁人が任命されるべきかについて規定していなかった。もっとも，代弁人制度は財産管理だけではなく身上監護とも関連する制度であることから，適切な近親者が存在する限り，この近親者は，協会代弁人よりも先に代弁人として推薦されると考えられていた[125]。専業代弁人は，複数の被代弁人を同時に世話しなければならないために，本人の身近にいる親族の方が身上監護についてよりよく能率的に処理できると考えられたためである[126]。

5 代弁人制度利用の終了

代弁人制度の利用は，一般民法典旧249条を準用し，本人の死亡によって終了し，代弁人の死亡または解任の際には，新たな代弁人が任命されなければならないとされた（1984年一般民法典283条1項[127]）。また，本人がもはや援助を必要としない場合には，代弁人制度は申請または職権によって終了されな

---

125) 2006年の改正により，この点は条文に明記されることとなった（一般民法典279条参照）。
126) Schauer, Anmerkungen zur neuen Sachwalterschaft, NZ (1983), S. 52.
127) 一般民法典旧283条
「(1) 代弁人または特別代理人資格の消滅について，249条を適用する。
(2) 代弁人または特別代理人は，被監護者がもはや援助を必要としない場合には，申請または職権により解任される。254条および257条を準用する。
(3) 裁判所は，その保護義務の枠内において適切な間隔をもって，被監護者の福祉にとって代弁人（特別代理人）資格の消滅または変更が必要であるか否かを検討しなければならない。」(531頁)
詳細は，拙稿「オーストリア成年後見法における本人死亡と成年後見人の権限」田山輝明（編著）『成年後見 現状の課題と展望』（日本加除出版，2014年）137頁以下を参照。

ければならないと規定された（1984年一般民法典283条2項）。さらに，本人がまだ代弁人を必要としているが，その範囲が全ての事務についてではなくなった場合には，その任務範囲は制限されなければならないと考えられていた[128]。

1984年一般民法典283条3項は，裁判所は，本人の福祉が代弁人制度の終了または変更を必要としているかどうかを一定の期間をおいて調査しなければならないと規定していた。本項は2006年に改正され，現在，裁判所は5年を越えない期間で本人が代弁人をなお必要としているかどうかを調査するよう義務付けられている（一般民法典278条3項）。この点について，日本法は，「後見監督人又は家庭裁判所は，いつでも，後見人に対し後見の事務の報告若しくは財産の目録の提出を求め，又は後見の事務若しくは被後見人の財産の状況を調査することができる」と規定しているのみである（日本民法863条1項）。

6 ドイツ法との比較
(1) 行為能力剥奪宣告令とドイツ法の差異

行為能力剥奪宣告令の立法者がドイツ法を参考にしたために，オーストリアの行為能力剥奪宣告令の内容は，基本的事項について当時のドイツ法と一致していた[129]。例えば，「行為能力の剥奪（Entmündigung）」という表現も，ドイツ法から採用された。

両国の法律は，類似していたにもかかわらず，オーストリアがドイツよりも法改正を急がなければならない理由が存在した。それは，オーストリア法がドイツ法の「障害監護制度」（ドイツ民法典旧1910条[130]）に匹敵する制度を有

---

[128] Gamerith, Drei Jahre Sachwalterrecht, NZ (1988), S. 68.
[129] Forster/Pelikan, a. a. O. 51, S. 55.
[130] ドイツ民法典旧1910条（1991年12月31日失効）
「(1) 後見に服していない成年者が，身体的障害により，とりわけ聴覚，言語，視力に障害を有し，かつその障害のために自己の事務を処理することができない場合には，身上および財産につき監護人を付与することができる。
(2) 後見に服していない成年者が，精神的または身体的障害により自己の個々の事務または一定範囲の事務，特に財産上の事務を処理することができない場合には，その事務につき監護人を付すことができる。

第 2 節　代弁人法成立から 2006 年の代弁人法改正まで　65

していなかったということである。

　ドイツにおける障害監護制度とは，肉体的障害，特に盲目，耳が聞こえない，口がきけないことのために，自己の事務の全部または一部を処理できない成年者は，自己の身上および（もしくは）財産について，または個別的な配慮事務または一定範囲の事務について監護人を有することができる制度であった（ドイツ民法典旧 1910 条 1 項および 2 項）[131]。障害監護制度を利用する場合に，制度が被監護人の全ての事務を包摂しているとしても，監護人には後見人としての地位はなく，被監護人は行為能力を有したままであった[132]。このように，制度の利用が行為能力の制限または剥奪につながらないことから，当該制度は，実際には行為能力剥奪制度の代わりに用いられた。行為能力剥奪制度の利用は，ドイツにおいても，その社会的偏見を理由に敬遠されていた。

(2) オーストリアで取られた手段

　オーストリアでは，ドイツの障害監護制度に該当する制度が存在せず，手続き開始後に一時的な援助者（行為能力剥奪宣告令 8 条）が任命された場合には，後見人任命手続きが中止となる可能性があるのみであった。オーストリアでも，ドイツと同様に行為能力の制限または剥奪が敬遠されていたものの，行為能力制限を伴わない保護制度が存在しなかったために，一時的な援助者が任命されるという結果に至っていた。つまり，1983 年の代弁人法成立直前では，多くの裁判所が行為能力剥奪宣告令の手続きを最後まで行わず，後見人を任命することなく，一時的援助者を任命するにとどめ，一時的な援助者に具体的な任務を与えていたのである。また，アルコール中毒者，神経毒乱用者，および浪費者に対し行為能力を制限することはほとんど行われなくなっていた。ここから，代弁人法の改正は，改正当時の裁判所実務の傾向と調和したものだったといえる[133]。行為能力の剥奪を宣告しないという傾向は 1970 年ごろから顕著になり，行為能力被剥奪者数もこの頃から減少していっ

---

　(3) 監護は，障害者の同意を得た場合に限り，命じることができる。ただし，障害者と意思を疎通することができない場合には，この限りではない。」(255 頁)
131) シュヴァープ（著）＝鈴木（訳）・前掲注 72・359 頁。
132) シュヴァープ（著）＝鈴木（訳）・前掲注 72・357 頁。
133) Hopf, Das BG über die Sachwalterschaft für behinderte Personen, ÖJZ (1983), S. 442.

た。

(3) 障害監護制度と比較した際の代弁人法の長所と短所

改正当時，代弁人法がドイツの障害監護制度に比して明確な利点を示せるかが重要な問題となっていた。この点については，ドイツ障害監護制度の監護人は制限された事務範囲についてのみ任命され得たのに対し，代弁人の任務範囲が全ての事務に及ぶことができるとして，代弁人法においては包括的な本人の世話が可能であるという点がその長所として主張された。しかし現在では，全ての事務に代弁人を任命することは極力回避すべきと考えられている。

両制度の重要な差異は，その法的効果にあった。代弁人の任命は，代弁人の任命範囲において本人の行為能力を制限するが，監護人の任命は，本人の行為能力に何の影響も及ぼさない。この点につき，行為能力制限が必要であると主張する立場からは，本人を契約の相手方から保護するために，行為能力の制限は必要であるとの主張がなされた。しかし，実際に行為能力を制限して本人を保護するケースが多数存在していたかというと，そういうことはなく，ドイツにおける被監護者が行った法律行為の効力に関する訴訟は，実際にはほとんど存在しなかった。この理由として，第1に自己の行為の結果を認識できない精神病者が法律行為を行うことは実際にほとんどないこと，第2に契約の相手方が後見制度について知識がある場合には，基本的に相手方は後見人とだけ法律行為について話し合うこと，第3に銀行などは，契約によって，行為無能力の危険をあらかじめ客の側に転嫁していたことが挙げられる。さらに実務においては，本人が法律行為を行った場合には，後見人がその任命を証明する証書を提示すれば，多くのケースにおいて法律行為を取り消すことができていた。このため，行為能力の制限を伴う代弁人制度は，障害監護制度と比較すると，不必要に本人に干渉しているとの意見が依然として存在していた。しかし，これに対しては監護制度と同等の保護では本人の権利を保護するのに不十分であり，代弁人制度はより多くの可能性を提供

---

134) Forster/Pelikan, a. a. O. 51, S. 54; Vgl ErlRV 742 BlgNR 15. GP, 10.
135) Forster/Pelikan, a. a. O. 51, S. 56.
136) Forster/Pelikan, a. a. O. 51, S. 56.

第3項　代弁人協会の発足とその活動内容

1　代弁人協会の成立過程

　代弁人協会の設立は，代弁人法において非常に重要な意義を有する。代弁人制度の成立においては，新法と協会代弁人制度という2つの側面から制度を支えることが試みられた。

　協会代弁人制度の設立のきっかけとなったのは，1978年の研究集会において，後見人の人材不足に対する措置として制度のために活動する組織の設立が提唱されたことである。1980年には，司法省の主導により「代弁人制度のための協会」がウィーンに設立され，ここでは1981年から2年間，司法省の指示のもとで，協会代弁人制度を試行するためのモデル・プロジェクトが実施された。[138]

2　代弁人協会の法的基礎

　1984年一般民法典281条[139]は，心的病気の者および精神的障害者の福祉にとって必要であれば，協会代弁人を代弁人として任命できる旨を規定していた。代弁人協会の適性の有無は司法大臣によって決定されることになっており，代弁人法成立当時は，ウィーン，ザンクトペルテンおよびフェルトキルヒにある3つの代弁人協会が認可されていた。現在は，これに加えてザルツ

---

137) Forster/Pelikan, a. a. O. 51, S. 57.
138) Michalek, Möglichkeiten und Grenzen der Vereinsachwalterschaft, in: BMJ(Hrsg.), Rechtsfürsorge und Sachwalterschaft (1990), S. 179.
139) 一般民法典旧281条
　「(1) 1人の障害者には，その福祉のために特別の必要がない限り，障害者の身近にいる1人の適切な者が，障害者が未成年であるときは，従来の法定代理人が，代弁人に任命されるものとする。
　(2) 障害者の福祉にとって必要であるときは，代弁人は，可能な限り適切な協会から指名された者の範囲から任命されるものとする。
　(3) 障害者の事務処理が主として法律知識を必要とするときは，弁護士（弁護士試補）または公証人（公証人試補）が任命されなければならない。」(531頁)

ブルクにも代弁人協会が設立されており,合わせて4つの代弁人協会が活動している。

協会の適性を判断する基準としては,適切な代弁人となる人材の育成,訓練された専業代弁人およびボランティアの代弁人の雇用,ならびに代弁人への指示および監督などが規定された。これは,代弁人協会の中心的任務は人材の確保であり,専業代弁人とボランティア代弁人の雇用と教育は,注意深く入念に行われるべきであると考えられたためである[140]。

3 専業代弁人
(1) 専業代弁人として備えるべき要件

協会で専業代弁人として活動するためには,資格および備えるべき適性が求められる。資格としては,ソーシャルワーカーの職業訓練,職業経験を伴う法学,心理学,社会学および教育学の修了がある。備えるべき個人的適性としては,障害者とその家族の問題について理解があること,本人との面会に対する準備ができること,チームワークを行えること,ならびに法律および医療の専門家から助言を受ける準備ができていることなどが挙げられる[141]。

(2) 職業訓練の内容

備えるべき要件に基づいて専業代弁人は職業教育を受けることになるが,その職業教育は,次のような内容が想定されていた。すなわち,①代弁人制度を社会福祉的観点,法学的観点,医学的観点および組織的観点から理論的に把握すること,②代弁人経験者を実務指導者とした9ヶ月の訓練,③訓練期間における活動内容の段階的な拡張,④毎週行われるチームの会合への参加および精神医学と法学に関する講演会等への定期的な参加などである[142]。

協会は,このような基本的な職業教育の後に,専業代弁人の研修および活動の支援を行っている。例えば,他の研究機関によって行われる代弁人制度に関するセミナーおよび講演会の開催,毎週ごとのケースについての話し合い,専門家,特に法律家または精神科医による助言,協会の法律関係または

---

140) Michalek, a. a. O. 138, S. 181.
141) Michalek, a. a. O. 138, S. 182.
142) Michalek, a. a. O. 138, S. 183.

研修の担当者による助言および援助，ならびに必要な場合における研修期間後の監督などである。[143]

このようにして専業代弁人を育成することによって，代弁人制度の専門化が企図された。

4　ボランティア代弁人
(1) ボランティア代弁人の投入

協会代弁人制度設立の際に，ボランティアは，その一部を担う者として制度内容に組み込まれた。[144] 現在では，ボランティア代弁人は，代弁人制度にとって，なくてはならない存在になっている。

成立当時の協会代弁人制度のコンセプトは，代弁人協会がボランティアを世話するのであれば，ボランティアを代弁人制度に投入すべきというものであった。このため，ボランティアの投入には，代弁人協会による指導と監督が前提とされた。ボランティア代弁人は，専業代弁人をサポートするために活動するのではなく，専業代弁人と同様に，協会から裁判所に推薦され，裁判所から代弁人として任命される存在であった。[145]

(2) ボランティア代弁人の獲得

代弁人協会では，ボランティアの獲得は，専業代弁人を通じて行われている。ボランティアの獲得は時間のかかる非常に難しい仕事であり，州レベルでも，町レベルも十分な数の適切なボランティアを獲得することは簡単なことではない。具体的な流れとしては，ボランティアの仕事に関心のある者が代弁人協会のチームリーダーと面接を行い，ボランティアの活動について説明を受ける。そこで候補者に適性があると見なされた場合には，ボランティア代弁人のチームの月毎の会合に参加する。ここで，さらに本人がボランティ

---

143) Michalek, a. a. O. 138, S. 183.
144) Forster, Sachwalterschaft und Laienhilfe, in: Rechtsfürsorge für psychisch Kranke und geistig Behinderte（1984），S 268ff.
145) 2006年の改正以降，代弁人協会が代弁人として任命され，ボランティアは協会から代弁人職を委託されるという形がとられることとなった。このため，ボランティアは形式的には代弁人ではないが，協会の専業代弁人と合わせて「協会代弁人」という名でよばれることもある。本書では「ボランティア代弁人」と表記する。

ア代弁人の活動につき興味をもち，また当該候補者が適切であると認められると，候補者は形式的手続を経て，協会に所属するボランティア代弁人として認定される。[146]

(3) ボランティア代弁人の教育

代弁人協会では，ボランティア代弁人は，専業代弁人が率いるチームに所属して活動する。ボランティアの職員は1チーム約5人から10人にまとめられ，人数により1人か2人のチームリーダーである専業代弁人によって指導される。[147]このため，ボランティア代弁人とチームリーダーの間には，強い結びつきが生じる。

新しいボランティア代弁人の教育は，チームリーダーによって行われる。ボランティア代弁人は毎月行われるチームの会合に参加し，活動の際に生じた問題や疑問をチームリーダーに相談する。この会合は，教育の他にも経験の伝え合いなどに役立っている。また，ボランティア代弁人は，チームでの話合い以外にも協会において定期的に研修を受ける。

(4) ボランティア代弁人へのケース委託

1989年の時点で，ボランティア代弁人は5件を超えて代弁人を受任すべきではないと考えられていたこともあり，ボランティア代弁人の受任件数は平均して約2，3件であった。ボランティア代弁人は毎月チームの会合に参加し，チームリーダーにその活動内容を報告しなければならない。この会合の際に，代弁人としての活動に要した費用が補償される。費用補償は，当時，1か月1ケースごとに500シリングであった。[148]

ボランティア代弁人の活動の質を低下させないために，チームリーダーは，自分が担当しているケースの他にも，チームのボランティア代弁人を指導および援助するために，十分な時間を確保しておかなければならないと考えられた。[149]つまり，ボランティア代弁人の活動は専業代弁人による十分な支えを必要としており，専業代弁人とボランティアが相互にコンタクトを取りやす

---

146) Michalek, a. a. O. 138, S. 184. 特に田舎ではボランティアの確保が難しいとされる。
147) Michalek, a. a. O. 138, S. 185.
148) Michalek, a. a. O. 138, S. 185.
149) Michalek, a. a. O. 138, S. 185.

5 代弁人の活動
(1) 専業代弁人の活動

専業代弁人の重要な活動は次の通りであった[150]。すなわち，①代弁人の任命手続きにおいて，本人を代理するための暫定的代弁人（非訟事件法旧238条1項）[151][152]，②代弁人の任命手続期間に緊急に生じた事務処理のための暫定的代弁人（同条2項），③1984年一般民法典273条3項に基づく代弁人，④ボランティア代弁人の世話と監督，⑤患者代弁人制度の助言と監督，⑥行為能力剥奪宣告令8条に基づく強制収容手続きにおける暫定的擁護者である[153]。

(2) ボランティア代弁人の活動内容

ボランティア代弁人は，簡単なケースまたは身上監護が主たる任務となるケースを委託された。ボランティアに委託される代弁人職の件数は，2，3

---

150) Michalek, a. a. O. 138, S. 186.
151) 非訟事件手続法旧238条
「(1) 手続きが継続されるべき場合には，裁判所は，手続きにおける本人の権利保護者について配慮しなければならない。本人が法定代理人または自ら選任した代理人を有しない場合には，裁判所は，本人に手続きのための暫定的代弁人を任命しなければならない。そのことによって本人は，法律行為において制限を受けることはない。手続きのための暫定的代弁人の代理権は，本人が裁判所に自ら選任した代理人による任意代理を報告する時は，消滅する。
(2) 本人の福祉にとって必要であるときは，裁判所は，その他の緊急の事務を処理するために，手続きの期間につき，本人のための暫定的代弁人を任命しなければならない。248条を準用する。」
(532頁)
152) ボランティア代弁人は，暫定的代弁人になることはできない。
153) 行為能力剥奪宣告令8条
「(1) 自己の利益を有する者の保護のために緊急に必要な場合には，精神病院またはこれに類似した施設に入院させ，または申立もしくは職権により行為能力剥奪宣告手続きの導入の後，その者に暫定的擁護者が任命されるべきである。
(2) 暫定的擁護者の選任の権限を有するのは，行為能力剥奪宣告裁判所または区裁判所であり，同裁判所は精神病院または類似の施設への入院の継続について決定しなければならない。
(3) 暫定的擁護者の任命の前に，それが目的を害しない限り，要擁護者は尋問されなければならない。
(4) 精神病院に入院している者または行為能力剥奪宣告のための手続きが開始されている者に対して，訴訟が提起されもしくは強制執行が認められるべき場合において，緊急な場合には，訴訟裁判所または執行裁判所は，民事訴訟法第8条により特別後見人を選任することができる。
(5) 暫定的擁護者の選任は，監護裁判所に通知し，土地登記簿に記入しなければならない。
(6) 監護裁判所は，他の者を選任することができる。」(527頁)

件と限られていたために，ボランティア代弁人は，本人に対して多くの時間を費すことが可能であった。また，任命後の一定期間を専業代弁人が担当し，本人の状況が安定すれば，ボランティア世話人に引き継がれるということも行われていた。しかし，もちろん全てのケースにボランティア代弁人の任命が可能というわけではなく，例えば代弁人任命手続内での暫定的代弁人および困難ケースは，必ず専業代弁人が担当しなければならないとされていた。[154]

第4項　代弁人法成立後の状況

1　代弁人法施行5年後の状況
(1) 代弁人制度に対する評価

代弁人制度施行から5年後には，代弁人の任命件数はすでにかなり増加しており，今後も増加することが見込まれた。1年間に1,800件以上の暫定的代弁人が任命されており，これは，改正前5年間の行為能力剥奪宣告数の約2倍であった。[155] 代弁人の任命件数の増加は，代弁人制度が社会的偏見を与えることなく本人を保護することに成功したことの結果であり，また個人の適合性に合わせた措置と協会代弁人制度による改善された世話状況によって権利擁護が拡充された結果であるとして，基本的には肯定的に受け止められていた。一方で，代弁人制度利用件数の増加は，高齢者数の増加，家族による問題処理能力の低下，そして代弁人制度に代わる他の保護・代理制度が不足していることの現れでもあった。[156]

法改正に肯定的評価が下される一方で，多く問題も指摘されていた。

まず，代弁人の任命に際し，裁判所は代弁人に委託すべき事務を詳細に示さないことがほとんどであった。全ての事務について代弁人が任命されるということが依然として頻繁に行われており，その結果，多くの障害者が全ての行為能力を剥奪されていた。

---

154) Michalek, a. a. O. 138, S. 187.
155) Forster, Fünf Jahre Sachwalterrecht-Eine Zwischenbilanz aus sozialwissenschaftlicher Sicht, in: Rechtsfürsorge und Sachwalterschaft (1990), S. 119.
156) Forster, a. a. O. 155, S. 120.

次に、代弁人の不足が依然として生じていた。代弁人の任命件数が増加したにもかかわらず、協会代弁人制度の拡充は、当初の計画ほど順調に進まず、オーストリアの一部の区域に限定されてしまっていた。適切な代弁人の不足と本人が放置されていることが改正の中心的な理由であったのにもかかわらず、家族・親族の代弁人職受任件数および法的職業従事者の代弁人職受任件数は、さらに増加していた。[157] 代弁人の数も協会代弁人の数も不足している状態であり、このことが代弁人制度の評価を低下させる要因となっていた。

最後に、代弁人の医療同意権および居所決定権についての規定が存在しないことが挙げられる。これに関連する疑問は、条文がないために本人および代弁人となっている家族親族と協会代弁人との間で解決されており、身上監護についての規定の不十分さも問題点として挙げられていた。[158] このため、身上監護に関する規定の制定は、制度制定後、早い段階から望まれており、2006年の改正によって実現された。

(2) 協会代弁人制度の効果と裁判所の負担

当時、協会代弁人が代理人として代弁人の任命手続きで活動した多くの場合において、事務内容が明確にされて委託されていた。このように、実務における世話の遂行の質は、協会代弁人制度によって、行為能力剥奪宣告令の時から進歩したという結果が得られていた。しかし、当時、オーストリアには、協会代弁人制度が存在する地域としない地域が存在しており、協会代弁人制度がその目的に沿って遂行されていたのは、オーストリアの約3分の1の地域に限られていた。このような協会代弁人制度がもたらす効果の地域差は、改正から5年間で確実に大きくなっていた。[159]

代弁人任命件数の増加に伴い、裁判所の負担も大きくなっていた。裁判所では、その費用も含めて手続きをどのようにしてその任命件数の増加と適合させるべきか、どのようにしてしっかりと根拠づけられた代弁人の選任を行うべきか、どのように代弁人制度の調査を定期的に行うべきか、といった点

---

157) Forster, a. a. O. 155, S. 120; Vgl Tschugguel, Probleme des Sachwalterrechtes in Theorie und Praxis, in: Rechtsfürsorge und Sachwalterschaft (1990), S. 157ff.
158) Forster, a. a. O. 155, S. 127.
159) Forster, a. a. O. 155, S. 121.

が課題となっていた。

(3) 問題が生じた原因

このような状況において，従来の目標とそれを実現できていない現実との矛盾が，代弁人法成立によって企図された目的を衰退させるのではないかという危惧が生じていた。この危惧は，2006年の代弁人法改正の原動力となった。つまり，2006年改正の契機は，すでに代弁人制度施行の5年後には生じていたことになる。

代弁人制度の5年後の問題点をまとめると，①大部分のケースにおいて代弁人に全ての事務が委託されていたこと，②代弁人協会の拡充が遅れていたこと，③裁判所の負担が増加したことの3点になる。この状況は代弁人法の限界を現しているとの主張がなされ，これに対する早急な介入が必要とされた。[160]

問題が生じた原因として，法改正に対する準備不足が考えられた。

まず，法律に関する観点からみれば，行為能力剥奪宣告令からの改正が短期間で行われてしまったために，新法に対する準備が実務において不十分であったとされた。[161] 代弁人法では，本人の必要性に合わせた利用が求められるが，このためには，代弁人手続きの際に任務範囲を制限するよう努力する者が必要になる。代弁法について知識のない一般市民にとって，行為能力剥奪宣告令から代弁人制度への急速な変化に対応することは負担が大きく，制限的な任務の委託を主張することは難しかった。そこで協会代弁人が手続中に暫定的代弁人となって本人に必要な範囲の任務を確定することも可能であったが，この任務は専業代弁人のみが可能であり，ボランティアは，暫定的代弁人になることが許されていなかったため，人的資源は十分とはいえなかった。

これまで後見人として活動していた家族・親族に対しても，法改正の情報提供は不十分であった。また，裁判官に対しても，代弁人法の精神についての研修が不十分であるといわれていた。代弁人法成立のために必要な準備は，モデル・プロジェクトの実施等により他の法律に比較すると十分になされて

---

160) Forster, a. a. O. 155, S. 122.
161) Forster, a. a. O. 155, S. 123.

はいたが，そこで得られた経験を改正後十分に活かすような作業が不足していた。[162]代弁人法の精神を現実に反映しきれていないという事態が生じていることについてはすでに以前から予想されていたたものの，効果的な解決策は見出されないままであった。

2 代弁人法施行10年後の状況

　代弁人法は，1994年に施行10年を迎えた。1984年の改正直後には次の改正に向けての議論が行われていたが，その後，改正の話は徐々に消滅してしまっていた。これは，行為能力剥奪宣告令施行直後と全く同様の状況であった。

　1994年頃に指摘されていた代弁人法の問題点は，やはり全ての事務に代弁人が任命されていたことにあった。すでにこの頃には，全ての事務につき代弁人を付与することがタブー視されつつあったが，それでもまだ相当数において全ての事務に代弁人が任命されていた。

　もっとも，裁判官が全ての事務につき代弁人を任命するのには，それなりの理由もあった。実務では，個々の事務または一定の範囲内の事務について代弁人を任命する際に，その時点における本人の必要性のみを考慮していたので，任命後に本人の認識能力および判断能力の減退により事務の拡大が緊急に生じることが相次いでいたのである。そこで，手続きの繰り返しを回避するために，将来ある程度具体的に代弁人の任命が予想できる事務については，あらかじめ代弁人を任命することが可能ではないかと言われていた。[163]実際に，任務拡大の必要性が生じた時点から事務処理のための暫定的代弁人の任命までには，一定の時間がかかっており，本人の負担となっていた。全ての事務につき代弁人を任命することがタブー視される一方で，代弁人の任務を最小限に止めることは本人保護にとって十分とはいえず，裁判所および代弁人協会にかかる費用を膨らませるだけであるともいわれていた。[164]

---

162) Forster, a. a. O. 155, S. 130.
163) Ramharter, Zur Reformdiskussion im Sachwalterschafts-und Behindertenrecht, ÖJZ (1995), S. 858.
164) Ramharter, a. a. O. 163, S. 858.

3　代弁人法以外の法改正
(1)　概観

代弁人法が施行された1984年7月1日から2006年代弁人改正法が施行された2007年7月1日までの間に制定された，成年者保護領域における重要な新法を挙げるとすれば「措置入院法（Unterbringungsgesetz）[165]」（1991年1月1日施行），「ホーム滞在法（Heimaufenthaltsgsgesetz）[166]」（2005年7月1日施行）および「患者配慮処分法（Patientenverfügungsgesetz）[167]」（2006年6月1日施行）であろう。この他，1989年および2001年の親子法改正の影響を受け，代弁人法は，わずかに改正された。

(2)　強制収容に関する法律の制定

強制収容については，代弁人法が制定された後も，行為能力剥奪宣告令の規定が維持されていた。しかし，1991年に措置入院法が制定されたことにより，強制収容に関する行為能力剥奪宣告令は，ようやく失効することになった。もっとも，この措置入院法によって規定される強制収容は，精神病院などの精神病に関する施設に関するものに限られていた。このため，高齢者施設での自由制限に関する強制措置の根拠法は依然として存在しないままであった。しかし，実務では，代弁人が本人の自由制限を要求するということが行われていた。これに対し，1990年代頃から，代弁人法は，自由制限を含む強制措置の根拠法ではないという見解が支配的になっていた。このため，1990年代後半から代弁人法の改正が検討された。ここでは，介護施設および障害者施設における自由制限規定を代弁人法に導入すべきであるという意

---

165) BGBl 1990/155. 文献として，Kopetzki, Unterbringungsrecht Ⅰ (1995); Kopetzki, Unterbringungsrecht Ⅱ (1995); Kopetzki, Grundriss des Unterbringungsrechts (2005, 2. Aufl.)等がある。

166) BGBl Ⅰ 2004/11. 文献として，Barth/Engel (Hrsg.), Heimrecht (2004); Strickmann, Heimaufenthaltsrecht (2012, 2. Aufl.), Ganner, Die Versorgung alter Menschen in Österreich-Rechtliche Entwicklung und aktueller Stand, in: Ganner (Hrsg.), Die soziale Funktion des Privatrechts (2009), S. 111ff 等がある。

167) BGBl Ⅰ 2006/55. 文献として，Memmer/Kern (Hrsg.), Patientenverfügungsgesetz (2006); Bachinger, Der Nutzen der Patientenverfügung für den Patienten, in : BMJ (Hrsg.), Recht und Würde im Alter (2006) S. 251ff; Körtner/Kopetzki/Kletećka-Puler, Das österreichische Patientenverfügungsgesetz (2007) 等がある。

見が出されたが，代弁人協会がこれに強く反対したために，実現されることはなかった。代弁人協会が反対した理由は，代弁人の同意によって本人の強制収容が可能になれば，本人と代弁人との信頼関係が失われるというものであった[168]。このため，代弁人法の改正は行われず，2005年7月1日に精神病院以外の強制措置について規定する「ホーム滞在法」が施行されることとなった。

(3) 親子法改正法

2001年の親子法改正法で改正された点は，本人は何歳から代弁人を任命されうるのかという点であった。この点については，満14歳からとする説[169]と，一方で精神的に自立してない未成年者および子についても代弁人の任命は可能であるとする説があり[170]，争いが生じていた。これに対しては，2001年の親子法改正により，代弁人が任命可能な者は，成年者であることが規定された（一般民法典旧273条）。

また，本改正では，代弁人の任命は，例えば意識不明の状態や言語喪失を伴う脳卒中の場合など，明確な心的病気または精神的障害が確定できない場合にも認められることが確認された[171]。

さらに，本改正により，子による医療同意権が規定された（一般民法典旧146条c）。同条により，年齢に関係なく，認識能力または判断能力がある者は，基本的に自ら医療措置について決定できることが明確にされた。この当時は，一般民法典282条において第3章の親子法の規定を代弁人法に準用する旨が規定されていたために，本改正により，被代弁人も治療に関する認識能力および判断能力があれば，医療措置に自ら同意可能であると考えられるようになった[172]。

---

168) Ganner, Das österreichische Sachwalterrecht (Teil 1), BtPrax (2007), S. 241.
169) Maurer, Das österreichische Sachwalterrecht in der Praxis (1997, 2. Aufl.) § 273 Rz 7.
170) Kremzow, Österreichisches Sachwalterrecht (1984), S. 24.
171) Maurer, Das österreichische Sachwalterrecht in der Praxis (2007, 3. Aufl.), § 268 Rz 10.
172) 代弁人の医療同意権は，2006年の代弁人法改正法によって一般民法典283条に規定された。

第 5 項　小　括

1　要約

　代弁人制度は，1983 年に成立し，1984 年 7 月 1 日に施行された。行為能力剥奪宣告令は 1916 年に公布されているから，同令が想定されたように機能していなかったとしても，改正までに 60 年を超える年月が必要とされた。

　代弁人制度成立のきっかけは，行為能力剥奪宣告令の利用の減少にあった。国民は，制度利用から生じる社会的偏見を敬遠した。これに加えて，同令は本人を強制収容するために利用されたり，1 人の後見人が 100 人単位の後見人職を受け持つなど，本人保護という趣旨からかけ離れた用いられ方をされていた。次第に，裁判官も行為能力剥奪宣告を回避するようになり，同令はその存在意義を失っていった。このような結果を受けて，ようやく他者を本人から受ける危険から保護することではなく，本人の保護を中心的目的に置く代弁人制度が創設された。つまり，代弁人制度への改正の主たる目的は，行為能力の剥奪によって生じる烙印を取り去ることであり，このために制度は「代弁人制度」と改名された。同様の趣旨から，「精神病（Geisteskrankheit）」および「精神薄弱（Geistesschwäche）」は，「心的病気（psychische Krankheit）」および「精神的障害（geistige Behinderung）」という概念に変更された。[173]

　代弁人制度では，保護者の名前が「代弁人」となり，条文から「行為能力の剥奪」という文言が削除された。しかし，行為能力の制限そのものがなくなったわけではなく，代弁人が任命されると，本人には依然として行為能力の制限が生じた。もっとも，類型は，個々の事務，一定の範囲の事務および全事務を代弁人に委託するという 3 類型に改正され，本人の必要性に柔軟に対応すると同時に，制度利用に際する補充性の原則が規定された。また，浪費者，アルコール中毒，神経毒の乱用は，代弁人の任命要件ではなくなった。

---

173) Ganner, Entwicklung und Status quo des Sachwalterrechts und seiner Alternativen in Österreich, in: Fischer-Czermak/Hopf/ Kathrein/ Schauer (Hrsg.), Festschrift 200 Jahre ABGB (2011), S. 363.

さらに，本改正に伴い，代弁人協会が設立された。ドイツの世話協会と異なり，代弁人協会は，本改正によって新規に創設された組織である。代弁人法施行に先駆けて，国家主導による綿密な準備（モデル・プロジェクト）が行われた。代弁人協会では，専業代弁人が雇用されている他，ボランティア代弁人が所属し，専業代弁人とチームを組んで代弁人活動を行っている。

2 分析

本節の考察から，次の3点を重要な点として挙げることができる。

第1に，代弁人法により，オーストリアは本人を主体とする現代的な成年者保護への転換を実現したといえる。オーストリアの改正がドイツに先んじた理由として，オーストリアが行為能力の制限を伴わない保護制度を有していなかったことが大きい。行為能力剥奪宣告令に代わる保護手段を有しなかったために，オーストリアは，法改正を急がなければならなかったのである。ここから，行為能力の剥奪という概念が，制度に与える影響の大きさをうかがい知ることができる。

第2に，本改正により，代弁人を任命するには，本人の精神状態，処理すべき事務に加えて，本人が他の援助を受けられないことという補充性が要件として追加された。ここから，すでに代弁人制度設立の段階において，オーストリアは，代弁人制度を成年者保護の最終手段として位置づけていたといえる。この考え方は，2006年の法改正により，さらに明確にされる。

第3に，代弁人法成立に伴い，国家規模によるプロジェクトを経て，代弁人協会が設立された。これは，代弁人の確保・育成・支援が制度にとって極めて重要であると考えられたことを明確に示している。

このように，充実した内容を有する代弁人法であったが，改正後まもなく，身上監護に関する規定の不十分さがその問題点として指摘された。実務において，代弁人は医療同意権および居所決定権を必要とする場面が多く発生していたが，本改正に際し，当該権利は立法化されなかった。この点は，2006年改正法の重要なテーマとして引き継がれた。

第 3 節　2006 年の代弁人法の改正

第 1 項　改正前の問題点および状況

1　代弁人制度利用の増加原因
(1) 制度の質の低下に対する懸念

　2006 年の代弁人法の改正前は，代弁人制度利用者数が著しく増加している状況であった。1989 年においては約 20,000 件であった利用件数は，改正直前には約 50,000 件になっていた。毎年，国民の 0.1％に代弁人が任命されており，これが 10 年続けば，代弁人制度利用件数は，国民の全人口のおよそ 1％である 80,000 件になると予測された[174]。

　代弁人の任命が増加するにつれ，裁判所の負担および協会代弁人制度への補助金となる公的資金が増加していった。オーストリアでは，代弁人を任命する際には，裁判官は本人と直接面接するのが原則とされている（非訟事件法 118 条）[175]。さらに，裁判官は代弁人の活動内容に関する報告書も調査しなければならない。しかし，裁判官の数は限られていることから，裁判所が代弁人制度に費やす時間が増えていったのである。

　裁判所の負担が増加するにつれ，代弁人制度の運営自体が疑問視されるようになった。代弁人法成立時の目的を果たせているのか，高齢者および障害者の自律を過度に干渉していないかという点で，代弁人法への信頼が失われはじめていた。このため，まずは代弁人制度利用件数を抑制するために，代

---

174) Pilgram, Das neue Sachwalterschaftsrecht aus der Sicht der Sozialwissenschaft, in: BMJ (Hrsg.), Recht und Würde im Alter (2006), S. 201.
175) 非訟事件手続法 118 条
　「(1) 裁判所は，まず本人につき個人的な印象を獲得しなければならない。裁判所は，本人に手続きの趣旨と目的を教示し，意見を聴取しなければならない。
　(2) 本人が裁判所の招致を承諾しない場合には，裁判所は必要な労りをもって本人を招致することができる。本人への裁判所の出頭が不可能，実行不可能またはその福祉に有害である時は，裁判官は本人を訪問しなければならない。
　(3) 裁判所が著しい困難または過度な費用のために本人の個人的印象を得ることができない場合には，法律上の援助の過程において第 1 回目の聴取を行うことができる。」

弁人制度に代わる制度（例えば老齢配慮代理権または近親者の法定代理権）の活用，および補充性の原則のさらなる強化が重要であると考えられた。

そこで，代弁人制度利用の状況を把握するため，司法省は，ウィーンの「法社会学・犯罪社会学研究所（Institut für Rechts-und Kriminalsoziologie）」に，代弁人制度を利用するきっかけについての調査を委託した。当該調査報告書に基づいて，2005年から代弁人協会の代表者，裁判官，弁護士，医師，法学者および社会学者などからなる研究グループが代弁人法改正に取り組み始めた。この研究グループによる成果は代弁人法改正法草案に反映され，草案は，その目的および内容について広汎な支持を得ることとなった。[176]

代弁人協会も，そのキャパシティに限界をきたしていた。代弁人協会は代弁人法成立に伴い，制度の専門性を高めるために設立された。しかし，代弁人制度利用件数の増加に伴い，協会代弁人が必要とされるケースも受任できず，弁護士などの法律の専門職または家族・親族が代弁人職を受任するというケースが多く生じていた。[177] 結果として，代弁人協会は，設立当時の目的を十分に果たせておらず，ここでも，代弁人制度の質の低下が危ぶまれていた。[178]

(2) 利用増加の原因の究明

代弁人制度利用件数の増加には，様々な要因があると考えられていたが，主たるものとして，①心的病気の者または精神的障害者の数の増加，②家族形態の変化，③日常生活の法化の3点が挙げられていた。法社会学および犯罪社会学研究所は，これらの観点から，利用増加の原因に関する調査を行った。

①心的病気および精神的障害を有する者の数の推移

1981年では，行為能力被剥奪者数および被制限者数は，990人であり，利用原因は，精神薄弱（知的障害）(25％)，精神的病気 (31％)，高齢に伴う精神

---

176) ErlRV 1420 BlgNR 22. GP, 3.
177) Pilgram, a. a. O. 174, S. 202.
178) 2009年1月1日の時点で，代弁人協会が受任している件数は全体の15％を占めるにすぎなかった（Pilgram/Neumann/Hanak/Kreissl, Wie viel (Vereins-)Sachwalterschaft braucht es? Eine Bestandaufnahme und eine Bedarfserhebung unter Richtern, RZ (2009), S. 262）。

的な障害（40％）となっていた。2001年には7,519人に代弁人が任命されており，主な内容は，精神障害（24％），精神病（18％），認知症（50％）となっていた[179]。

　この結果から精神病患者の割合は大きな変動もなく比較的安定しており，むしろ減少していることが分かる。ここでは医学の進歩が精神病の増加に歯止めをかけており，このため，心的病気の者または精神的障害者の増加は，代弁人制度利用増加の主たる原因ではないと結論づけられた。精神病者の割合だけでなく，高齢者の制度利用割合も，それほど急激に増加していなかった。このため，高齢者数の増加も，制度利用件数増加の主たる原因とは考えにくいとされた[180]。

②家族形態の変化

　家族形態が変化したことにより，本人を援助する家族がいないことも，増加原因の一因であると仮定された。しかし，社会学的なデータを見ると，当該仮説も制度利用の増加に直接結びつくものではなかった。高齢者の状況に関する2000年の報告書では，80歳以上の女性を除いて，60歳以上の一人暮らしの割合に増加は見られず，60歳以上の者で家族親族を有していないのは5％という結果が出ていた[181]。

　居所が自宅であるか，施設であるか，また配偶者を有しているかいないかという点から代弁人制度の利用を見ても，1981年から2001年にかけて変化は見られなかった。もちろん，オーストリアにおいても，大家族から核家族への移行，精神病施設の利用から高齢者施設，介護施設の利用への推移といった変化は生じていたが，全体的に見れば，社会における家族構成も，本人の居所も，代弁人制度の利用増加に直結するような変化ではなかった[182]。

③日常生活の法化

　調査の結果，代弁人の任命が増加したことの基本的理由は，社会給付の申請の複雑化などに見られる日常生活の法化，ならびに心的病気の者および精

---

179) Pilgram, a. a. O. 174, S. 204.
180) Pilgram, a. a. O. 174, S. 205f.
181) Pilgram, a. a. O. 174, S. 206.
182) Pilgram, a. a. O. 174, S. 207.

神的障害者の待遇について基本権に関する意識が変化し，個人的事項に関する権利の保護に以前よりもより重要性が認められるようになったことの結果であると結論付けられた[183]。つまり，日常生活における法律行為の増加と精神的障害者の権利保護に対する意識の変化が，代弁人制度利用件数の増加を引き起こしたということになる。

本人の法律行為を行うために，法定代理人である代弁人が任命されるのであれば，実務が法理論に適合されているということができ，代弁人の任命件数の増加は，基本的に肯定的に評価されるべきとされた[184]。実際に，法的に何ら権限のない家族・親族によって本人の事務処理がなされるよりは，裁判所によるコントロールのもとで，法定代理人である代弁人が事務処理を行う方が好ましいと考えられたのである。このように代弁人の任命自体は，問題があるというよりは，むしろ好ましいことであったが，制度をコントロールする裁判所と協会代弁人制度の費用を支出する国家に負担がかかる結果となった。

2　代弁人協会からみた代弁人法改正の必要性
(1)　代弁人協会の状況

1983年の協会代弁人制度設立時，協会代弁人は，全体のおよそ3分の1のケースを受任すべきとされていた。しかし，2006年の改正当時に協会代弁人（約6000人）による受任件数の割合は，全体の1割強にとどまっていた。裁判所は，この状況に満足していなかった[185]。

もっとも，代弁人協会で活動する代弁人の数が増えていないわけではなかった。代弁人協会のひとつである「Verein für SACHwalterschaft, PATIENTENanwaltschaft & BEWOHNERvertretung（現在のVertretungsNetz）」では，改正前に，1989年と比べて2倍の専業代弁人と3倍のボランティア代弁人が活動していた。当該協会でも，代弁人任命件数が

---

183) Pilgram, a. a. O. 174, S. 208f.
184) Ganner, a. a. O. 168, S. 241.
185) Schlaffer, Reformbedarf aus der Sicht der Vereins-Sachwalterschaft, in: BMJ (Hrsg.), Recht und Würde im Alter, (2006), S. 213.

これほど著しく増加するとは予想されていなかった。代弁人協会では，高齢者よりも若年層の精神的障害者が世話される傾向があり，当時，協会によって代理されていたのは，高齢者よりも 30 歳から 40 歳くらいまでの者が中心であった[186]。代弁人協会は，高齢者保護というよりは，家族のいない精神的障害者の保護に重点を置いていたため，高齢者への代弁人の任命が増加しても，協会がその増加した分を引き受けることは想定されていなかったと思われる。

(2)「クリアリング」の提唱

2006 年の改正の際に，代弁人協会の新任務となる「クリアリング」という新制度が提案された。それまでに代弁人協会に蓄積された経験から，クリアリングついては，次の3つの基本路線が考えられた。①代弁人制度利用の提案者に対する助言，②協会代弁人による手続代理，③本人に近い立場の者（家族，親族など）への支援および助言である。ここから，クリアリングの基本的な目標は，代弁人の任命に代わる他の選択肢を見つけ出すこと，つまり補充性を強調することであることがわかる。

クリアリングに基づき，代弁人任命手続きに協会代弁人が関与することによって，代弁人任命手続きの短縮と代弁人の任務範囲の制限をもたらすことも，その目的のひとつであった。2006 年の改正前も，全ての事務に代弁人が任命されている者の数は，依然として多かった[187]。2009 年では，全ての事務に対して代弁人を任命されているケースが全体の 55％，一定の範囲の事務に代弁人が任命されているケースが 41％，個々の事務に代弁人が任命されているケースが 5％となっていた[188]。

3　クリアリングによる経費削減

法社会学および犯罪社会学研究所の調査結果によれば，1985 年には 1,500 件であった代弁人の新規任命件数は 2002 年には 6,000 件になっていた[189]。

---

186) Schlaffer, a. a. O. 185, S. 214.
187) Schlaffer, a. a. O. 185, S. 214. しかし，日本は後見類型の利用が全体の約 85 パーセントを占めているため，日本と比較すると少ないといえる。
188) Pilgram/Hanak/Kreissl/Neumann, a. a. O. 60, S. 16.
189) Hammerschick/Pilgram, Sachwalterschaftsverfahren und ihre gerichtriche Erledigung, Institut für Rechts-und Kriminalsoziologie (2002), S. 4. http://www.irks.at/ から入手可能。

1999年における代弁人の任命総数は，約34,800件であり，2004年には約49,000件，2005年には約50,000件に増加した。その内の6,382件（約12.8%）が代弁人協会によって受任されていた。2020年までには，代弁人制度の利用者数は，約80,000件になると予測され，代弁人協会のために導入されていた1,430万ユーロの年間の補助金には，さらに毎年124万ユーロの増額が必要になると見込まれていた。[190]

代弁人協会の新任務であるクリアリング制度には，代弁人制度に必要となる予算を抑制する効果が期待された。クリアリングにおいて，代弁人協会は，本当に代弁人の任命が必要とされているケース以外では，代弁人の任命の提案者に対して他制度を紹介し，代弁人制度利用件数の必要以上の増加を回避するよう努める。この改正では，クリアリングにより，代弁人制度に関する支出を2011年から5年間で約600万ユーロから約300万ユーロに減少させるという目標が立てられた。[191]

しかし，本改正は，コストの削減のみを目指していたわけではなかった。本改正では，弁護士および公証人による代弁人職受任件数に法的制限を加えることが予定されていた。この制限が実現すれば，代弁人協会の受任件数がさらに増加するため，協会代弁人制度にかかる費用が再び膨らむことも，同時に予想されていた。[192]

第2項　2006年代弁人法改正法における主たる改正点[193]

1　改正の経緯

代弁人法は，ドイツ世話法成立に影響を及ぼし，[194]さらに日本の成年後見法成立の際にも参考にされるなど，その成立以降，自己の事務を自ら処理できない者を保護するための現代的な法として高い評価を得ていた。代弁人法は，

---

190) ErlRV 1420 BlgNR 22. GP, 7.
191) ErlRV 1420 BlgNR 22. GP, 7.
192) ErlRV 1420 BlgNR 22. GP, 8.
193) 2006年代弁人法改正法の条文訳は，巻末資料参照。
194) Schauer, Schwerpunkte des Sachwalterrechts-Änderungsgesetzes (SWRÄG 2006) Teil 1, ÖJZ (2007), S. 173.

一般民法典 21 条を具体化した法律であると考えられている。代弁人法以外にも、措置入院法、ホーム滞在法、患者配慮処分法が障害者または高齢者保護のための法として制定されるなど、成年者保護の法領域は、次第に整備されていった。新法の成立に伴い、代弁人協会の任務も拡張された。現在、代弁人協会は、患者代弁人および居住者代理人に関する活動も行っている。

また、2006 年以前も代弁人法の改正は行われていたが、それはごく些細なものであり、2001 年の親子法改正により代弁人の付与は成年者に限られるとの改正がなされたことと、2005 年に障害者への医的研究に関する代弁人の同意権を規定した 282 条 3 項が導入されたことにとどまる。

これに対し、2006 年の代弁人法改正法は、その成立から 20 年以上を経た、最初の抜本的な改正であった。改正前には、司法省の委託に基づいて、法社会学・犯罪社会学研究所による代弁人制度利用増加に関する調査が行われた。2005 年に専門家からなるグループが司法省に設置され、ここでの協議をもとに、2006 年 4 月に法案が作成された。若干の変更が加えられた後、国民議会において代弁人法改正法は可決され、2007 年 7 月 1 日に施行された。

2 主たる改正点

2006 年代弁人法改正法の主たる改正点は、次の通りである。

---

195) 一般民法典 21 条
「(1) 未成年者と、未成年者であるということと別の理由から、全てのまたは個々の自己の事務を自ら適切に処理できない者は、法律の特別な保護の下にある。
(2) 未成年者は、18 歳未満の者である。14 歳未満の場合には、その者は、〔精神的に自立していない〕未成熟者 (unmündig) である。」
ローマ法における未成熟者 (Unmündige) は、未成年者 (Minderjährige) とは異なる概念であり、男子の場合 7 歳から 14 歳までは行為能力がなく、単独でなした行為は無効とされた (オッコー=河上・前掲注 26、154 頁)。
196) BGBl I 2006/92. 2006 年の代弁人法改正法については、次の文献等がある。Schauer, 20 Jahre Sachwalterrecht- Sinn, Zweck und Alternativen, RZ (2004), S. 206ff; Kühnberg, Von der Sachwalterschaft zur Vorsorgevollmacht und Angehörigenvertretung: Der Entwurf des Sachwarterrechts-Änderungsgesetzes NZ (2005), S. 362ff; Schwimann, Neuerungen im Obsorge-, Kuratel- und Sachwalterrecht, EF-Z (2006), S. 68ff; Maurer, Das österreichische Sachwalterrecht in der Praxis (2007, 3. Aufl.); Zierl, Sachwalterrecht-Kurzkommentar (2007)；Ganner, Das österreichische Sachwalterrecht (Teil 2), BtPrax (2008), S. 3ff.

(1) 補充性原則の強化

補充性の原則は，代弁人法成立時からの基本原則である。1984年の代弁人法では，本人が他の援助によって，自己の事務処理を自ら処理できないという状況に対処できるのであれば，代弁人を任命することは許されないと規定されていた（1984年一般民法典273条2項）。2006年の改正では，この基本原則を維持しつつ，老齢配慮代理権および近親者の法定代理権という新制度を民法典に規定し，当該2制度により本人の保護が十分果たされる場合には，代弁人の任命は，原則的に回避されるべきであるとされた[197]。ここから老齢配慮代理権と近親者の法定代理権は，本改正の重要な構成要素といえる。

(2) 代弁人協会の任務の拡張

本改正により，代弁人協会に，クリアリングという新任務を課すことによって，裁判所の負担を軽減することが試みられた。代弁人協会は，代弁人の任命の手続きの前段階で，または手続内おいて，代弁人制度に代わる解決策があるかどうか，また近親者が代弁人として候補に挙げられるかどうかを確認しなければならない（協会代弁人，患者代弁人および居住者代理に関する法律（Vereintsachwalter-, Patientenanwalts-, und Bewohnervertretungsgesetz（VSPBG）4条，以下，協会代弁人法と表記する）。クリアリングにより，代弁人制度利用そのものが回避されるか，本人の近親者が代弁人として獲得されることが望まれた。

もっとも，クリアリング制度が創設されても，改正法の立法者は，代弁人制度の利用件数が減少するとは思っていなかった。それにもかかわらず，クリアリングが制定されたのは，代弁人制度利用件数の抑制不可能な増加を回避し，新規の代弁人任命件数を減少させることが重要だと考えられたからである。クリアリングにはそれほどの予算が必要となるとは予想されておらず，その設立が国家財政を圧迫することはないと判断された[198]。

(3) 自己決定の強化

自己決定の強化も，改正法の目的のひとつであった。本人の自己決定を強化することで，代弁人の任命件数が減少し，補充性の原則がより貫かれる結

---

[197] Schauer, a. a. O. 194, S. 174. 代弁人制度に代替する制度については，Glanzer, Alternativen zur Sachwalterschaft (2009) も参照。
[198] ErlRV 1420 BlgNR 22. GP, 1f; Schauer, a. a. O. 194, S. 175.

果となると考えられたためである。この自己決定の強化は，制度としては老齢配慮代理権（一般民法典284条fから284条h）として具体化されている。特別法として制定された患者配慮処分法も自己決定の強化に資する。さらに，代弁人となる者に関する本人の希望は，可能な限り尊重されなければならないという本人の希望尊重義務が規定された（代弁人への処分委託証書，一般民法典279条1項）。

(4) 身上監護

身上監護に関する詳細な規定の創設は，1984年の代弁人法成立後からすでに要求されていた。このような要求に応えるかたちで，本改正では，医療同意および居所決定に関する詳細な規定が置かれることとなった（一般民法典283条および284条a）。

(5) 代弁人の任命

代弁人の任命についても，改正が行われた。

まず，世話の質の向上のため，1人の代弁人が受任できる代弁人職の数が法律によって5件（弁護士および公証人は25件）までに制限された（一般民法典279条5項）。しかし，代弁人数の不足から，本条文は2009年に再び改正され，上限として示された数は，絶対的な数ではなくなった。

また，改正は協会代弁人制度にも及び，今後は協会によって推薦された者ではなく，協会が法人として代弁人に任命されることになった（一般民法典279条3項）。これにより，本人の利益に適う事務処理が可能になると考えられた。もっとも，協会は，代弁人制度を受任する協会職員が誰かについて裁判所に明らかにしなければならない旨も規定された（協会代弁人法3条2項）。

---

199) Schauer, a. a. O. 194, S. 175.
200) 2009年に，一般民法典279条5項は次のように変更され（Budgetbegleitgesetz, Art4 BGBl I 2009/52），代弁人職受任の限度数は絶対的ではなくなった。
一般民法典279条5項
「(5) 1人の者は，その者が，代弁人の義務，特に個人的にコンタクトを取る義務を考慮し，通常の処理ができるだけの数の代弁人職を受任することが許される。1人の者は，（適切な協会を除いて，）全部で5件を超える代弁人職を受任することができず，1人の弁護士または公証人は，25件を超える代弁人職を受任することができないということが推定される。この際，個々の事務の処理に関する代弁人職は考慮されない。」
201) ErlRV 1420 BlgNR 22. GP. 17.

(6) オーストリア中央代理〔権〕目録（Österreichisches Zentrales Vertretungsverzeichnis (ÖZVV)）の設置

2006年の代弁人法改正法にともない，オーストリア中央代理〔権〕目録が設置された（公証人規則140条h）[202]。このオーストリア中央代理〔権〕目録は，オーストリア公証人会によって設立され，運営されている（公証人規則140条b第1項6文）。本人の情報が必要である場合には，裁判所および他の利害関係のある施設は，オーストリア中央代理〔権〕目録から情報を得る。

(7) 親子法からの分離

これまで，代弁人法は親子法の条文を広汎に準用していたが，2006年の改正により，代弁人法は，親子法から完全に分離されることとなった。本改正により，代弁人法は一般民法典第1部第5章に独立して定められることになり，第5章には，「代弁人制度，その他の法定代理および老齢配慮代理権」という表題がつけられた。表題には，代弁人制度とのみ記されているが，他にも，まだ生まれてない者への特別代理人（Kurator）（一般民法典269条），不在者およびまだ知られていない参加者（一般民法典270条）および利益相反事例の場合における特別代理人（一般民法典271条および272条）に関する規定も設けられた。

第3項　代弁人法改正法の革新的部分

1　補充性原則の強化

代弁人は，心的病気および精神的障害のために任命される。これまで，本人のための統一された名称は存在せず，「障害者（Behinderte）」，「本人（die betroffene Person）」，「被代弁人（die zu besachwalternde Person）」といった様々な名称が用いられてきたが，現在法律は，本人を「障害者（behinderte Person）」と表記している[203]。

代弁人の任命要件は，改正前は273条に規定されていたが，現在は268条に規定されている。要件の内容自体に改正はなかったが，同条2項において，

---

202) 公証人規則に関して，代弁人法に関する条文については，巻末資料に訳文を掲載している。
203) Schauer, a. a. O. 194, S. 176.

補充性原則の強化が図られた。268条2項は，本人が監護施設および社会福祉業務によって十分な援助を受けることができるか，さらに，老齢配慮代理権，近親者の法定代理権および患者配慮処分によって本人の事務処理があらかじめなされれば，代弁人の任命は許されないと規定した。これにより，代弁人任命の抑制が企図されている。代弁人の任務範囲は，以前と同様に本人の必要性に応じて定められる。代弁人は，依然として全ての事務を引き受けることができるが，本改正により，避けられうる限り命じられるべきではないと規定されることとなった（一般民法典268条3項3号）。

2 代弁人として任命される者

2006年の改正によって，代弁人となるための要件は，より厳密に規定された。代弁人の任命要件に関する規定は，基本的に，任命のための一般的要件，特定の者の選任基準および排除理由の3点に関係している[204]。

(1) 代弁人任命時の一般的要件

代弁人を選択する際には，処理される事務の種類と，本人の要求について配慮しなければならない（一般民法典273条1項，279条1項）。両規定は，1984年一般民法典280条に相当する規定であり，代弁人を選任する際の一般的な基準を示している。代弁人を任命する際には，まず当該規定により，事務の種類および本人の個人的な必要性に応じて，適切な人物を考慮しなければならない。

次に，279条2項から4項においては，代弁人として任命されるべき者が，本人の身近にいる者，協会代弁人ならびに弁護士および公証人の順に挙げられている。これは，1984年一般民法典の281条[205]を継受した規定である。1984年の一般民法典281条は，第1項で障害者の身近にいる者を，第2項

---

204) Schauer, a. a. O. 194, S. 177.
205) 一般民法典旧281条
　「(1) 1人の障害者には，その福祉のために特別の必要がない限り，障害者の身近にいる1人の適切な者が，障害者が未成年であるときは，従来の法定代理人が代弁人に任命されるものとする。
　(2) 障害者の福祉にとって必要であるときは，代弁人は，可能な限り適切な協会から指名された者の範囲から任命されるものとする。
　(3) 障害者の事務処理が主として法律知識を必要とするときは，弁護士（弁護士試補）または公証人（公証人試補）が任命されなければならない。」(531頁)

で協会から委託された者を，第3項で弁護士または公証人を挙げていた。ここから，代弁人法では，その専門性が強調されていても，基本的に家族・親族が代弁人になるべきであるという考え方が制度設立時から一貫して取られていることがうかがええる。

(2) 代弁人の選択基準

改正前は，近親者，協会代弁人，弁護士および公証人が代弁人に任命される者として規定されていたが（1984年一般民法典281条），優先順位については言及されておらず，弁護士および公証人が任命されるケースは法的知識が特別に必要とされる場合と記されていただけであった（同条3項）。もっとも，誰を代弁人として任命するかについては裁判官に裁量があり，裁判官は，本人の福祉に合わせて代弁人を任命しなければならない。

2006年の改正法では，旧法の下において実務で行われていた傾向が法に反映された[206]。例えば，法律上その名前が挙がっている者（家族・親族，協会，弁護士および公証人）以外の者でも，「他の適切な者」として代弁人に任命することができるようになった（一般民法典279条3項）。他の適切な者としては，ソーシャルワーカー，社会教育家（Sozialpädagogen），心理学者，その他の適切な訓練を受けた者が挙げられる[207]。

任命の優先順位も，本改正により，より厳格に規定されるようになった。代弁人協会が任命される場合は，「身近にいる者が代弁人として任命され得ない場合」であることが明記された（一般民法典297条3項）。さらに，協会が代弁人となるのは，特別な要請を伴う場合であると規定された（一般民法典279条4項）。特別な要請としては，本人が家族・親族などの身近にいる者に過剰に負担をかけるような困難ケースが想定されている[208]。本条により，代弁人は，家族・親族などの近親者から任命されることが望まれると，より明確に示された。

(3) 代弁人への処分委託証書

本改正により，代弁人の選任の際には，本人の希望が配慮されなければな

---

206) Schauer, a. a. O. 194, S. 177.
207) ErlRV 1420 BlgNR 22. GP, 17.
208) ErlRV 1420 BlgNR 22. GP, 18; Schauer, a. a. O. 194, S. 177.

らない旨が規定された（一般民法典279条1項）。本人は，認識能力および判断能力を有している時点で，後にだれを自分の代弁人としたいかを明確に意思表示することができるようになったのである。この意思表示を「代弁人への処分委託証書」という。これも，本人の自己決定の強化を具体化した制度の一つである。なお，日本には，自己の成年後見人に関する希望を表明する制度は存在しない。

代弁人への処分委託証書では，特定の者を代弁人として希望するだけでなく拒否することもでき，原則的に形式は決まっていない。本人は，裁判所に自分の希望をどのような形式でも示すことができ，証人によって希望を述べることも可能である。

さらに，本人は，自己の希望が確実に裁判所へ伝達されることを目的として，代弁人への処分委託証書をオーストリア中央代理〔権〕目録に登録することができる。登録する場合には，処分委託証書を文書として作成し，弁護士または公証人に提示しなければならない（公証人規則140条h第1項）。登録は，公証人または弁護士によってのみ可能である（同条2項）。

代弁人への処分委託証書が拘束力を有するかが問題となるが，裁判所は，代弁人への処分委託証書を遵守しなければならないわけではなく，あくまでも配慮するにとどまると考えられている。[209]

(4) 代弁人となる候補者の排除事由

代弁人として任命されえない者の要件も，本改正により詳細に定められた。重要な点は，①受任件数の上限が定められたことと，②本人を世話している施設と密接な関係を有する者の排除が条文で定められたことである。

なお，一般的排除事由として，自らその権利を有することができない者，本人の福祉に適う任務の遂行を期待できない者，刑法上の有罪判決を受けた者は，代弁人を任命する際の選考から除外される（一般民法典273条2項）。

①受任件数の上限

2006年の代弁人法改正法では，代弁人1人が受け持つことができる受任件数が絶対的に制限された。代弁人制度では代弁人と本人が個人的なコンタ

---

[209] ErlRV 1420 BlgNR 22. GP, 16.

クトを取ることが非常に重要であると考えられており，その個人的なコンタクトを実現可能にするために，1人の者が実施する代弁人職の数が法律により制限されたのである。

具体的には，1人の代弁人は5件を超える代弁人職を，1人の弁護士または公証人は25件より多い代弁人職を引き受けてはならないこととなった（一般民法典279条5項）。個々の事務処理のために任命された代弁人は，このような制限を受けない。個々の事務のみの受任は，本人の状態などを定期的に確認しながら代弁人の任務を遂行する必要がないからと考えられる。また，本改正で制限が設けられたのは，個人，弁護士および公証人のみであり，代弁人協会に対する受任件数制限は設けられなかった[210]。

279条5項は2009年に再び改正され，5件，25件という数は絶対的な制限ではなくなった。もともと，2006年の改正の際に，当該制限数を絶対的な数にするかどうかが争われており，2006年の改正法では絶対的制限として定められた。その後，2009年の改正により，当該制限より多くの数を引き受ける能力を有していれば，代弁人はこの数字を上回るケースを受任できることになった。本改正による絶対的制限の撤廃は，代弁人の数がいまだに不足している結果であると推測できる。

②施設との関係

2006年の改正により，本人が滞在しているか，世話されている病院，ホームおよびその他の施設に対し依存関係を有しているか，またはその他の密接した関係を有している者を，代弁人の候補者とするときには，一定の配慮をすべきである旨が規定された（一般民法典279条1項）。本条の趣旨は，利益相反の禁止である。本人が施設に入居しており，その施設関係者が代弁人として任命されれば，本人の生活は，ほぼ全て施設の管理下に入ってしまうからである。日本法は，「成年後見人となる者が法人であるときは，その事業の種類及び内容並びにその法人及びその代表者と成年被後見人との利害関係の有無」を考慮しなければならない（日本民法843条4項）と規定するのみであり，施設との関係について具体的に言及する規定は存在しない。

---

210) Schauer, a. a. O. 194, S. 178.

なお，本条は，代弁人と施設との関係を絶対的な排除事由として規定しておらず，「依存関係もしくは他の密接な関係に立っていないことについて考慮されなければならない」とのみ規定している。このため，裁判所はこの事情について配慮しなければならないが，利益相反の危険が例外的に想定されえない場合には，施設関係者を代弁人に任命しうるとされている[211]。

(5) 受任拒否の可能性

排除事由に該当しない者が代弁人職の受任を拒否できるかという点も問題となる。一般民法典旧200条は[212]，後見職の受任義務を定めていた。しかし，本人の意思に反して受任させるべきではないとして，本規定は2001年の親子法改正の際に削除された。このため，代弁人職の一般的な受任義務を定めた規定は，現行法においては存在しない。

代弁人職の受任義務を有するのは，配偶者，両親，子，祖父母，孫，曾祖父母ならびに弁護士および公証人であるとされている[213]。もっとも，受任義務があっても，裁判所は，代弁人として活動できる者のみを任命しなければならない。

配偶者，両親，子の受任義務の法的根拠は，家族間の援助義務（一般民法典90条および137条）である。この援助義務は，夫婦間および親子間には生じるが，籍を入れていない実質的な配偶者（人生のパートナー）および兄弟姉妹間には生じない。

弁護士と公証人の受任義務の法的根拠は，一般民法典274条2項である。2006年の改正以前は，「特別に適性のある者」のみに受任義務が生じていた（一般民法典旧189条2項）[214]。しかし，2006年の改正により189条2項ではなく274

---

211) Schauer, a. a. O. 194, S. 179.
212) 一般民法典旧200条
　「後見裁判所は，任命された全ての後見人に対し，区別することなく後見職を受任することを早急に伝えなければならない。後見人は，たとえ他の管轄区にいたとしても後見職を受任する義務があり，この職務に含まれる全ての事務を考慮して後見官庁に従う。」
213) ErlRV 1420 BlgNR 22. GP, 13; Barth/Ganner, in: Barth/Ganner (Hrsg.), Handbuch des Sachwalterrechts (2010, 2. Aufl.), S. 78.
214) 一般民法典旧189条2項
　「(2) 特別に適性のある人物は，監護の委託を要求することが困難であろう場合にのみ，これを拒否できる。」

条2項が適用されることによって，弁護士および公証人に課される受任義務は，より生じ易いものとなった。弁護士および公証人であるというだけで，「特別に適性がある者」かどうかの判断を待たずに受任義務が生じてしまうからである。

ここで言及した者以外は，たとえ本人の身近にいる者や，ソーシャルワーカー，代弁人協会であっても代弁人職を受任すべき義務はない。もっとも，たとえ義務が生じていても，自由意思による受任でなければ，結局は本人の福祉に適う活動は期待できないだろうから，裁判所は，代弁人候補者が自由意思で代弁人職を受任するよう，つまり任命が強制的にならないように，努力しなければならない[215]。このことが，代弁人候補者の確保を難しくしている。

(6) 本人の行為能力

2006年の改正では，本人の行為能力に関する改正は行われなかった。依然として，代弁人の任務範囲内においては，本人は，法律行為上の処分行為を行えず，義務を負うことができない。以前は，一般民法典旧273条aがこの点について規定していたが，現在は一般民法典280条が規定している[216]。

また，一般民法典旧273条a第1項2文は，「裁判所は，本人の福祉を害しない限り，特定の事務に関する代弁人の任命の際に，特定の物，収入またはその一定の部分に関して，代弁人の任務範囲から除外することを命じることができる」と規定していたが，本内容も，2006年の改正により，一般民法典268条4項に規定されることになった。

3 本人の福祉に関する代弁人の権利および義務
(1) 代弁人の権利および義務

本人の福祉に対する援助は，すでに改正前から代弁人の最高の行為規範と考えられていた。2006年の改正により，この原則は一般民法典275条1項において明確に規定されることとなった。本人の福祉という概念は不明確であるが，その基本的な要素は本人の意思であるとされている[217]。つまり，代弁

---

215) Barth/Ganner, a. a. O. 213, S. 79.
216) 本条は，国連障害者権利条約との関係で改正されるべきとの見解がある。
217) Schauer, a. a. O. 194, S. 181.

人は，本人が自ら決定した意思に従い，行動すべきことになる。

本人の福祉に対する援助は，一般民法典281条1項が規定している。本条は，本人がその能力および可能性の枠組み内において，その意思および考えに基づいてその生活状況を形成することについて，代弁人が努力するよう定めている[218]。

また，代弁人が本人の意思に基づいた生活形成を援助できるように，改正法により，代弁人の情報提供義務と本人の発言権が定められた。本人は，その身上または財産にかかわる重要な措置について代弁人から適切な時期に知らされ，これについて適切な期間を置いて意見を述べる権利を有する（一般民法典281条2項）。

裁判所が本人の福祉を援助する条文も新たに規定された。一般民法典281条4項により，本人の福祉が危険にさらされる場合には，裁判所は，常に必要な処分を行わなければならない。

(2) 財産に関する事務

2006年改正法により，代弁人は，本人の財産の投資を行う場合には，一般民法典229条から234条に従わなければならないとされた（一般民法典275条3項）。代弁人は，これ以外の方法で，本人の財産および収入を代弁人の資本形成のために用いてはならず，主にその財産および収入を本人の個人的な生活状況に合致させる，という必要性を充足させるために用いなければならない（一般民法典281条3項）。両規定は，改正前からの有力説であったが[219]，今回の改正により，明文化された[220]。

(3) 身上に関する事務

身上監護に関するより詳細な規定は，改正前からその必要性が主張されていた。その結果，2006年の法改正により，代弁人法の身上監護に関する分

---

218) 日本においても，民法858条の解釈により，成年後見人等が本人の意思を一定程度調査するよう試みられるべき旨が主張されている（菅富美枝「民法858条における『本人意思尊重義務』の解釈」法政論集250号（2013年）129頁以下）。
219) 以前の法的状況における代弁人への一般民法典229条から234条への適用については，Schauer, Rechtssystematische Bemerkungen zum Sachwalterrecht idF KindRÄG 2001, NZ (2001), S. 283f. 参照。
220) Schauer, a. a. O. 194, S. 181.

野に関して複数の条文が制定されることとなった。この改正の重要な点は，身上監護に関する重要な事務に対する裁判所の許可，1ヶ月にとるべきコンタクトの回数，医療同意権および居所決定権の4点である。

4 身上監護
(1) 重要な事務に関する許可の留保
改正により，代弁人は，本人の身上にかかわる重要な事務の処理について裁判所の許可を得なければならなくなった（一般民法典275条2項）。遅滞によるリスクが存在しない限り，許可なしに行われた措置または代理行為は無効となる。

(2) 身上監護
2006年の改正においては，代弁人が本人とコンタクトを取るべき頻度が条文で具体的に定められた。

もともと，2001年の親子法改正法によって，代弁人は，本人と個人的なコンタクトを保たなければならない旨が一般民法典282条に規定されていた。その後2006年の改正によって，代弁人は，少なくとも月に1度は本人とコンタクトをとらなければならないと規定された（一般民法典282条）。月に1度とは下限であり，本人の病気などを理由として，必要があれば，頻繁にコンタクトをとる義務が生じる[221]。もっとも，個々の事務について任命された代弁人には，この義務は課されない。個々の事務の処理は，長期間本人の状況を観察すべき必要性が生じないことがほとんどであるからである。なお，代弁人が本人と個人的なコンタクトをとっているかどうかは，裁判所への報告の一項目となっている（非訟事件法130条[222]）。

(3) 医療同意権
もともと，1984年の代弁人法施行後から代弁人の医療同意権に関する規定の創設が望まれていた。この点に関しては，2001年の親子法改正法で規

---

221) ErlRV 1420 BlgNR 22. GP, 19.
222) 非訟事件法130条
「代弁人は，裁判所に，適切な期間の後，しかしながら少なくとも毎年，その本人との個人的なコンタクト，その生活関係ならびにその精神的状態および身体的状態について報告しなければならない。裁判所は，代弁人に，このような報告書についての任務をも与えることができる。」

定された一般民法典旧146条 c が子の医療同意権を規定したため，本規定が代弁人法にも準用されるものと考えられてきた。しかし，2006年の改正目的のひとつが，親子法と代弁人法との切り離しであったことから，代弁人法に関する医療同意権を条文上制定する必要が生じていた。

このため，2006年の改正においては，本人と代弁人双方の医療同意権の規定が民法典に設けられれた。両者の医療同意権は，①通常の治療の場合と，②特別な治療の場合に分けて規定されている（一般民法典283条）。代弁人の医療同意権に関する規定は，本改正で初めて設けられた。

①通常の治療

まず，本人の同意権であるが，本人は，治療について認識能力および判断能力を有していれば，自ら治療について同意できる（一般民法典283条1項）。本人が認識能力および判断能力を有していれば，同意できるのは本人だけである。一般民法典283条は，一般民法典旧146条 c（現173条）を参考に起草された[223]。しかし，旧146条 c と異なり，本人の認識能力および判断能力は，疑わしい場合にはその存在を推定されない。後述する特別な治療の場合においても，本人が治療について認識能力および判断能力を有していれば，同意できるのは本人のみであり，代弁人が任命されているかどうかは関係がない[224]。つまり，代弁人の任命によって本人の医療同意能力は制限されない。

本人が認識能力および判断能力を有しない場合においてのみ，代弁人は，治療に同意することができる。もっとも，代弁人が同意するためには，その

---

223) 一般民法典旧146条 c

「(1) 医的治療への同意は，認識能力および判断能力を有する子は，自らのみ与えることができる。疑わしい場合には，分別のある未成年者の場合には，認識能力および判断能力が推定される。必要な認識能力および判断能力が存在しない場合には，監護および教育を委託されている者の同意が必要となる。

(2) 通常，身体の完全性または人格の重大な侵害または持続的な侵害を伴う治療に，認識能力および判断能力を有する未成年の子が同意する場合には，治療は，監護および教育を委託されている者も同意する場合にのみ，実施することが許される。

(3) 治療が非常に切迫して必要であり，そのため，〔本人の〕同意または〔監護または教育を委託されている者の〕同意を得ることによって生じる遅延が，子の生命を危険にさらすか，または健康の重大な損害を伴う場合には，認識能力および判断能力を有する子ならびに監護および教育を委託されている者の同意は，必要とならない。」

224) Schauer, a. a. O. 194, S. 182.

任務範囲に医療同意権が含まれていなければならない（一般民法典283条1項2文）。医療同意権が代弁人の任務範囲に含まれていない場合は、裁判所における任務の拡大が必要となる。つまり、代弁人であるからといって医療同意権が自動的に生じるのではなく、裁判所を通じて医療同意権が与えられなければならない。

②特別な治療

一般民法典283条2項は、特別な治療の場合における同意権の要件を規定している。特別な治療とは、重大な、または持続的な身体の完全性または人格の侵害を通常伴う治療である。つまり、治療による侵襲が重大な場合である。本人は、このような特別な治療についても認識能力および判断能力を有していれば、同意権を有する。

このような種類の治療が、認識能力および判断能力を有しない本人に対して行われる場合には、治療を担当する医師から独立している医師がその診断書において、本人が同意に必要となる認識能力および判断能力を用いることができないこと、および治療を行うことがその福祉の保持に必要なことを証明した場合にのみ、代弁人は治療に同意することができる（一般民法典283条2項1文）。このような医師の診断書が存在しないか、本人が治療を拒否する場合には、治療の同意には、裁判所の許可が必要となる（同条2項2文）。つまり、重大な侵襲を伴う治療の場合には、代弁人は、医師の診断書または裁判所の許可がなければ同意できないのである。

代弁人が同意を拒否したために治療が行えない場合には、裁判所は、同意を代替するか、または他の者に代弁人職を委託することができる（同条2項3文）。

なお、緊急を要するケースにおいては、治療に対して、代弁人の同意も裁判所による許可も必要とならない（一般民法典283条3項）[225]。

改正前の一般民法典282条3項が規定していた、本人の永続的な生殖能力の不能を目的とする医学的措置ならびに本人の身体の完全性および人格の侵

---

[225] 緊急を要する場合とは、同意を待つことによって、本人の生命が危険にさらされるか、または健康に重大な損害が生じることが予測される場合とともに、代弁人が同意を拒否する場合も含まれる。Bart/Dokalik, a. a. O. 213. S. 192.

害を伴う研究への同意は，一般民法典284条において内容的な変更を受けることなく規定されている。

(4) 居所決定権

本人の居所または滞在地を代弁人が決定する権限の存否も，改正前から立法による解決が望まれていた。これを受けて，2006年の改正において，代弁人の本人に対する居所決定権が初めて条文上制定された。

医療同意権と同様に，本人が居所決定に関して認識能力および判断能力を有する場合には，代弁人が任命されているかどうかに関係なく，居所決定権は本人にのみ認められる（一般民法典284条 a 第1項）。

本人が認識能力および判断能力を有しない場合には，本人の福祉の保持のために必要であり，代弁人の任務範囲が居所決定を包括している場合に限り，代弁人に居所決定権が認められる（同条2項1文）。本人が高齢者ホームまたは介護ホーム等へ転居することによって居所が継続的に変更される場合には，代弁人の決定は，裁判所の許可を必要とする（同条2項2文）。

第4項 老齢配慮代理権

老齢配慮代理権は，日本の任意後見制度に相当する制度である。委任者は，その判断能力を失う場合に備えて，認識能力および判断能力を有しているうちに，代理権を与える者に処理すべき事務の代理権を与える旨をあらかじめ定めておく。このような措置はすでに以前から実務においては認められていたが[226]，2006年の改正により，正式に民法典に規定されることとなった（一般民法典284条 f から284条 h）。

実務ではその有効性が以前から認められていたにもかかわらず，本改正により民法典に規定されたのは，老齢配慮代理権によって代弁人制度の利用を回避するという効果が確実に発揮されることが望まれたからである[227]。条文は，

---

226) Schauer, "Vorsorgevollmacht" für das österreichische Recht? – Rechtspolitishe Bemerkungen zur geplanten Reform des Sachwalterrechts, RZ (1998), S. 102.
227) Schauer, Vorsorgevollmacht und gesetzliche Angehörigenvertretung nach dem SWRÄG 2006, iFamZ (2006), S. 148.

老齢配慮代理権が満たすべき要請を詳細に規定している。オーストリアの老齢配慮代理権には，「簡単な事務についての老齢配慮代理権」と「特別な事務についての老齢配慮代理権」の 2 種類が存在する。

1　2つの老齢配慮代理権の差異

オーストリアの一般民法典では，委任者が重要な事務を委託する場合には，特別な要件が課されている。

特別な事務として，特に重大で，持続的な身体の完全性の損害を伴う医的治療への同意，継続的な居所変更および通常の経済活動に含まれない財産事務の処理が挙げられている（一般民法典284条 f 第 3 項 1 文）。このような場合には，老齢配慮代理権は，後述する一般的要件に加えて，事務の明確な名称を挙げた上で，弁護士，公証人の面前でまたは裁判所において作成されなければならない。委任者は，そのような特別な老齢配慮代理権の法的効果および取消しの可能性を教示されていなければならず，さらに証書作成時に教示が行われたことが証明されなければならない（一般民法典284条 f 第 3 項）。

(1) 要件

(ⅰ) 本人の認識能力および判断能力

前述した点を除き，簡単な事務または重要な事務を委託する場合において，老齢配慮代理権の作成要件は同一である。

まず，老齢配慮代理権を作成する時点で，委任者は，行為能力，認識能力および判断能力または発言能力を有していなければならない（一般民法典284条 f 第 1 項 1 文）。もし本人が認識能力および判断能力を有していれば，本人は，代理権の内容を自由に決めることができる。代理権は，委任者が行為能力またはその発言能力を失う場合に有効となることを認識させるものでなければならず，受任者によって処理される事務は，明確に列挙されていなければならない（同条第 1 項）。

(ⅱ) 方式

老齢配慮代理権を作成するには，方式義務が遵守されていなければならない。老齢配慮代理権には，委任者自らが作成する方式と公証行為によって作成する方式がある。前者については，一般民法典において詳細な規定が置か

れている（一般民法典284条f第2項）。委任者が自ら老齢配慮代理権を作成する方法としては，直筆または他筆による作成がある。その際，代理による作成は許されない。

自筆で作成する場合には，老齢配慮代理権は，本人自らの手で執筆され，署名されたものでなければならない（同条2項1文）。草案作成の段階において，老齢配慮代理権の作成が手続上難しければ実務で利用されないと懸念され，自筆による方式が採用された[228]。

他筆による作成には，既存の文面および用紙が利用される場合だけでなく，委任者が自らコンピューターで作成し，印刷した文面を利用する場合も含まれる。署名だけは，委任者が自筆で行わなければならない。作成および署名後，本人は，公正で，自ら権利を有することができ，言語に通暁している3名の証人に対し，老齢配慮代理権の内容が自己の意思と合致している旨を明言しなければならない（同条2項2文）。その後，証人は，証人である旨が示された補足とともに，自ら証書に署名しなければならない（同条2項3文）。老齢配慮代理権の内容が自分の意思と合致しているという証明は，公証人によっても可能である（同条2項4文）。

これ以外に，老齢配慮代理権は，公証行為の形においても作成可能である（同条2項5文）。

(ⅲ) 受任者となる者

受任者には，基本的に誰でも任命されうる。しかし，ここでも利益相反を回避するために，委任者が滞在しているか，世話されている病院，ホームまたはその他の施設と依存関係または密接な関係に立つ者は，受任者となってはならないと規定されている（一般民法典284条f第1項）。また，法人として代弁人となれるのは代弁人協会のみであるが，老齢配慮代理権受任者には，原則として全ての法人がなることができる。

(2) 法的効果

老齢配慮代理権が要件を全て満たしている場合には，代弁人の任命が回避される（一般民法典268条2項）。もっとも，老齢配慮代理権が把握していない

---

228) ErlRV 1420 BlgNR 22. GP, 27.

事務の処理がなされる場合，および受任者が積極的に活動しない場合には，代弁人の任命が必要となる[229]。さらに，本人がもはや受任者によって代理される意思がないことを認めた場合にも，代弁人が任命される[230]。

2　老齢配慮代理権が形式要件を満たしていない場合

方式が守られていない場合またはホーム経営者との依存性から除外されるべき者が受任者に任命された場合などのように，老齢配慮代理権が条文上の要件を満たしていなくても，代理権自体は，委任者が行為能力を失った場合においても，効力を有し続けると考えられている[231]。もっとも，この場合には，老齢配慮代理権と異なり，代弁人制度の利用を回避する効果は存在しない。つまり，老齢配慮代理権が要件を満たしていなくても，受任者は委任者のために活動することができるが，受任者を監督し，代理権を撤回することができる代弁人が任命される場合がある。すなわち，老齢配慮代理権が有効に存在する場合には代弁人の任命は回避されるが，老齢配慮代理権が有効でない場合には代弁人の任命が必要となるのが原則である。しかし，老齢配慮代理権がその要件を満たしていなくても，個々のケースの事情に基づいて，受任者がその任務を本人に不利なように処理するおそれがない場合には，代弁人の任命が考慮されないことがありうる（一般民法典284条ｇ第2文）。

第5項　近親者の法定代理権（Vertretungsbefugnis nächster Angehöriger）

1　制度の基本的内容

2006年の改正によって，「近親者の法定代理権（以下，近親者代理権とする）」という制度が，民法典に新たに規定された。これは，本人が認識能力および判断能力を有しなくなると，一定の親族に一定の範囲の事務に関する代理権が法律により自動的に発生する制度である。この制度の根底には，本人は，まず第1に身近な者によって代理されるべきという考えが存在する。

---

[229] Schauer, a. a. O. 227, S. 149.
[230] Schauer, a. a. O. 227, S. 150.
[231] Schauer, a. a. O. 227, S. 150.

近親者代理権により親族が代理権を有すると，補充性の原則から代弁人の任命は不要になると考えられている[232]。このため，近親者代理権は，代弁人制度の利用の増加を回避するという点で老齢配慮代理権と共通している。しかし，老齢配慮代理権においては本人は自ら受任者を選任するのに対し，近親者代理権は，要件を満たせば法律によって自動的に発生する。ここから，近親者代理権は，老齢配慮代理権のように本人の自己決定を促進する制度ではないといえる。

2 近親者代理権の要件と効果
(1) 代理人

代理権を有する者として，両親，成人した子，配偶者，登録されたパートナーおよび配偶者と同視されるべき同棲相手が規定されている（一般民法典284条c第1項）。もっとも，配偶者には，本人と同居している場合にのみ，代理権が生じる。同棲相手には，本人と少なくとも3年間共同の家計の下で生活した場合に代理権が認められる。近親者とみなされる者が複数存在する場合には，その誰もが代理権を有し，代理人は他の近親者の協力なしに意思表示を行うことができる（同条2項）。場合によっては，複数の代理人が同時に行動することになるが，第三者に対し矛盾する意思表示がなされる場合には，どの意思表示も有効とならない（同条2項）。

(2) 代理権の発生要件

代理権は，成年者がその心的病気または精神病のために，もはや日常生活の法律行為を処理することができない場合および年齢，病気，障害または貧困が原因で認められる一定の請求権を自ら主張することができない場合に生じる（一般民法典284条b第1項）。心的病気または精神病のために法律行為を行えないという要件は，代弁人の任命要件と同一である。

代理権は法律に基づいて発生するので，これ以上の要件が満たされる必要はない。しかし，本人は，1人の親族もしくは複数の親族が代理権を有することに対して異議を唱えることができる。行為能力または認識能力および判

---

232) Schauer, a. a. O. 227, S. 151.

断能力を喪失した後でも，異議を唱えることは可能である（一般民法典284条d第2項）。本人が異議を表明した場合には，代理権は発生しないか，または消滅する。

(3) 老齢配慮代理権および代弁人の任命との関係

近親者代理権が発生する要件として任意代理人を有していない場合（一般民法典284条b第1項）と規定されているので，老齢配慮代理権が存在する場合には，近親者代理権は発生しない。

また，法定代理人を有していないことも代理権の発生要件となるので（同条1項），代弁人が任命されている場合にも，近親者代理権は生じない。代弁人が任命されていない場合に，近親者代理権と代弁人の任命のどちらが優先されるかが問題になるが，近親者代理権は代弁人制度の利用増加を回避するために設けられた制度であるので，通常は近親者代理権が代弁人の任命に優先すると考えられている[233]。つまり，代理権を有することができる近親者が存在する場合には，代弁人の任命は完全に排除されているわけではないが，許されるのは例外的となる。

(4) 代理権の範囲

代理権は，まず，日常生活に関する法律行為に及ぶ。

また，代理人は，本人に年齢，病気，障害および貧困が原因で認められている要求を代理して主張することができる（一般民法典284条b第1項）。これには，例えば，社会保障，介護金および社会扶助に対する要求，公共料金の免除などが挙げられる。さらに，代理人には，本人の日常生活に関する事務を処理したり，介護サービスを利用する際に生じる費用を，本人の現在の収入および介護に関して支給される給付から支出することが認められている。（同条2項）。

最後に，代理権の効力は，本人が認識能力および判断能力を有しない限り，治療が重大または持続的な身体の完全性への侵襲を伴わない場合には，治療の同意に対しても及ぶ（同条3項）。

---

233) Schauer, a. a. O. 227, S. 151.

(5) 法的効果

近親者代理権の要件が存在する場合には，親族は法に規定されている代理権の範囲で本人の代理人となり，代弁人の任命はこの代理権の範囲で不要となる。

3　濫用防止措置

近親者代理権の制度によって代理人となった親族は，裁判所によるコントロールを受けない。この点が，同じ法定代理人である代弁人と異なっている。裁判所によるコントロールが行われないと，濫用の危険が高まるのは明らかである。立法段階においても，この濫用の危険は十分に認識されていたが，濫用防止措置が十分にとられていることを理由に，立法が実現されるに至った。[234] 立法時にとられた濫用防止措置は，①代理権が及ぶ事務範囲の制限，②登録義務，③本人の異議の3つである。

①代理権が及ぶ範囲の制限

濫用を防止するために，代理権が及ぶ事務範囲はかなり制限されている（一般民法典284条b）。それでも，代理権を証明できる親族は，本人の銀行口座から最低収入額を引き出すことができる（一般民法典284条e）。この生存の最小限度の額は，連邦司法省によって毎年定められている。2013年の毎月の限度額は，977ユーロであった（執行法令（Exekutionsordnung）291条a第2項1号に基づく）。このため，2013年においては，毎月977ユーロを親族が使い込む危険が生じる。

②登録の義務

また，透明性を保つために，近親者は，代理行為を行う前に，その代理権をオーストリア中央代理〔権〕目録に登録しなければならない（一般民法典284条e第2項）。近親者代理権は，公証人によって登録されなければならない（公証人規則140条h第2項）。親族は，登録することによって公証人から説明を受け，代理権を公示することで，責任意識を有することができると考えられたためである。[235] もっとも，登録しなかったことに対する制裁は，規定さ

---

234) ErlRV 1420 BlgNR 22. GP, 25.

③本人の異議

　本人による代理行為に対する異議も，濫用防止のための措置として位置づけられている。本人が行為能力または認識能力および判断能力を有さずに唱えた異議も有効となる（一般民法典284条d第2項）。また，本人の異議も，オーストリア中央代理〔権〕目録に登録される（公証人規則140条h第1項2号）。このようにして，本人の意思表示を最大限に尊重する措置がとられてはいる。しかし，実際に，本人が行為能力を喪失する前に，親族による代理権に異議を申し立て，この異議を登録しうるかどうかは疑問視されている[236]。また，親族がすでに登録証明書を備えて本人を代理している場合には，その後に異議が申し立てられても，外部の者に対してその異議が明らかにならない可能性も存在する。このような場合には，最終的に代弁人の任命が必要になる。

第6項　オーストリア中央代理〔権〕目録への登録

　老齢配慮代理権および近親者代理権は，それぞれの要件を満たせば成立する。もっとも，本人が行為能力を実際に喪失しているかどうかが老齢配慮代理権から明らかでない場合や，何の証明書もなしに親族が代理権を主張する場合には，取引の安全が害されるおそれがある。そこで，本改正により，老齢配慮代理権および近親者代理権の登録のために，オーストリア中央代理〔権〕目録がオーストリア公証人会によって設立された。この登録に対して裁判所などの国家機関は介入しない。登録は，弁護士または公証人によって行われる。

1　老齢配慮代理権の登録

　老齢配慮代理権は，オーストリア中央代理〔権〕目録において，公証人または弁護士によって登録される[237]。ただし，近親者代理権および老齢配慮代理

---

235) Schauer, a. a. O. 227, S. 152.
236) Schauer, a. a. O. 227, S. 152.
237) 公証人による登録については次の文献がある。Lunzer, Vorsorgevollmacht, Sachwalterver-

権の効力の発生およびそれに対する異議申立ては，公証人のみが登録することができる（公証人規則140条h第2項）。本人が認識能力，判断能力および発言能力を有しないという医師の証明が提示された場合には，老齢配慮代理権は有効になり，公証人は有効になったことを登録しなければならない（同条1項4号）。この登録後に，公証人は，受任者にオーストリア公証人会の名で「登録証明書」を交付する（同条6項）。

2 近親者代理権の登録

近親者代理権の場合には，親族は，代理行為を行う前に代理権を登録していなければならない（一般民法典284条e第2項）。公証人は，親族が本人との親族関係を証明し，本人が心的病気または精神的障害により284条bに挙げられている事務を自ら処理できないことを証明する医師の証明書を提示した場合には，代理権を登録しなければならない（公証人規則140条h第5項）。代理権に対する異議が存在する場合には，登録は許されない。登録後に，公証人は，親族に公証人会の名で「登録証明書」を交付する（同条5項）。

3 登録証明書の効力

登録証明書が法的状況を正確に伝えている場合には，原則的に何の問題も生じない。しかし，この証明に誤りが存在することも想定しうる。例えば，医師が不当に本人の行為能力の喪失に関する証明書を交付した場合，法定代理権を主張する配偶者の一方がもはや本人と同世帯で生活していない場合，本人が異議を申し立てる意思を有していたにもかかわらず，その異議が発見されなかった場合である。[238]

2006年の代弁人法改正法は，第三者が代理権を受け入れやすくするために，本人の保護ではなく，取引の安全を重視した。このため，近親者代理権において，近親者が登録証明書を提示した場合には，第三者は法定代理権の存在を信頼してよい（一般民法典284条e第2項）。例えば，登録証明書が有す

---

fügung und Widerspruch gegen die Angehörigenvertretung aus der Sicht der notariellen Beratungspraxis, iFamZ (2006), S. 154ff.
238) Schauer, a. a. O. 227, S. 153.

る信頼保護の効力により，代理人は毎月の最低限度額を本人の口座から引き出すことができる。しかし，第三者が代理権が完全なものでないことを知っていたか，過失によって知らなかった場合には，第三者の信頼は保護されない（同条2項）。

　老齢配慮代理権の場合も同様に，受任者が代理行為を行う際に，オーストリア中央代理〔権〕目録における老齢配慮代理権の効力が発生したという登録の証明書を提示した場合は，第三者は，老齢配慮代理権の発生を信用してよい（一般民法典284条h第2項）。第三者が老齢配慮代理権が生じていないことを知っているか，過失によって知らない場合には，第三者の信頼は保護されない（同条2項）。

4　オーストリア中央代理〔権〕目録への登録状況

　オーストリア中央代理〔権〕目録への登録が可能となった老齢配慮代理権と近親者代理権であるが，現在ではどれほど登録されているのであろうか。代弁人を任命する裁判所は，代弁人の任命手続きの際に，本目録を閲覧することを義務付けられている[239]。

　登録されるのは，老齢配慮代理権，代弁人への処分委託証書（書面に限る），近親者代理権の3制度である[240]。患者配慮処分は，オーストリア中央代理〔権〕目録に登録することはできない。

　老齢配慮代理権に関しては，老齢配慮代理権が自筆であるか他筆であるか，老齢配慮代理権が特別な事務を含むかどうか，ならびに老齢配慮代理権が有効になる始期およびその終期が登録される。また，近親者代理権に関しては，近親者への代理権に対する異議も登録される。

　オーストリア中央代理〔権〕目録における登録件数は，次のようになっている。

---

[239] Ganner, Rechtstatsächliches zu Patientenverfügung, Vorsorgevollmacht und gesetzlicher Vertretung durch nächste Angehörige, iFamZ (2009), S. 152.
[240] ドイツでは，2005年3月1日以降，「連邦公証人会の中央老齢配慮登録（Zentrale Vorsorgeregister der Bundesnotarkammer）」が存在する。ここには，老齢配慮代理権，患者配慮処分および世話人への処分委託証書に関する登録をすることができる（Ganner, a. a. O. 239, S. 154）。

110 第 1 章　代弁人法の成立・発展過程と現在の法状況

オーストリア中央代理〔権〕目録における登録件数	2007 年12 月31 日現在	2009 年3 月31 日現在	2010 年3 月31 日現在	2011 年10 月31 日現在	2014 年1 月31 日現在
老齢配慮代理権	1,091	3,635	5,565	9,079	15,924
代弁人への処分委託証書を伴う老齢配慮代理権	876	3,068	5,182	9,507	21,252
代弁人への処分委託証書	51	186	283	536	1,018
近親者の代理権	573	2,162	3,519	5,648	9,073
近親者代理権に対する異議	24	57	84	123	198
合計数	2,615	9,108	14,633	24,893	47,465

　2014 年 1 月 31 日の時点で，オーストリア中央代理〔権〕目録には，47,465 件が登録されている。この大部分を占めているのは，老齢配慮代理権であり，37,176 件となっている。この中の 21,252 件では，老齢配慮代理権は，代弁人への処分委託証書と共に登録されている。老齢配慮代理権が有効になったケース数の統計が存在しないため，前述の数は，有効になっていない老齢配慮代理権と有効になった老齢配慮代理権の合計である。

　老齢配慮代理権を伴わない 1,018 件の代弁人への処分委託証書がオーストリア代理〔権〕目録に登録されている。近親者代理権は 9,073 件であり，近親者代理権に対する異議は 198 件である。

　老齢配慮代理権の全文は，オーストリア中央代理〔権〕目録に登録されない。しかし，本人は，老齢配慮代理権の書面をスキャナで取り込み，オーストリア公証人会の電子証書保存所に保存させることができる。証書が保存されたかどうかはオーストリア中央代理〔権〕目録に登録できるので，閲覧者は，老齢配慮代理権の全文が公証人会の電子証書保存所に保存されているかどうかを知ることができる。

　オーストリア中央代理〔権〕目録に保存される情報は，代理権者の名前，住所，および本人の希望により，生年月日，電話番号，ファックス番号およびメールアドレスなどである。

　法律により証書が必要となる登録（老齢配慮代理権の存在，代弁人への処分委託証書，近親者代理権に対する異議，およびひとつの証書の中に作成された「老齢配慮代理

権と代弁人への処分委託証書」）は，20ユーロである。証書が必要でない登録，例えば，老齢配慮代理権の効力の発生，または老齢配慮代理権の撤回などに関する登録は12ユーロである。名前，住所などの，当事者の個人データの変更には，料金は発生しない。証書の内容に関する変更は，新規登録とみなされ，再び登録料が必要となる。

第7項　患者配慮処分（Patientenverfügung）

　オーストリアにおいて，2006年6月1日に患者配慮処分法が施行された[241]。これは，代弁人法改正法が施行される約1年前である。したがって患者配慮処分は，2006年の代弁人法改正法と直接的な関係はない。しかし，2006年に改正された一般民法典268条2項は，拘束力のある患者配慮処分によって障害者の事務の処理が必要な程度にあらかじめ配慮されている限り，代弁人は任命されてはならない旨を規定している。つまり，患者配慮処分によって本人が十分に保護されるのであれば，代弁人の任命は許されない。患者配慮処分は，代弁人制度における補充性の原則を支える重要な制度であるため，ここでは患者配慮処分の制度内容について述べる。

1　患者配慮処分法の制定

　オーストリアにおける患者配慮処分は，特定の医的治療を拒否するという意思表示である（患者配慮処分法2条）[242]。したがって，本人は，患者配慮処分において希望する治療内容を表明することはできない。患者配慮処分は，患者

241）ドイツにおいて，第3次世話法改正法（2009年9月1日施行）により，患者配慮処分は民法典に規定された（ドイツ民法典1901条a）。それ以前の研究調査により，実務ではすでに，患者配慮処分が広く普及し，増加していることが証明されている。1999年には，ドイツ国民の全体の8％が患者配慮処分を有しており，2003年には10％に，2005年には14％にまで増加していた（Janes/Schick, Sterbehilfe – im Spiegel der Rechtstatsachenforderung, NStZ(2006), S. 486）。

242）患者配慮処分法2条
「(1) 当該連邦法の意味における患者配慮処分は，患者がある治療を拒否し，かつ患者が治療の時点で認識能力および判断能力を有しないときに有効となる意思表示をいう。
(2) 当該連邦法の意味における患者とは，その作成時に病気であるか否かにかかわらず，患者配慮処分を作成する者である。」

が認識能力および判断能力または発言能力を有しなくなった場合に有効となり，患者と医師との間の意思疎通を可能にする橋渡としての役割を担っている[243]。

治療を拒否する手段として，患者配慮処分は，実務ではすでに何十年も前から用いられてきた[244]。そして，2006年6月1日に，本人と医療関係者との法的安定性を確保する目的のもとで，患者配慮処分法が施行された[245]。患者配慮処分法によって，患者配慮処分作成のための内容的要件，方式的要件およびその効果が規定された。

2 患者配慮処分の種類

患者配慮処分には，①「拘束力を有する患者配慮処分」，②「顧慮すべき患者配慮処分」，③「適格要件を満たした顧慮すべき患者配慮処分」の3種類が存在する[246]。

①拘束力を有する患者配慮処分

内容上の要件は，拒否されるべき医療措置が具体的に述べられていることである。この際，医師は，本人の患者配慮処分作成過程において，本人に対し，治療を行う場合の結果または治療を行わない場合の結果を教示する。さらに医師は，本人が作成の時点において認識能力および判断能力を有していること，および本人が患者配慮処分の結果を的確に判断していることを示さなければならない。

方式上の要件は，書面により，弁護士，公証人または法的素養のある患者代理人の面前で作成することである。これらの者は，患者配慮処分の効果および取消し可能性を本人に教示するよう義務付けられている（患者配慮処分法6条）[247]。

---

243) Bachinger, Der Nutzen der Patientenverfügung für den Patienten, in: BMJ(Hrsg.), Recht und Würde im Alter (2006), S. 251ff.
244) Ganner, a. a. O. 239, S. 150.
245) Patientenverfügungs-Gesetz (PatVG), BGBl I 2006/55.
246) ミヒャエル・ガナー（著）＝青木仁美（訳）「オーストリア法による代弁人への処分委託証書，老齢配慮代理権，近親者の法定代理権および患者配慮処分」田山輝明（編著）『成年後見制度と障害者権利条約』（三省堂，2012年）59頁。

拘束力を有する患者配慮処分の有効期限は5年であり，5年が経過すると，再び新しく作成されなければならない（同7条）[248]。

　拘束力を有する患者配慮処分が存在する場合には，そこに表明されている意思は，現時点における意思とみなされ，医師が直接的に従うべきものとなる。本人に代弁人が任命されている場合でも，医師は，代弁人または裁判所の同意を得る必要はない。拘束力を有する患者配慮処分の中で表明されている意思に反して医師が治療を行った場合には，その医師は処罰される可能性がある。

②顧慮すべき患者配慮処分

　顧慮すべき患者配慮処分は，患者が患者配慮処分を作成したが，それが拘束力を有する患者配慮処分の要件を満たしてなかった場合に成立する（同8条）[249]。「顧慮すべき」というように拘束力はないが，この患者配慮処分は，本人の意思を推定する手段として用いられる（同9条）[250]。

247）患者配慮処分法6条
　「(1) 患者配慮処分は，書面により日付を付して弁護士，公証人または法律に詳しい患者代理（Patientenvertretung）の職員の面前で作成され，かつ患者が患者配慮処分の効果および常時の撤回可能性について教示されている場合には，拘束力を有する。
　(2) 弁護士，公証人および法律に詳しい患者代理の職員は，患者配慮処分に関する教示を行った旨を，自筆にて名前および住所を付記して記録しなければならない。」
248）患者配慮処分法7条
　「(1) 患者がより短い期間を定めていない限り，患者配慮処分は，作成から5年を経過するとその拘束力を失う。この患者配慮処分は，6条の方式要件を遵守したうえで，適切な医師の説明の後に，更新することができる。更新により，5年の期間が新たに進行を開始する。
　(2) 患者配慮処分の個々の内容が事後的に変更される場合には，更新と同様となる。この際，拘束力を有する患者配慮処分の作成規定を準用する。全ての事後的変更によって，1項に挙げた期間は患者配慮処分全体について新たに進行を開始する。
　(3) 患者が認識能力，判断能力または発言能力を失い患者配慮処分を行使できなくなる限りにおいて，患者配慮処分はその拘束力を失う。」
249）患者配慮処分法8条
　「4項から7項のすべての要件を満たさない患者配慮処分は，しかしながら，患者の意思を探求するために考慮される。」
250）患者配慮処分法9条
　「顧慮すべき患者配慮処分は，拘束力を有する患者配慮処分の要件を満たしているほど，患者の意思を探求する際に考慮される。その際，とりわけ，患者がどれほど患者配慮処分と関係する病気の状態および作成時点における結果を予測することができたか，拒否の対象となる医的治療を具体的に表記できたか，作成に先行する医師の説明がどれほど包括的であったか，患者配慮処分

③適格要件を満たした顧慮すべき患者配慮処分

　適格要件を満たした顧慮すべき患者配慮処分は，患者配慮処分が拘束力を有する患者配慮処分の要件を満たしておらず，「顧慮すべき患者配慮処分」となる場合でも，そこに本人の意思が明確に示されている患者配慮処分のことである。この場合においても，作成時に，本人に認識能力および判断能力が存在することが明確でなければならない。この患者配慮処分は，法律に規定されていない。しかし，学説においてその拘束力は，争いなく認められている。このため，適格要件を満たした顧慮すべき患者配慮処分が存在する場合には，代弁人の任命は許されず，裁判所による許可も必要ない。適格要件を満たした顧慮すべき患者配慮処分に表明されている意思は現在の意思とみなされるため，拘束力を有する患者配慮処分の場合と同様に，医師は当該意思に従わなければならない。

3　患者配慮処分の登録方法

　老齢配慮代理権と異なり，患者配慮処分は，オーストリア中央代理〔権〕目録に登録することができない。また法制定時には登録所は創設されなかったので，国民に患者配慮処分がどの程度普及しているかは明らかになっていない。したがって，患者配慮処分が適切な時期に，適切な場所で機能するよう，患者自身が配慮しなければならない。

　実際には，特定の治療を拒否すると真摯に述べられた発言が，顧慮すべき患者配慮処分と評価すべきと考えられているため，相当数の患者配慮処分が存在すると考えられている。しかし，オーストリアで患者配慮処分を登録できるのは，2009年の時点では，オーストリア弁護士会の登録所およびオーストリア公証人会の登録所のみである。

(1) オーストリア公証人会の患者配慮処分登録

　オーストリア公証人会は，2007年7月1日から，患者配慮処分の登録を

　　が拘束力を有する患者配慮処分の方式要件をどれほど逸脱しているか，患者配慮処分がどれほど頻繁に更新されたか，および最後の更新がどれほど以前に遡るかが考慮される。」
251) ガナー（著）＝青木（訳）・前掲注246・60頁。
252) Ganner, a. a. O. 239, S. 150.
253) Ganner, a. a. O. 239, S. 151.

開始した。そして，2007年12月から，オーストリア赤十字との連携が始まった。オーストリア赤十字の職員は，現在，365日24時間体制で，医師および病院からの患者配慮処分に関する問い合わせに対応している。このシステムを利用できるのは，病院のみであり，開業医は利用できない。

2009年3月31日の時点で，オーストリアの病院の23％がオーストリア赤十字に対し，患者配慮処分の回答に関する利用を申請し，回答を受ける権利を有している。

患者配慮処分の登録の際は，本人の名前，生年月日，住所，患者配慮処分を作成したという事実および患者配慮処分の保管場所について記録する。患者配慮処分の内容は本登録から知ることはできず，健康状態についても記録されていない。しかし，本人が希望すれば，患者配慮処分のコピーをオーストリア公証人会の電子証書保存所に保存することができる。2009年3月31日の時点で，公証人によって行われた患者配慮処分の登録は，2,161件であった。[254]

患者配慮処分の登録料は，17ユーロである。患者配慮処分の解消または撤回，および名前の変更について，追加料金はかからない。内容の変更および5年後の患者配慮処分の更新には，再び登録料が発生する。

(2) オーストリア弁護士会の患者配慮処分の登録

オーストリア弁護士会も，2006年8月から患者配慮処分の登録を行っている。登録費用は，ここでも17ユーロである。名前や住所などの変更および消去については，費用は発生しない。本登録においては，患者の氏前，住所，支払日，拘束力の終了時，患者配慮処分の種類（拘束力のある患者配慮処分または顧慮すべき患者配慮処分），作成に関与した医師の連絡先，および患者配慮処分の保管場所が登録される。さらに，患者配慮処分の内容を全文スキャナで取り込むことが可能である。

弁護士会の登録の利用も病院だけに限られており，開業医は，本登録所から回答を受けることができない。2009年3月27日の時点で，弁護士会の登録所には，1,270の患者配慮処分が，拘束力を有する患者配慮処分と，顧慮

---

[254] Ganner, a. a. O. 239, S. 151.

すべき患者配慮処分に分かれて登録されている。

公証人会および弁護士会合わせて3,400以上の患者配慮処分が登録されていることから、患者配慮処分は、オーストリア国民によって受け入れられているということができる。もっとも、2006年の患者配慮処分法施行以前でも、患者配慮処分は、施行後と同程度に利用されていたと考えられている。患者配慮処分についても、オーストリア中央代理〔権〕目録のような、統一された登録方法が望まれている。

第8項　小　括

1　要約

代弁人法は、2006年に抜本的に改正され、2007年7月1日に改正法が施行された。改正の主たる理由は、利用者の大幅な増加である。立法者の予想を裏切り、代弁人制度利用者は年々増加し、近い将来には国民の約1パーセントが制度利用者となるとの予想がたてられるまでになった。これに伴い、裁判所の負担および国家の負担が増加した。オーストリアでは、裁判官は制度利用時に本人と面会することが義務付けられており、また年に1度は報告書に目を通さなければならず、かつ許可を与えるべき事務も多い。また、代弁人協会の予算は、その大半が国家からの援助によるものである。このような点から、制度運営の質の低下が危惧され始め、代弁人制度の改正が行われるに至った。

制度の主たる改正点は、次の3点となる。

第1に、補充性原則の強化である。老齢配慮代理権および近親者代理権といった制度が民法典に規定され、自己決定の尊重および家族間の連帯の強化による代弁人制度の利用回避が企図された。老齢配慮代理権とは、日本の任意後見制度に該当する制度である。近親者代理権とは、一定の範囲の家族・親族が本人を代理する際に、一定範囲の事務について法定代理権を与えられる制度となる。また、自己決定の尊重という観点から、2006年には患者配

---

255) Ganner, a. a. O. 239, S. 152.

慮処分法が制定された。さらに，本改正により，代弁人制度を回避できる代替的制度の利用が見落とされないように，国による登録制度が創設された。

第2に，代弁人協会に「クリアリング」という任務が課された。クリアリングでは，代弁人制度利用提案者に対し，本当に代弁人制度の利用が必要なのか，別の手段がないかという観点から，代弁人協会の職員が助言を行う。さらに，代弁人制度が必要である場合には，代弁人協会が代弁人となる親族を支援する。

第3に，身上監護規定の充実である。2006年の改正により，代弁人法の枠内で改正が重点的に行われたのは，身上監護の分野であった。まず，代弁人が本人の身上にかかわる重大な事務を処理する場合には，裁判所の許可を得ることが義務付けられた。次に，代弁人が本人とコンタクトを取るべき回数も法律によって月に1度と定められた。さらに，代弁人の医療同意権および居所決定権が明文化された。

2 分析

本節においては，オーストリアにおける成年者保護の新たな展開が認められた。第1に代弁人制度以外の制度の創設，第2に身上監護分野の充実である。

第1に，オーストリアは，代弁人制度以外の成年者保護制度の必要性を認め，その立法化を行った。それが，老齢配慮代理権と近親者代理権である。オーストリアは，代弁人制度による保護を最終手段とするために，自己および家族による保護に対して法的正当性を与えた。国民が社会の法化に適合するようになったという点において，代弁人制度の利用増加自体は，決してマイナスに評価すべきことではない。しかし，増加理由が社会の法化である以上，制度利用が今後減少することは考えにくい。そこで，このような代替的制度に，本人保護の分担という役割が託された。この点は，成年者保護の多様化として成年者保護の新たな展開と考えられる。

第2に，身上監護における立法化が相次いだ。代弁人制度を回避する制度を創設する一方で，身上監護の充実が図られている。ここから，オーストリアでは，代弁人制度は本人の財産管理と一線を画する，本人保護のための制

度と考えられていることがわかる。特に，医療代理権と居所決定権の明文化は，実務において長年要請されており，本改正によってようやく実現された。社会の法化により，本人は財産管理だけでなく，身上監護においても法的保護を必要とすることが想定される。むしろ，明文がないことが本人保護の欠缺となる可能性もある。ここから，オーストリアの方向性は，同様の問題を有する日本にとって示唆を与えるものと考えられる。

第4節　被代弁人の選挙権

第1項　日本の問題点とオーストリアの状況

　現在，日本では，成年後見制度を利用すると，とりわけ後見類型と保佐類型において，本人の行為能力が法によって自動的に制限される。このような効果は，行為能力に限ったものではない。その一例として，以前は，成年後見人が任命されると，本人は，公職選挙法11条1項1号により自動的に選挙権および被選挙権を剥奪されていた。これに対し，2007年から，同条の違憲性を問う訴訟が相次いで提起された[256]。そして2013年3月14日に東京地裁において，公職選挙法11条1項1号の違憲無効判決が出されるに至った[257]。
　そもそも，本条の主旨は「成年被後見人の選挙権を否定する趣旨は必ずしも明確ではないが，主として①成年被後見人は事理弁識能力を欠くことから，投票に際して必要な判断を行うことができない，②（①と関連して）現実問題として投票行動を行うことが非常に困難であること，あるいは仮に選挙権を認めた場合に，成年被後見人本人以外の者による不正な投票行為がなされる虞がある，という従前の禁治産制度時代の認識・問題意識が維持されていることによる」とされていた[258]。しかし，成年後見法に移行してから10年以上

---

256) 2007年2月1日に東京地裁，2011年6月14日に京都地裁，2011年7月1日にさいたま地裁において，その後，札幌地裁においても提訴された。
257) 本訴訟に関する文献として，戸波江二「成年後見人が選挙権をもたないと定める公職選挙法11条1項1号を違憲無効と判事した東京地裁判決」実践成年後見46号（2013年）37頁以下，杉浦ひとみ「成年後見と選挙権剥奪問題－訴訟提起の議論から－」同39頁以下がある。

が経過していながら，この認識が維持されていること自体が問題であった。それが，同条の合憲性を問う訴訟という形に発展したのである。[259]

　違憲無効と判断された理由として，主として次の3点が挙げられた。第1に，意思能力と選挙能力の差異である。東京地裁判決では，後見開始の審判の際に判断される能力は，「自己の財産を管理・処分する能力」の有無であり，これは選挙権を行使するに足る能力とは明らかに異なるとされ，選挙権を行使する能力を有する成年被後見人も存在する旨が指摘された。第2に，選挙能力の自動的剥奪は，成年後見制度の理念に反するとされた。成年後見制度の沿革を見ると，禁治産制度が設けられたのは明治時代であり，その後の高齢者，知的障害者および精神障害者をめぐる社会的状況に大きな変化が生じていることは明らかである。これに鑑みて，成年後見制度は，自己決定の尊重，残存能力の活用およびノーマライゼーションという新理念に基づいて設けられたのであり，同条はこの理念に反するとされたのである。最後に，諸外国の立法例が挙げられた。近年，諸外国では，精神疾患等による能力の低下を選挙権の欠格要件から排除する改正がなされている。ここから，公職選挙法11条1項1号は，国際的潮流にも反するとされた。

　また，公職選挙法11条1項1号が問題となるのは，憲法との関係だけではない。2007年9月28日に日本が署名した障害者権利条約12条は「締約国は，障害者が生活のあらゆる側面において他の者と平等に法的能力を享有することを認める」と定め，同条約29条は，「締約国は，障害者に対して政治的権利を保障し，及び他の者と平等にこの権利を享受する機会を保障するものとし」と定めている。同条約との関係でも，公職選挙法11条1項1号の問題性が指摘されていた。[260]

258）日本弁護士連合会「成年後見制度に関する改善提言」（2005年5月6日）30頁。
259）この点に関しては，本書では次の文献を参照した。竹中勲「成年後見制度と憲法」法学教室192号（1996年）49頁以下，伊藤正志「成年後見制度の創設に伴う公職選挙法等の改正について」選挙時法49巻4号（2000年）23頁以下，有田伸弘「成年被後見人の選挙権」関西福祉大学社会福祉学部研究紀要12号（2009年）19頁以下，竹中勲「成年被後見人の選挙権の制約の合憲性」同志社法学61巻2号（2009年）605頁以下，戸波江二「（基調講演）成年被後見人の選挙権を制限することの是非」『"成年被後見人に選挙権の回復を"通信』5号（2011年）2頁以下（http://www7b.biglobe.ne.jp/~seinenkoukensenkyoken0201/tsuushin5.pdf）。
260）田山輝明「障害者権利条約と成年後見制度－条約12条と29条を中心に－」成年後見法研究

この判決を受けて，公職選挙法 11 条 1 項 1 号の削除を含む公職選挙法改正案が，2013 年 5 月 27 日の参議院本会議において全会一致で可決された。約 1 ヶ月の周知期間を経て，同年 7 月の参院選から約 13 万 6,400 人の成年被後見人が選挙権を回復した。この改正案においては，不正投票防止のため，候補者名を記入する補助者を，投票所にいる市区町職員に限定することが義務付けられた。また，病院などにおける不在者投票の際には，市区町村の選挙管理委員が選定した立会いを付けることも規定された。

判決において，成年後見人等の任命を選挙権の欠格要件から除外した諸外国のひとつとして，オーストリアが挙げられていた。しかし，代弁人制度制定時には，本人は代弁人の任命によって自動的に選挙権を剥奪されていた。そこで，ここでは，被代弁人が選挙権を回復した経緯および現在の選挙運営方法を検討する。

まず，選挙権回復のきっかけとなったのは，1987 年の憲法裁判所判決である。オーストリアにおいても，それ以前は行為能力被剥奪者，つまり現在の被代弁人の選挙権は，国民議会選挙令 24 条に基づいて自動的に剥奪されていた。しかし，憲法裁判所は 1987 年 10 月 7 日に当該規定を違憲と判断し，この判決を受けて，当該規定は削除された。そして現在，オーストリアにおいては被代弁人であっても選挙権を行使できる。選挙権を行使できないのは，連邦憲法 26 条 5 項に基づく裁判所の判決による場合か，選挙管理委員が投票会場で実際に本人の状態を見て，選挙する能力がないと判断した場合のみ

第 10 号(2013 年)31 頁以下。
261) 1971 年国民議会選挙令 24 条
「さらに次の者は選挙権を剥奪される。
1. 完全にまたは部分的に行為能力を剥奪されている者,
2. この〔父権の剥奪という〕処分が取り消されるまで，または子が他者による後見に付されている限りにおいて，自らの子に関する父権を剥奪された者，後者の場合については裁判所の処分が出された後，少なくとも 1 年が経過するまで〔選挙権が剥奪される〕。」
1971 年国民議会選挙令 24 条
(1984 年 7 月 1 日施行，1988 年 9 月 30 日失効)
「さらに一般民法典 273 条により代弁人が任命されている者は，選挙権を剥奪される。」
262) 連邦憲法 26 条 5 項
「(5) 選挙権および被選挙権の剥奪は，その都度異なる範囲であっても，連邦法に基づき裁判所の確定判決の効果としてのみ定められうる。」

である。

　次に，障害者等に対する選挙の際の援助を検討した。というのも，日本では成年被後見人から選挙権を剥奪する理由の一つとして，「成年被後見人が現実問題として投票行動を行うことが非常に困難である」という点が指摘されていたからである。この問題に関して参考となるオーストリアにおける条文および制度は，①国民議会選挙令（Nationalrats-Wahlordnung）66条，②「移動する選挙管理委員会（Fliegende Wahlkommission）」および③郵便投票である。①の国民議会選挙令66条は，障害者が投票行為の際に受けられる援助を規定している。また歩行および移動が困難なため，投票所へ行くことができない者のためには，②の「移動する選挙管理委員会」と呼ばれる制度が用意されている。さらに，③の郵便投票は，投票用紙を事前に申請し，投票用紙の宣誓に署名すれば，在宅で投票できる制度である。ここから，オーストリアにおいては，障害者の投票行為を援助するための制度が十分に整備されていることがうかがえる。

　このように，オーストリアは日本が直面する問題に対する解決策をすでに有する国である。次からは，その経緯および内容について述べる。

第2項　憲法裁判所の違憲判決

　1987年10月7日の憲法裁判所の判決が出される以前は，国民議会選挙令24条は，行為能力被剥奪者，つまり現在の被代弁人の選挙権の剥奪を規定していた。当該判決により，同条は憲法に違反するとして削除された。その際，立法的措置はとられなかった。これ以後，被代弁人が選挙権の行使を制限されることはなくなった。当該訴訟の発端は，ザルツブルクにおいて1人の被代弁人が行った選挙権剥奪措置に対する異議申立てであった。

1　憲法裁判所訴訟のきっかけ[264]

　一般民法典273条3項3号[265]に基づき，ザルツブルク地区裁判所の決定によっ

---

263) 日本弁護士連合会・前掲注258・30頁。
264) G 109/87.

て，1985年10月9日にザルツブルクに居住しているMag. H. D.（以下Dとする）に代弁人が任命された。代弁人が任命された結果，Dは，当時の国民議会選挙令24条に基づき，ザルツブルクに常設されている選挙人名簿から名前を削除された。

Dは，当該措置に対し代弁人を通じて異議を申し立てた。しかし，ザルツブルク市町村選挙官庁およびザルツブルク地区選挙官庁はともに，Dの異議申立てを認めないとの判断を下した。もっともこの判断を行う際に，Dは代弁人を任命されてはいるものの，他者から影響を受けることなく自由に選挙権を行使する能力を有するという事実が確認されていた。したがって，ここでは，Dの選挙能力の存否ではなく，代弁人の任命は，国民議会選挙令24条により，常に被代弁人の選挙権の剥奪という結果をもたらすのかという点が争点となった。

2　当時の手続過程

当時は代弁人を任命すると，任命した地区裁判所はその事実を市町村に報告するよう義務付けられており（非訟事件法旧248条[266]），その報告を受けた市町村は本人を選挙人名簿から自動的に抹消するよう法律によって定められていた（選挙人名簿法（Wählerevidenzgesetz）旧9条[267]）。したがって一般民法典273条

---

265) 訳文は，前掲注108参照。
266) 非訟事件法旧248条
　「手続きの結果を，とりわけ代弁人の名前を知らされることに正当な利益を有している者または官署は，代弁人の任命を適切な方法で知らされなければならない。
　さらに，代弁人の任務範囲が公的目録（登記簿）に登録されている権利を包括している場合には，裁判所は，代弁人の任命が当該公的目録および登記簿に登録されるよう指示しなければならない。
　加えて裁判所は，法的利益があると思われる全ての者に対し，代弁人の任命およびその任務範囲に関する問い合わせに対して情報を提供しなければならない。」
267) 選挙人名簿法旧9条1項および2項
　「(1) 市町村は，選挙人名簿の変更を生じさせるにふさわしい全ての事情を職権によって認識し，かつ名簿において必要な変更を行わなければならない。この際，市町村は，他の市町村の選挙人名簿においても考慮されなければならない事情を，当該市町村に遅滞なく伝えなければならない。
　(2) 選挙権者がその国民議会に関する選挙権を喪失したために選挙人名簿から抹消される場合には，この者はこれについて抹消の日から2週間以内に知らされなければならない。」
　(3) から (10) 省略。

に基づき代弁人が任命されると，国民議会選挙令24条により選挙権の剥奪が自動的に生じ，行政も裁判所も当該措置について判断する資格がないと考えられていた。

選挙権の剥奪を行う地区選挙官庁自身は，国民議会選挙令24条が代弁人を任命する理由を考慮していないことに疑念を抱いていないわけではなかった。しかし，立法者が定めた法的効果を妨げることは行政の権限ではないとして，Dの異議申立ては認められないという結論に至ったのである。

3 憲法裁判所の見解

ザルツブルク地区選挙官庁の決定に対し，Dはオーストリア連邦憲法(以下，連邦憲法とする)旧144条1項[268]に基づいて憲法上保障されている権利の侵害を理由に，代弁人を通じて憲法裁判所に異議申立てを行った。侵害された憲法上の権利として，Dは国民の法の前の平等（連邦憲法旧7条1項）[269]，選挙権の行使（連邦憲法26条），裁判官の面前における手続（連邦憲法83条2項）[270]を挙げた。1987年3月7日に，憲法裁判所は国民議会選挙令24条の憲法適合性を審査する決定を行った。この決定を行うにあたり，憲法裁判所は次のような見解を述べた。

「調査すべき箇所は，立法者をも拘束する連邦憲法7条1項の平等命令に抵触しているように思われる。1971年の国民議会選挙令によって選挙権を剥奪され

---

268) 連邦憲法旧144条1項
「(1) 異議申立人が決定によって憲法上保障されている権利を侵害されたか，または違法な命令，憲法違反である法律または違法な条約の適用を理由にその権利を侵害されていると主張する限りにおいて，憲法裁判所は行政官庁の決定に対する異議申立てについて判決を下す。最高裁判所は，特定の者に対する，行政官庁による直接的な命令を与える権利および強制権の行使に対する異議申立てについても同じ要件の下で判決を下す。審級が考慮される限りにおいて，異議申立ては審級が尽くされて初めて提起される。」
「旧」と表記しているが，現行法の条文は，当時のものに若干の変更が加えられているにすぎない。
269) 連邦憲法旧7条1項
「(1) 全ての国民は，法の前に平等である。出生，性別，身分，階級および信条に関する特権は，これを認めない。」
現行法は，これに加えて障害による不利益扱いの禁止を規定している。
270) 連邦憲法83条2項
「(2) 何人もその法律に定められた裁判官を奪われてはならない。」

る者は，一般民法典273条により代弁人を任命された者である。このため，選挙権を剥奪するには，実際には（裁判所による）代弁人の任命だけが重要となる。代弁人を任命された者と同程度の精神的病気または精神的障害を有している者に，どのような理由で代弁人が任命されないのかということは，ここでは考慮されていない。しかし，心的病気に罹患している者または精神的障害者が他の援助によって，つまりその家庭内において，また公的もしくは私的な障害者援助によって自己の事務を（自ら）必要な程度に処理できる場合には，一般民法典273条2項は代弁人の任命を認めていない。どのような考察が当該差異を生じさせる法律規定〔国民議会選挙令24条〕を客観的に正当化するかについて，憲法裁判所は認識できていない。

　法規定によると，代弁人が任命された心的病気の者または精神的障害者は選挙権を喪失するが，家族の援助があるために代弁人の任命が必要ではない者は，選挙権を剥奪されない。良好な生活環境と選挙権行使についての個人的適性は，全く関係性を有しない。さらに憲法裁判所から見ると，代弁人の任命理由を考慮することなしに，官庁行為（代弁人の任命）と国民議会選挙令24条〔選挙権の剥奪〕を結びつけることは，それ自体憲法上憂慮すべきことであると考えられる。」

ここで述べられた見解では，同程度の精神状態でも他の援助を得られずに代弁人制度を利用しなければならない者は法律により自動的に選挙権を剥奪される一方で，家族等の援助を受けられる者は選挙権を剥奪されないという点において，憲法上の問題が生じていることが指摘されている。この見解は，次の違憲判決においても引き続き国民議会選挙令を違憲と判断する中心的理由となった。

1987年10月7日に，憲法裁判所は，「国民議会選挙令24条は憲法違反として削除される。削除は1988年9月30日から施行される。以前の法規定は再び有効となることはない」と判示した。理由は次のとおりである。

　「国民議会選挙令24条は，選挙権の剥奪を単に官庁による形式的行為にのみ，つまり代弁人の任命にのみ結びつけ，その際に（代弁人の任命という）措置の理由について何の配慮もしていない。この法的効果〔代弁人の任命による選挙

権の剥奪〕は，立法者をも拘束する連邦憲法7条1項の平等命令と調和しえない。1971年の国民議会選挙令24条は，選挙権の剥奪を代弁人の任命によって生じさせる。しかし，一般民法典273条は，心的病気または精神的障害を有する者が他の援助によって，たとえば公の障害者施設によってその事務を必要な程度にまで処理できる場合には代弁人の任命を禁止しており，ここでは実際に客観的に正当化できない差異が生じている。なぜなら，心的病気または精神的障害を有する者のうち，被代弁人は選挙権を失い，精神面の健康状態が前者の被代弁人と同程度であるにもかかわらず，公的な施設で援助を受けているために代弁人の任命が必要でない者は，選挙権を失わないからである。このことは，国民議会選挙令24条が一般民法典273条の意味における保護を必要とする者を不平等かつ不利に扱っていることを意味する。連邦憲法26条は，立法者に選挙権を剥奪するための規定を設ける権限を与えてはいるが，規定を設けることを義務付けているわけではないと気付かれなければならない。

このため，国民議会選挙令24条は，立法者をも拘束する連邦憲法7条1項に違反する。」

憲法裁判所は，違憲判決を出すにあたり前述の決定と同じ理由を用いた。すなわち，国民議会選挙令24条は代弁人を任命されている者と任命されていない者との間に正当化できない差異を生じさせており，これは憲法7条に違反するとしたのである。

第3項　投票に際する障害者への援助

オーストリアにおいては，現在，被代弁人も選挙権を有する。このため，オーストリア連邦憲法26条5項に基づいて，選挙権が裁判所の判断によって個別的に剥奪される場合はあるものの，原則的には全ての国民が選挙権を有している。

オーストリアでは，投票は，個人により個別に行われなければならない（連邦憲法26条1項）[271]。このため，代理人による投票は禁止されており，外国にお

---

271) 連邦憲法26条1項

ける投票（「郵便投票」，連邦憲法26条6項[272]）を除いては，選挙官庁の面前で選挙権者が投票することが必要となる。身体障害または精神的障害を有する選挙権者がその援助者を自ら選任し，かつ選挙責任者に対して援助者を確認する場合には，この選挙権者は援助者とともに選挙会場へ行き，投票行為の際に援助を受けることができる（国民議会選挙令66条1項[273]）。この場合の障害者とは，

「(1) 国民議会は，投票日に満16歳である男女の，平等，直接，個人，自由および秘密選挙権に基づき，比例代表の原則に従い，連邦国民によって選出される。」

272) 連邦憲法26条6項

「(6) たとえば不在，健康上の理由，または海外に滞在しているために，投票日に選挙官庁の面前で投票できないことが予測される選挙権者は，理由を述べた上で申請し，その選挙権を郵便投票によって行使することができる。申請者との同一性は，疏明されなければならない。選挙権者は，宣誓に代えて署名によって，投票が個人的にかつ秘密に行われたことを明らかにしなければならない。」

273) 国民議会選挙令66条

「(1) 選挙権は，個人的に行使しなければならない。選挙官庁による独立した選挙の実施を可能にするための補助手段として，投票用紙は，盲目の選挙権者または重度の視力障害を有する選挙権者に対し自由に使用できるようにしておかなければならない。身体障害または精神的障害を有する選挙権者は，この者が自ら選ぶことができ，かつ選挙責任者に対して承認しなければならない者によって誘導され，投票行為の際に援助を受けることが許される。このような場合を除いて，選挙ボックスには，その都度1人の者のみが入ることを許される。

(2) 身体障害または精神的障害とみなされる者は，公的な投票用紙の記入を他者の援助なしに要求されることはない。

(3) 疑わしい場合には，選挙官庁が付き添いの者の使用が許容されるかどうかを決定する。付き添いの者の援助を伴う全ての投票は，文書において記録されなければならない。

(4) 盲目，重度の視力障害，または障害があると虚偽の申立てをした者は，行政違反を犯しており，地区行政官庁によって218ユーロまでの罰金刑に，支払不可能な場合には，2週間までの罰金刑に代わる自由刑に処せられる。

(5) 治療施設および介護施設における被監護者による選挙権の行使については，72条がより詳細な規定を置いている。」

国民議会選挙令72条

「(1) 公立または私立の精神病院および介護施設に収容された被監護者の選挙権行使〔に関する負担〕を軽減するために，市町村選挙官庁（Gemeindewahlbehörde），ウィーンにおける市当局（Magistrat）は，施設建物の場所領域のために，ひとつのまたは複数の特別な選挙区を設けることができる。52条から54条までの規定は，ここで意味が通るように考慮されるべきである。他の精神病院および介護施設にいる者が行った選挙カードによる投票（Wahlkartenstimmen）の受領は，許容される。

(2) 選挙区が1項に基づいて設置された場合には，歩行能力のある被監護者は，その選挙権を1項に基づき管轄を有する管轄区域選挙官庁の投票所において行使しなければならない。同様のことが，選挙カードによって投票する歩行能力を有する被監護者についてもいえる。

(3) 1項により管轄を有する管轄区域選挙官庁は，その援助組織および選挙に関する機材ととも

投票用紙を他者の援助なしに記入することが難しいと思われる者である（同条2項）。

第4項　障害者が投票所へ行けない場合の選挙実施方法

　ここでは，選挙権者が投票所へ行くことが困難である場合の選挙実施方法について紹介する。

1　選挙カードによる投票

　選挙当日に選挙会場に行くことができない者は，不在者投票をすることができる。この場合には，有権者は，居所の管轄を有する市町村において，選挙カード（Wahlkarte，封筒の形態をしている）を申請しなければならない。実際に，選挙カードの発行は，簡単な本人確認のみで迅速に行われる。選挙カードの送付は，基本的に選挙当日の約3週間前である。

　選挙カードには，投票用紙および封筒が同封されている。この選挙カードを持参し，特別に設置された選挙当日以外の選挙官庁において，または後述の移動する選挙管理委員会の面前で，有権者は投票することができる。選挙カードを申請していても，選挙当日に選挙会場で投票することも可能である。しかし，この場合には，選挙カードを持参し，選挙会場に提出しなければならない。

　郵便投票の場合には，有権者は，まず投票用紙および封筒を取り出し，投票用紙に記入して封筒に入れ，封をする。そして，この封筒を選挙カードに戻し，選挙カードに投票が監視を受けることなく個人的に行われた旨の署名

に，寝たきりの状態である被監護者の投票を受領することを目的として，その臥床室に入ることができる。ここでは，適切な設備によって（例えば，ついたておよびそれに類似するものを立てること），被監護者が臥床室にいる他の全ての者から監視されることなく，その投票を行うこと，および選挙責任者から本人へ渡された選挙に関する封筒に投票用紙を入れることが予め配慮される。
(4)　その他の点では，2項および3項に基づく選挙権の行使の際にも，当該連邦法の規定が，とりわけ，選挙への参加および選挙カードによる選挙権の行使に関する39条，40条，68条および70条の規定が考慮される。」

2 移動する選挙管理委員会（Fliegende Wahlkommission）

をし，さらに選挙カードにも封をして投函する。

歩行または移動が不可能であることを理由に投票所へ行くことができない者のために，移動する選挙管理委員会が設けられている。

「移動する選挙管理委員会」とは特別な選挙管理委員会のことであり，通常，管轄の市町村から任命された1人の委員長と3人の委員から構成される[274]。この委員達は，選挙期間中に，要請に基づいて選挙権者の居所を直接訪問する。このため，本人が歩行能力または移動能力を有しないか，もしくは寝たきりの状態のために投票会場へ行くことができないとしても，これが理由で選挙権が剥奪されることはない。なお，比較的大きな介護施設または病院には，独立した選挙区が設定されることがある。

移動する選挙管理委員会のもとで投票するためには，選挙権者は，居所を管轄する市町村に事前に投票用紙を申請しておかなければならない。この際，市町村は，申請者が選挙委員会を迎えるその自宅または介護ホームの部屋などに関する正確な情報を必要とする。たとえば，裁判所の拘置所，刑事施設などで自由制限を受けている選挙権者も，移動する選挙管理委員会を申請できる。もっとも，その収容施設において独自の選挙地区が設定されている場合は，当該選挙管理委員会を申請する必要はない。

2007年の選挙法改正により，多くの者の負担が軽減された。というのも，それまでは歩行困難者または移動困難者のみが移動する選挙管理委員会を申請でき，寝たきりの者またはその自由を制限された状態にある者は，移動する選挙管理委員会の面前でも投票が許されていなかったからである。さらに改正後は，たとえば親族，医師，看護士または監督者などのような本人以外の者も，選挙委員が訪問している際には，投票用紙を取得していることを前提に，その機会を利用して投票をすることができるようになった。

---

274) Öffentliche Sicherheit, 9-10 (2008), S. 67.

3 郵便投票

もう一つの投票方法として，2007年の選挙法改正法から「郵便投票」が存在する。郵便投票の場合には，選挙管理委員が立ち会う必要はない。もっとも立法者は，選挙権者が投票を選挙委員の面前で通常の方法で行うことを望んでいるとされる[275]。多くの選挙権者は，投票を選挙管理委員のもとで行い，選挙管理委員との社会的なコンタクトを持つことに喜びを感じるであろうと考えられたからである。本人がその病気または障害のために宣誓の代わりとなる投票用紙上の宣言に署名することができない場合には，郵便投票を行うことはできない。

第5項　チロル州官庁職員へのインタビュー

筆者は，2012年2月上旬にオーストリア，チロル州の州都インスブルックにおいてチロル州官庁を訪問し，憲法関連業務課のヴァルター・ハックシュタイナー (Walter Hacksteiner) 氏にオーストリアにおける障害者の選挙に関してインタビューを行った。以下は，ハックシュタイナー氏 (以下, Hとする) のインタビューの内容である。

(1) **チロル州において，選挙はどのように行われるのですか。**

H: チロル州では，州に勤務する公務員が選挙権に関する法律の制定および施行を行います。州の公務員が選挙権に関する法律について管轄を有するのは，オーストリアではチロル州のみです。選挙前には，選挙権の条件について情報を得ることができるホットラインが設置されます。

オーストリアでは，国民は満16歳で選挙権を得ることになります。基本的には，選挙権は全ての者に認められています。選挙権を剥奪するには，裁判所がその者について個別に判断し，判決を下さなければなりません。したがって，障害者であっても選挙権を有します。

(2) **誰が選挙管理委員になるのですか。**

H: 選挙管理委員は，政党から派遣された政党の代表者がなります。それ

---

275) Öffentliche Sicherheit, a. a. O. 274, S. 67.

ぞれ何人の代表者が派遣されるかは，その政党の強さによります。たとえば，国民議会の選挙の場合には国会の議席数最多の党が最も多く代表者を派遣できます。

(3) 選挙管理委員は，選挙の際に障害者をどのように援助するのですか。

H: 選挙管理委員は，自分が所属する政党のために行動するおそれがあるので，障害者を援助することはできないと考えられています。しかし，これは法律によって明確に定められているわけではありません。したがって，もし本人が選挙管理委員を援助者として指名するのであれば，それは受け入れられなければなりません。

投票会場に来ることができない高齢者および障害者のために，「移動する選挙管理委員会」が存在します。この移動する選挙管理委員会によって，投票箱とそれを囲うための壁が本人の部屋に運ばれます。移動する選挙管理委員会は，2，3人からなります。

(4) 障害者の選挙はどのように行われるのですか。

H: すでに述べたように，オーストリアでは障害者も含めた全ての者が選挙権を有します。つまり，投票会場に来場する者は，基本的に誰もが投票できます。投票会場に来場した者について，誰が障害者で誰が障害者でないかを正確に判断することはできません。身体障害者と異なり，精神的障害者かどうかは外見からは判断しづらいのです。さらに選挙人名簿には，誰が代弁人を任命されているかに関する記載はありません。法律上も何ら規定されていないため，選挙官庁もどの選挙権者が代弁人を有しているかについて把握していません。というのも，精神病の有無および代弁人の有無を選挙人名簿に記載すること自体が差別につながると考えられているからです。したがって，選挙を実施する側は，誰が精神的障害者で誰が代弁人を有しているかについてまったく把握しておらず，精神的障害者が実際にどのように選挙を行っているかを，具体的に述べることはできません。

(5) 投票の際に障害者を助ける「援助者」について教えてください。

H: 援助者には，誰もがなることができます。たとえば，子供でもなることができます。法律上制限は設けられていません。もっとも，前述したように，選挙管理委員は援助者として適していません。

援助者になるには，障害者本人が選挙管理委員の面前でその者が自分の援助者であることを述べる必要があります。障害者が話すことができない場合には，身体によるジェスチャーも認められます。たとえば，自分の選んだ人物かどうかをうなずくことで示すことが可能です。

もし障害者が援助者を伴なって投票会場に来場した場合に，身体障害者と精神的障害者とで次のような差異が生じます。すなわち，身体障害者はその障害のために投票用紙に記入できないなどの理由から，援助者を選挙ボックスに同伴することができます。これに対し，精神的障害者の場合は身体的理由で投票ができないということは生じないために，原則的に1人で選挙ボックスに入らなければなりません。選挙を実施する側にとって，身体的には何ら問題のない者が精神的障害を本当に有するかどうかを短時間で判断することは難しいという理由から，このような違いが生じます。

(6) 障害者も郵便投票を行うことができますか。

H: 障害者も郵便投票を行うことができます。

もっとも，郵便投票には問題もあります。郵便投票は，自宅で快適に行うことができます。投票用紙に記入し，管轄の選挙官庁に郵送します。しかし，選挙権者が何の影響も受けずに投票を行ったということを誰が保障できるでしょうか。たとえば父親がある政党の支持者であり，その息子が投票用紙に記入する際に，父親が「援助」した場合には，実際にその息子はその父親の説得を受けて投票した可能性を完全に否定できません。

このような理由から，郵便投票は違憲なのではないかと懸念されています。しかし，郵便投票は憲法に規定されているために，憲法違反となることはありえません。このため，公務員は郵便投票に関する問題を否定しているか，または無視している状況にあります。

郵便投票には，送達に関する問題も存在します。投票用紙は他の郵便物と同様にポストに投函されるために，だれかが投票用紙を持ち去ることも可能だからです。また，投票用紙が本来の選挙権者のもとに届けられているかどうかの保障もありません。唯一，書留がこれを保障する方法ですが，ここでも偽の署名が行われるおそれがあります。

このように，郵便投票は批判の多い選挙方法なのです。

(7) これまで障害者の選挙に関する問題点および濫用の報告を受けていますか。

H: チロル州で障害者の選挙権に関する問題は，公式には報告されていません。もっとも，これは実際に問題が存在しないことを意味するのではなく，問題があっても気づかれないか，報告されていないだけではないでしょうか。

第6項　小　括

1　要約

本節においては，オーストリアの被代弁人が選挙権を回復するきっかけとなった憲法裁判所判決および現在の選挙制度を扱った。

オーストリアにおいても，被代弁人は法律により自動的に選挙権を剥奪されていた。しかし，1987年の憲法裁判所の違憲判決により，立法的代替措置がとられることなく，同法は削除され，被代弁人の選挙権が回復した。そして現在，オーストリアでは，障害者の投票行為を援助するための制度が十分に設けられている。まず，身体障害者および精神障害者は自ら援助者を選任し，必要であれば援助者が本人とともに投票ボックスに入り，投票行為を援助することができる。さらに，投票会場へ自ら行くことができない者は，「移動する選挙管理委員会」がその者の居所を訪問して投票することができる。このため，オーストリアでは「投票会場へ行くことができない」ことは選挙権を行使できないことの理由にはならない。さらに2007年からは，郵便投票という在宅投票制度も存在する。

2　分析

オーストリアにおける1987年の憲法裁判所の違憲判決理由は，家族の援助を受けられるかどうかという事実が，選挙権の扱いに差異を生じさせ，憲法の平等原則に反するというものであった。家族の援助を受けることができれば，代弁人の任命は必要とならず，選挙権は剥奪されない。一方で，家族の援助が受けられなければ，代弁人の任命が必要となり，選挙権が剥奪される。現在でも一般民法典268条2項は，オーストリア代弁人法における補充

性の原則を規定している。本判決は，代弁人法の補充性原則を重視する結果として生じる差別を違憲としており，代弁人法の理念を尊重する判決だったといえる。日本では，2011年2月9日の第177回国会衆議院予算委員会において，片山国務大臣が「成年被後見人の道を選ばれた方とそうでない方とがおられて同じような状況にあったときに，一方は選挙権を失う，一方は選挙権を保有する，こういうことが憲法に規定する法のもとの平等に反するのではないか，こういう論点は恐らくあり得るんだろうと思います」と述べている。この発言の主旨は，まさにオーストリア憲法裁判所判決が被代弁人の選挙権剥奪を違憲とした根拠と同じものであるといえる。

　また，援助システムが法律上整備されているため，単に精神的障害があるから選挙行動が困難であろうという理由に選挙権は剥奪されない。ハックシュタイナー氏のインタビューでは，選挙を実施する側でも，それが差別につながるという理由から誰が障害者であるのか把握していないということが明らかになった。ここでは，オーストリアが選挙方法を多様化し，精神的障害者も含めた全ての者の選挙権の行使を徹底していることがうかがえる。

　結論として，オーストリアは選挙の際の濫用を防ぐことよりも，選挙権を行使しうる全ての者に対しその権利の行使を保障することに重きを置いているといえる。不正防止に関しても，障害者であることを理由に特別な対策を講じているわけではない。憲法裁判所判決および現在の選挙制度を鑑みても，日本の公職選挙法旧11条1項1号を維持する理由は存在しない。代弁人の任命と選挙権剥奪を法律によって自動的に結びつけることなく選挙の可否を個別的に判断し，障害を理由に投票行為を断念することのない選挙制度を設けているオーストリアの現状は，公職選挙法旧11条1項1号問題を検討するに十分値していたということができる。

第5節　障害者権利条約が代弁人法へ及ぼす影響

第1項　障害者権利条約と代弁人法との関係

1　問題となる条項

　現在，日本の成年後見制度およびオーストリアの代弁人制度に大きな影響を及ぼしているのが，障害者権利条約である。日本政府は，2007年9月に同条約に署名し，2014年1月に，国連に批准が承認された。オーストリアは2008年9月に批准している。

　成年後見制度との関係で最も問題となるのは，本条約12条2項である。同項は，「締約国は，障害者が生活のあらゆる側面において他の者と平等に法的能力を享有することを認める」と規定している。成年後見制度の利用に伴う行為能力の自動的制限および剥奪は，同項が謳う平等な法的能力の享有に抵触する可能性がある[276]。一方で，オーストリアの代弁人法においても，一般民法典280条により代弁人が任命される範囲内で，本人は行為能力を制限される。このため，法改正の必要性に迫られるオーストリアが本問題についてどのように考えており，どのような対応がなされようとしているのかを考察することは，同様の問題を抱える日本にとって参考になると考えられることから，本節では障害者権利条約とオーストリア代弁人法との関係について検討する。

2　条約と代弁人法の関係
(1)　条約の国内法的効力

　オーストリアは，2008年9月28日に本条約を批准した。これに引き続いて，条約33条（国内における実施および監視）に基づき，本条約の国内法への転換

---

[276] 日本の成年後見制度は障害者権利条約に抵触するというのが通説的見解であり，このために，多くの文献が存在する。主たるものとして，松井亮輔＝川島聡（編）『概説　障害者権利条約』（法律文化社，2010年），田山輝明（編著）『成年後見制度と障害者権利条約』（三省堂，2012年）がある。

を監督するため，監視委員会が設立された。今後はこの監視委員会によって，条約に関する活動が行われる。もっとも，国民議会が，条約は連邦憲法50条2項3号[277]の意味において法律の施行によって実現されるべきであるという議決をしたため，当該法律の公布まで，本条約は国内法的効力を有しない。

(2) 代弁人法に条約が関係する根拠および重要条文

障害者権利条約1条[278]による障害の定義は，身体障害と精神障害を区別しないため，同条は，障害者権利条約が代弁人法に関係する根拠条文となる[279]。

条約では，障害者の権利と締約国の義務が列挙されている。例えば，平等および差別されないこと（5条），意識の向上（8条），施設およびサービスの利用可能性（9条），司法手続きの利用（13条），教育，健康ならびに労働および雇用の権利（24条, 25条および27条），相当な生活水準および社会的な保障（28条），文化的な生活，レクレーション，余暇およびスポーツへの参加（30条）などである。

代弁人法に関する重要条文として，12条（法律の前に等しく認められる権利），14条（身体の自由および安全），19条（自立した生活および地域社会に受け入れられること），22条（プライバシーの尊重），29条（政治的および公的活動への参加）が挙げられる[280]。この中でも，最も重要なのは12条である。

---

277) 連邦憲法旧50条2項3号
「(2) 条約については，1項1号に基づき，さらに次のことが適用される。
3. 条約の許可に際し，国民議会は，当該条約のどの範囲が法律の施行によって実現されるかを決定することができる。」

278) 障害者権利条約1条
「この条約は，全ての障害者によるあらゆる人権及び基本的自由の完全かつ平等な享有を促進し，保護し，及び確保することならびに障害者の固有の尊厳の尊重を促進することを目的とする。
障害者には，長期的な身体的，精神的，知的又は感覚的な障害を有する者であって，様々な障壁との相互作用により他の者と平等に社会に完全かつ効果的に参加することを妨げられることのあるものを含む。」

279) Schauer, Das UN-Übereinkommen über die Behindertenrechte und das österreichische Sachwalterrecht, iFamZ (2011), S. 259.

280) Ganner/Barth, Die Auswirkungen der UN-Behindertenrechtskonvention auf das österreichische Sachwalterrecht, BtPrax (2010), S. 205.

第 2 項　条約 12 条が代弁人法へ及ぼす影響

1　権利能力との関係

条約 12 条 1 項は,「締約国は, 障害者が全ての場所において法律の前に人として認められる権利を有することを再確認する」と規定している。これについて, まずオーストリアにおける権利能力に関する規定が本条項に抵触するかどうかが議論された。これに関係する規定として, オーストリアの一般民法典 16 条が挙げられる。同条は,「何人 (Mensch) も, 生まれつき理性によって理解する権利を有しており, このために人 (Person) とみなされる」と規定している。同条は, 全ての人に権利能力があることを基礎づけるものであり, 権利能力は基本的に制限されていないため, 障害者とそうでない者との差異は権利能力については生じていない[281]。このため, 権利能力に関して, 改正の必要性は生じないと考えられている。

2　法定代理との関係

オーストリア代弁人法との関係で, 問題となる条項は, とりわけ 12 条 2 項であると考えられている。12 条の内容は, 以下のとおりである。

【障害者権利条約 12 条】
1　締約国は, 障害者が全ての場所において法律の前に人として認められる権利を有することを再確認する。
2　締約国は, 障害者が生活のあらゆる側面において他の者と平等に法的能力を享有することを認める。
3　締約国は, 障害者がその法的能力の行使に当たって必要とする支援を利用することができるようにするための適当な措置をとる[282]。

---

281) Schauer, a. a. O. 279, S. 260.
282) 行為能力の制限のみならず, 条約との関係において, 後見類型において後見人に自動的に付与される広範囲の代理権も問題となる。日本では, 条約 12 条 3 項に示される自己決定支援のための制度がほとんど整備されていないことが指摘されている（池原毅和「法的能力」松井亮輔－川島聡『概説　障害者権利条約』（法律文化社, 2010 年）192 頁）。この点, 民法 858 条を解釈して, 代理権行使の前に, 成年後見人が可能な限り本人の支援を行うべきとする見解が主張されている（菅富美枝「意思決定支援」の観点からみた成年後見制度の再考」法政大学大原社会問題研

4 締約国は，法的能力の行使に関連する全ての措置において，濫用を防止するための適当かつ効果的な保護を国際人権法に従って定めることを確保する。当該保護は，法的能力の行使に関連する措置が，障害者の権利，意思及び選好を尊重すること，利益相反を生じさせず，及び不当な影響を及ぼさないこと，障害者の状況に応じ，かつ，適合すること，可能な限り短い期間に適用すること並びに権限のある，独立の，かつ，公平な当局又は司法機関による定期的な審査の対象とすることを確保するものとする。当該保護は，当該措置が障害者の権利及び利益に及ぼす影響の程度に応じたものとする。

本条との関係で，まず問題となるのが法定代理そのものの是非である。

代弁人は，本人の法定代理人である。法定代理は，障害者本人が自ら選任していない代理人によって代理される制度であるため，条約12条により，法定代理は全く許されないと主張する者もいる。つまり同条約は，法定代理方式を法定援助方式に置き換えたとして，法定代理はもはや拒否すべきであると結論付けるのである。[283]

ブーフナー（Buchner）[284]は，法定代理から本人の判断を援助することへの移行を主張する。つまり，12条は法定代理を許容しておらず，本人は，法律行為を行えない状況であっても，その行為能力を制限される代わりに，法律行為を行う判断の際に援助を受けるべきとするのである。[285]

しかし，代弁人法の専門家の間では，基本的に法定代理は肯定されている。ガナー（Ganner）およびバート（Barth）[286]は，条約12条が常に法定代理を許

究所＝菅富美枝（編著）（法政大学出版局，2013年）254頁，この他にも，菅富美枝「成年後見制度の再考－「本人中心主義」の発想から」法学セミナー706号（2013年）23頁以下も参照）。もともと，成年後見施行以前から，取消権に対する議論はされても，広範囲な代理権が本人に対する侵害となる危険性についての議論が少ないとの指摘が挙がっていた（水野紀子「成年後見制度－その意義と機能と限界について－」法学教室218号（1998年）96頁）。

283) Lachwitz, Übereinkommen der Vereinten Nationen über die Rechte von Menschen mit Behinderung, BtPax (2008), S. 148; Buchner, „Meine Wünsche sollen ernst genommen werden!", iFamZ (2009), S. 122.

284) Buchner, a. a. O. 283, S. 122. ブーフナーは，"Lebenshilfe-Akademie" の責任者であり，ウィーン大学およびインスブルック大学の非常勤講師である（2009年時点）。

285) Buchner, a. a. O. 283, S. 123.

286) ガナーはインスブルック大学法学部の教授であり，バートは裁判官である。

さないとの解釈は妥当でなく，締約国の真意は，代理方式の完全な放棄にあるのではないとする。オーストリアは，このことを批准に際して明らかにしており，他国（フランス，オランダ，オーストラリアおよびカナダ）は，解釈宣言において代理方式を放棄しないことを明確にしている。さらに，ガナーおよびバートによれば，法定代理の放棄は，条約の目的である障害者保護にも合致しない。オーストリア法では，自由裁量能力（自己の行為の効果を認識し，この認識に基づいて行動する能力）がある程度存在する場合に，行為能力が存在する。しかし，この自由裁量能力が援助措置によって生じない場合には，行為能力も存在せず，これが制限されるということも結果的に生じ得ない。とすれば，例えば昏睡状態の者もしくは他の理由で意思形成能力または発言能力を有しない者には行為能力の制限が観念しえず，このような者の利益を保護するために，代理方式は許されるのである。

シャウアー（Schauer）[289]も，次のように述べて，法定代理そのものは肯定している。つまり，条約12条4項は行為能力の行使の際に濫用を防止する措置の準備を締約国に義務付けているが，それがどのような措置であるかは規定していない[290]。従って，ここからこの措置が代理方式でもよいということがいえる[291]。さらにシャウアーは，意思を表明する能力を完全に喪失している者が早急な法律行為の処理を要する場合には，代理方式以外に方法はないとし，一定のケースにおいては，代理方式を排除することは不可能であると主張する[292]。これは，ガナーおよびバートが本人の保護が不十分になると主張することと共通する。

日本の成年後見法は法定代理を採用しているが，オーストリアの解釈に従うのであれば，日本においても法定代理は条約と抵触しないことになる[293]。

---

287) Ganner/Barth, a. a. O. 280, S. 206.
288) Ganner/Barth, a. a. O. 280, S. 206.
289) シャウアーはウィーン大学法学部教授である。
290) Schauer, a. a. O. 279, S. 260.
291) もっとも，この措置は，本人の意思を尊重し，適切で独立した官庁によって定期的に調査される必要がある（同条約12条4項）。
292) Schauer, a. a. O. 279, S. 260.
293) 法定代理が許容されるとしても，条約に適う制度の構築のために，意思決定支援や本人らしさを十二分に反映させた代行決定を公的に給付されるサービスと位置づけ，制度的に整える必要

3　行為能力の制限との関係

　法定代理方式は条約に抵触しないのが支配的見解となっているが，行為能力の制限はそうではない。

　日本では，成年後見人等が任命されると，本人は，その効果として原則的に行為能力を自動的に剥奪または制限される（代理のみの補助類型を除く）[294]。一方で，オーストリアにおいても，一般民法典280条1項により，被代弁人は，代弁人の任務範囲において明示または黙示の同意がなければ，法律行為に関して処分することもできず，義務を負うこともできなくなる[295]。したがって，代弁人の任命も，代弁人の任務範囲において，本人に対して自動的な行為能力の制限または剥奪をもたらす[296]。

　ガナーは，一般民法典280条に基づく自動的な行為能力の制限は，条約12条と抵触すると主張する[297]。というのも，一般民法典280条を適用すると，法律行為を行うための自由裁量能力が存在する可能性があるにもかかわらず，行為能力の法律による制限という法的効果が生じるからである。ガナー

があると主張されている（菅富美枝「障害（者）法学の観点から見た成年後見制度」大原社会問題研究所雑誌641号（2012年）59頁以下）。オーストリアにおいても，可能な限り本人による自己決定を実現させるためのモデルを提示する研究が行われている（Ganner, Modelle unterstützter Entscheidungsfindung, iFamZ(2014), S. 67ff.）。

294) 取消権自体には，成年後見制度設立以前から，いわゆる悪徳商法による消費者被害から本人を保護する意義が認められてきた（加藤雅信「成年後見制度改正要綱試案と今後の方向性」ジュリスト1138号（1998年）68頁）。

295) ドイツでは，世話人が任命されても基本的に行為能力の剥奪は生じない。このため，ドイツでは，ドイツ民法典1903条において規定されている，裁判所で定められる世話人のための「同意留保」の規定が，条約に抵触するかどうかが議論されている。この点は，裁判所によって命じられた範囲内では被世話人は，世話人の同意を得てのみ有効な意思表示をなしうるという理由から，ドイツ民法典1903条の同権留保は，条約12条2項に抵触するが，これ以外では，ドイツ世話法は，行為能力の剥奪を伴わないので，概ね条約に適合していると主張されている（Lachwitz, a. a. O. 283, S. 147参照）。

296) これに対し，医療同意権または居所決定権の同意のために必要な認識能力および判断能力は，個別に判断されるために，代弁人の任命によって影響を受けない。

297) この点は，日本においても同様であり，成年後見制度利用による行為能力の制限が条約の精神に反することは，すでに多くの文献において指摘されている（池原・前掲注282・191頁，沖倉智美「『障害者の権利に関する条約』と日本の成年後見制度－12条から『支援つき意思決定』を考える」新井誠＝赤沼康弘＝大貫正男（編）『成年後見制度の展望』（日本評論社，2011年）225頁以下，上山泰「現行成年後見制度と障がいのある人の権利に関する条約12条の整合性」法政大学大原社会問題研究所＝菅富美枝（編著）（法政大学出版局，2013年）107頁）。

は，自動的な制限に代わり，医療同意や居所決定について代弁人に同意権を与えるかどうかを判断する場合と同様に，認識能力および判断能力の有無を事務ごとに個別的に判断することが望ましいと主張している[298]。

バートは，行為能力の制限は，緊急を要する法的事務の処理に資するとし，行為能力の制限に対して肯定的な姿勢を見せている[299]。さらにバートは，代弁人法は，本人の自己決定の保護のために十分な枠組みを提供しているとする。つまり，一般民法典268条によれば，代弁人は，障害者が心的病気または精神的障害のためにその処理をすることができない事務を有している場合にのみ任命される。加えて同条3項は，代弁人は，原則的に避けられない場合にのみ全ての事務を委託されうると規定している。このように代弁人制度が補充制の原則を徹底していることから，バートは，代弁人法における行為能力の制限は条約に抵触しないと主張する。

シャウアーは，行為能力の制限は，条約12条2項に反するとの見解を有している[300]。シャウアーは，前述のバートの見解に対し，当該条約は，障害者の保護および利益を目的とするものであり，第三者保護を問題としていないと述べている。つまり，行為能力を制限することによって，事務処理が迅速に行われ，その結果として障害者を援助するという見解を，シャウアーは行為能力制限を正当化するための十分な根拠とみなしていない。シャウアーは，行為能力は常に実際の状況に応じて判断されるべきであるとしており，この点では，ガナーの見解と一致する。

以上から，代弁人が任命されることによって自動的に生じる行為能力の制限または剥奪は，条約と抵触するというのがオーストリアの支配的見解といえる。その結果として，代弁人法の改正が主張されている[301]。

日本の成年後見制度も，その法的状況は代弁人法と同一のものと考えられることから，改正の必要性が生じていると考えられる[302]。もっとも，オースト

---

298) Ganner/Barth, a. a. O. 280, S. 206.
299) Ganner/Barth, a. a. O. 280, S. 206.
300) Schauer, a. a. O. 279, S. 261.
301) Schauer, a. a. O. 279, S. 261.
302) 日本では，制限能力制度における取消権が本人保護のためにどの程度有効かを解明する研究が行われている（上山泰「制限行為能力制度に基づく取消権の実効性－成年後見センター・リー

リアにおいても，どのように改正すべきかに関する具体的な案はいまだ発表されていない[303]（2014年10月現在）。

4　行為能力の制限以外の問題点[304]
(1) 定期的な審査の不足

法律による行為能力の自動的制限以外でも，条約との関係で問題視されている点が存在する。

条約12条4項によれば，行為能力に関連する措置は，「権限のある，独立

ガルサポートのアンケート調査結果を踏まえて」筑波ロー・ジャーナル14号（2013年）1頁以下）。また，行為能力の制限ではなく，契約法理によって本人を保護する可能性を示すものとして，熊谷士郎「行為能力制限と契約法理・消費者保護法理」法政大学大原社会問題研究所＝菅富美枝（編著）（法政大学出版局，2013年）173頁以下がある。

303) 日本では，すでに具体的な改正案が複数提案されている。後見類型の利用を必要な場合に制限し，保佐類型においては，13条1項所掲の事務を個別具体的に選択できるようにすべきとする説（田山輝明「成年後見制度の変遷とその改正提案」実践成年後見50号（2014年）60頁），後見類型，保佐類型を廃止し，補助による一元化を図る説（新井誠「補助類型一元化への途」実践成年後見50号（2014年）66頁，）がある。上山泰＝菅富美枝「成年後見制度の理念的再検討－イギリス・ドイツとの比較を踏まえて－」法政大学大原社会問題研究所＝菅富美枝（編著）（法政大学出版局，2013年）22頁においては，イギリス法およびドイツ法との比較から，行為能力の制限を伴わない後見的支援の可能性を模索する必要があると主張されている。なお，イギリスにおける行為能力制限の不在に関して論じるものとして，菅富美枝「イギリス法における行為能力制限の不在と一般契約法理等による支援の可能性」成年後見法研究8号（2011年）35頁以下がある。

304) ここに挙げた問題点の他に，近親者代理権と老齢配慮代理権の信頼保護によって，本人が行為能力を有している場合でも，その同意なしに代理されかねない点が，障害者権利条約5条および欧州人権条約1条に抵触するという指摘がある（Ganner/Barth, a. a. O. 280, S.207）。

障害者権利条約　5条
「1　締約国は，全ての者が，法律の前に又は法律に基づいて平等であり，並びにいかなる差別もなしに法律による平等の保護及び利益を受ける権利を有することを認める。
2　締約国は，障害を理由とするあらゆる差別を禁止するものとし，いかなる理由による差別に対しても平等のかつ効果的な法的保護を障害者に保障する。
3　締約国は，平等を促進し，及び差別を撤廃することを目的として，合理的配慮が提供されることを確保するための全ての適当な措置をとる。
4　障害者の事実上の平等を促進し，又は達成するために必要な特別の措置は，この条約に規定する差別と解してはならない。」

欧州人権条約　1条
「締約国は，その管轄内にある全ての者に対して，この条約の第一節に規定する権利および自由を保障する。」（奥脇直也＝小寺彰（編者代表）『国際条約集 2012年版』（有斐閣，2012年））

の，かつ，公平な当局又は司法機関」による定期的な審査を受けなければならない。オーストリアでは，代弁人は任命されると裁判所から定期的に（年に1度）コントロールを受ける（非訟事件法130条）。もっとも，近親者代理権と老齢配慮代理権については，コントロールは申請がある場合にのみ行われ，定期的な審査は行われていない。これは，条約との関係において，問題であると指摘されている。[305] 日本では，民法863条1項において家庭裁判所の定期的監督が定められていないことが問題になると思われる。[306]

さらに，条約12条4項は法的能力の行使に関する措置が①「保護が障害者の状況に応じ，かつ適合していること」および②「可能な限り短い期間に適用すること」とも定めており，日本の成年後見法はこれと抵触する可能性がある。①に関しては，成年後見人を付す場合には，民法7条により，成年後見人には広汎な代理権が与えられ，必要に応じて代理権の範囲を制限することはできなくなる。成年後見人を任命することは，障害者の状況に応じておらず，かつまったく適合していないと常に言えるわけではないが，成年後見人を付す場合には，本人が本当に広汎な代理権を有する代理人を必要としているかどうか，その必要性を十分に検討する必要がある。

また，②に関しては，日本では，一度成年後見人が付与されると，その後本人がまだ成年後見人を必要としているかどうかの審査は行われない。この点も，「可能な限り短い期間に適用すること」を求める条約と抵触すると考えられる。

(2) 婚姻法

オーストリア婚姻法3条1項[307]は，行為能力被制限者は，法定代理人の同意をその婚姻に必要とする旨を規定している。このため，本条は条約23条1項[308]に抵触すると主張されている。日本民法738条は，成年被後見人が成年後

---

305) Schauer, a. a. O. 279, S. 264; Ganner/Barth, a. a. O. 280, S. 207.
306) この問題意識も，すでに先行研究において指摘されている（池原・前掲注282・193頁）。
307) 前掲注123参照。
308) 障害者権利条約23条
　「1　締約国は，他の者と平等に，婚姻，家族及び親子関係に係るすべての事項に関し，障害者に対する差別を撤廃するための効果的かつ適当な措置をとる。この措置は，次のことを確保するこ

見人の同意なしに婚姻できる旨を規定している。このため，日本においては，この点は問題とならない。

第3項 小 括

1 要約

本条約と成年後見制度および代弁人制度との主たる問題点は，法定代理および行為能力の制限の是非である。

法定代理については，法定代理方式は許容されるとするのがオーストリアの支配的見解である。なぜなら，法定代理によってのみ障害者を保護できない場面が確実に存在するからである。もし本人に認識能力および判断能力が全く存在せず，それでも本人が法律行為を行わなければならないときは，法定代理しか方法が残されていない。このような必要性を無視してまで，援助方式を採用することは，条約の趣旨ではないだろう。

これに対し，行為能力の制限は，誰しもが条約との抵触を認めるところとなっている。行為能力の制限に関して問題となるのは，本人には，実際に代弁人が任命された事務について認識能力および判断能力が存在するにもかかわらず，その事務について法律によって自動的に行為能力を制限される可能性がある点，および本人が必要としていない事務に関して法律によって自動的に行為能力を制限される点である。もっとも，悪意ある者からの搾取に対する保護も必要となることから，条約があらゆる行為能力の制限を禁止しているともいえない。そこで，条約にとっては行為能力の制限自体が問題になるのではなく，行為能力の制限方法およびその程度が問題となると思われる。つまり，本人にある法律行為についての認識能力および判断能力が存在する

とを目的とする。
(a) 婚姻をすることができる年齢のすべての障害者が，両当事者の自由かつ完全な合意に基づいて婚姻をし，かつ，家族を形成する権利を認めること。
(b) 障害者が子の数及び出産の間隔を自由にかつ責任をもって決定する権利並びに障害者が年齢に適した情報，生殖及び家族計画に係る教育を享受する権利を認め，並びに障害者がこれらの権利を行使することを可能とするために必要な手段を提供されること。
(c) 障害者（児童を含む。）が，他の者と平等に生殖能力を保持すること。」

可能性があるにも関わらず，一定の要件のもとに行為能力を自動的に制限することが問題になるのではないだろうか。とすれば，日本で条約と問題になるのは後見類型と保佐類型である。後見類型では，本人は，どの法律行為について代理人を必要としているのかを吟味されることなく，事理弁識能力の状態だけで，ほぼ全ての行為能力が制限される。保佐類型においては，本人は一定の事務に関して行為能力を制限される。

2 分析

このような考察を踏まえてオーストリアと日本の状況を比較すると，日本の状況の方がより厳しいと思われる。オーストリアでは，少なくとも本人が処理できない事務について代弁人が任命されており，そこには必要性の原則が機能している。一方，日本では，本人が処理を必要とする事務ではなく，本人の事理弁識能力を基準に類型（後見，保佐，補助）を決定する。このため，本人がもしかしたら認識能力および判断能力を有する可能性のある事務，およびその処理を必要としていない事務についても，後見人が任命され，行為能力の制限および剥奪が生じかねない。さらにいえば，日本の後見類型の利用件数は，保佐類型および補助類型と比較するとはるかに多い。

この他にも，措置利用の最短期間，裁判所等公的機関の定期的な監督など，日本の成年後見制度には条約の要請に即していない点が複数存在する。行為能力の自動的制限および剥奪への対応も含めて条約に適合するために，成年後見制度は改正が必要とされているといわざるを得ない。オーストリアの抱える問題点は，日本のそれと非常に類似することから，同国の対応を見守りたい。

第2章　本人保護の不十分さに関する問題

第1節　代弁人法における身上監護概念

　オーストリアにおいても，代弁人の任務となる「身上監護」とは何かということが長年議論の対象とされてきた。さらに，身上監護に関する任務のみを代弁人に委託できるのか，またできるとすればどのような任務かという点も，身上監護の意義と合わせて問題になってきた。[1] 日本では，原則として事実行為に関する身上監護を成年後見人に委託することはできないというのが支配的見解である。[2] オーストリアでも同様であり，本人の衣類の洗濯，食事

---

1) 1984年の代弁人法施行直後では，身上監護のみを任務として代弁人を任命することは許されないという見解がある一方で(Schlemmer, in: Schwimann(Hrsg.), ABGB Praxiskommentar Band1 (1990), §273, Rz 3)，身上監護のみでも代弁人の任務となるとする記述も見受けられた(Pichler, in: Rummel(Hrsg.), Kommentar zum Allgemeinen bürgerlichen Gesetzbuch(1990), §273, Rz 2)。

2) 序章においても述べたが，日本において，身上監護は，「健康，生命の保持，その他一身上の世話に関する決定権限」と定義されている（米倉明『信託法・成年後見の研究』（新青出版, 1998年）433頁）。この身上監護の定義は，主として事実行為を含むか否かという点に関して，論者ごとに異なっていた（道垣内弘人「『身上監護』，『本人の意思の尊重』について」ジュリスト1141号（1998年）34頁）。その後，制度立案者により，成年後見人の任務は法律行為に限られ，事実行為は含まれないことが明示された（小林昭彦＝大鷹一郎＝大門匡『一問一答　新しい成年後見制度』（商事法務, 2006年）122頁）。身上監護概念に関しては，成年後見制度改正時においても，その後10年が経過しても，身上監護の拡大解釈により，成年後見人の負担が不必要に増加することが危惧されている（水野紀子「後見人の身上監護義務」判例タイムズ1030号（2000年）106頁以下，金子修「成年後見事務の範囲と身上監護義務」法律のひろば63巻8号（2010年）12頁）。一方で，限定的に事実行為を認める説（上山泰「成年後見における身上監護の理念と枠組み」実践成年後見23号（2007年）9頁），必要があれば保護者に課されている善管注意義務の範囲内において事実行為を含む然るべき処置をとるべきとする説（新井誠『高齢社会の成年後見法（改訂版）』（有斐閣, 1999年）がある。身上監護は，成年後見制度開始以降，研究が蓄積されている領域であり，次に挙げるものの他，文献は多数存在する。小賀野晶一『成年身上監護制度論』（信山出版株式会社, 2000年），上山泰『成年後見と身上監護』（筒井書房, 2000年），同『専門職後見人と身上監護』（民事法研究会, 2010年）。

の世話，薬の服用の世話などのいわゆる事実行為（実際の世話）は，代弁人の任務にはならないという見解が通説となっている[3]。つまり，オーストリアでは身上監護のみを代弁人に委託することができるが，その任務内容は法律行為に関するものでなければならないので，日本と同様に，介護契約および施設入所契約の代理などに限られることになる。

日本とオーストリアの身上監護における主たる差異は，オーストリアにおいて，代弁人に医療同意権および居所決定権が条文上認められるという点にある。オーストリアではどのような経緯でこれらの権限が代弁人に認められていったのか。本節においては，本人保護の強化という観点から，医療同意権および居所決定権も含めたオーストリアにおける身上監護を検討し，日本の成年後見制度のそれと比較することで身上監護についての考察を深めることを目的とする。

第1項　身上監護に関する条文の変遷

代弁人法には，成立当初から身上監護に関する条文が規定されている。身上監護は，代弁人法成立から現在に至るまで，最も多くの改正を経た領域であるといえる。成年者保護法における身上監護は，時代の要請に応じた立法化が財産管理以上に求められている領域なのかもしれない。そこで，まずは，代弁人制度成立以降の身上監護に関する条文の変遷についてみていく。

1　1984年代弁人法施行時の条文

【一般民法典旧282条】（1984年7月1日施行，2001年6月30日失効）
　　　特段の定めがない限り，後見人に関する規定は，代弁人（特別代理人）のための権利および義務についても適用される。障害者の代弁人は，裁判所が

---

[3] Gitschthaler, Einzelne Probleme des neuen Sachwalterrechtes und der Versuch einer Lösung, ÖJZ(1985), S. 196; Pichler, Probleme, Erfreuliches und gesetzgeberische Fehlleistungen im neuen Sachwalterrecht, JBl(1984), S. 227; Barth, Medizinische Maßnahmen bei Personen unter Sachwalterrecht, ÖJZ(2000), S. 60. 異なる見解として，Stabentheiner, Ein Überblick über das neue Sachwalterrecht, AnwBl(1985), S. 288 がある。

特段の定めをしない限り，必要な身上監護についても，とりわけ医学的世話および社会福祉的世話についても確保しなければならない。

本条文は，代弁人制度成立時に新設された。本条から，代弁人法成立時は，代弁人法に規定されていない事項に関しては，基本的に未成年後見に関する規定が準用されていたことがわかる。

第2文においては，代弁人の任務には，障害者の財産だけでなく，必要な身上監護の確保も含まれると規定されていた。代弁人を任命する際に，身上監護だけを代弁人の任務とすることはできないと主張する見解は，本条文の「身上監護についても」という文言に依拠していた。つまり，本説の主張者は，「身上監護についても」という文言ゆえに代弁人を任命する際は，身上監護は財産監護と合わせてのみ，代弁人にその任務として委託できると解釈していたのである[4]。

政府草案は，代弁人が障害者のための医学的世話および福祉的世話を自ら行うのではなく，このような世話を仲介する既存の社会福祉施設を紹介すべき旨を明確に述べている[5]。つまり，代弁人法の立法者は，代弁人の任務に事実行為が含まれないとする立場をとっていたといえる。

2　2001年親子法改正に伴う改正

2001年に親子法が改正され，本条も次のように改正された。本改正による改正点は，代弁人の身上監護任務の縮小である。

【一般民法典旧282条】（2001年7月1日施行，2005年12月31日失効）
(1) 特段の定めがない限り，第3章の規定〔両親と子の権利について〕およびそれ以外の監護を委託されている者に関する本章〔第4章〕の規定は，代弁人（特別代理人）の権利および義務についても適用される。
(2) 代弁人は，障害者とコンタクトを保たなければならず，必要な医学的世話および障害者の社会福祉的世話を確保するよう努力しなければならない。

---

4) Gitschthaler, Einzelne Probleme des neuen Sachwalterrechtes und der Versuch einer Lösung, ÖJZ (1985), S. 195; Schauer, Zur Bestellung eines Sachwalters ausschließlich für den Bereich der Personensorge, iFamZ (2006), S. 19; Huter, Der Sachwalter und Personersorge, iFamZ (2006), S. 203.
5) ErlRV 742 BlgNR 15. GP, 20.

(3) 代弁人は，医療措置がなければ，継続的な身体上の疾患のために，障害者の生命または健康の著しい損害の危険が存在するという場合でない限りは，障害者の継続的な生殖能力の不能を目標とする医療措置に同意することができない。同意は，全ての場合において，裁判所の許可を必要とする。

本改正においては，親子法の条文を準用しないというかたちで，代弁人法を親子法から切り離すことが望まれたが，実現には至らず，282条1項は，なお代弁人法における親子法の準用を規定していた。この親子法からの分離は，2006年の代弁人法改正によって行われることになる。

本改正により，「身上監護」という語は条文上から削除された。しかし，本条2項が定めている内容は，身上監護そのものである。1984年施行の条文においては，「障害者の代弁人は，裁判所が特段の定めをしない限り，必要な身上監護についても，とりわけ医学的世話，および社会福祉的世話についても確保しなければならない」と規定されていたのに対し，2001年の改正時では，「代弁人は，障害者とコンタクトを保たなければならず，必要な医学的世話および障害者の社会福祉的世話を確保するよう努力しなければならない」と規定されるにとどまった。つまり，代弁人が裁判所から具体的に任じられる任務以外に担うべき身上監護は，努力義務であることが条文上明らかになった[6]。この努力義務の明示により，身上監護に関する代弁人の任務範囲は縮小されたと考えられた[7]。

---

[6] 日本においても，成年後見制度創設に伴い，本人に対する成年後見人等の身上配慮義務について定める民法858条が制定された。立法担当者によれば，同条は成年後見人の注意義務の内容を具体的に明らかにしているとされており（小林昭彦＝大門匡『新成年後見制度の解説』（金融財政事情研究会，2000年）144頁），その具体的権限を導くものではないと考えられる。

[7] Schauer, Rechtssystematische Bemerkungen zum Sachwalterrecht idF KindRÄG 2001, NZ (2001), S. 279. 2001年の親子法改正後の身上監護について，2005年の最高裁判決は次のように述べている。「2001年の親子法改正前の法状況においては，全てのケースにおいて，必要な身上監護を確保することが代弁人の任務となっていた。代弁人法が改正されたことにより，このことについては，身上監護は，任命される際に任務として明確に命じられた場合にのみ，かつ命じられた場合に限り代弁人の任務になるよう変更される。つまり，ここで適用される2001年の親子法改正法による一般民法典282条2項は，代弁人は，障害者と個人的なコンタクトを保ち，そして障害者の必要な医学的世話および社会福祉的世話を確保することについて努力する旨を規定している。この『努力する』義務からは，身上監護に関する重要な法的権限は導き出されない。(OGH 25. 08. 2005, 6 Ob 169/05d)。」なお，最高裁2009年7月22日判決において，自らの権利および

当該改正の結果，裁判所が身上監護に関する任務を任命時に代弁人に委託することが以前よりも重要となった。本改正により，代弁人は，「障害者とコンタクトを保たなければならず，必要な医学的世話および社会福祉的な障害者の世話を確保するよう努力しなければならない」という努力義務を負うにとどまる。そこで，代弁人が処理すべき身上監護に関する事務がこの努力義務を超える場合には，裁判所がその事務内容を具体的に示して代弁人に委託しなければならないと考えられるようになったのである[8]。したがって，一般民法典282条2項は，努力義務を超えた，代弁人の身上監護に関する事務処理権限を正当化しない。

3　2006年代弁人法改正法に伴う改正

2006年の代弁人法の改正により，本条は再び次のように改正された。

【一般民法典282条】（2007年7月1日施行）
**　　代弁人は，個々のケースの事情に応じて必要な程度において，障害者と個人的なコンタクトを保たなければならず，障害者が必要な医学的世話および社会福祉的の世話を与えられるよう努力しなければならない。代弁人が個々の事務を処理するためだけに任命されたのでない限り，コンタクトは少なくとも1月に1度とられるべきである。**

2006年の代弁人法の改正によって，282条は再び改正された。代弁人法の親子法からの分離が実現され，親子法の準用は原則的になくなった。成年後見である代弁人法を，未成年後見を定めた親子法から分離する理由は，大人に対する保護は子に対するそれとは異なるというものであった[9]。また，障害者の継続的な生殖能力の不能を目的とする医療措置に対する同意の禁止（2001年一般民法典283条3項）は，本改正により独立した条項に規定された（一般民法典284条）。

義務に関して明確に裁判所から決定されていない場合には，代弁人は異議を申し立てる権利を有するとされている（OGH 22. 7. 2009, 3 Ob 109/09i, iFamZ, S. 25)。

8) Schauer, a. a. O. 4, S. 20; Weizenböck, in: Schwimann (Hrsg.), Praxiskommentar Ⅰ (2005, 3. Aufl.), §273 Rz 7.
9) インスブルック大学法学部ガナー教授からのご教示に基づく。

この改正では，代弁人が本人とコンタクトをとるべき回数が月に1度と明確に規定されたこと以外，変化は見受けられなかった。したがって，代弁人の身上監護に関する努力義務は，2001年と同程度のものと考えられる[10]。

なお，2006年の改正により，「身上監護」という語は，代弁人の報酬について規定している276条本文中および282条から284条aまでの表題として再び用いられている。

代弁人が本人ととるべきコンタクトの回数については，原則的には1ヶ月に1度と規定された。しかし，本人の生活状況の変化に応じて（例えば，初めての高齢者ホームへの入居など），代弁人は本人とより頻繁にコンタクトを取ることが求められている。一方で，代弁人に委託された事務が「個々の事務」である場合には，本人が社会福祉上の世話，家族による世話または医師による世話を十分に受けていることがはっきりしているのであれば，代弁人は本人と月に1度コンタクトをとる義務は生じない[11]。また，個人的なコンタクトとは，通常，代弁人が本人の自宅または居所を訪問することが想定されており，本人が代弁人を訪問することではない。これは，代弁人は，本人の自宅を訪問することによってのみ，本人の生活状況および社会的環境を自ら認識することができ，かつこれについて納得できるからである。

第2項　代弁人法における「事務」概念

次に，代弁人に委託する「事務（Angelegenheit）」の概念について検討する。

代弁人が任命されるには，本人が自分では処理できない事務の存在が必要になる（一般民法典268条。）身上監護に関するどのような事務が代弁人に委託されるのかを考える前提として，まず代弁人法の「事務」とはいかなるものが想定されているのかを検討する。

---

[10] 本人の意思に反してコンタクトを無理にとることには意味がないから，282条は，代弁人の努力義務を規定しているに過ぎない。また，立法資料においても，282条は代弁人の代理権を基礎付ける条文ではないと明記されている（ErlRV 1420 BlgNR 22. GP, 19）。

[11] ErlRV 1420 BlgNR 22. GP, 19.

1 財産に関する事務

　本人の財産に関する事務が代弁人の処理すべき「事務」となることは，代弁人法成立時からまったく争いはない[12]。現行法においても，財産に関する事務は，代弁人の任務となる。

　身上監護に関する事務は，行為能力剥奪宣告令をもとに検討された。1916年に施行された行為能力剥奪宣告令1条2項は，「その事務の適切な処理のために，援助者を必要とする成年者は，制限的な行為能力剥奪宣告を受けることができる」と規定していた。この文言は，1983年の代弁人法改正時の273条に引き継がれたために，学説と判例は，何が「事務」であるかを明らかにしなければならなかった。もっとも，すでに行為能力剥奪宣告令1条の意味における障害者の事務は，単なる財産的事務だけではなく，本人の監護も含むとみなされていた。このため代弁人法における事務も，法律行為，訴訟行為の遂行および官庁での手続きのみではなく，医的治療の同意，あらゆる種類の権利の主張と防御，とりわけ人格権の主張と防御を含むものと解された[13]。ここから，学説においては，行為能力剥奪宣告令の時点から，代弁人に委託される事務は，医療同意権等の人格権の保護を含むことが認められてきたと考えられる。

　判例は，「事務」の概念に身上監護も含まれるということを認めてはいた。しかし，その中には，事務には事実行為も含むと解していると見受けられる判決も存在した。代弁人の任務となる「事務」の概念に身上監護が含まれるかについて，最高裁1997年6月24日判決[14]は，次のように述べている。

　「一般民法典282条末文によれば，代弁人は，必要な身上監護，とりわけ裁判所が特段の定めをしない限り，医学的世話および社会福祉的世話を確保しなければならない。このため，一般民法典273条1項における『事務』の概念は，広汎な意味を持つものとして理解される。つまり，この『事務』という概念には，単に法律行為および法的行為だけでなく，障害者の身上の監護という意味も含

---

12) Barth/Ganner, in: Barth/Ganner (Hrsg.), Handbuch des Sachwalterrechts, S. 44.
13) Barth/Ganner, a. a. O. 12, S. 45.
14) 1 Ob 74/97g.

まれる。

　〔本事案において〕，本人は賃貸住宅に1人で居住しており，医師に処方された薬を服用せず，外界とのコンタクトを全て拒否していた。母親が本人の世話をしていたが，本人が母親に対して攻撃的になっていたため，母親には，このような任務をこなすことが負担となっていた。医学的見地からみると，本人自ら責任をもって処理できる事務は存在しない。この本人の病状から，本人には，家族の協力による，医学的世話を含めた本人の実際の利益を確保するための広汎な身上監護が必要である。」

　本判決は，代弁人の任務範囲に身上監護が含まれることを明示しており，この点では現在の判例および支配的見解と合致している。しかし，事実行為を代弁人の任務と認めている点で，現在の判例および支配的学説と異なる。このように，代弁人法成立後においては，代弁人が身上監護として事実行為を行うかどうかが不明確な状況であった。

2　身上監護として分類される事務

　オーストリアにおいては，まず身上監護とは「本人の身上に関する全ての事務について世話すること」と理解されている[16]。そこで，「本人の身上に関する事務」とは何かが問題となる。オーストリアでは，身上監護に分類される事務は，条文に規定されている事務と条文に規定されていない事務に分けられる。条文に規定されていない事務は，さらに，167条2項に依拠する事務，一般民法典16条から導かれる事務および家族法に関係する事務に分類される[15]。

(1)　代弁人制度の条文上の身上監護

　身上監護に関する事務は，「身上監護」という表題の下に一般民法典282条から284条aに規定されている。ここでは，①個人的なコンタクト，②医

---

15) 日本では，成年身上監護の内容として，①社会福祉系事務の決定および手配（福祉サービス契約，ケアプランの確認等），②医療系事務の決定および手配（医療契約等），③生活系事務の決定および手配（衣・食・住に関する契約，保険等への加入，税務報告）の3類型が挙げられている（小賀野晶一『民法と成年後見法－人間の尊厳を求めて－』（成文堂，2012年）207頁）。

16) Barth/Dokalik, a. a. O. 12, S. 147.

学的世話および社会福祉的世話の確保，③本人への医的治療および医的研究を行うことの判断および継続的な不妊を目的とする措置を行うことの判断，④居所決定という4項目について規定されている。

(2) 条文に明示されている以外の身上監護

上述した条文以外でも，275条2項が身上監護に言及している。同条によれば，代弁人は，本人の身上にかかわる重要な事務を処理する場合に，裁判所の許可を得なければならない。本条は，一般民法典213条1項[17]に由来する。213条1項は，さらに167条2項について言及している[18]。167条2項は，未成年者の身上に関する事務の中で，両親が同意しなければならない事務を列挙しており，代弁人法においてどの事務が裁判所の許可を得るべきかを示唆している条文と考えられている[19]。もっとも，167条2項に挙げられている任務の一部が親子関係にのみ該当するという理由から，本条の代弁人法における準用は回避された[20]。167条2項の事務に基づいて，2006年代弁人法改正法の立法資料では，282条以下の条文に規定されている事務以外に，名前の変更，国籍の取得および取得の断念，任期終了以前の雇用関係の終了，離婚訴訟を提起することなどが，裁判所の許可を要する身上監護に関する重要な事務と考えられた[21]。

(3) 一般民法典16条から導きだされる身上監護の事務

前述した条文および立法資料の内容を考慮すると，身上監護は本人の人格

---

17) 一般民法典213条1項
「(1) 他の人物が監護を委託されている場合には，この者は，特段の定めがない限り，重要な，子の身上に関係する事務について，特に167条2項の事務について，裁判所の許可を得なければならない。許可なしに行われた措置または代理行為は，遅滞の危険が存在しない限り許されず，無効である。」

18) 一般民法典167条2項
「(2) 氏名の変更，教会または宗教団体への加入およびそれらからの脱会，他者への監護の委託，国籍の取得またはその放棄，予定よりも早い徒弟契約，職業教育契約または雇用契約の解約，および非嫡出子の父子関係の認知に関係する両親の一方の代理行為および同意は，その法的有効性にもう一方の監護を委託されている両親の同意を必要とする。意思表示および配達物の受領については，この限りではない。」

19) ErlRV 1420 BlgNR 22. GP, 14.
20) Barth/Dokalik, a. a. O. 12, S. 147 FN 671.
21) ErlRV 1420 BlgNR 22. GP, 14.

権の保護を目的とする事務に広汎に関係している。ここから，身上監護に関する事務内容を決定するには，一般民法典 16 条も考慮する必要があると考えられている[22]。同条は次のとおりである。

【一般民法典 16 条】
　　全ての人間は，生まれつき，理性によって理解できる権利を有し，そしてこのために一人の人間としてみなされる

同条は，個々人に人としての存在に伴う主観的権利を認めている。この権利を「人格権 (Persönlichkeitsrecht)」という[23]。この一般民法典 16 条は，1812 年 1 月 1 日から現在まで改正されることなく維持されている。16 条から想定される事務は，次のような権利に関する事務であると考えられている[24]。

・生命，健康および身体の完全性についての権利
・自由に関する権利
・名誉に関する権利
・性別の自己決定に関する権利
・尊厳死に関する権利
・氏名に関する権利
・自己の肖像権
・著作権
・自己の言葉に関する権利
・秘密領域の保持に関する権利
・データに関する権利
・遺伝子情報に関する自己決定権

一般民法典 16 条も考慮して代弁人の任務範囲を考えると，身上監護とは，本人の人格権の保護に関する事務処理であり[25]，この事務には，医療に関する事務の決定，居処決定，死亡が理由で生じる法律行為，データ保護，本人の

---

22) Barth/Dokalik, a. a. O. 12, S. 148.
23) Posch, in: Schwimann (Hrsg.), ABGB Praxis Kommentar (2005, 3. Aufl.) Band1, §16 Rz 12.
24) Barth/Ganner, a. a. O. 12, S. 148.
25) Barth/Dokalik, a. a. O. 12, S. 149.

肖像権，氏名の使用および氏名の変更，著作に関する個人的裁量，国籍の変更，教会または宗教団体への入会または脱会，および選挙権の行使などが含まれると考えられている。[26]

(4) 家族法に関する身上の事務

2006年改正の立法資料は，婚姻および認知についても言及している[27]。このような家族法に関する事務も本人の人格権と関係すると考えられており（一般民法典15条参照[28]），代弁人の任務範囲に含まれる[29]。もっとも，本人の一身専属権に関係する事務は除かれる[30]。

認知および婚姻に関しては明確な規定が存在するため，代弁人の同意に対する裁判所の許可は必要とならない。まず，認知に関しては，本人が認識能力および判断能力を有しない場合には，その法定代理人が同意する場合に限り，本人は有効に認知できる（一般民法典141条[31]）。次に，婚姻に関しては，本人が行為能力を制限されている場合には，婚姻するためには法定代理人の同意が必要となる（婚姻法3条[32]）。

---

26) Barth/Dokalik, a. a. O. 12, S. 149.
27) ErlRV 1420 BlgNR 22. GP, 14.
28) 一般民法典15条
「人の権利（Personenrechte）は，一部は，個人的特性および状況に関係し，一部は，家族関係に基づいている。」
29) Barth/Dokalik, a. a. O. 12, S. 149.
30) ErlRV 1420 BlgNR 22. GP, 13.
31) 一般民法典141条
「(1) 認識能力および判断能力を有しない者は，その者が自己の権利を有することができない場合に，その者の法定代理人が同意する場合に限り，その者の出自に関する事務において，法的に有効に行動することができる。このようなケースにおいて，法定代理人が行動する場合には，法定代理人は，認識能力および判断能力を有しない者の同意を必要とする。疑わしい場合には，認識能力および判断能力の存在は，思慮分別のある未成年者の場合と〔同等であると〕推定される。
(2) 法定代理人は，被代理人の福祉のために行動しなければならない。出自に関する事務の代理行為は，裁判所の許可を必要としない。」
32) 婚姻法3条
「(1) 未成年か，他の理由から行為能力が制限されている者は，婚姻についてその法定代理人の同意を必要とする。
(2) さらに，この者は，その監護および教育について権限を有する者の同意を必要とする。
(3) 1項および2項に基づいて必要な同意が拒否される場合に，裁判所は，その拒否の正当な理由が存在しない場合には，その同意を必要とする婚約者の申請により，同意を代替して行うことができる。」

これに対し日本では，成年被後見人が婚姻するためにその成年後見人の同意は必要とならない（日本民法738条）。また，認知に関しても，成年被後見人が認知する場合に成年後見人の同意は必要とされない（日本民法780条）。

第3項　身上監護に関する判例

1　見守り的身上監護の排除が問題となった判例

身上監護の内容および制度内における位置づけは，代弁人制度成立時から明確に定まっていたわけではなく，身上監護に関する問題は，判例で解決されることも多かった。ここでは，代弁人制度創設後，判例が身上監護をどのように扱ってきたのかを検討する。このことによって，代弁人制度における身上監護の性格がより明確になると考える。

(1)　最高裁1986年12月4日判決——判例①[33]

本件においては，代弁人の任務範囲から見守り的身上監護を除外することができるかという点が争点となった。つまり，代弁人に法定に生じる身上監護義務（現在では努力義務）を裁判所の判断で排除することができるかが争われたのである。このような訴訟が起きたのは，本人が代弁人を無視し続けたことが原因であった。

【事案の概要】

代弁人であるDr. ハーバート・S（以下Sとする）は，エルフリーデ・M（以下Mとする）の代弁人であった。Mは，1945年1月13日生まれであり，精神病が原因で1983年6月23日に制限的に行為能力を剥奪され，一般民法典273条3項2号に基づき代弁人制度を利用していた。

1986年7月4日に，代弁人Sは，身上監護に関する任務からの解任を申請した。Sは，その理由としてMがすでに長い間，代弁人を拒否し，全てのコンタクトを拒否していることを挙げていた。Sだけなく，Mは，Sの前代弁人であるDr. イングリット・Sも完全に無視しており，さらに自分の行為能力が制限されていることを認めずに全ての援助を拒否し，1983年5月22日には，

---

[33] 8 Ob 674/86.

自ら行為能力剥奪宣告の取消しを申請していた。前代弁人Sの解任と同時に，本件の原告であるSが代弁人に任命された。その任務範囲は，一般民法典273条3項2号により，財産および収入の管理，住居問題の代理および役所におけるの代理であった。しかし，本人は代弁人を拒否したため，代弁人活動は意味のないものであった。

実際にMは，全ての手紙を開封しないままSに送り返し，代弁人制度に関する全てを無視していた。本人はザルツブルクにある自宅に住んでおり，立ち退きを要求されていたが，その実現は全く見通しが立たない状況であった。彼女の小遣い金を定期的に手渡しすることは不可能であったので，この金銭はSにより銀行口座に振り込まれていた。

本人がかたくなに無視するために，代弁人Sが彼女に対して援助を提供したり，医学的世話または社会福祉関係の必要な世話を確保することは不可能であった。このような理由から，代弁人Sは，身上監護義務から生じる責任を回避すべく，身上監護義務からの免除を申請した。

【第1審および控訴審】

第1審は，「このような困難な状況にもかかわらず，代弁人を身上監護に関する任務から解任することは不可能である」とした。その理由として，「身上監護は，一般民法典282条2文に従い，全ての代弁人にその被監護人の社会福祉的世話および医学的世話を確保する代弁人の義務である。この義務は，法律によってのみ課されるものであり，他の決定は必要ではない。このため身上監護に関する義務は，代弁人の概念に内在する要素の一部である」と述べた。

これに対し，控訴審は，代弁人の任務から身上監護を排除することは，「障害者が自分の身上については自ら監護することができるが，別の事務を受損の危険なしに自ら処理することができないケースでは考えられうる」として，代弁人の主張を認めた。これに対して，利益相反時の特別代理人が上告した。

【最高裁判旨】破棄自判

最高裁は，次のように述べて特別代理人の主張を認めた。

一般民法典282条2文によれば，代弁人は，裁判所が特段に定めない限り，

障害者に,必要な身上監護,特に医学的世話および社会福祉的世話も確保しなければならない。このため,代弁人の任務には財産管理だけではなく,身上監護も含まれる。ここで裁判所は,代弁人を監督することにとどまるのではなく,職権または申立てにより,身上監護に関して代弁人に指示を与えることができる。立法者は,一般民法典273条3項3号に基づいて全ての事務に代弁人を任命する際にのみ,代弁人が身上監護を確保するのではなく,全てのケースにおいて確保するよう意図している。一般民法典282条2文における身上監護は,個々のケースの具体的な必要性に合わせて行われるべきであり,例えば,一般民法典273条3項1号または2号において,個々の事情を鑑み,身上監護を〔代弁人の任務から〕ほとんど排除すること,または身上監護を完全に排除することは認められない。控訴審が述べているように,代弁人は,身上監護をケースごとの具体的な可能性の枠組みの中で行うことができ,そして障害者との関係によって,妨害され,挫折させられることもある。そのようなケースにおいては,裁判所は,代弁人がその義務に基づいて客観的に必要な身上監護を実施するに際し,必要な措置によって代弁人を援助しなければならないだろう。代弁人の任命の際に身上監護をその任務範囲から除外すること,または代弁人を身上監護の任務から免除することは,一般民法典282条の文言に反するだけでなく,その財産および身上を保障し,本人を不利益から保護するという代弁人制度の目的にも反する[34]。」

(2) 最高裁1998年7月14日判決[35]——判例②

本件は,本人が代弁人に対して暴力を振るったケースである。最高裁は,暴力を理由とする代弁人の解任は認められず,監護裁判所が身上監護について代弁人を援助しなければならないと判示した。

---

[34] 日本においても,民法858条を特約等によって排除することは,いずれの理由によっても認めるべきではないと主張されている。その理由として,成年後見人が家庭裁判所によって任命されており,かつ職務が利用者の財産のみならず,その生命および身体にまで影響を及ぼす重大な内容を有することが挙げられている(上山泰『専門職後見人と身上監護(第2版)』(民事法研究会,2010年)95頁)。

[35] 4 Ob 176/98f.

【事案の概要】

　本人は，妄想症状を伴う精神病に罹患していた。本人は十分な知能を有していたが，自己の財産を管理することができず，役所で手続きを行うこともできない状態であった。このため，1993年10月に代弁人が任命された。1996年2月9日以降は，代弁人は，Mag. M（以下Mとする）であった。

　1996年12月17日に，本人は，代弁人制度利用の終了を申請した。これに対し，代弁人は，代弁人制度利用の終了に異議を唱えた。その後，本人は過去数ヶ月間にわたり，代弁人Mに対しても，このMが所属する代弁人協会に対しても，著しい脅迫を行った。また，この頃，代弁人協会の扉のカギが繰り返し壊され，ドア枠が繰り返しハンマーで殴られるという事態が生じており，この嫌疑が彼にかかっていた。1997年10月29日には，彼は力ずくで協会に侵入した。代弁人は，本人の攻撃的で敵対心のある態度により，その活動を行うことがもはや不可能になっていた。1997年11月4日に，代弁人協会は裁判所に対しMの推薦を取り消すことを伝え，Mも代弁人の解任を申請した。この解任を申請する理由として，代弁人は，本人の攻撃的な態度により代弁人の任務を続けることができず，近いうちに本人が自分または協会職員に対して身体的攻撃を加えるおそれがあることを挙げた。さらにMは，本ケースにおいて代弁人職を実施するのは，誰にとっても不可能であると主張した。

【第1審および控訴審】

　第1審は，本人および代弁人からの代弁人制度を終了する旨の申請ならびに代弁人の任務を解任する旨の申請を棄却した。鑑定人による本人の鑑定が行われた結果，本人の精神状態に変化はないものの，その危険性は増加していることが判明した。本人は薬による治療を行うと，自分の状況に十分に適応でき，意思疎通もでき，判断能力を得ることができていた。しかし本人は，退院すると常にその後の治療を拒否し，その結果自分の周囲を信用せず，その妄想に基づいて振舞っていた。このような状況を踏まえて，第1審および控訴審は，代弁人制度を終了する理由は存在しないと判断した。Mが上告。

【最高裁判旨】上告棄却

「総合すると，代弁人はその解任理由として，本人がその態度によって代弁人制度の実施を困難にし，または完全に不可能にしたことを主張した。しかし，解任のための代弁人自身の理由は主張されていない。つまり第1審によれば，本件の重大な〔解任〕理由は代弁人にあるのではなく，本人が第三者による財産管理を拒否し，代弁人を交代させても本人の攻撃性に何ら変化が見られないことにある。しかし，法律はこのような解任理由を規定していない。

本件において，最高裁は，代弁人としての義務を履行することが，ただならぬ努力によってのみ可能であるということを看過しているわけではない。しかし，権利擁護の意味において身上監護を必要に応じて確保することは，代弁人が断念すべきでない任務である。このため個々のケースにおいては，代弁人にどこまで負担をかけてよいかという問題になる。身上監護は，本人の態度に応じ，その都度具体的な可能性に基づいて実施される。つまり，代弁人はその任務を注意深く遂行する責任があるが，〔本ケースにおいては〕成功していない。一般民法282条における『必要な身上監護』は，その実施範囲を個々のケースの具体的な必要性に広汎に適合させることができ，監護裁判所は，適切な措置によって身上監護の実施の際に代弁人を援助するよう義務付けられている。(すでに実施されている) 協会に警備員を付けるだけでなく，代弁人にかかる個人的な負担を可能な限り抑えるために，協会職員による〔代弁人の〕交代も適切な措置とみなされる。協会代弁人制度は，雇用され，専門的に訓練を受け，国から補助金を得ている協会によって援助を受ける代弁人を，監護裁判所に提供することを目的としている。この目的のために，協会から推薦された代弁人は，困難ケースにおいて代弁人職を実施することを特別に義務付けられている。

(・・・) このため，前審が代弁人の解任を拒否したのは妥当である。」

2　代弁人の自由制限に関する権限を否定した判例

第1節　代弁人法における身上監護概念　*161*

現在，オーストリアでは，措置入院法，ホーム滞在法が自由制限に関する規定を置いている。もっとも，これらの法律の施行以前から，判例によって，代弁人に本人の自由を制限する権限は認められないとされてきた[36]。つまり，措置入院法およびホーム滞在法は，これらの判例を踏まえた法律となる。次からは，それらの判例を検討する。

(1) 最高裁 1992 年 5 月 22 日判決――判例③[37]

本件において最高裁は，代弁人に本人を強制収容させる権限はないと判示した。

【事案の概要】

　　1949年5月20日生まれのヴィルヘルム・Bは，1988年6月14日からニーダーエスタライヒの州立精神病院に入院し，治療を受けていた。代弁人の任命手続きにおいて，1989年4月21日に鑑定人は，本人に対して重度の精神障害による精神薄弱，歩行困難，落ち着きのなさ，意思疎通が不能といった鑑定結果を出した。1989年4月24日の決定により，第1審は，アンドレア・Hを全ての事務処理について代弁人に任命した。本人は，精神的障害を有しており，他者の援助なしに自己の事務処理をすることができなかった。1991年9月20日のニーダーエスタライヒ州立病院への収容手続きにおいて，本人は目が見えず，耳も聞こえない状態であることが判明した。本人には，自傷の危険が存在した。同日に，代弁人を任命した第1審において，治療のために身体の自由制限が必要であり，かつ許容されると述べられた。

　　代弁人は，この自由制限措置に対し不服申立をした。控訴審は前審の決定を取消し，複数の最高裁判決の間に強制収容に関して結論の不一致が見受けられるため，代弁人の上告を認めた。

---

36) 日本において，立法担当官は，身体拘束に関する成年後見人の権限について言及していないが，医療同意権と同様に考えると，成年後見人等に本人に対する身体拘束を実施する権利はないと考えられる。学説には，民法858条の解釈により，「身体拘束等の自由剥奪の措置に関する代行決定権」を成年後見人の一般的身上監護として認めるべきとする見解がある（上山・前掲注34・141頁）。
37) 7 Ob 555/92.

【判旨】上告棄却

　最高裁は上告棄却としたが、第1審は本人を精神病院へ収容することを命じ、または許可する権限を有しないという代弁人の主張を正当と判示した。

　「措置入院法3条1号[38]によれば、『施設』とは、精神病に罹患しており、そのために自己の生命または健康もしくは他者の生命および健康を深刻かつ重大な危険にさらす者のみの収容を許容する場所であるので、必要な身上監護であるとして一般民法典282条2項に基づき精神病に罹患していない障害者を、精神病院等の施設へ収容するよう命じるという法的可能性は存在しない。精神的障害者は、精神的障害ではなく精神病の症状を発症する場合にのみ、精神科または精神病院の施設に収容されうる。精神薄弱は、精神病ではない。」

(2) 最高裁1992年11月12日判決——判例④[39]

本ケースにおいて、代弁人法を根拠とする強制収容は認められず、措置入院法に基づいて行われなければならないと判示された。

【事実の概要】

　原告である本人は、1963年1月14日生まれである。彼は、子供の多い家庭に育ち、家族は、父親の慢性アルコール中毒に苦しんでいた。本人は、(心身障害児などのための) 特殊学校に通っていた。本人は脳障害の症状が出ていたため、13歳のときに病院で検査を受けた。学校を卒業すると、本人は州の少年施設に入り、3年間仕立て屋として訓練を受けた。その後、本人は18歳で就職したが、数ヶ月後にその職を辞めてしまった。離職後、本人は両親のもとで生活していた。19歳である犯罪を起こした後、彼はカリタスホームに入居し、そこで1年以上を過ごした。ここでは、彼に人格の改善が認められた。21歳のときに行われた鑑定では精神薄弱との認定を受け、本人の希望により、

---

38) 措置入院法3条
「精神科には、次の者のみの収容が許される。
1　心的病気に罹患しており、この関係で自己の生命もしくは健康または他者の生命もしくは健康を深刻に危険にさらすおそれがあり、
2　他の方法で、特に精神科の枠外で、医師によって十分に診察されえないか、または世話されえない者」
39) 6 Ob 601/92.

これまでの保護観察官が全ての事務を処理する代弁人として任命された。

1985年6月30日に，本人は医師の指示により精神病院に入院した。1986年7月28日に，本人は，外出時に7歳児に対して公序良俗に反する犯罪を犯した。

その後，本人は，代弁人の許可に基づき精神病院にとどまった。彼は開放病棟で世話されていたが，再犯の回避を理由として外出制限を受けていた。

1992年5月中頃に，代弁人は，本人を今後も精神病院に入院させる旨の申請を行った。この申請を受けた裁判官は，本人と接触するのが非常に難しいという印象を抱いていたものの，これまでの本人の強制収容が代弁人制度の枠内において許可されていたことから，将来的な収容も命じることができるという決定を出した。つまり，監護裁判所は，本人の精神病が存在しないのであれば措置入院法の意味における強制収容は許されないだろうが，本人が精神薄弱であれば，その精神病院への収容は「本人が存在するための唯一可能な形」であるために許すことができるとしたのである。

これに対し，本人は，患者代弁人の助言により不服申立てをした。控訴審は，本人に滞在場所の選択肢があること，および必要な治療が監護裁判所によって許可されることという条件つきで，第1審の判決を支持した。本人上告。

【判旨】破棄自判

最高裁は，次のように述べて，本人の主張を認めた。

「本人は，すでに何年も神経病院の入院患者として世話されている。この間，彼は自由制限措置も受けている。代弁人は，この自由制限を本人の福祉のために必要であるとみなしていた。第1審は，措置入院法に照らせば当該措置入院が許されないことを認識していたが，本質に反する決定を行っている。控訴審は表現を変更したけれども，第1審の決定そのものを変更していない。代弁人制度に関する裁判所の自由制限措置への許可は，措置入院法に基づく手続において，措置入院法が規定している要件に基づいて行われることが許される。」

(3) 最高裁 1994 年 5 月 30 日判決――判例⑤[40]

本事例においても，強制収容は，代弁人の身上監護として認められるのではなく，措置入院法に基づいて行われなければならないと判示されている。

【事案の概要】

　　代弁人は，1993 年 4 月 1 日の報告により，本人が州立の精神病院に収容されるのが 44 回目であることを明らかにした。診察した医師によれば，本人は自己の身体の世話をすることができず，糖尿病の治療のための薬を服容することができなかった。このため，本人は慢性病を理由に介護ホームへの入所が必要と判断され，代弁人は，ホーム入所に関する申請手続きを行った。申請の際に代弁人は，「本人が自宅にとどまる場合には，衛生的な事柄が処理できず，その結果悪臭が発生し近所から苦情が来る」，「収容の際には，本人は介護ホームの届出に自ら署名すべきことを忠告されるが，本人の自署ではなく代弁人の自署による場合にも，収容は実行されなければならない」と述べていた。

　　第 1 審は，当該代弁人 K の「収容所の指定および本人の意思に反する収容」に関する申請を許可した。代弁人は，本人が自宅で生活することは，もはや不可能である旨を申請書に記載していたため，第 1 審は，介護ホームへの収容を，医学的な見地からも本人の福祉という観点からも，避けられないとみなした。本人は控訴したが，控訴審は控訴棄却とした。これに対し，本人が上告した。

【判旨】上告認容

「第 1 審判決の文言は，措置入院法 2 条および 3 条の意味における『措置入院』が命じられたという結論を生じさせる。しかし，措置入院法の制定以降，閉鎖病棟における『収容』を，代弁人制度の手続内において，一般民法典 282 条 2 項を根拠に行うことは許されない。」

---

40) 1 Ob 561/94.
41) 措置入院法 2 条
　　「当該連邦法の規定は，人が閉鎖的空間に収容されるかその動きの自由を制限される精神医学に関する病院および部局（以下，精神科（psychiatrische Abteilung）とする）に適用される。」

3　判例の分析

判例①および②は，代弁人制度と代理制度との違いを明確に示しているといえる。代弁人職を引き受ける以上，代弁人は身上監護のみの免除を受けることはできない（判例①）。つまり，身上監護は代弁人制度の一部として，代弁人が必ず実施すべき本質的な任務なのである。また，判例②においては，本人が暴力をふるっても，最高裁は代弁人の解任を認めなかった。ここから，代弁人制度の目的が本人保護であることが強調されるとともに，困難ケースを引き受けるという代弁人協会の意義が明確にされた。

判例③，④および⑤は，代弁人による自由制限が認められないこと明確にした判例である。行為能力剥奪宣告令が強制収容手続きを規定していたことから，代弁人制度に移行しても，代弁人に本人に対する自由制限の権限があるかどうかが不明確であった。措置入院法（1991年施行）によって強制収容は同法に基づくことが明確にされるとともに，同法施行直後に出されたこれらの判例によって，代弁人が自由制限に関する権限を有しないことが決定的となった。これらの判決は，行為能力剥奪宣告令から代弁人制度への最終的な移行を示す意義を有するものと考えられる。

第4項　家族法に関係する事務[42]

裁判所は，家族法に関する事務も身上監護の任務として代弁人の任命の際に代弁人に委託することができる。しかし，一身専属上の権利に関係する事務は，代弁人の任務にはならないと考えられている。たとえば，代弁人は，本人の子供の世話および監護に関する権限を有しない（一般民法典158条2項参照）[43]。ここでは，家族法に関するどのような事務が代弁人の任務となるの

---

42) 日本では，家族法に関する法律行為は身上監護として論じられない傾向にある。オーストリアと異なり，家族法関係の法律行為について，日本民法が成年後見人等の同意を必要としない姿勢をとっているからと考えられる。関連文献として，身分行為と行為能力を論じている，升田純『高齢者を悩ませる法律問題』（判例時報社，1998年）171頁以下がある。
43) 一般民法典158条2項
「(2) 両親の一方が完全に行為能力を有しない限り，この者は，子の財産を管理し，子を代理する権利および義務を有しない。」

かについて述べる。

1 婚姻
(1) 行為無能力者の婚姻
　オーストリアにおいては，行為無能力者の婚姻は認められていないため（婚姻法2条[44]），代弁人が同意しても，本人は婚姻することができない。一方で制限行為能力者は，婚姻についてその法定代理人の同意を必要とする（同3条[45]）。つまり，代弁人の同意が得られれば，本人は婚姻することができる。もっとも，婚姻には，行為能力とは別に婚姻能力を有することが必要とされており，この能力を有しないと婚姻は認められない。婚姻能力として，具体的には婚姻するという持続的な希望，排他的で継続的なパートナーシップという夫婦の本質に対する理解，夫婦の公な性格に関する認識，戸籍上および教会における婚姻の差異を認識することなどが必要とされる[46]。オーストリアにおける被代弁人への婚姻制限は，日本のそれより厳格であり，障害者権利条約にも抵触するといわれている[47]。

　婚姻の時点で，婚姻能力を有する者に代弁人が付されている場合には，その婚姻は代弁人の同意を必要とする（婚姻法3条，102条2項[48]）。この同意に特定の方式は存在せず，代弁人は，その同意を戸籍課の職員に対して口頭で行うことができる。その後，この同意は文書に記録される。本人が代弁人の同意を得ずに婚姻し，これが後に明らかになった場合でも，代弁人は，事後に同意することができる[49]。

---

44) 婚姻法2条
　「行為無能力である者は，婚姻することができない。」
45) 前掲注32参照。
46) Müller/Prinz, Sachwalterschaft und Alternativen (2007), S. 100.
47) Schauer, Das UN-Übereinkommen über die Behindertenrechte und das österreichische Sachwalterrecht, iFamZ(2011), S. 266.
48) 婚姻法102条
　「(1) 行為無能力者とは，7歳未満の子および理性を用いることができない7歳以上の者と解される。
　(2) 制限行為能力者とは，7歳以上の未成年者および一般民法典268条により代弁人が任命されている者と解される。」
49) Müller/Prinz, a. a. O. 46, S. 100.

これに対し，代弁人が同意を拒否する場合には，裁判所は拒否の正当な理由が存在しなければ，その同意を代替することができる（同3条3項）。

(2) 婚姻の取消しに関する判例

本人がすでに婚姻した場合には，婚姻の無効は，無効の訴え（婚姻法22条[50]）によって主張されなければならない。代弁人は無効の訴えを提起できるが，提起は裁判所の許可を必要とする。[51]

配偶者の一方が，婚姻の当時，制限行為能力者であり，その法定代理人が婚姻について同意を与えなかった場合には，この婚姻は，取り消すことができる（同35条[52]）。この婚姻の取消しについて訴訟を提起する権利は代弁人にのみ認められるが，この訴訟提起は，次の最高裁判決により，監護裁判所の許可を必要とするとされた。訴えは，代弁人が婚姻を知った時点から1年以内に行われなければならない。代弁人は，家族法に関する事務処理の権限を有するが，このような事務処理は本人に与える影響が大きいことから，裁判所の許可が必要となる場合がある。次のケースにおいては，代弁人が本人の婚姻取消しを提起するには，裁判所の同意が必要となる旨が判示された。

---

50) 婚姻法22条
「(1) 婚姻締結当時において，夫婦の一方が行為無能力であったか，または意識のない状態にあったか，もしくは一時的に精神活動が害されている状態にあった場合には，婚姻は無効である。
(2) しかしながら，その夫婦の一方が，行為無能力からの回復，無意識からの回復，または精神活動の障害からの回復の後に，婚姻を続ける意思があると表明した場合には，婚姻は，初めから有効とみなされる。」
51) Müller/Prinz, a. a. O. 46, S. 101.
52) 婚姻法35条
「(1) 夫婦の一方が，婚姻締結当時または22条2項の場合における確認の時点において行為能力を制限されており，かつその法定代理人が婚姻についての同意または確認についての同意を与えなかった場合には，その者は，婚姻を取り消すことができる。この者が行為能力を制限されている限り，その法定代理人のみが婚姻を取り消すことができる。
(2) 法定代理人が婚姻を許可するか，またはその夫婦の一方が行為能力の制限を受けなくなった後に婚姻を続ける意思を表明した場合には，取り消すことはできない。
(3) 法定代理人が根拠ある理由なしに許可を拒否する場合には，『監護裁判所』は，夫婦の一方の申請により，この許可を代替して与えることができる。」

最高裁 2003 年 5 月 28 日判決——判例①[53]

【事案の概要】

アンドレアス・R（以下，R とする）には，1983 年から代弁人が任命されていた。1988 年 6 月以降は，代弁人は，本人の収入および財産管理ならびに役所においての代理を行っていた。R は，2001 年 6 月 30 日に被告と婚姻した。しかし，婚姻締結の時点において，R は，婚姻能力を有していなかったとされた。さらに，原告の代弁人は婚姻に同意しなかった。R は，婚姻締結時の行為無能力を理由に，代弁人に代理され，その婚姻の取消しを申し立てた。これに対し，被告である R の妻は，R が婚姻締結時に行為能力を有していたと主張した。このとき，原告，被告共に婚姻関係の継続を希望していた。

第 1 審は，R は婚姻締結時に婚姻法 102 条 1 項の意味における行為無能力ではなかったものの，代弁人が任命されており，その結果として，婚姻は婚姻法 35 条により婚姻締結のための代弁人の同意がなく取り消されるべきであると述べ，R と被告との婚姻を取り消した。

控訴審は，第 1 審の判決を支持した。R の妻が上告。

【判旨】破棄差戻し

「代弁人の訴訟遂行は，監護裁判所の許可を必要とする（一般民法典 154 条〔現 167 条〕3 項と関連して 282 条）。しかし，代弁人の訴訟遂行に対し監護裁判所が許可を与えた決定は，書類によれば，本人には送達されていなかった。本人には，その利益を保持するために，決定に対する異議申立が認められる。本人が自らの考えを言葉で表現することができない状態であれば，場合によっては，利益相反ケースとして，特別代理人が任命されなければならないだろう。」

2 離婚

婚姻においては代弁人の同意が必要とされていたが，離婚の合意は，代理に親しまないとされ，代弁人によっても監護裁判所によっても行使されえない一身専属上の権利であると考えられている[54]。離婚に関しても，次のような

---

53) 7 Ob 94/03d.
54) Müller/Prinz, a. a. O. 46, S. 101.

（1）最高裁1996年3月26日判決——判例②

本判決は，離婚の合意を一身専属権であると判示した。

【事案の概要】

1994年6月3日に，本人の夫は婚姻法49条に基づき離婚訴訟を提起した。本人には，一般民法典273条における代弁人の任命が必要となる要件が存在する兆候があったので，本離婚訴訟手続きは民事訴訟法6条aに基づき中止された。1994年6月14日の決定により，離婚手続きの代理のために，現在の代弁人が暫定的代弁人として任命された。この6月14日の協議の中で，本人は，離婚を望むけれども，協議離婚は自分に不利になることを危惧していた。その後，1995年1月16日に弁護士であるヨハネス・R（以下，Rとする）が一般民法典273条に基づき本人の代弁人に任命され，一般民法典273条3項3号に基づき全ての事務処理を委託された。

1995年6月21日の決定により，代弁人は婚姻法55条aに基づき合意による離婚を行うために，離婚手続きの中で原告代理人と話し合い，財産に関する取り決めを行う権限を与えられた。

1995年8月30日に，原告と代弁人Rは，被告の名において婚姻法55条aに基づき合意による離婚申請を行った。裁判所は，民事訴訟法460条第10号によ

---

55) 1 Ob 518/96.
56) 婚姻法49条
「夫婦の一方が，深刻な婚姻上の義務に対する違反により，または恥知らずで良俗に反する態度によって，夫婦関係を，有責に，非常に深刻に破綻させたために，夫婦の本質に合致する生活共同体の修復が期待されえない場合には，夫婦は離婚をすることができる。深刻な夫婦関係の破綻は，とりわけ，配偶者の一方が夫婦関係を破綻させたか，他方の配偶者に対して身体的暴力または重大な精神的苦しみを与えた場合に存在する。自ら義務違反を犯した者は，その義務違反の方法により，とりわけもう一方の配偶者の義務違反との関連を理由に，夫婦の本質を正当に評価する際に，その離婚請求が自己の義務違反によって公序良俗上，正当化されない場合には，離婚を請求することができない。」
57) 婚姻法55条a第1項
「(1) 夫婦関係による生活共同体が少なくとも半年間にわたり存在せず，両者に夫婦関係の修復不可能な破綻が認められ，かつ両者の間に離婚に関する合意が存在する場合には，両者は離婚を共同で行うことができる。」
58) 民事訴訟法460条第10号（1999年12月31日失効）

り離婚訴訟に関する手続きを中止した。その後，両者の間で和解が成立したが，当該和解の有効性は，監護裁判所の許可にかかることとなった。

【第１審および控訴審】

　　第１審は，和解の許可を拒否した。この和解前には，本人は，和解にはもはや同意できず，代わりの住居が確保されるのなら，そこで初めて離婚したい旨を述べていた。第１審においては，この和解自体は本人の利益のためになると判断された。さらに，合意による離婚はその一身専属性が問題となるため，代弁人の同意だけでは離婚するには不十分であると判示された。原告控訴。

　　控訴審は，前審に取消差戻しをした。これに対して，代弁人が上告した。

【最高裁判旨】破棄自判

　　最高裁は次のように述べ，代弁人も監護裁判所も本人を代替して離婚の同意を行うことはできないと判示した。

　　「第１審は，合意による離婚申請を理由に，離婚訴訟に関する手続きを中止した。『合意による離婚手続き』の枠組みにおいて，夫婦（本ケースにおける本人は代弁人によって）は婚姻法55条2項[59]における和解を締結する。この和解によって，生活費およびその他の財産法上の要求が定められる。この和解の有効性は，代弁人が合意による離婚を申請する権限を有しているかどうかに左右される。本人は，1995年6月14日にその発言の中で，離婚自体を望んではいるが，合意による離婚は，彼女自身にとっては有利ではないと述べて

「離婚の申請が婚姻法55条aに基づいてなされる場合には，離婚を理由とする係属中の法律上の争いは，中止される。離婚申請が認められる場合には，離婚の訴えは，離婚決定の既判力が生じ，取り下げたとみなされる。訴訟費用は，両当事者によって負担されなければならない。離婚申請が取り下げられるか，既判力を伴って棄却される場合には，中止されていた離婚手続きは，申請により再び開始される。」

59）婚姻法55条2項

「(2) 離婚請求を行う配偶者が，〔夫婦関係の〕破綻について１人でまたは広汎に有責であり，かつ原告である配偶者にとっての離婚請求の棄却よりも，被告である配偶者にとっての離婚がより困難であろう場合にも，被告である配偶者の請求により，離婚請求は認められない。これらの考慮の際には，ケースの全ての事情を，特に夫婦生活の期間，子の福祉および家庭的共同生活が途絶えていた期間についても考慮しなければならない。」

いた。しかしその後，本人は，別の住居が確保されて初めて離婚を望むと主張し，1995年9月5日に当該離婚申請を一方的に取り下げている。彼女は和解に合意せず，現時点では離婚する意思はなく，合意による離婚に関する申請の取下げを要求したのである。(・・・)

　当該事例において，代弁人は，一般民法典273条3項3号に基づき全ての事務処理を委託されている。制限行為能力者は，婚姻法3条1項により，婚姻する際に代理人の同意が必要となる。制限行為能力者とは，一般民法典273条により代弁人を任命されている者であり，その結果，離婚訴訟の提起には少なくとも代弁人の同意が必要となるであろう。精神的障害者は，代弁人がその代理のために任命される範囲において訴訟能力が制限される。これは，婚姻に関する手続きについても同様である。しかし，婚姻法55条1項による離婚の同意表明は，一身専属上の権利の行使であり，この行使のためには，婚姻当事者の認識能力および判断能力が必要となる。認識能力および判断能力が存在しないか，または婚姻当事者が同意を拒否する場合には，代弁人も監護裁判所もこの同意を代替して行うことはできない。(・・・) 当該合意は，夫婦双方の認識能力および判断能力を前提とする。このため離婚合意は，一身専属上の権利であるとみなされており，代理になじまないため，代弁人も監護裁判所も行使し得ない。」

(2) 最高裁2005年5月10日判決[61]――判例③

　本判決においては，離婚訴訟において代弁人が本人を代理することが肯定された。

【事案の概要】
　ハネローレ・S（以下Sとする）は，2004年5月19日の事故で重傷を負い，昏睡状態に陥っており，他者とコミュニケーションがとれない状態であった。監護裁判所は，一般民法典273条3項3号に基づき，2004年11月24日の決

---

60) 婚姻法55条1項
　　「(1) 夫婦の家庭的共同生活が3年間途絶えている場合には，夫婦のいずれもが夫婦関係の深刻で回復不可能な破綻を理由に，離婚を請求することができる。裁判所が夫婦の本質に適した生活共同体の修復が期待しうると確信する場合には，離婚請求は許されない。」
61) 5 Ob 94/05t.

定により，全ての事務処理のためにSに代弁人を任命した。

代弁人は，2005年1月18日に婚姻法55条による離婚の訴えの許可を監護裁判所に申請した。離婚理由は，Sが1982年以降夫と別居しており，事故以前から，合意に基づいた離婚を行う意思があったというものであった。もし婚姻が継続すれば，夫にはSの相続権が認められる状況であった。

【第1審および控訴審】

第1審は，代弁人による離婚の訴えに許可を与えなかった。その理由として，第1審は，本人が自ら離婚願望を表明できないということおよび，最高裁が別の事案において（最高裁1996年3月28日判決（1 Ob 518/96）），「合意による離婚の同意は，代理に親しまず，このために代弁人によっても監護裁判所によっても行使されえない一身専属上の権利である」と判示したことを挙げた。つまり第1審は，合意による離婚同意と同様に，婚姻法55条に基づく離婚の訴えの提起も代理に親しまないとみなしたのである。控訴審は，前審の見解を支持した。代弁人が上告。

【最高裁判旨】破棄差戻し

最高裁は，次のように述べ，離婚訴訟に関する代弁人の代理権を肯定し，第1審への破棄差戻しをした。

「婚姻法55条a第1項に基づく同意の表明は，一身専属上の権利の行使であり，この離婚の同意を表明するためには，認識能力および判断能力が必要である。認識能力を欠いていたり，夫婦の一方が同意を拒否する場合には，代弁人も裁判所も，この同意を代替して行うことは許されない。（・・・）

これに対し，同意は離婚訴訟を提起するための要件ではなく，本人による離婚訴訟の提起に意味があるかどうかは，監護裁判所の許可手続きにおいて調査されうる。そして，離婚願望の正当性は，争訟手続きの中で判断される。このため，合意による離婚とは対照的に，離婚の訴えには，当事者の個人的な権利の行使が絶対的に必要であるとして，行為無能力となった者が離婚できなくなるような，一身専属的でかつ内容的に調査されるべき意思形成は要求されていない。（・・・）もっとも，代弁人による離婚訴訟の提起が認められるとしても，離婚の訴えは監護裁判所の許可を必要とする。」

3　親子関係

（1）認知

代弁人が任命されているが，認識能力および判断能力を有しているとみなされる者は，一般民法典141条に基づいて代弁人が同意する限り，出生に関する事務を自ら行うことができる。この出生に関する事務とは，例えば一般民法典145条1項[62]の認知である。この代弁人の同意は，代弁人がどのような任務範囲について任命されているかに関係なく必要となる。なお，この同意に対する裁判所の許可は，必要とされていない（一般民法典141条2項）[63]。

母親に代弁人が任命されている場合でも，父子関係の認知（一般民法典146条1項）[64]に対する母親の異議および子の父であることの承認（一般民法典147条2項）[65]に関しては，代弁人の同意は不要である。つまり，母親だけが異議および承認をすることができる。

（2）監護（Obsorge）

監護とは，法律によれば，未成年者の世話，教育，財産管理および法定代理である（一般民法典158条）[66]。以前は，監護は嫡出子と非嫡出子に分かれて規定されていた。しかし，2013年の親子法改正法によって，「非嫡出子」とい

---

[62]　一般民法典145条1項
「(1)　父子関係は，国内の公的証書または公的と認定されている証書における個人的な意思表示によって認知される。認知は，証書またはその公的と承認された謄写が戸籍課に到達する限り，その意思表示の時点から有効になる。」
[63]　前掲注31。
[64]　一般民法典146条1項
「(1)　子および母は，認識能力および判断能力を有して生存する限り，認知に対してその法的有効性を知ったときから2年以内に，裁判所に異議を申し立てることができる。」
[65]　一般民法典147条2項
「(2)　子の出生が他の男性によって確定された時点においてなされた父子関係の認知は，子が公的証書または公的と承認された証書において認知を認めた場合には，法的に有効である。子が自ら権限を有することができない場合には，認知は，認識能力および判断能力を有する母親が自ら認知者を前述した形式において父親とみなす場合にのみ，法的に有効となる。意思表示および認知の同意について，そしてもし必要であれば認知者を父とみなすことについて作成された証書またはその公的に承認される謄写が戸籍課に到達した場合には，認知は，その意思表示の時点から有効になる。」
[66]　一般民法典158条

う概念が排除されたため，誰が子の監護を行うかという問題に関しては，基本的に一般民法典177条から185条にまとめて規定されることとなった[67]。新規定によれば，出生の時点で両親が婚姻していれば，監護は両親の双方に委託され（一般民法典177条1項），婚姻していなければ母親に委託される（同条2項）[68]。

代弁人が任命されたからといって，代弁人に本人の子の財産管理と代理について権限が与えられるわけではない[69]。しかし，両親の一方が，完全な行為能力を有しなければ，この者は，法律に基づきその未成年者を代理することもできず，財産管理を行うこともできなくなる（一般民法典158条2項）[70]。そこで両親の一方および両親の双方に代弁人が任命される場合には，誰が未成年者を代理するのかが問題となる。今まで両親の一方が1人で監護を行っており，その者に代弁人が任命される場合には，裁判所がもう一方の両親，祖父母，または養父母に，全面的にまたは部分的に監護を委託するかどうかを判断する[71]。両親の双方に代弁人が任命されている場合には，裁判所は，祖父母または養父母に監護を認めるかどうかを判断する[72]。

「(1) 未成年の子の監護を委託された者は，未成年の子を世話し，教育し，その財産を管理し，子を当該事務および全ての事務において代理しなければならない。監護，教育および財産管理は，この領域の法定代理も包括する。
(2) 両親の一方が完全に行為能力を有していない限り，その者は，子の財産を管理し，子を代理する権利および義務を有しない。」

67) Barth/Jelinek, in: Barth/Deixler-Hüber/Jelinek（Hrsg.），Handbuch des neuen Kindschafts- und Namenrechts, (2013), S. 111.
68) 一般民法典177条1項および2項
「(1) 子の出生の時点において，両親が婚姻している場合には，監護は両親の双方に委託される。子の出生後に婚姻した場合には，婚姻の時点から同様である。
(2) 子の出生の時点において，両親が婚姻していなければ，監護は母親に委託される。しかし，監護がこれまでに裁判所によって定まっていない限り，両親は，個人的に戸籍課に2人して出頭し，法的効果について教示されたのちに，監護は2人双方に委託されると一度定めることができる。両親の双方が個人的に戸籍課において合意する旨の宣言を行うとすぐに，この定めは有効になる。有効になってから8週間以内において，両親の一方は，理由なしに，戸籍課に対して当該定めを撤回することができる。これ以前に行った代理行為は，当該撤回によって影響を受けない。」
69) Hopf/Weitzenböck, Schwerpunkte des Kindschaftsänderungsgesetzes 2001, ÖJZ (2001), S. 536.
70) 前掲注43。
71) Müller/Prinz, a. a. O. 46, S. 102.
72) Müller/Prinz, a. a. O. 46, S. 103.

(3) 養子縁組

　養子縁組の同意は，一身専属的法律行為である。本人に代弁人が任命される場合においても，養子縁組の同意を代弁人に委託することはできない。また，そもそも子を引き受けることは，「自ら権利を有することができる者」のみが許されているので（一般民法典 191 条 1 項[73]），代弁人が任命された者は，自ら養子縁組をすることはできないとする最高裁判決がある。

最高裁 2002 年 1 月 30 日判決[74]——判例④

　本判決においては，代弁人は本人のために養子縁組契約を締結する権限を有しないと判示された。

【事案の概要】

　　Dr. エヴァ・マリア・B（以下 B とする）は，2000 年 1 月 14 日に地区裁判所から認知症である本人の代弁人として任命された。代弁人制度の利用は，本人が死亡した 2001 年 6 月 2 日まで続けられた。最終的に，2000 年 12 月 10 日に Dr. スザンヌ・S（以下 S とする）が B の代わりに代弁人として任命された。

　　2001 年 4 月 12 日にヘルタ・P（以下 P とする）は，P と本人の養子縁組契約について監護裁判所の同意を申請した。この養子縁組契約は，P と代弁人 B との間で 2000 年 5 月 15 日に締結されており，P が本人の養子になるという内容であった。P は，裁判所に公証行為によって作成された養子縁組契約書を提出した。

【第 1 審および控訴審】

　　第 1 審は，P には代弁人制度手続きに関する申請資格がないとして，この申請を退けた。その後，代弁人 S は，当該養子縁組契約が法的に有効に成立していないとして P の申請に異議を唱えた。

　　控訴審は，前審の判断を支持し，P の主張を認めなかった。この際，控訴

---

[73] 一般民法典 191 条 1 項
　「(1) 自己の権限を有する者は，子を養子にすることができる。養子制度は，養子縁組に基づく。」
[74] 7 Ob 328/01p.

審は，養子縁組は，書面による養子縁組契約の締結および裁判所による同意によって有効になるとの見解を示した。しかし，本件においては代弁人が養子縁組契約の締結を代理して行っていたが，代弁人の権限が何に基づいているのかは明らかでなく，当該代理権は存在しないと判断された。したがって控訴審は，代弁人Bによって締結された契約は，代理権が存在しないために成立していないと判示した。これに対してPが上告した。

【最高裁判旨】上告棄却

「養子縁組の成立には，2つの行為が必要である。ひとつは養親と養子との間で行われる書面による契約の締結（一般民法典886条[75]）であり，もうひとつは養子縁組に対する裁判所の同意である。任意代理人による養子縁組契約の締結は，学説においては許されると考えられている。(・・・)

養子縁組手続きに関して権限を有している者には，養子となる者の法定代理人（非訟事件法257条[76]），同意権者（一般民法典181条）および聴取権者（一般民法典181条a[77]）以外に当事者も含まれる。このため，申請者は申請権限を

---

75) 一般民法典886条
「法律または当事者意思が書式を定めている契約は，当事者の署名によって成立する。また，もし当事者が署名について知識を有さないか，または障害のために署名が不可能である場合には，裁判所もしくは公証人によって承認されている当事者の手の合図を添えることによって，またはその1人が当事者の名前を署名する2人の証人の面前において，手の合図を添えることによって成立する。書面による契約の締結は，裁判所または公証人による証明によって代替される。機械的方法による自筆の模造は，法的取引において通常とされているところでのみ足りる。」
76) 一般民法典旧181条1項
「(1) 許可は，次に掲げる者が養子縁組に同意した場合にのみ与えることが許される。
1 未成年である養子の両親
2 養親の配偶者または『登録されたパートナー』
3 養子の配偶者または『登録されたパートナー』
4 満14歳以上の養子」
77) 一般民法典旧181条a第1項
「(1) 聴取権を有する者は次の者である。
1 すでにこの時点で養親のもとで生活している子を除いた，自己の権限を有することができない満5歳以上の養子
2 成年である養子の両親
3 養父母または養子が居住していたホームの責任者
4 青年福祉の担い手」
2013年の親子法改正により，181条および181条aは195条および196条となった。

有しない，という第1審の見解は妥当ではない。

これに対して，控訴審が，本人のために養子縁組契約を締結するという代弁人の代理権が原則的に存在しないと判示したのは，妥当である。つまり，一般民法典179条1項によれば，未婚の状態を誓っていない自己の権利を有する者だけが養子縁組を行うことができる。ここから，自己の権利を有することができない者は，養子縁組ができないということが結論として導かれる。『自己の権利を有することができる』とは，学説と判例によれば，完全な行為能力を有することである。何らかの事務について代弁人が一般民法典273条に基づき任命されている全ての者は，自己の権利を有しない者とみなされる。このため，一般民法典273条3項3号により全ての事務処理について本人に代弁人が任命されていても，養子縁組契約の締結は，代弁人にその権限を与えられる事務にはならない。このため，代弁人は養子縁組契約の締結に関する権限を有しないことから，代弁人Bと申請者Pの間で交わされた養子縁組契約の効力は否定され，申請者Pの不服申立ては認められない。」

4　遺言の作成

1984年一般民法典273条に基づき，2005年1月1日より前に代弁人を任命された者は，裁判所において，または公証人の面前で，口頭によってのみ遺言をすることが許されていた[78]。

2004年の家族法および相続法改正法により，2005年1月1日から，被代弁人は，遺言を1人で作成できようになった。しかし監護裁判所は，代弁人を任命する決定において，遺言は裁判所において，または公証人の面前で口頭によってのみ作成されると定める可能性を有している（一般民法典568条[79]）。

遺言の作成が裁判所において行われる場合には，裁判官は，遺言の作成が

---

78) Barth/Ganner, a. a. O. 12, S. 263.
79) 一般民法典568条
「一般民法典273条により代弁人を任命された者は，これを裁判所によって命じられた限り，口頭によってのみ，裁判所において，または公証人の面前で遺言をすることができる。597条のケースについては，この限りではない。裁判所は，適切な調査によって，遺言者の意思表示が，自由かつ熟考の上で行われたことに納得するよう努めなければならない。意思表示は，調書に記載されなければならず，調査から明らかになった事項が付記されなければならない。」

熟考の末に行われたと納得しなければならない。裁判官は，本人の遺言能力に疑義を抱けば，その旨記録しなければならないが，遺言の受領そのものを拒否することはできない[80]。

5　家族法に関する判例の分析

前述したとおり，代弁人は家族法に関する事務処理をその任務として実施する。家族法に関する事務は，一身専属性を有し，本人に重大な影響を与えることから，裁判所の許可が必要となる場合もある。しかし，法は詳細な規定を置いていない。そこで，具体的な事務については，判例によって許可の有無が判断されてきた。

まず，離婚の合意は一身専属性を有するとして，代弁人および裁判所は代替して同意することができない（判例②）。婚姻取消しおよび離婚訴訟は，代弁人が代替して同意することができるが，裁判所の許可を必要とする（判例①および③）。オーストリアでは，本人の身上に関する重大な事務に裁判所の許可が義務付けられていることから，どの事務に裁判所の許可が必要となるかを示す最高裁の判断は重要な意義を有する。判例④は，代弁人の養子縁組契約を否定しているが，本人に養子縁組をする要件が備わっていないため，妥当な結論であろう。

第5項　身上監護を任務とする代弁人の任命に関する議論

ここまで，オーストリアにおける身上監護とは何かという側面から考察してきた。次に，代弁人の任命時に，裁判所が身上監護の事務を代弁人にどのように委託するのかを考察する。

オーストリアにおいては，代弁人の任命の際に委託する事務を明確に定めることができるため，身上監護のみを任務として代弁人を任命することが可能である。実際に，身上監護についてのみ，代弁人を任命するということが

---

80) Aufner, Das gerichtliche Testament einer unter Sachwalterschaft stehenden Person – ein alter Bekannter der Amtshaftung, iFamZ (2007) S. 92ff; Müller/Prinz, a. a. O. 46, S. 104.

制度成立時から判例によって認められてきた。しかし同時に，任命時に，「身上監護，とりわけ，必要な医学的世話および社会福祉的世話を本人のために確保するよう努力すること」（旧282条の文言）とだけ示して身上監護を委託する決定が出されることもあり，その任務内容の曖昧さが問題となっていた。この表現では，代弁人に委託する事務が不明確であるばかりか，事実行為も含むととらえられる可能性があったからである。

　この点において，次に述べるフェルトキルヒ州裁判所2006年1月3日判決およびクラーゲンフルト州裁判所2005年12月1日判決は，このような漠然とした表現で代弁人に任務を委託することを認める判決を出した。しかし，クラーゲンフルト州裁判所のケースが上告され，最高裁は，事実行為が代弁人の任務範囲となることを明確に否定し，代弁人に委託できるのは，法律行為に関する身上監護に限られると明言した。

1　判例
(1)　フェルトキルヒ州裁判所2006年1月3日判決——判例①[81]

　本判決においては，代弁人に「身上監護の確保，とりわけ医学的世話の手配・準備」という表現で身上監護を委託することが肯定された。

【事案の概要】

　　第1審は，一般民法典273条に基づきE. M. を代弁人に任命し，その際，代弁人の任務を「身上監護の保障，とりわけ医学的世話の手配・準備」として代弁人に委託した。

　　代弁人はこれに対し不服申立てをし，代弁人制度利用手続きの中止を要請した。しかし，フェルトキルヒ州裁判所は次のように述べ，当該委託を肯定した。

【判旨】控訴棄却

　　「旧法と同様に，一般民法典282条2項の義務は，代弁人の任務範囲に関係なく，全ての代弁人に課せられる。つまり，個々の事務のために任命された

---

81) 3R 321/05m; iFamZ (2006), S. 20f.

代弁人にも，その任務範囲に身上監護が含まれていない代弁人にも課せられる。一般民法典282条2項の努力義務は，医学的世話および社会福祉的世話をその任務範囲に有しない代弁人に，この領域における代理権限を与えるものではない。代弁人の任務範囲が身上監護の権限を有しておらず，一般民法典282条に規定されている義務のみを有している限り，全ての代弁人は，その任務範囲に関係なく障害者に対して最小限度の身上監護を行わなければならない。

しかし，このことから身上監護自体が一般民法典273条の意味における事務として把握されず，このために裁判官が代弁人に身上監護のみを委託できないという結論は生じない。代弁人の任務範囲が身上監護を包括していない場合にのみ，前述の説明の意味において，努力義務が代弁人に課されることになるにすぎない。『事務』という概念が包括的な意味において理解されるべきことは，そしてその概念には単に法律行為だけでなく，障害者の身上監護も含まれているということは，判例において，今まで何度も説明されている。」

(2) クラーゲンフルト州裁判所2005年12月1日判決──判例②[82]

本件においても，代弁人に身上監護に関する事務を委託する際に，裁判官は「身上監護，とりわけ，必要な医学的世話および社会福祉的世話を本人のために確保するよう努力すること」という表現のみで委託することができるかどうかが問題となった。クラーゲンフルト州裁判所はこれを肯定したが，最高裁は否定した。以下，事案の概要を述べる。

【事案の概要】

本人は，父親と落ち着いた住居環境で共に生活していた。父親は，14時まで働き，その後は娘である本人の世話をしていた。父親は，時間があれば娘と一緒に買い物，ハイキングそして散歩に行っていた。父親は，娘に必要な役所関係の事務を全て処理していた。彼女は，家族扶助という社会給付を受けていたが，それを自由に使うことはできなかった。本人には，知的障害などの症状が見受けられた。

2005年3月10日に，本人は，自殺を命じる声が聞こえるとして，2ヶ月間

---

82) 4 R 425/05z; iFamZ (2006), S. 21.

施設に収容された。ここでは，本人は有益な治療が受けられると考えられた。しかし，本人が当該治療方法を拒否したので，状況は困難なものになっていった。

　第1審は，一般民法典273条3項1号（個々の事務）によりメラニー・Rを代弁人に任命した。その任命内容は，「身上監護，とりわけ必要な医学的世話および社会福祉的世話を本人のために確保するよう努力すること」とのみ表現されていた。本件においては，代弁人の任命は，もっぱら一般民法典282条2項による身上監護を確保するためだけに必要であると考えられた。本人の父親は，本人を十分に勇気付けることはできないので，代弁人の任命は，補充性の原則を満たし有効であると判断された。任命された代弁人は，その任務範囲について不服申立てをした。この控訴審の判決が出される時点まで，①身上監護は，それだけで代弁人の任務となることができるのか，②身上監護を委託する際には，詳細な事務内容の確定が必要かという疑問に対応する最高裁判決は存在しなかった。

【判旨】控訴棄却

　「代弁人の主張の2つ目の論拠に，2001年の親子法改正後，法は，必要な医学的世話および社会福祉的世話の確保に関する代弁人の努力義務を明確に規定しているにすぎない（一般民法典282条2項）ということが挙げられていた。身上監護は，これが代弁人の任命の際に，明確に表現される場合にのみ，および表現される限りにおいて代弁人の任務となる。したがって，代弁人によって主張された，『身上監護のみの任命は，許されるべきではない』ということは，法律からは導かれえない。」代弁人が上告。

（3）最高裁 2006 年 3 月 21 日判決──判例③[83]

　本最高裁判決は，前述のクラーゲンフルト州裁判所判決の上告審である。最高裁は次のように述べ，代弁人の任務として「身上監護，とりわけ必要な医学的世話および社会福祉的世話を本人のために確保するよう努力すること」とだけ示して身上監護を代弁人に委託することを否定した。これとともに，最高裁は，代弁人の任務に事実行為は含まれないと明言した。

---
83) 5 Ob 54/06m.

【判旨】破棄差戻し

「〔代弁人の〕主張は，認められる。

一般民法典282条は，その2001年の親子法改正法前の条文において，裁判所が特段の定めをしない限り，必要な身上監護，とりわけ医学的世話および社会福祉的世話を確保することを代弁人に義務付けていた。ここから，代弁人の任務に身上監護の確保が包括されていることは明らかであった。

『身上監護』という概念は，以下のように区分される。

1 介護，薬の世話といった医学的世話および社会福祉的世話に関する事実的措置
2 とりわけ，例えば治療契約の締結または医学的侵襲への同意といった，医学的世話および社会福祉的世話と関連する代理行為を行うこと

一般民法典273条3項の意味における事務が包括的な概念であるにもかかわらず，1の事実上の世話は，それ自体では代弁人の任命を正当化することができないのはもはや議論の余地はない。

『身上監護』という文言は，2001年の親子法改正法以降，一般民法典282条には規定されていない。同条2項は，本人と個人的なコンタクトをとること，および本人に必要な医学的世話および社会福祉的世話の確保に関する代弁人の努力義務を規定している。この『努力義務』は，一般民法典旧282条2項と異なり，世話を十分なものにするために努力することを意味しているにすぎない。そして，代弁人自身にはこのような領域について，法的に重要な権限，とりわけ代理権は認められない。新法においては，『身上監護』は，任命時に明確に表現された場合に，そして表現された限りにおいて，代弁人の任務となるに過ぎない。

非訟事件法123条1項2号[84]は，代弁人が処理しなければならない事務を明確にするよう要求している。代弁人が任務を遂行する際に生じうる疑念を排除するために，そして任務範囲を明確にすることによって本人の行為能力の限界を明確にするために，裁判所は任命時に，代弁人の任務範囲をできる限

---

84) 非訟事件法123条1項2号
「代弁人の任命の決定は，次のことを含んでいなければならない。
2 代弁人が処理すべき事務の範囲」

り正確に定める必要がある。このような関係において，代弁人は，その任務範囲の曖昧で不正確な設定に異議を申し立てた。つまり代弁人が，本人およびその父親と，社会福祉的世話および医学的世話との間を仲裁するだけなのか，または本人に施設の援助を要求するよう勧めるのか，それとも治療契約の締結，対話および治療のコーディネートという広範な権限を代弁人に認めるべきなのかが不明確であるとされていたのである。(・・・)

このような考察から，代弁人の任務範囲を明確にするという意味において，代弁人の主張は認められる。」

(4) 判例の分析

判例①で争われているのは，身上監護に関する特定の法律行為を明言せずに上述のような表現で代弁人に委託してよいかどうかである。しかし，判決は，身上監護のみを代弁人の任務としてよいかどうかという問題に取り違えているように見受けられる。さらに，身上監護に事実行為が含まれることを肯定しているようにも感じられる。したがって，判例①においては，本問題に対する答えは出ていない。

判例②においても，代弁人の任命の際に，その任務が「身上監護」であると明確に表現すれば，それは代弁人の具体的な任務になり，身上監護のみの委託は法に反しないと述べられた。しかし，問題は身上監護のみを委託できるかどうかではなく，身上監護を委託する際に具体的な事務の確定が必要かどうかである。ここでも，本問題は解決しないままであった。

判決③において，ようやく核心的な答えが出された。最高裁は「身上監護，とりわけ，必要な医学的世話および社会福祉的世話を本人のために確保するよう努力すること」とだけ示して代弁人を任命することを認めないとの考えを示したのである。その理由として，2001年の親子法改正法により，282条が定める身上監護が一般的な努力義務となったことを挙げている。身上監護は，本人に大きな影響を及ぼす事務も含むことから，その明確性を求める当該判決は，妥当であると考えられる。さらに，当該判決により，身上監護は事実行為を含まず，身上監護を代弁人に委託するには明確な事務内容の確定が必要になることが明らかにされた。これは従来の疑義を解明し，かつ日本

にも示唆を与える内容であり，ここにも，当該判決の意義が見出される。

2　学説
(1)　フター（Huter）の見解
フターは，フェルトキルヒ州裁判所の裁判官である(2007年時点)。フターは，その論文において，代弁人に「適切な医学的世話および社会福祉的世話を確保すること」という抽象的な表現によって身上監護を委託することに肯定的な見解を示した。フターは次のように述べている。

「身上監護は，（・・・）一般民法典273条の事務となることができ，代弁人は身上監護について努力しなければならない。この場合には，代弁人の独立した権限が問題となり，一般民法典282条の意味における努力義務はもはや問題にはならない。（・・・）実務の観点からすると，代弁人の身上監護任務は，既存の援助サービスの提供を準備・計画し，適切な医学的世話および社会福祉的世話を確保すること以外の何ものでもない。[85]」

この理由として，フターは次の2点を指摘している。第1点目として，フターは，代弁人法が一般民法典21条を具体化した法律であることを挙げている。21条は，自ら事務処理をなしえない者の法的保護を規定しているが，もし身上監護を代弁人の任務として委託できないのであれば，法は本人を十分に保護できず，結果として，代弁人法において21条が意味を持たなくなるというのである。

第2点目として，フターは2001年の親子法改正法以前の最高裁判決[86]が「代弁人の任命の際に，身上監護を完全かつ一般的にその任務から排除することは，一般民法典282条の条文の文言に反するだけではなく，それが財産に関するものであれ，身上に関するものであれ，不利益からの障害者を保護するという代弁人制度の目的にも矛盾する」と判示していることを挙げる。[87]

しかし，問題は，代弁人に身上監護任務を委託できるかどうかではない。裁判官が身上監護の具体的な事務を示すことなく，抽象的な表現で身上監護

---

85) Huter, Der Sachwalter und die Personensorge, iFamZ(2006), S. 207.
86) 8 Ob 674/86.
87) Huter, a. a. O. 85, S. 207.

を代弁人に委託できるかどうかである。このため，この理由は本問題には該当しない。さらに，当該最高裁判決において問題になっている282条の身上監護は，2001年の親子法改正以前の概念である。フェルトキルヒとクラーゲンフルトの両訴訟は，2005年と2006年に提起されており，すでに新282条の身上監護の概念が適用されている。新282条の身上監護の実施は努力義務にすぎない。ここから，身上監護は代弁人に具体的に委託されなければならないと考えられるようになった。このため，本問題に当該最高裁判決を根拠として出すのは論理的に合致しない。つまり，フターは代弁人に身上監護を委託できるかどうかを問題にしており，身上監護をどのように代弁人に委託すべきかについては触れていないのである。

(2) シャウアーの見解

シャウアーは，裁判所が代弁人に身上監護の任務自体を委託することを肯定し，最高裁の見解を支持した。その理由として，2001年の親子法改正法により，代弁人が一般民法典282条2項に規定されている身上監護を努力義務の範囲内で実施することが条文上明らかになったことによって，代弁人に対する具体的な身上監護任務の委託が必要になったことを挙げている[88]。したがって，例えば自宅介護の手配が努力義務を超える場合には，裁判所は，その任務範囲を明確にして代弁人に委託しなければならないのである[89]。そして，この事務は，法律行為に関するものでなければならない。シャウアーは，事実行為を代弁人に委託することを否定する見解をとっている[90]。

以上を前提として，シャウアーは次のように述べ，フェルトキルヒ地方裁判所およびクラーゲンフルト地方裁判所の両判決の問題性を指摘した。

「クラーゲンフルト判決においては，代弁人の任務範囲は，『身上監護について，とりわけ，本人に必要な医学的世話および社会福祉的世話を確保すること』と述べられたのみであり，これが何を指すのかが不明確である。身上監護が，必要な医学的世話および社会福祉的世話の確保にとどまるのであれ

---

88) Schauer, a. a. O. 4, S. 20.
89) Weizenböck, a. a. O. 8, §273 Rz 7.
90) Schauer, a. a. O. 4, S. 20.

ば，この任務範囲は，法律に反している。なぜなら，この場合には法律行為が欠けているために，一般民法典273条の意味における『事務』の問題にならないからである。（・・・）フェルトキルヒ地方裁判所の判決においても，裁判所の決定からは，例えば，治療契約締結または治療代諾権が代弁人に認められるかどうかが明らかでなかった。（・・・）

両判決は，代弁人に身上監護任務を特別に委託する場合には，問題が生じる可能性があることを示している。つまり，まず代弁人の任命時に，その身上監護に関する事務の内容がはっきりと定められない場合には，その任務範囲が不明確になるおそれがある。さらに，委託されている事務が事実行為による世話のみであり，法律行為と関連しない場合には，代弁人への委託可能性は否定されるべきである。[91]」

シャウアーは，一般民法典旧273条により代弁人に委託できる事務が法律行為に限られること，282条の身上監護が努力義務にとどまることを根拠に，代弁人に身上監護事務を委託する場合には，その事務内容が明確にされなければならないと主張した。これは，その根拠も含めて，前述の最高裁判決の見解と合致する。

第6項　小　括

1　要約

本節の考察から，身上監護は，次の3種類に分類されることが明らかとなった。第1に，代弁人にその事務が委託され，行使される事務，第2に，代弁人の任務に関係なく行使される家族法に関する事務，第3に，代弁人の任務範囲に関係なく生じる，本人と個人的に取るコンタクトである。しかし，法律は，身上監護の内容を詳細に規定していない。そこで，身上監護の内容をさらに明らかにしていくために，本節では判例を多数検討した。

判例を検討することによって，次のことが明らかとなった。まず，総論的観点からみると，身上監護は代弁人制度の中核的要素であり，代弁人である

---

91) Schauer, a. a. O. 4, S. 20.

以上，身上監護任務のみを免除されることは許されない。さらに，身上監護を代弁人の任務とする際には，その任務を具体的に明らかにしなければならず，かつ事実行為は代弁人の任務とはならない。各論的には，家族法に関する事務に関して判例が蓄積されている。代弁人は家族法に関する事務を行うが，明確な規定がないために，判例によって個別に，その行使の可否および裁判所の許可の要否が明らかにされてきた。

2 分析

本節の考察から，代弁人法施行当初 (1984 年) においては，身上監護概念が不明確であったことが明らかとなった。代弁人の任務に身上監護が含まれることだけは規定されていたが，どのような任務なのか，どのように委託されるのかは，条文制定後も長年議論されてきた。このような疑義は，その後の条文の改正および判例の蓄積によって徐々に解明され，身上監護概念が形成されていった。形成に大きく寄与したのは，2001 年の親子法改正法と考えられる。本改正によって，282 条が努力義務を示すのみであり，身上監護に関する事務の処理には，裁判所は具体的に代弁人に権限を付与すべきことが明らかにされた。これを受けて，身上監護に関する代弁人の権限を具体的に示すこと，さらに代弁人の任務には事実行為は含まれないことを判示する最高裁判決が出された。代弁人は，本人の人格権および家族法に関する事務も担う。このため，その権限を明確にしないと，権限濫用により本人への侵害も生じうる。[92] ここからも，身上監護概念の形成は，代弁人制度内において，非常に重要であったと考えられる。今では，身上監護概念は確立されているといってよいと思われるが，事実行為は代弁人の任務としないとする最高裁判決が出されたのが 2006 年であるから，その概念の形成には，長い時間が必要とされたといえる。

---

92) Barth/Ganner, a. a. O. 12, S. 150.

第2節　代弁人の医療同意権

　日本では，成年後見人等の医療同意権に関する法的根拠が存在しない。ドイツにおいては，手術・治療行為その他の医的侵襲に関する決定・同意に関する権限を世話人に与え，重要な決定・同意には裁判所の許可を得ることが義務付けられている（ドイツ民法典1904条）。日本でも，成年後見法成立時において同様の制度を設けるかどうかが議論された。しかし，法制審議会において，成年後見人等の医療同意権の立法化は時期尚早であるとして見送られた[93]。もっとも，実際に実務においては，治療時に，本人に判断能力がなければ，成年後見人が医師から同意を求められることが少なくない。

　オーストリアにおいては，2006年の代弁人法改正法において，代弁人の医療同意権が初めて民法典に規定された。代弁人法施行後5年後の調査において，代弁人の医療同意権を立法化する必要性が実務関係者から主張されていた。さらに，条文上規定されていなくても，判例において，代弁人の医療同意権が認められてきた。

　一方，日本では，成年後見人の医療同意権は，成年後見制度において最も議論が交わされているテーマの一つである。立法担当者は，成年後見制度改正時に成年後見人の医療同意権を否定した[94]。これを支持する学説は，この問題を事務管理として解決すべきとする[95]。これに対して，成年後見人の医療同意権を肯定する学説も存在する。肯定説の中には，民法858条の解釈から成年後見人等に医療同意権を認める説[96]，一定の制約を付して認める説[97]，肯定するが，成年後見制度の枠組みを超えた立法を必要とする説[98]など，多様な説が

---

[93]　小林昭彦＝大門匡（編著）『新成年後見制度の解説』（金融財政事情研究会，2000年）145頁。
[94]　小林＝大門・前掲注93・145頁。
[95]　道垣内弘人「成年後見人の権限－身上監護－」判例タイムズ1100号（2000年）239頁，水野紀子「医療における意思決定と家族の役割－精神障害者の保護制度を契機に，民法から考える－」法学74巻6号（2010年）227頁。
[96]　四宮和夫＝能美善久『民法総則（第8版）』（弘文堂，2010年）57頁。
[97]　上山泰「患者の同意に関する法的問題点」新井誠＝西山詮（編著）『成年後見と意思能力－法学と医学のインターフェース』（日本評論社，2002年）129頁，これを指示するものとして，新井誠（編）『成年後見と医療行為』（日本評論社，2007年）9頁（新井誠執筆部分）がある。

展開されている。

そこで本節においては，このような日本の状況に対して一定の示唆を得るべく，オーストリアにおいて代弁人の医療同意権がどのように規定されたのかを検討する。

第1項　医療同意権の法内容

1　本人が同意に対して認識能力および判断能力を有する場合

本人が治療に同意できるかどうかは，オーストリアでは，(1) 本人が医的治療に対して認識能力および判断能力を有する場合と，(2) 本人が医的治療に対して認識能力および判断能力を有しない場合に分けて考えられている。「治療」という概念は，刑法110条の治療概念に依拠して，医学的適応 (Indikation) に基づいて，医師により，または医師の命令により行われる治療，診断または予防に関する侵襲と解される。もっとも，医学的適応がないために治療ではないが，身体の完全性に対する侵襲となる，医師によって行われるかまたは命じられる医療措置も，代弁人の同意の対象となると考えられている。これには，例えば美容整形手術，移植および輸血などがある。これに対して，精神療法のような，医師以外の健康に関する職業従事者による療法的措置は，代弁人の同意が必要となる治療とはならない。

オーストリアでは，代弁人が任命されたからといって，本人の医療同意権

---

98) 岩志和一郎「医療同意と成年後見」田山輝明（編著）『成年後見－現状の課題と展望』（日本加除出版株式会社，2014年）76頁。
99) 上記以外にも，肯定説を唱えるものとして，床谷文雄「成年後見における身上配慮義務」民商法雑誌122巻4・5号（2000年）547頁，小賀野晶一「医療同意と身上監護」新井誠（編）『成年後見と医療行為』（日本評論社，2007年）154頁がある。
100) オーストリア刑法典110条
「(1) 医学の規制に従っていても，他人をその同意なしに治療する者は，6ヶ月の自由刑または360日までの日割罰金刑に処せられる。
(2) 行為者が治療を延期することにより，生命または健康が深刻な危険にさらされるという想定において，被治療者の同意を得なかった場合には，行為者は，推定した危険が生じておらず，かつ行為者が必要な注意（6条）を用いればこれを知ることができた場合に罰される。
(3) 行為者は，専断的に治療された者の請求によってのみ，訴追される。」
101) ErlRV 1420 BlgNR 22. GP, 19.
102) ErlRV 1420 BlgNR 22. GP, 19.
103) ErlRV 1420 BlgNR 22. GP, 19.

が法律によって自動的に制限されることはない。全ての事務について代弁人が任命されたとしても，本人が医療同意を行う認識能力及び判断能力を有すると個別に判断されれば，本人にのみ同意権が認められると同時に，他の者に同意権は一切認められない[104]。

一般民法典283条1項は，認識能力および判断能力を有する障害者は，常に自らによってのみ医的侵襲への同意を行うことができると規定している。一般民法典173条2項[105]と異なり，障害者が認識能力を有する場合には，医的侵襲が重大なものであったとしても，代弁人の同意が事後的に必要になることはない。このため，被代弁人に対して医的侵襲が行われる場合には，本人が必要な同意能力および判断能力を有しているかどうかが個別に調査されなければならない。つまり，心的病気または精神的障害が存在しても，それは本人が医療同意権が有しないことを意味しない[106]。

2006年代弁人法改正法の施行以前でも，判例は，親子法の条文である一般民法典旧146条c（現173条）を準用し，本人が認識能力および判断能力を有する限り，代弁人が任命されていても，本人は治療の同意または拒否を行うことができると判示していた[107]。

---

104) 日本においても，患者の状況および医療行為の内容に即して，同意能力の有無は個別具体的に判断される必要があるとする判例がある（札幌地判昭53年9月29日，判例時報914号85頁）。
105) 一般民法典173条
「(1) 認識能力および判断能力を有する子は，医的治療への同意を，自らによってのみ行うことができる。疑わしい場合には，分別のある未成年者には，認識能力および判断能力の存在が推定される。必要な認識能力および判断能力が存在しない場合には，監護および教育における法定代理を委託されている者の同意が必要となる。
(2) 通常，身体の完全性または人格の重大な侵害もしくは持続的な侵害を伴う治療に，認識能力および判断能力を有する未成年の子が同意する場合には，治療は，監護および教育における法定代理を委託されている者も同意する場合にのみ，行うことが許される。
(3) 治療が非常に急迫な必要性を有し，そのため，〔本人の〕同意または〔監護または教育を委託されている者〕同意を得ることによって生じる遅延が，子の生命を危険にさらすか，または健康の重大な損害を伴う場合には，認識能力および判断能力を有する子および監護および教育を委託されている者の同意は，必要とならない。」
2013年親子法改正法により，当該条文は146条cから173条へ移った。
106) Barth/Dokalik, a. a. O. 12, S. 179.
107) 51 R 84/06m; iFamZ (2007), S. 141. インスブルック州裁判所2006年9月26日判決は，次のよ

2　同意に関する認識能力および判断能力の有無が不明確な場合

本人が同意に関する認識能力および判断能力を有するかどうかが不明確な場合には，治療医（または医的侵襲が重大な場合に，一般民法典283条3項に基づき診断書を交付する医師）は，どのような基準で本人の同意能力の有無を判断するのかが問題になる。

この点，2001年の親子法改正法の立法者は，本人の同意に関する認識能力および判断能力を具体的なケースに応じて個別的に判断すべきことを明確にした[108]。判断する際には，本人側の事実（病気または障害の種類または重軽度）だけではなく，侵襲の重さ，その実施または中止と結び付けられるリスク，および生じうる事後の結果などが判断材料として考慮されなければならない。このため，本人が医的治療の具体的内容，その他の選択肢，およびリスクなどを考慮して治療を受けるメリットを理解できるか，そしてその理解に応じて自己をコントロールできるかといった点が問題になる。

親子法改正法の立法者は，ドイツの刑法学者であるアメルング（Amelung）が発展させた認識能力を確定させる方式を採用した。当該方式は，学説においても広汎な支持を受けている[109]。

アメルング方式に基づき，本人に同意能力を有すると判断するために，次の3要素が要求されると考えられている[110]。すなわち，①事実および因果の経過を認識するための能力，②評価する能力，および③認識に従った自己決定能力である。

①事実および因果の経過を認識するための能力

事実および因果の経過を認識するための能力とは，本人がその知的能力に基づいて，病気，問題となっている身体の部分および医的侵襲の方法に関する医師からの情報を理解できるか，侵襲の結果および生じうるリスク（失敗および後遺症）を理解できるかに関係する能力である[111]。

うに判示していた。「基本的に代弁人法において準用される一般民法典146条cの規定から，被代弁人も認識能力および判断能力を有する限り，本人のみが治療の同意または治療の拒否を表明することができるということが生じる。」

108) Barth/Dokalik, a. a. O. 12, S. 179.
109) Barth/Dokalik, a. a. O. 12, S. 180.
110) Amelung, Über die Einwilligungsfähigkeit (Teil1), ZStW (1992), S. 551ff.

自分が心的病気に罹患しているという自覚がない場合には，本人は，治療およびその治療の効果を理解する能力を有しない。本人が病気により治療の結果またはその中止の結果を理解できない場合にも，本人は当該能力を有しないと考えられている[112]。

②評価するための能力

評価するための能力とは，病気に関係する法益，つまり健康および生命の価値の理解，侵襲の失敗および後遺症により損害を受ける可能性の理解，病気によって侵害される法益と侵襲によって侵害される法益の比較考量ならびに他の選択肢とその選択肢の結果の理解およびリスクの検討を行う能力である[113]。

③認識に従った自己決定能力

認識に従った自己決定能力とは，本人が自己の認識に従って行動する能力である。

精神病者の中には自分が病気であるという認識を有しない者もいる。この場合には，本人が治療についての認識能力を有しないため，結果として本人は同意能力を有しない。

なお，被代弁人の治療医が，本人が認識能力および判断能力を有すると判断し，本人の同意を有効とする場合には，医師は，その判断理由を説明する[114]。

3 本人が同意に対して認識能力および判断能力を有しない場合

本人が医療同意に関する認識能力および判断能力を有しない場合には，代弁人は初めて治療に関して同意できる[115]。

---

111) Barth/Dokalik, a. a. O. 12, S. 180.
112) Barth/Dokalik, a. a. O. 12, S. 180f.
113) Barth/Dokalik, a. a. O. 12, S. 181.
114) Weitzenböck, in: Schwimann (Hrsg.) ABGB Praxiskommentar Ergänzungsband (2007, 3. Aufl.), §283 Rz 2.
115) 日本においては，患者が意識清明でない場合において，「一般的に，患者の手術が必要であると判断されたときには，まず患者の家族に対し，病状，検査結果，手術をした場合としない場合にそれぞれ予想される今後の経過，手術に伴う合併症等について説明し，同意を得ることが必要とされ」るとする判例がある（高松高判平成17年5月17日）。

(1) 治療による侵襲が重大でない場合

本人が実施される治療に関して必要な認識能力および判断能力を有さず，代弁人にその任務として医療同意権が委託されている場合には（一般民法典283条1項2文），本人の治療の際には代弁人の同意が必要となる。代弁人は，この同意権に基づき治療を拒否することもできる[116]。

本人が認識能力を有しない場合には，代弁人は，治療を行うかどうかを決定しなければならない。この際，代弁人は，予定されている侵襲に関連して，診断，治療の経過，治療のリスク，および合併症などの説明を医師から受けなければならない。

その後，代弁人は，本人の福祉を判断基準として治療の実施を決定する。つまり，治療が本人の福祉に必要かどうかを決定するのは，医師だけではない。ここでは，本人が治療によって得る利益と不利益との比較考量が行われる[117]。代弁人協会では，高齢者の延命治療をめぐり，協会代弁人と医師の意見が対立することがある。本人が治療を拒否することが予測される場合に，協会代弁人は治療に反対するが，医師は治療を望む場合には，協会代弁人は，裁判所に判断を求める。

このため，代弁人が治療同意権を有していても，その行使には，患者が積極的に治療に協力し，健康になるという意思を有していることが前提となる。もっとも，本人に治療の意思がないとしても，治療によって完治する可能性が非常に高いのであれば，治療の意味を理解させ，説得することも代弁人の重要な任務であると考えられている[118]。説得がうまく行かない場合には，本人の態度が治療の結果に重大な影響を与えない限り，代弁人は治療に同意しなければならないとする見解もある[119]。

代弁人は身体拘束について権限を有しない。このため，本人が身体的な抵抗を行う場合には，措置入院法に基づく手段がとられる。

---

116) Barth/Dokalik, a. a. O. 12, S. 183.
117) ErlRV 1420 BlgNR 22. GP, 20.
118) Barth/Dokalik, a. a. O. 12, S. 184.
119) Barth/Dokalik, a. a. O. 12, S. 184.

忘れてはならないのが，本人は，その身上および財産事務に関して代弁人が計画している重大な措置について知らされ，適切な期間を置いて発言する権利を有している点である（一般民法典281条2項）。本人の希望は，措置よりも本人の福祉に合致している場合には，考慮されなければならない。したがって代弁人は，治療に同意するか，または拒否をする前に，治療に関する本人の「希望を突き止める義務」を負う。

(2) 治療による侵襲が重大な場合

　重大なまたは持続的な身体の完全性または人格の障害を通常伴う治療（以下，「重大な治療」とする）については，治療医と関係のない医師が，本人が必要な認識能力および判断能力を用いることができず，治療を行うことが本人の福祉の維持に必要であると診断書において証明する場合にのみ，代弁人は治療に同意できる（一般民法典283条2項）。もっとも，代弁人は，医師の診断書の代わりに，監護裁判所が許可する場合にもこの治療に同意することができる（同条）。

(ⅰ)「重大な治療」とは何か

　「重大な治療」とはどういうものが想定されているのか。まず，身体の完全性への重大な侵害は，刑法典84条1項[120]の要件が満たされている場合に存在する。つまり，侵襲が生命にとって重要な器官に関係するなど，それ自体重大な侵害である場合，または侵襲が行われる結果，健康障害または働けない状態が24日を越える健康損害または稼働不可能となる状態をもたらす場合である。「持続的な侵害」とは，治療の影響が全く排除できないか，排除することが非常に難しい場合に存在する[121]。「人格の重大な侵害または持続的な侵害」は，例えば薬の服用によって，精神的能力または知的能力の障害，依存性または鬱が生じる場合に想定される[122]。

　それでは，実務においては，どのような侵襲が具体的に「重大な侵襲」または「持続的な侵襲」となるであろうか。リスクがほとんど生じない侵襲は，

---

120) オーストリア刑法典84条1項
　　「(1) 行為が，24日間より長く続く健康損害もしくは職業不能を結果としてもたらすか，または損害または健康侵害それ自体が重篤である場合には，行為者は3年以下の自由刑に処する。」
121) Barth/Dokalik, a. a. O. 12, S. 185.
122) ErlRV 1420 BlgNR 22. GP, 20.

重大な侵襲にはならないとされている[123]。例えば，歯に詰め物をする，リスクのない薬を服用する，いぼを除去する，インフルエンザの予防接種をするといった侵襲は，医師の診断書または裁判所の許可を必要としない。扁桃腺およびポリープの治療のような通常リスクが想定されない，比較的容易な治療も，重大な侵襲とはならない。

これに対して，心臓，耳の内部，または生命にとって重要な臓器への医的侵襲は，医師の診断書または裁判所の許可に基づいてのみ行われることが許される[124]。胃ろうの設置も，抵抗する患者の固定が頻繁に必要となること，とりわけ患者が高齢の場合には，自然な栄養摂取を回復させることが非常に困難であるという理由から，通常は重大な医的侵襲に含まれる[125]。四肢の切断，化学療法および放射線療法ならびに激しい痛みを伴う治療も重大な侵襲になると考えられている[126]。

(ⅱ) 医師の診断書

重大な治療においては，本人の治療医から独立した医師が，診断書において「本人が必要な認識能力および判断能力を用いることができず，そして治療を行うことが障害者の福祉を維持するために必要である」と証明した場合にのみ，代弁人は，治療に同意することができる（一般民法典283条2項1文）。今日，オーストリアでセカンドオピニオンを得ることは特別なことではなく，とりわけ重大な侵襲の場合には，多くの患者において行われている[127]。

診断書で証明する医師は，治療医から独立していなければならない。したがって，この診断書を作成する医師は治療医と同じ部所で働いてはならないが，同じ病院の異なる部所で働いていても良いと考えられている[128]。

(ⅲ) 裁判所による許可

代弁人がこの診断書を提示できない場合には，同意には裁判所の許可が必

---

123) Barth/Dokalik, a. a. O. 12, S. 186.
124) ErlRV 1420 BlgNR 22. GP, 20.
125) Barth/Dokalik, a. a. O. 12, S. 186.
126) ErlRV 1420 BlgNR 22. GP, 20.
127) Schauer, Schwerpunkte des Sachwalterrechts-Änderungsgesetzes(SWRÄG2006)Teil1, ÖJZ (2007), S. 182.
128) Barth/Dokalik, a. a. O. 12, S. 187.

要となる（一般民法典283条2項）。もっとも，費用がかからないという理由などから，代弁人が医師の診断書を入手する前に，裁判所の許可を得る場合もある[129]。

重大な治療の場合だけでなく，認識能力および判断能力を有しない患者が治療を拒否した場合も，代弁人の治療同意は，裁判所の許可を必要とする。患者は，自分が治療を受ける意思がないと明確に表明しなければならならず，疑わしい場合には裁判所が判断する[130]。この際，本人は思っている意思を表明する能力を有していれば十分であるとされる[131]。本人の治療拒否の意思表示は，書面，口頭，頭を振るなど，どのような方法でもよく，本人が真剣に考えて拒否をしているかどうかが問題となる。

(3) 代弁人の同意拒否が義務違反になる場合

代弁人が治療の同意を拒否する場合には，医師は代弁人の意思を無視することはできず，裁判所の判断を求めることになる。裁判所は，必要な場合には，代弁人職を別の人物に委託することができる（一般民法典278条）。

2006年の代弁人法改正前は，裁判所は，代弁人に代替して治療の同意を行えないというのが最高裁の見解であった[132]。しかし，2006年の代弁人法改正に際して，一般民法典283条2項により，治療が本人の利益のために必要であるという見解に達すれば，裁判所は同意を直接行うことができると規定されるに至った。同条により治療の遅延は回避されるが，裁判所によって同意がなされる前に，可能であれば代弁人は聴取されるべきと考えられている[133]。

4 医療同意権に関する判例

オーストリアにおいては，2006年の代弁人法改正以前から，判例は代弁人に医療同意権を認めてきた。2006年の改正法は，この流れを汲んでいる。次からは，その判例について考察する。

---

129) ErlRV 1420 BlgNR 22. GP, 20.
130) Barth/Dokalik, a. a. O. 12, S. 188.
131) Barth/Dokalik, a. a. O. 12, S. 189.
132) OGH 11. 11. 1997, 7 Ob 355/97z（204頁）参照。
133) Barth/Dokalik, a. a. O. 12, S. 190.

(1) 最高裁 1987 年 10 月 21 日判決——判例①[134]

当該最高裁判決においては，代弁人に医療同意権が認められた。

【事案の概要】

　第1審は，ローザ・R（1919年12月12日生まれ）のために，一般民法典273条により代弁人の任命手続きを職権で開始した。1987年4月7日の決定により，Dr. ペーター・Bが暫定的代弁人に任命された。同年8月27日に，この暫定的代弁人の任務範囲は，非訟事件法238条2項に基づき，本人に必要な医的治療の指示および必要な治療の同意に拡張された。裁判所は，本人の壊死している左腕の切断について，暫定的代弁人が同意することを初めから許可していた。

　第1審は，本人が認知症であるという鑑定結果に基づいて決定を行っていた。本人は，自ら事務を処理することができず，左腕が壊死している範囲およびその結果を理解することができなかった。専門家のDr. Wの鑑定で，左腕上腕部の壊疽が進めば，本人は敗血症による高熱を伴う合併症を発症し，生命の危機に瀕するという結果が出ていた。このため第1審は，非訟事件法238条第2項により，緊急時に備えて必要な医的治療のために暫定代弁人の任務範囲を拡張し，壊死している左腕の切断について，代弁人の同意を許可した。

　本人は，第1審の判断に対して不服申立てをした。第1審と異なり，控訴審は，一般民法典273条により心的病気または精神病に罹患した者が受損することなし自己の事務を処理できない場合には代弁人が任命されるが，当該ケースにおいては腕の切断のみが問題となっており，処理されるべき事務は存在しないと判示した。本人は，1人目の夫を戦争でなくし，2人目の夫はアルコール中毒で既に死亡し，一人息子も1986年に死亡し，自らも重い病気であることから，これ以上生きるのは意味がないと考えており，腕を切断しないことで生命の危機に陥っても，死ぬことは自己にとって不利益ではないと考えていた。左腕の状態は，現時点ではいまだ生命に危険を及ぼす状態ではなく，裁判所は，その切断を強制できないとした。この控訴審の判決に対して，代弁人が上告した。

---

[134] 8 Ob 652/87.

【判旨】破棄差戻し

最高裁は，代弁人の医的侵襲への同意権について，次のように述べて肯定した。第1審の決定は，本人に対する鑑定が不十分として，第1審に破棄差戻しをした。

「本ケースでは，身上監護に該当する重大な事務（壊死している本人の腕の切断）の処理のために暫定的代弁人が任命されたが，当該代弁人が手術を行う同意権限を有するかどうかが判断されなければならない。（・・・）

このような侵襲が本人の意思に反して行われうるのかという疑問に関しては，まず前述した『病院施設および療養施設に関する法律（Krankenanstalten- und Kuranstaltengesetz）』8条3項[135]の規定が示される。この規定によれば，成年で心的病気または精神的障害によってその行動能力を侵害されていない者は，身体への侵襲を基本的に自ら決定しなければならず，その決断は尊重されなければならない。もっとも，本人が心的病気または精神的障害により，手術を行う必要性および手術を拒否する意味を判断することができない場合には異なる結果になる。このような場合には，そしてこのような場合にのみ，法律は一般民法典273条1項において，法定代理人，つまり代弁人を任命し，その事務（これには必要な身上監護も含まれる）処理に際し，本人の意思形成を代理する可能性を有している。手術に対する本人の同意を代替するためには，代弁人の任命以外の可能性は，法律からは導かれえない。（・・・）」

本判決において，暫定的代弁人も含めた代弁人は，医療同意権がその任務として与えられることが明確に示された。

(2) 最高裁1977年12月12日判決――判例②[136]

本件では，本人が認識能力および判断能力を有しない場合において，代弁

---

135) 病院施設および療養施設に関する法律旧8条3項
「(3) 治療は，被監護者に対しその同意によってのみ行うことが許される。被監護者が当該事務に関し認識能力および判断能力を有しない場合には，医的治療の実施が拘束力のある患者配慮処分によって排除されない限り，被監護者の法定代理人の同意が必要となる。治療が急迫に必要であるために，被監護者の同意および法定代理人の同意を得ること，または法定代理人の任命に伴う遅延が生命を危険にさらすか，もしくは健康の重大な損害の危険を伴う場合には，本人の同意または法定代理人の同意は必要とならない。治療の必要性および緊急性については，病院の医師の責任者または当該施設部門の運営について責任を有する医師が決定する。」

136) 1 Ob 735/77.

人の同意による本人への不妊手術の実施が認められた。さらに本ケースで最高裁は，法定代理人が本人の不妊手術に同意する際には，監護裁判所の許可が必要であると判示した。

【事案の概要】

　本人（女性）は1952年12月22日生まれであり，精神薄弱のために制限的に行為能力の制限を受けていた。本人の父親と援助者（Beistand）は，本人の不妊手術を実施するために監護裁判所の同意を申請した。

　本人は，幼少のころから精神薄弱と診断されていた。その精神状態は徐々に悪化し，完全な行為能力の剥奪を必要とするまでに至っていた。1973年から，本人はリンツの幼稚園で社会福祉的ヘルパーとして働いていた。ここで，彼女はケーキを焼いたり，食事の準備をしていた。もっとも，この仕事は，父親の申立てにより1977年5月11日に終了した。

　1974年10月に，本人は職場へ行く途中に，知らない男から身体を触られるなどの嫌がらせを受けた。警察が調査を行ったものの，犯人は結局判明しなかった。本人はこの事件以降，常に両親によって職場まで送られ，帰りは職場まで両親が迎えに来ていた。本人の精神年齢は，子供と同程度であった。その精神状態は改善の見込みがなく，むしろさらに悪化することが予想されていた。両親によって，卵管を閉塞する手術が提案されたが，本人は卵管を閉塞するという侵襲の種類および結果について理解できず，またこの侵襲について説明を受けることもできない状態であった。

　この不妊手術は，大掛かりな手術ではなかった。全ての手術に存在する一般的なリスクを除いては，この不妊手術が健康損害を生じさせる危険は存在しなかった。もとに戻す手術は可能であるが，その後の妊娠の可能性は3％から5％であると予測されていた。不妊という目標を達成するために，別の手段としてピルが想定されたが，ピルは定期的に服用しなければならない点が問題視された。その他の手段として，いわゆる「3ヶ月注射」も候補に挙げられた。これは，臀部または太ももに注射を打ち，3ヶ月間またはそれ以上の期間の月経および妊娠可能性をなくすものである。この注射は，定期的に医師の監督のもとで行われなければならないとされていた。

【第1審および控訴審】

　　第1審は，制限的に行為能力を剥奪された者の不妊手術に関する同意を裁判所が本人の代わりに行うことが可能かどうかについて明確にせず，同じ結果（不妊）を保障する侵襲の程度が手術よりも低い措置を試みるべきであるとの見解を示した。これに対して控訴審は，望まない妊娠を阻止することは必要であり，行為能力のない女性の同意を裁判所が代替することは許されると判示した。しかし，本人が注射を打ってもらうために定期的に医師のもとへ行くこと自体が保障されておらず，この治療は継続的に高額の費用を必要とするという理由から，控訴審はこのいわゆる3ヶ月注射の措置をとることはできないとした。これに対して，特別代理人が上告した。

【最高裁判旨】上告棄却

　　最高裁は，次のように述べ，代弁人の医療同意権を認めた。
　「前審は，刑法典90条2項[137]を前提としている。刑法典90条2項によれば，本人がすでに満25歳であるか，または別の理由から侵襲が良俗に反しない場合には，本人の同意とともに医師によって行われる不妊手術は違法とならない。控訴審は，その法定代理人の同意または監護裁判所の許可が本人の同意を代替することに肯定的な見解を示した。この控訴審の見解は，その法定代理人によって被監護人が代理されるという民法上の原則に合致するだけでなく，刑法典（90条）によっても明確にまたは認識できるほどに禁止されていない。また，行為能力被剥奪者が本人の福祉に資する不妊手術の可能性を排除されたままであるのは，平等原則に反していることから，当該見解は憲法にも合致する。このような関係から，当該措置に対する監護裁判所の許可の必要性が肯定される。（・・・）
　　もっとも，まず検討されなければならないのは，制限的行為能力被剥奪者

---

137) オーストリア刑法典旧90条
「(1) 身体の侵襲または身体の安全性を危険にさらすことは，被侵襲者または危険にさらされている者がそれに同意し，侵襲または危険にさらされることそれ自体が良俗に反しない場合には，違法とはならない。
(2) その者が満25歳以上であるか，侵襲が別の理由で良俗に反しない場合には，その者に対し，医師によって，その同意とともに行われる不妊手術は，違法ではない。」

のみが自らの不妊手術について同意を断念できるのかという問題である。制限的行為能力被剥奪者は，行為能力剥奪宣告令4条1項により分別のある未成年者と同地位にあるとみなされる。このような未成年者は，一般民法典151条以下によれば制限的行為能力被剥奪者である。今回のケースにおいて，被監護人〔本人〕の同意は考慮されず，監護者〔両親〕は監護裁判所の同意とともに意思表示をしなければならないという前審の考えに対して，疑問は生じない。被監護人が自己の意思表示の内容を全く理解していないことは，明白であるからである。彼女は，ここで問題となっている事項においては行為能力被剥奪者である。この事実は，彼女が完全に行為能力を喪失していなくても考慮されなければならない。なぜなら，完全に行為能力を剥奪されていなくても，措置が行われる時点で，意思表示をすることの結果を判断できるかできないかが問題になるからである。(・・・)

　本ケースにおいては，不妊手術自体は危険を伴うものではないが，この手術は，ほぼ元に戻すことのできない本人の身体への侵襲である。このため，当該侵襲は，行為無能力である被監護者の意思を代替して行うという方法で，医学的見地および法学的見地から正確に検討してのみ正当化される。」

(3) 最高裁1991年4月30日判決――判例③[138]

本件でも，最高裁は，本人の不妊手術に対する代弁人の同意と監護裁判所の許可を認めている。

【事案の概要】

　1965年3月19日生まれのレナーテ・Gは，クロースターノイブルク（Klosterneuburg）地区裁判所の決定により，1983年12月7日から，精神障害を理由に制限的に行為能力を剥奪されていた。1983年の代弁人法成立に伴い，レナーテは，一般民法典273条3項3号により全ての事務について代弁人を任命された者と同一の地位となった。

　レナーテは，自分で料理を作ることもできず，頭を洗うこともできないなど，満25歳であるが，何かを1人で行うことができない状態であった。これを理

---

[138] 5 Ob 518/91.

由に，代弁人は，レナーテの不妊手術に関して裁判所の同意を申請した。本人は，これまで自分は男性と関係を持ったこともなく，また今後も持つつもりはないと述べて，不妊手術に同意していた。彼女は，精神薄弱の子を産む可能性が極めて高く，自ら子供を育てられる状態ではなかった。専門家は，本人が侵襲の目的を正確に把握しているという印象を受けていた。

【第1審および控訴審】

　　第1審は，代弁人の申請を認めなかった。代弁人が排卵を抑制する薬の服用を監督できるので，取り返しのつかない結果を生じさせる不妊手術が行われる必要はないとしたのである。代弁人が死亡した場合には，本人はすぐに任務を引き継ぐことのできる別の人物によって世話されなければならないと考えられた。代弁人の控訴に対し，控訴審は次のように述べ，代弁人の申請を認めた。

　「刑法典90条2項により，医師によって本人の同意に基づき行われる不妊治療は，本人が満25歳か，または侵襲が別の理由から良俗に反しない場合には，違法とならない。今回のケースのように，同意の意味を認識できない者が行う同意は，法定代理人の同意と監護裁判所の許可によって代替されうる。このことは，法定代理人によって本人を代理するという民法上の原則に合致するだけでなく，刑法典によっても明示的または黙示的に禁止されていない。さらに，本人の同意が必要なケースにおいて，その違法性を排除する重大な事由が存在するにもかかわらず，行為能力被剥奪者が本人の福祉に資する不妊治療を行う可能性が排除される場合には，平等原則が侵害されるという理由から，『同意不可能な者の同意は，法定代理人の同意と監護裁判所の許可によって代替される』という考えは，憲法にも合致する。

　特に指摘すべきなのは，本人の不妊措置が国家によって行われる措置ではなく，代弁人によって代替される本人の意思表示の結果そのものであることである。代弁人制度には，本人に不足している能力を補充し，代替するという目的が根底にある。本ケースにおいて，妊娠は，心理的障害などの重い障害をもった子供を本人が自ら世話できないという可能性を伴う。母親になることを回避するためには，外科的侵襲以外に方法はない。」

これに対して，特別代理人が上告した。

【最高裁判旨】上告棄却

　最高裁は，次のように述べ，不妊手術に対する代弁人の医療同意権を認めた。
　「1977 年 12 月 12 日の判決において，最高裁判所は，監護裁判所が不妊手術を許可することを承認した。この判決の基礎となっている事実は，全ての基本的な点において，本ケースで判断されなければならない点と一致している。このため，最高裁は，本ケースにおいても，控訴審の判決をその判決の中で述べられた理由に基づいて承認する。(・・・)
　このように代弁人が企図する重大な措置に対しては，裁判所の許可が必要となるが，これは，一般民法典 216 条[139]，269 条[140]および 282 条から生じる。
　本人が意思表示の意味を理解できないことから，本人の個人的な同意は考慮されない。本人が行為能力を制限的に剝奪されており，経過規定により分別のある未成年者と同一の地位にあるという事実は，本人の同意無能力に何ら影響を及ぼさない。
　自らの世話をすることができず，自分の子供を世話し教育することができない本人の妊娠を回避することは，特別代理人の主張に反し，急迫の必要性が存在する。妊娠を回避するための適切で有効な他の手段は，想定されえない。排卵を抑制する薬の服用は，数を数えることができない者に適切な服用は保障されえないという理由から，初めから除外される。なぜ本人に何年も続く注射（妊娠を三ヶ月間回避する効力を有する）を受けさせなければならないのかを理解することはできない。(・・・)本人の妊娠は，全ての人道的な予想によれば，将来 1 度も試みられないであろうから，不妊手術を施された本人の体を元に戻すことがほぼ不可能であるという点は，本ケースにおいては重要ではない。本人の子の養育から社会だけが守られるという特別代理人の

---

139) 一般民法典旧 216 条 2 項
　「(2) 特段の定めがない限り，後見人は，子の身上に関する重大な事務について裁判所の許可を得なければならない。」
140) 一般民法典旧 269 条
　「自己の事務または個々の事務を自ら適切に処理を得ない者に対して，この者が両親の一方または後見人によって法律上代理されておらず，またされ得ない場合に限り，特別代理人または代弁人が任命される。」

見解は，判決に全く関係がないために認められない。」

(4) 最高裁 1997 年 11 月 11 日判決——判例④[141]

本判決は，本人の治療を行うには，裁判所の同意だけでは不十分であることを示した。2006 年の改正法によって，裁判所の同意だけでも本人への治療が認められることになったため（一般民法典 283 条 2 項），本判決と現在の法状況は異なっている。本件でも，代弁人の医療同意権は肯定されている。

【事案の概要】

　1969 年 11 月 3 日生まれのクリスティーナ・S は，1997 年 9 月 16 日に交通事故に遭い，事故後，昏睡状態が続いていた。クリスティーナは，意思表示できない状態であった。病院での検査の結果，クリスティーナは妊娠していることが判明し，胎児は 12 週目または 13 週目と診断された。

　1997 年 10 月 17 日の第 1 審において，クリスティーナの母親のシュテファニー・S が出廷し，家族間の話し合いの結果として，クリスティーナを中絶させたいと申し出た。もっとも，実際にこの提案をしたのは，病院の集中治療室の医師らであった。この医師らは，検査などに用いるレントゲン等の放射線が，胎児への悪影響を与えることを中絶の理由として主張していた。またクリスティーナは，これまで子供はいらないと述べていた。このような理由から母親であるシュテファニーは，中絶の決定を行うために，娘のために代弁人の任命を提案した。同時にシュテファニーは，中絶を行うための裁判所の許可を申請した。

　1997 年 10 月 21 日に，第 1 審は，非訟事件法 238 条 2 項に基づき，「クリスティーナ・S の中絶を決定するという枠組みにおいて，本人のために必要な意思表示を行う任務」のために，シュテファニーを暫定的代弁人に任命した。シュテファニーは，その後，代弁人として娘の中絶を行うという意思表示をするとともに，中絶に関する裁判所の許可を申請した。クリスティーナの恋人も，中絶に賛成した。彼は，クリスティーナの意識が回復した場合には，彼女が健康になることを望んでおり，妊娠によってクリスティーナの心身にこれ以

---

[141] 7 Ob 355/97z; RdM (1998) S. 52ff.

上の負担がかかることをおそれていた。さらに，中絶により，障害児が生まれることの回避が試みられた。クリスティーナは，これまで子供をもうけることを拒否しており，2人が共に子供を望む状態には至っていなかった。さらに恋人である男性は，自分が子供の世話と教育を十分にできると思っていなかった。

【第1審および控訴審】

　第1審は，中絶に対する許可を拒否した。その理由は，中絶に関する妊婦の同意は，代弁人も監護裁判所も本人に対して代替できない一身専属的な権利であるというものだった。もし同意が代替可能であるとしても，緊急の必要性のための重大な理由が述べられなければならないとされた。

　これに対し代弁人が控訴したが，控訴審も，妊娠は目下それ自体直接的な心身への危険をもたらしておらず，中絶は医学的適応に欠けるとして，これを棄却した。これまでの検査結果によれば，レントゲンによる胎児への影響のために，本人に中絶の利益があると言い切ることはできないとされた。

　既に長期間昏睡状態にある女性の中絶に対して，監護裁判所が許可を与えることができるのか，またできるとしたらどのような要件によるのかに関して，いまだ明確な結論が存在しないことから，最高裁への上告が認められた。

【最高裁判旨】破棄自判

　最高裁は，中絶に対する代弁人の医療同意権と監護裁判所の許可を認めた。

　「クリスティーナ・Sへの中絶を行うために，暫定的代弁人シュテファニー・Sによって表明された中絶への同意は，刑法典97条1項2号[142]の意味における医学的適応および優性学に関する医学的適応が存在するという要件のもとで，監護裁判所によって許可される。

　身体への侵襲に対する同意，そしてとりわけ中絶への同意は，既に前審が

---

142) オーストリア刑法典97条1項2号
「2. 中絶が，他に避けることができない妊婦の生命の深刻な危険または妊婦の身体または精神の重大な損害を回避するために必要である場合，または子が精神的にもしくは身体的に著しく損害を受けるという深刻な危険が存在する場合，または妊婦が妊娠した時点で分別を有していない（unmündig）場合において，これら全ての場合において中絶が医師によって行われる場合は，当該行為は，96条によって罰せられない。」

述べたように一身専属的権利である。この一身専属的権利は，代理とは相容れないという見解が一般的である。一身専属権の行使には，通常の認識能力および判断能力が必要となる。認識能力が存在しない場合に，一身専属権は，法定代理人，代弁人および監護裁判所によって代替的に行使されることはできない。

（・・・）このようなケースにおいて，医師が有罪になりたくないという理由から，適切な医学的適応があるにもかかわらず，同意を必要とする侵襲が中止される結果を回避するためには，本人の同意を代弁人の同意によって代替すること以外に解決策はない。この場合には，最終的に代弁人がこの医療同意権を法定代理権の枠組みにおいて行使するのか，身上監護の義務から行使するのかという問題になる。

最高裁も，一般民法典273条1項により，心的病気または精神的障害のために手術を行うことの必要性および手術の拒否の意味を判断できない者の同意は，代弁人の任命によって代弁人により代替されることが可能であると述べている。最高裁判決1 Ob 735/77 および5 Ob 518/91において，最高裁は，被監護人が同意について意思表示をする能力を有しない場合には，被監護人の同意は，その不妊手術において法定代理人によって代替され，この際代弁人（特別代理人）は，裁判所の許可を必要とすると判示した。（・・・）

中絶においては，母親の身体だけではなく，母親の身体の中で成長している子の生命も問題となることから，とりわけ特別なケースとなる。もっとも，妊婦が判断能力を有しない場合に，中絶に関する妊婦の同意の代替可能性を肯定することに変わりはなく，不妊手術の場合よりも，より同意の必要性が生じる。つまり，中絶に同意することだけが本人の生命に重大な影響を及ぼすのではない。中絶の同意をしないこと，または中絶の同意を拒否することは，非常に本質的な変化を，つまり本人が母親になるという変化をもたらす。（・・・）自らも損害を受け，さらに重い障害のある子を産むという可能性を考慮すると，中絶の同意代替性の否定は，子供を産むことを選択し，重い障害のある子との生活を選択するという母親の一身専属権の実現を意味する。すなわち中絶に関して意思表示の代替可能性を否定することは，最終的な意思確認を実際には代替しており，矛盾する結果を引き起こす。第1審によって否定され，

控訴審によっては解決されなかった，認識能力を全く有しない女性の中絶の同意が代弁人の意思表示および裁判所の許可決定によって代替されうるかという問題は，治療および不妊手術のための意思表示の代替可能性に関する従来の判例および学説を引き継ぎ，基本的に肯定されるべきである。しかし，妊娠から3ヶ月以内の場合，医学的適応に必要となる健康的兆候が存在しない場合，および妊婦が未成年である場合については，特別な状況であるという理由から未解決のままとなる。

　不妊手術に関する最高裁判所の2つの判決により，一般民法典216条，269条および282条に基づき代弁人により同意される重大な措置について，監護裁判所の許可が必要であることは，既に明らかである。引用した学説および判例から，裁判所は，代弁人の同意を許可するかしないかに制限されている。つまり裁判所は，自ら本人の同意を代替したり，侵襲を命じる権限を有しているわけではない。(・・・)」

本件において，最高裁は，代弁人の同意を否定する結果こそが，子供を産むという一身専属性を有する決断につながるとして，従来の治療および不妊手術の判例を引き継ぎ，代弁人の同意権を肯定した。本判決に対して，ウィーン大学教授であるコペッツキー (Kopetzki) により次の点が指摘された。

　まず，意識不明の者にも代弁人が任命されることが明らかになった。事故により意識不明となった者は，当然に行為無能力とみなされる。医学的な専門用語を厳格に考慮すると「心的病気」も「精神的障害」も存在しないが，代弁人の任命が肯定される[143]。

　次に，本判決は，同意の一身専属性に関係なく，本人に認識能力がなければ，法定代理人による同意の代替可能性を認めている[144]。さらに，最高裁は，医療同意を一般民法典282条の身上監護ではなく，一般民法典273条の代弁人の任務範囲に属するとの見解を示した。このケースは2001年の親子法改正前のものであるため，282条が努力義務を規定していることが明らかになっておらず，このような指摘が可能であった。現在では，282条からは代

---

[143] RdM, (1998), S. 55.
[144] RdM a. a. O. 143, S. 56.

弁人の権限は導かれないというのが判例および通説の見解であるから，代弁人が医療同意権を有するには，裁判所が代弁人に対し個別に同意権を与えなければならない。

また重大な侵襲の場合に，代弁人の同意が監護裁判所の許可を必要とする点は，従来の判例および学説と合致していた。もっとも，本ケースにおいては，裁判所が自ら治療同意を行うことはできないと判示されており，この点が現行法と異なる（一般民法典283条2項参照）。

最後に，最高裁は，刑法96条の妊婦の同意が常にその女性に一身専属的に属するという刑法上の通説に従わず，中絶という特別なケースにおける同意の代替可能性を肯定した。もっとも，コペッツキーは，刑法上の見解によっても，女性が全く発言能力を有しない場合には，今回のケースのように，例外的に法定代理人による同意の代替が認められるであろうと述べている[146]。

(5) 判例の分析

これらの判例から，最高裁は，代弁人制度施行後，早い段階から代弁人の医療同意権を認めていたといえる。判例①は，その理由として，本人の意思形成を代理するのは法定代理人（代弁人）以外にないという点を挙げた。本人が意思形成できない以上，誰かが代わりに同意を行うことは本人保護に資する。それを法定代理人が行うことは，妥当な結論であり，かつ必要であろうと考えられる。判例②，③および④においても，本人が同意能力を有しない場合には，法定代理人である代弁人に同意権が認められているが，その治療内容が不妊手術，中絶と本人にとって重大な影響を及ぼすことから，代弁人の同意に加えて，裁判所の許可が必要とされた。

---

145) オーストリア刑法典96条1項
「(1) 妊婦の同意によって中絶を行った者を，1年未満の自由刑に，その者が行為を職業として行った場合には，3年未満の自由刑に処する。」
146) RdM, a. a. O. 143, S. 56.

第2項 小 括

1 要約

オーストリアでは，判例によって代弁人の医療同意権が認められていたが，立法化されたのは，2006年の改正法（2007年7月1日施行）においてであった。法は，まず，本人が同意に対する認識能力および判断能力を有するか，有しないかで場合分けをしている（一般民法典283条）。本人が認識能力および判断能力を有していれば，必ず本人が同意し，他者が同意を代替することはできない。本人が認識能力および判断能力を有しなければ，初めて代弁人が同意できるが，この場合にも，代弁人は裁判所から医療同意権を付与されていなければならない。さらに，治療による侵襲が重大な場合には，代弁人は，同意に際して治療医以外の医師の診断書または裁判所の許可を必要とする。

2 分析

以上のような法内容から，本人意思が尊重されており，かつ代弁人の専断的判断に対する予防策がとられていることがわかる。判例からも読み取れるように，本人が意思決定できない以上，誰かが代わりに意思決定を行わない限り，本人に対し保護に欠ける状態を生じさせかねない。ここから，法定代理人に治療同意権を与えるのは妥当であると考えられる。一方で，法定代理人の権限濫用を防止しなければならないことから，法定代理人の医療同意権を明文化するには，オーストリアのように，治療医以外の医師または裁判所といった第三者の関与が重要となるであろう。

第3節 代弁人の居所決定権

代弁人の居所決定権も，医療同意権と同様に，改正前からその条文上の制定が望まれており，2006年の改正により一般民法典284条aに規定された。[147] 本項においては，その条文内容，本人の居所決定に関する判例および代

---

[147] 居所決定権は，日本では，居所指定権として論じられている。成年後見制度制定時において，立法者は，成年後見人の居所決定権の立法化を不要とした。その理由は，施設入所に関しては，

弁人の権限について考察する。

第1項　現在の法状況

代弁人の居所決定権は，本人が認識能力および判断能力を有しない場合にのみ認められる。これは，医療同意権と同様である。居所決定権に関しても，本人が認識能力および判断能力を有する場合と有しない場合に分けて考察する。

1　本人が居所決定に対して認識能力および判断能力を有する場合

本人および代弁人の居所決定権は，2006年の代弁人法の改正の際に，一般民法典284条aに規定された。本条の規定内容は，法改正前から主張されていた通説的見解と基本的に合致するものであった。

2001年の親子法改正前には，居所決定の自由を制限する措置は「身上監護」の一環として実施されていた。[148] しかし，親子法改正以降は，本人の自由制限を伴う場合も含めて，代弁人は本人の居所を決定する権利を有するのかが議論されていた。

一般民法典284条aは，当該問題を可能な限り明確に規定したと考えられている。[149] 同条1項において，本人は，その認識能力および判断能力を有する限り，自ら居所について決定すると規定された。居所決定能力の有無を判断する際に，賃貸借契約などの契約を締結する能力の有無は原則的に考慮され

本人の同意を要件として施設入所契約の代理権を補助人または保佐人に付与すれば足り，それ以上に意思能力の残存している本人の意思に反する強制的な施設入所等の権限を補助人または保佐人に付与することは，本人の自己決定および基本的人権との抵触のおそれがあり，適当とは考えられえない，というものであった。したがって，居所指定権に関する一般的な規定を設けることは必要ではなく，また適当ではないと考えられた（法務省民事局参事官室『成年後見制度の改正に関する要綱試案補足説明』（金融財政事情研究会，1998年）43頁）。学説には，本人が判断能力を有しないことを前提として，民法858条から成年後見人の居決定権を認める見解が存在する（上山・前掲注34・138頁）。この他にも，関連文献として，久保野恵美子「成年後見人おける「居所指定」」実践成年後見39号（2011年）88頁以下がある。

148) ErlRV 1420 BlgNR 22. GP, 21.
149) Barth/Dokalik, a. a. O. 12, S. 220.

ない。居所決定の能力として問題となるのは，家にはエレベーターがないこと，部屋の家賃が高いことなどを手がかりとして，自分が住めるかを判断できるかどうかという点である。本人がこの認識能力および判断能力を有する場合には，代弁人は本人の決定に拘束されるため，本人の意思に反して居所決定を行うことは原則的に許されない。

2 本人が居所決定に対して認識能力および判断能力を有しない場合

本人が十分な認識能力および判断能力を有しないが，居所決定が本人の福祉の保持のために必要であり，かつその処理が代弁人の任務範囲に含まれている場合には，代弁人が居所決定を行う(一般民法典284条a第2項1文)。

代弁人の決定により被代弁人の居所が継続的に変更される場合には，代弁人の決定には監護裁判所の許可が必要となる(同条2項2文)。この場合には，本人がその決定された場所で継続的にまたは不特定期間生活するという重い結果を伴うからである。代弁人が裁判所の許可なしにこのような居所変更を行うことは許されず，もし行った場合には，代弁人に対して損害賠償請求がなされる。

これに対し，代弁人が本人の継続中の賃貸借契約を解消する場合には，これは通常の域を超えた財産管理の措置となり，居所決定と関係なく，許可が必ず必要になる[151]。このような継続的な居所変更は，「重大な事務」であり，一般的に非訟事件法120条の意味における「緊急の事務」として，暫定的代

---

150) ドイツ民法典では，世話裁判所による許可は1907条に規定されている。

ドイツ民法典1907条

「(1) 被世話人が賃借していた住居に関する賃貸借関係の解約について，世話人は，世話裁判所の許可を必要とする。賃貸借関係の解消に向けられた意思表示についても，同様とする。

(2) 賃貸借関係の終了が想定される別の事情が生じた場合には，世話人は，その任務範囲が賃貸借関係または居所決定を包括している場合には，遅滞なくこれを世話裁判所に伝達しなければならない。世話人が，被世話人の住居を賃貸借関係の解約または取消しとは別の方法で解消する場合には，世話人は，これについても同様に遅滞なく伝達しなければならない。

(3) 被世話人が回帰的給付を義務付けられる賃貸借契約または用益賃貸借契約もしくは他の契約に関して，契約関係が4年以上続くか，または世話人によって住居が賃貸される場合には，世話人は，世話裁判所の許可を必要とする。」

151) ErlRV 1420 BlgNR 22. GP, 22.
152) 非訟事件法120条

弁人によって決定されてはならないと考えられている。[153]

3 居所決定権の制定過程

代弁人の居所決定権の立法化に際して，本人への医的治療の強制的実施および居所変更の強制的実施を立法化すべきかどうかが議論された。しかし，多くの専門家が反対したために，このような強制措置の立法化は実現しなかった。反対の理由として，代弁人に強制的な居所変更の権限を与えても，それによって利益を受ける者はそれほど多くないのではないかということ[154]と，当該強制措置には，平等原則に基づき措置入院法と同様の法的手続が必要となり，費用がかかるおそれがあることが挙げられた。

議論の結果，2006年の改正では，代弁人の強制的実施の立法化は見送られた。このため，自由制限措置は，正当防衛や緊急避難といった一般的正当化事由の枠組内において，措置入院法，ホーム滞在法および安全警察法（Sicherheitspolizeigesetz）46条[155]に基づいてのみ，許容されている。

「本人の福祉が必要とするのであれば，裁判所は，緊急な事務処理のために，長くても手続期間のために，本人に直ちに有効となる暫定的代弁人を任命しなければならない。本人は，暫定的代弁人の任命によって，裁判所が明確に命じた限りにおいてのみ，その法律行為を制限される。任命は，これ以外には本人のために重大で取り返しのつかない不利益がもたらされ，かつ一次聴取が後日遅滞なく行われる場合にのみ，一次聴取の前に行われうる。暫定的代弁人には，障害者のための代弁人についての規制が適用される。123条1号から4号および126条を準用する。」

153) ErlRV 1420 BlgNR 22. GP, 22.
154) ErlRV 1420 BlgNR 22. GP, 22.
155) 安全警察法46条
「(1) 必要である限り，医師による本人の診察を可能にするために，公安業務の機関は，心的病気に罹患しており，このために本人の生命もしくは健康または他者の生命および健康が著しく危険にさらされていると想定される者を，特別な理由から公的な救急業務に従事する医師または警察医のもとへ連行する権限を有する。さらに，医師が強制収容の要件を証明する限り，公安業務の機関は，かかる者を精神病院（精神科）へ連行する権限を有する。
(2) 公安業務の機関は，遅滞の危険がある場合には，本人を診察および証明なしに精神病院（精神科）へ連行する権限を有する。
(3) これ以外では，このようなケースにおいては措置入院法9条に従い措置が取られる。公安官庁は，精神病院（精神科）への連行について，本人と居住しているかまたは本人を世話している親族に伝える権限を有しており，これらの者が明らかにならない限り，子，配偶者および両親のいずれかの親族に対して，公安業務行為について知らせる権限を有する。」

4　裁判所の許可

本人が十分に認識能力および判断能力を有していない限り，代弁人は，本人の福祉の保持に必要であり，かつ権限を与えられている場合には，居所決定を本人のために行わなければならない（一般民法典284条a第2項1文）。さらに，本人が前住居を解消して決定された場所で継続的に生活する場合には，裁判所の許可が必要になる（同条2項2文）。例えば，前住居を解消し，本人が別の住居で人生の最後まで，または不確定期間居住する場合（例えば介護ホーム）には，住居の変更は継続的となる。これに対し，本人が病院施設または療養施設で治療されている場合，期限つき介護ホームにおいて「試し入居」をする場合，親族による一時的な世話の場合および休暇の場合は，継続的な居所変更とはならない。[156]

継続的な居所変更は本人に対し非常に強い影響力を有するために，代弁人が居所変更を裁判所の許可なしに行った場合には，本人は，代弁人に対して損害賠償を請求できる。

第2項　本人の住居の確保

本人の住居に関する代弁人の任務は，居所決定だけにとどまるものではない。居住者の態度次第では，本人は，法律に基づいて退去を強制される場合がある。代弁人は，本人が住居を著しく有害に使用しないよう，身上監護として見守りを行わなければならない。さらに，本人が賃借権を譲渡する際にも，代弁人の同意が必要となる。つまり，代弁人は，本人が住居で騒いだり不用意に家族に賃借権を譲渡して住居を失わないよう，監督しなければならないのである。

1　代弁人の一般的義務

本人が望めば，可能な限りその普段の生活環境を維持することは，身上監護の任務として重要となる。本人が自ら自分の世話ができるか，親戚または

---

[156] Barth/Dokalik, a. a. O. 12, S. 221.

ホームによる援助によって世話が十分に確保される限りにおいて,代弁人は,本人がその生活を維持できるよう努める。[157]

代弁人が本人の住居を維持するために任命されている場合には,代弁人が本人の賃借権に関する法律行為を行うか,または同意する必要がある(一般民法典865条)[158]。特に本人がその賃貸借契約を締結するか,または解消する場合には,代弁人が関与しなければならない。

代弁人は本人を定期的に訪問し,その住居およびガス,水道,電気などの設備を点検し,本人が賃貸人または他の賃借人に損害を生じさせていないかどうかを調査する義務を負う[159]。本人がその住居を適切に維持しないといった維持義務違反は,著しく有害な使用として解約告知事由になる(賃貸借法(Mietrechtsgesetz) 30条2項3号)[160]。

本人がその住居から退去する場合には,その家族が住居を引き継いで使用することが多い。当該譲渡は賃借人と転借人に行為能力を必要とする法律行為であるため,代弁人の同意が必要となる。したがって,本人が譲渡に合意した場合には,当該「譲渡」はその代弁人が同意することによってのみ,遡

---

157) Barth/Dokalik, a. a. O. 12, S. 222.
158) 一般民法典865条
「7歳未満の子および理性を用いることができない7歳以上の者は,(170条3項の場合を除いて,)契約を締結すること,またはこれを引き受けることができない。その他の未成年者または代弁人が任命されている者は,確かに,単にその者の利益になる契約を締結することができる。しかし,その者がその契約に伴う負担を負い,または自ら何かの約束をする場合には,170条3項および280条2項の場合を除いて,契約の有効性は,第1部第3章および4章にある規定に従い,通常,代理人の,または同時に裁判所の同意にかかる。この同意があるまでは,相手方は撤回することができないが,意思表示のための適切な期間を要求することができる。」
159) Barth/Dokalik, a. a. O. 12, S. 222.
160) 賃貸借法30条1項および2項3号
「(1) 賃貸人は,重大な事由によってのみ賃貸借契約を解約できる。
(2) 重大な事由として,特別に次のことが想定される。
3. 賃借人が,賃借物を著しく不利に使用する場合,つまり,賃借物を著しく粗末にするか,または配慮に欠け,不快にまたはこれ以外に著しく礼儀に反する態度によって,居住者に対し同居を不快なものにするか,または,事情により些細なことであるとみなされるケースが問題とならない限り,賃貸人に対して,もしくは家屋に居住している者に対して,所有物,良俗または身体の安全性について刑罰によって威嚇されている行為を犯す場合。賃借人が本人に対する可能な対策を行わない限りにおいて,その配偶者の態度,および本人と同居している他の家族の態度ならびにこれ以外に本人によって同じ部屋に受け入れられている者の態度も賃借人と同一のものとなる。」

及的に有効となる（一般民法典865条2文）。この場合には，本人がもはや自己の住居に戻ってくることができない可能性もあり，継続的な居所地の変更と考えられるから，裁判所の許可が必要となる。[161]

2 解約告知に対する防御

本人が住居の所有権者であり，かつ他の居住者に損害を与えている場合には，住居所有権法（Wohnungseigentumsgesetz）36条1項2号または3号に基づき，本人に対して退去の申立てがなされる可能性がある。[162]

転貸借は，解約告知事由となる（賃貸借法30条2項4号）[163]。また，本人が住居を著しく有害に使用する場合（3号）または住居を使用しない場合（6号）[164]にも，本人は賃貸借契約の解約告知を受け，その住居を失う可能性がある。さらに，本人の同居人に対する態度が耐えがたいものであり，その結果として，他の住民から退去の申立てがなされたが，措置入院法による強制入院の

---

161) Barth/Dokalik, a. a. O. 12, S. 223.
162) 住居所有権法36条1項2号および3号
　「(1) 住居所有権者は，この他の大多数の住居所有権者の訴えにより，〔次のような場合には〕共同体から排除される。
　2　自己の住居所有権の対象物または不動産の一般的な部分を，他の住居所有権者の利益を著しく侵害するように使用するか，または
　3　些細なケースによる事情が問題になっているのでない限り，この者の配慮のない，無作法な，またはその他の非常に不適切な態度によって，同居者に対して同居を不快なものにするか，住居所有権者またはその家に住む者に対して，財産，良俗および身体的安全に対して可罰的な犯罪を有責に犯す場合。」
163) 賃貸借法30条2項4号
　「(1) 賃貸人は，重要な事由によってのみ賃貸借契約を解約できる。
　(2) 重大な事由として，特別に次のことが想定される。
　4　賃借人が家具の提供をして，またはせずに賃借物を全て転貸し，かつ明らかに近々賃借人自身または入居可能な者（14条3項）のために賃借物を急迫に必要としない場合，またはそれが部分的のみであっても，第三者への引渡しによって第三者によって支払われる賃料および生じうる第三者への自己の給付と比較して，過度に高額な反対給付に対して〔賃借人が〕賃借物を利用する場合。住居の部分的な転貸は，住居の転貸されていない部分が賃借人または入居権限を有する者の居住の必要性を満足させるために定期的に使用されない場合には，完全な転貸と同一である。」
164) 賃貸借法30条2項6号
　「6．療養目的もしくは授業目的または職業的理由から不在である場合を除いて，賃貸された住居が賃借人または入居権限を有する者（14条3項）の急迫な居住必要性を満足させるために定期的に使用されない場合。」

要件が存在しない場合には，本人は住む家を失う危険にさらされる。当該問題に対しては，最高裁判決が存在する。

最高裁 1995 年 1 月 17 日判決[165]

本ケースで，最高裁は，本人に自傷または他害があるかどうか不明確である場合でも，代弁人を任命し，さらに措置入院の手続きを踏むよう判示している。

【事案の概要】

原告は，マンションの所有者であり，かつ居住している被告は，1973 年から同マンションの 8 階に居住している F である。F は，妻であるヘレーネ・F と共に居住していた。少なくとも 1991 年から，ヘレーネは，ほぼ毎日定期的にマンション居住者に対して大声でののしるようになった。その後，ヘレーネは自宅からも大きな叫び声を上げるようになった。ヘレーネは早朝 5 時半から叫び始めることもあり，一度始まると 1 時間以上続くこともあった。F は何とか妻を落ち着かせようと試みたが，それでもヘレーネの行動は収まらず，住民が警察に届けを出し，警察が同マンションに調査に訪れるに至った。

1992 年の秋に，ヘレーネは病院に運ばれたが，そこでは自傷または他害の危険が認められないとして，同日に帰宅させられた。被告である F は，脳神経または精神科の医師のもとにヘレーネを連れて行き，薬を処方してもらったが，ヘレーネは，後遺症を気にして薬を飲もうとしなかった。

1992 年 4 月 10 日に，原告は賃貸借法 30 条 2 項 3 号に基づき，被告に対して賃貸借契約の解約の通知を行った。これに対して，被告はヘレーネを落ち着かせようと努力をした点を主張して解約を拒否した。これに対し，原告は提訴した。

第 1 審は原告の解約告知を認め，被告に対して住居の明渡しを申渡した。これに対して被告は控訴したが，第 2 審も被告の訴えを認めなかったため，被告が上告した。

【判旨】上告棄却

最高裁においても，被告の主張は認められなかった。最高裁は，被告が一

---

[165] 4 Ob 575/94.

般民法典273条1項に基づき医学的世話に関する事務処理を行う代弁人を任命すべきであったとした。さらに，1992年にヘレーネに措置入院が否定されたときに，自傷または他害があるかどうかが不明確でも，措置入院法に基づき，措置入院手続きを行うべきであったと述べた。妻の振る舞いは，自己の健康および同居人の健康を，その安眠を妨害することによって継続的に著しくかつ深刻に危険にするものであり，今後の措置入院を決定する際には，このような危険性も考慮して，その可否を判断すべきであるとしたのである。

措置入院法が定める要件によれば，措置入院は本人に自傷または他害の要件がなければ認められない。本判決は，当該要件を緩やかに解してその存否が不明である場合も，代弁人を任命して措置入院の手続きを踏むべきことを認めた。措置入院を認めない限り，本人は賃貸借法により住居を失う可能性が高かったことから，本人保護のためにも，妥当な結論であると考えられる。

第3項　自由制限措置
1　代弁人による自由制限

2006年の改正以前から，障害者に対して治療および居所決定を強制的に実施するための根拠条文は，代弁人法には存在しないというのが通説となっていた[166]。このため，代弁人は，一般民法典282条2項に基づいて障害者の自由制限を行うことはできなかった。その後，2006年の代弁人法改正法の最初の草案においては，代弁人に本人の居処を強制的に変更する権限を与える規定が置かれていた。しかし，強制措置を実施する権限の立法化は，改正を行っていた作業グループの強い反対により断念された。このため，現在でも，代弁人法を根拠に本人をホーム等へ強制入所させる権限を代弁人に与えることはできず，本人の自由制限は，必ず措置入院法およびホーム滞在法を根拠に裁判所の手続きを経て行われなければならない。

2　措置入院法とホーム滞在法

オーストリアにおいては，自由制限措置は，原則的に措置入院法またはホー

---

166) Schauer, a. a. O. 7, S. 279; Barth/Dokalik, a. a. O. 12, S. 227.

ム滞在法に基づいて行われる。両法ともに，他の方法では自傷または他害が回避されえない場合にのみ自由制限を許容しており，その実施要件は非常に厳格である。

(1) 措置入院法[167]

措置入院法は，精神病院における自由制限に適用される。このため，高齢者施設などで高齢者の自由制限を行う場合は，措置入院法ではなく，ホーム滞在法が適用される。

措置入院法3条[168]によれば，精神病に罹患し，このために自己の生命または健康もしくは他者の生命または健康を深刻かつ著しく危険にさらし，他の方法では医師による治療または世話が十分になされえない者のみが精神病院または精神科に収容される。本人がこの要件を満たす場合には，その施設への収容，自由制限（措置入院法33条）および被収容者の意思に反した治療（措置

---

167) 以前は，成年後見人および保佐人は，保護者として医療保護入院の同意権を有していた（精神保健福祉法旧20条）。2014年4月以降，保護者制度は法改正により廃止された。現行法において，医療保護入院は，「家族等による同意」によって実施可能とされており，家族等には，成年後見人および保佐人が含まれる旨が規定されている（同法33条）。これに関しては，家庭裁判所のチェック機能不足が問題点として指摘されている（廣瀬美佳「平成25年法律第47号により精神保健福祉法改正と成年後見制度」五十嵐慶喜＝近江幸治＝榊澤能生（編）『民事法学の歴史と未来－田山輝明先生古稀記念論文集』（成文堂，2014年）529頁以下）。関連文献として，五十嵐禎人「精神保健福祉法の見直し－保護者・医療保護入院制度を中心に－」実践成年後見44号（2013年）4頁以下，厚生労働省社会・援護局障害保健福祉部精神障害保健課「精神保健福祉法改正の概要」同48号（2014年）68頁以下等がある。また，禁治産・準禁治産制度および成年後見制度と保護者制度の関係について論じたものとして，久保野恵美子「精神障害者と家族－保護者制度と成年後見－」水野紀子（編）『社会法制・家族法制における国家の介入』（有斐閣，2013年）135頁以下がある。
168) 前掲注38参照。
169) 措置入院法33条
「(1) 患者の移動の自由を制限することは，種類，範囲および期間により，患者が個々のケースにおいて危険を回避するために3条1号の意味において，ならびに医師による治療および世話のために絶対に必要であり，治療または世話の目的と関係を有する場合にのみ許される。
(2) 一般的に，患者の移動の自由は，複数の部屋または特定の空間的領域にのみ制限されることが許される。
(3) 移動の自由を一室または一室の内部に制限することは，治療医によってその都度特別に命じられ，カルテに理由を述べた上で記入され，かつ遅滞なく患者の代理人に伝達されなければならない。患者またはその代理人の要求に基づき，裁判所は，そのような制限の許容性について遅滞なく判断しなければならない。」

入院法36条[170]）が認められる。

　もっとも，本人からの要請に基づく強制措置は可能である（措置入院法4条[172]）。

(2) ホーム滞在法

　高齢者施設または介護施設における本人の自由制限は，ホーム滞在法に基づいて行われる。本法は，2005年7月1日に施行された。自由制限は，本人または他の者がその病気および障害のために深刻かつ著しく危険にさらされており，この危険が他の方法では避けられない場合にのみ許容される（ホーム滞在法4条[173]）。

---

170) 措置入院法36条
「(1) 患者が認識能力および判断能力を有している限り，患者は，その意思に反して治療されることは許されない。通常，身体の完全性もしくは人格の重大な侵害または持続的な侵害を伴う医的治療（特別な治療）は，患者の文書による同意によってのみその実施が許される。
(2) 患者が認識能力および判断能力を有しない場合において，患者が未成年の場合，患者に代弁人が任命されていて，その任務範囲に患者の治療のための意思表示が含まれている場合，または老齢配慮代理権者が存在する場合には，患者の教育に関して権限を有する者，代弁人または老齢配慮代理権者の意思に反して，患者が治療されることは許されない。特別な治療は，患者の教育に関して権限を有する者，代弁人または老齢配慮代理権者の書面による同意によってのみその実施が許される。
(3) 患者が認識能力および判断能力を有さず，かつその教育に関して権限を有する者，代弁人または老齢配慮代理権者を有しない場合には，裁判所は，患者またはその代理人の要請に基づき，治療の許容性について遅滞なく決定しなければならない。特別な治療は裁判所の許可を必要とする。」
171) 詳細は，Kopetzki, Grundriss des Unterbringungsrechts (2005, 2. Aufl.)S. 188ff. 参照。
172) 措置入院法4条
「(1) 措置入院の要件を有する者は，その者が収容の理由と意味を理解でき，この認識に基づき自らの意思を決定できる場合には，自らの要請によって収容されることが許される。
(2) 要請は，収容の前に自筆の書面によってなされなければならない。これは，精神科の責任者である医師（以下，精神科責任者とする）またはその代理人がいるところで行われなければならない。
(3) 要請は，常時，また十分な根拠をもって撤回されうる。〔精神〕科の責任者は，当該権利に関して収容申込者に示しておかなければならない。撤回権の放棄は無効である。」
173) ホーム滞在法4条
「自由制限は，次の場合にのみ行うことが許される。
1　居住者が心的病気または精神的障害を有しており，これとの関係で自己の生命もしくは健康または他者の生命もしくは健康を重大な危険にさらしており，
2　自由制限が当該危険を回避するために絶対に必要かつ適切であり，ならびにその期間および程度が危険との関係で適切であり，
3　当該危険が他の措置によって，とりわけより慎重な世話措置または介護措置によって回避されえない場合。」

第4項　ホーム契約

　本人が自宅から高齢者ホームに入居する際に，代弁人は，ホーム契約を締結すると同時に，本人の居所を決定する任務を負う。近親者の法定代理権が民法典に制定されて以降，該当する近親者が一般民法284条c第1項に基づきホーム契約を締結できるか，またはホーム契約締結のために代弁人が任命されなければならないかが議論されてきた。これに関する明確な法規定は存在しないため，実務においては親族に対して与えられる情報が異なっている[174]とされる。

　2007年7月1日以降，ホーム居住者とホーム間の契約は，ホーム契約に関する特別規定がある消費者保護法の保護の下にある。本書では，この特別規定を「ホーム契約法」と呼ぶ。ホーム契約の締結は代弁人の居所決定の任務と関係するため，ここではホーム契約と代弁人制度の関係を考察する。

1　ホーム契約とは

　ホーム契約法は，高齢者ホーム，介護ホームおよびこれ以外の少なくとも3人の者が収容され，介護または世話されうる施設に適用される（消費者保護法27条b）[175]。このため，病院施設もしくはリハビリ施設，高齢者の住宅共同体，または障害者作業場には適用されない。なお，法の適用には，その施設が私立もしくは公立かどうか，または非営利かどうかは関係がない[176]。

　ホーム契約の締結は通常の経済活動を超えるため，代弁人がホーム契約を締結する場合には，一般民法典214条2項と関連する275条3項[177]および167[178]

---

174) Müller/Weiser, Angehörigenvertretung und Heimvertretung, iFamZ (2008), S. 252.
175) 代弁人法に関係する消費者保護法の条文訳は，巻末資料参照。
176) Müller/Prinz, a. a. O. 46, S. 174.
177) 一般民法典214条（旧229条）
　「(1) 財産管理に関する事務において法定代理を委託された者は，監護開始時に財産状態の基本的な調査について裁判所に報告しなければならず，監護終了時には決算を行わなければならない。裁判所は，未成年者である子の福祉の危険を回避するために法定代理人の行動を監視しなければならず，かつこれに関して必要な任務を与えなければならない。詳細は手続法において定められる。
　(2) 財産事務における代理行為および同意について，167条3項および168条を準用する。」

条 3 項に基づき監護裁判所の許可が必要となる。もっとも，契約がホーム契約法の要件を全て満たしており，支払が本人の収入および財産から支出できる程度のものであるか，または社会扶助によって負担されうる場合には，2007 年 7 月 1 日から例外的に監護裁判所による許可は必要とならないこととなった（消費者保護法 27 条 d 第 6 項）。しかし，結局は，ホーム契約は本人の居所を継続的に変更するものである。従って，上記の要件を満たし，ホーム契約について監護裁判所の許可を得る必要がなくても，本人が居変更についての認識能力および判断能力を有しない場合には，継続的居所変更として監護裁判所の許可が必要になる。

2　ホーム契約の内容
(1)　基本的情報

ホーム契約は，消費者保護法 27 条 d により，次に掲げるの情報を含んでいなければならない。

・契約当事者の氏名および住所
・契約期間
・宿泊の種類およびその他の部屋（居間，共同の部屋および庭）の内装
・洗濯の世話，居住している部屋の掃除
・食事の世話
・基本的な世話の枠組みにおけるサービス，例えば短期間の病気の介護，緊

---

178) 2013 年の親子法改正により，275 条 3 項が準用する親子法の条文は，214 条から 224 条までとなった。
179) 一般民法典 167 条 3 項（旧 154 条）
「(3) 財産事務が通常の経済活動を超える場合には，財産事務における両親の一方の代理行為および同意は，法的有効性のために，もう一方の両親の同意および裁判所の許可を必要とする。当該要件の下で，このような財産事務には，とりわけ不動産の譲渡または負担，設立，相続によるものも含む取得，企業の対象の変更，譲渡または解消および修正，相続によるものも含めた組合または団体への加盟または変更，相続権の放棄，無条件の遺産相続または遺産の放棄，負担付贈与の受領または贈与の申し出の拒否，216 条および 217 条に定められている種類の例外を伴う金銭の投資および訴えの提起ならびに手続の対象それ自体と関連する手続法上の処分が含まれる。これは，意思表示および送達物の受領には適用されない。」
180) Müller/Prinz, a. a. O. 46, S. 175.
181) Müller/Prinz, a. a. O. 46, S. 175.

急時の備え，および個人的な事務について居住者を援助すること
・料金の額，支払期日および宿泊，食事の世話，基本的な世話，特別な介護サービス，追加的なサービス，社会扶助および障害者援助の担い手によってなされるサービス
・契約関係終了時においてホームの担い手が経るプロセス
・人格権

(2) 特別なサービス

ホームが次のようなサービスを行う場合には，ホーム契約においては，当該サービスに関する情報が定められていなければならない。[182]
・特別な食事の世話，例えば食事療法の費用
・特別な介護サービスの種類および程度
・医学的サービス，または治療に関するサービス，例えば，医者，カウンセラー，ソーシャルワーカーがホームに居合わせているか，また連絡がつくかどうか，およびそのようなサービスが行われるための設備
・それ以外の第三者（例えば美容師など）によってもたらされるサービス
・どのような社会的世話または文化的世話をホーム居住者が要求できるかどうか，例えば，教育，仕事および文化に関する催しなどについて
・敷金の支払必要性およびその額

上述のサービスが行われないか，予定されていない場合には，ホームは，ホーム契約において，その旨明示しなければならない。

(3) 人格権に関する配慮

ホーム契約では，次のようなホーム居住者の人格権が言及されなければならない。[183]
・人格の自由な発揮，自己決定，プライベート領域への配慮
・郵便および電話などの通信手段に関する秘密の保持
・政治および宗教に関する自己決定の権利,意見を自由に発言する権利,ホーム居住者の利益を代理するための組織等の集会に参加する権利
・外界との交流，親戚および知人による訪問，電話の使用

---

182) Müller/Prinz, a. a. O. 46, S. 176.
183) Müller/Prinz, a. a. O. 46, S. 177.

・性別，出自，出身，人種，言語，政治的信条および宗派に関係のない平等な待遇
・適時の医療措置に関する権利，医師および療法士を自由に選択する権利，痛みに対する適切な治療に関する権利
・個人的な服装および自己の家具調度品に関する権利

(4) 「信頼する者（Vertrauensperson）」

　ホーム居住者は，「信頼する者」（消費者保護法 27 条 e）を推薦する権利を有する。これは，代弁人の同意に関係なく，ホーム居住者のみが有する権利である。「信頼する者」とは，ホームの担い手との間で，代理権を有することなくホーム居住者を援助し，重要な民法上の案件においてホームの担い手から強制的に招致される。たとえば，ホーム居住者が料金を支払わなかったり，ホームの運営を妨害したりするなどして，契約から生じる義務に著しく違反した場合には，ホーム居住者は警告を受ける。このとき，信頼する者が推薦されていた場合には，この者は理由が公示された上でホームに招致され，ホームの担い手から警告を受ける。同様に，他の法定代理人も招致されなければならないと考えられている[184]。

3　ホーム契約と代弁人制度との関係

　本人にホーム契約が必要となる場合には，前述した通り，ホーム契約が継続的な居所変更を意味することを見落としてはならない。このため，まずは本人に居所決定を行う能力があるかどうかを検討しなければならない。居所決定を行う能力は，選択された居所の是非を判断する能力，事実を適切に理解する能力，認識に基づいて行動を制御する能力であり，契約締結能力とは異なる[185]。このために，本人は契約を締結できないが，居所を決定できるという場合は十分にありうる。この場合には，本人が居所を決定しなければならない。

(1) 代弁人制度とホーム契約の関係

　代弁人は，任命時に委託されれば，ホーム契約を締結する権限を有する。

---

184) Müller/Prinz, a. a. O. 46, S. 178.
185) ErlRV 1420, BlgNR 22. GP, 21.

ホーム契約の締結は一般民法典167条3項における通常の経済活動の域を超えた財産管理であるから,原則的には裁判所の許可が必要となる。しかし,ホーム契約が内容的にも形式的にも,消費者保護法27条d第1項から5項の要件を満たし,料金が障害者の収入および財産によってカバーされるか,または社会扶助によって支払われる場合には,ホーム契約について監護裁判所の許可は必要とならない(消費者保護法27条d第6項)。このため,本人に居所決定の能力がある場合には,代弁人は裁判所の許可なくホーム契約を締結することができる。もっとも,代弁人にとってホーム契約が消費者保護法の要件を満たしているかどうかを判断するのは,難しいと考えられている。[186] これに対し,本人に居所決定能力がない場合には,ホーム契約の締結は結果的に居所変更になるために,結局裁判所の許可が必要となる(一般民法典284条a)。この許可は,裁判所も見落としがちであるとされる。[187]

(2) 近親者代理権

親族が近親者代理権に基づいてホーム契約を締結することは,否定的に解されている。[188]

まず,近親者代理権の範囲に居所決定は含まれない(一般民法典284条b参照)。近親者代理権には,代弁人制度における監護裁判所の許可または老齢配慮代理権の場合の特別な方式といった適切な保護措置が存在しない。このため,立法者は近親者に広汎な代理権を与えることを望まなかった。さらに,一般民法典284条d第2項に基づく本人の異議も,本人を親族による濫用という可能性から保護するために不十分である考えられている。

次に,本人に居所決定能力がある場合に,近親者が近親者代理権に基づいてホーム契約を締結できるかどうかも問題となる。もしホーム契約の締結が日常生活に関する法律行為または介護の必要を充足するための法律行為(一般民法典284条b第1項)に該当すれば,近親者も代理権を有することができる。しかし,立法資料には日常生活に関する法律行為の例として,家事の適切な遂行,衣服の調達,治療費の支払を引き受けること,またはホームでのリハ

---

186) Müller/Weiser, a. a. O. 174, S. 253.
187) Müller/Weiser, a. a. O. 174, S. 253.
188) Müller/Weiser, a. a. O. 174, S. 254.

ビリのための短期間の滞在のみが挙げられている。ここで短期間のリハビリのための滞在について言及されたのは，ホーム契約を締結するための代理権を近親者に与えるかどうかが議論された結果，与えないという結論に至ったことを示しているからと考えられている。

また，ホーム契約の締結は，介護の必要性を充足するための法律行為にもあたらない。立法資料には，その例として，在宅援助または在宅介護などが挙げられていることから，原則的に介護および世話を内容とする契約が想定されている。これに対してホーム契約は，宿泊，食事の世話，世話および介護を包括的に規定しているため，介護の必要性を充足するための法律行為を遥かに超えた内容を有している。ここから，本人を保護するためにも，近親者はホーム契約について権限を有すべきでないと考えられている。

したがって，老齢配慮代理権が存在しない場合には，ホーム契約の締結には代弁人の任命が必要となる。この際，代弁人は，監護裁判所の許可を得る必要がある。次の最高裁判決においても，代弁人がホーム契約を締結するには，裁判所の許可が必要であることが判示されている。

(3) 最高裁 2006 年 11 月 21 日判決[193]

本判決は，代弁人がホーム契約を結ぶ際には，監護裁判所の許可が必要であると判示している。

【事案の概要】

　　原告である協会は，独自の施設において住居，労働，自由時間などに関して障害者を常時世話していた。この協会には，ウィーンから日当が支払われていたが，これは十分な金額ではなかった。

　　障害者をどのホームに入所させるかは，ウィーンが決定していた。本人は，ウィーンから指定されたホームに入居等の申込みをすることができる。州が指定する段階では，州は特定のホームを指定しないのが通常である。もっとも，

---

189) ErlRV 1420 BlgNR 22. GP. 23.
190) Müller/Weiser, a. a. O. 174, S. 254.
191) ErlRV 1420 BlgNR 22. GP. 23.
192) Müller/Weiser, a. a. O. 174, S. 254.
193) 4 Ob 188/06k, iFamZ (2007), S. 78ff.

州の社会教育家があらかじめ本人がどのホームへ収容されるべきかを判断し，その結果として本人が収容される場合には，ホームを運営している組織は，前もって本人についての情報の提供を受けることになっていた。

　被告は精神的障害を有し，耳が不自由で言葉を発することができなかった。1998年4月22日に，ウィーン障害者法24条に基づき被告に措置入院が認められた。これと同時に，この措置入院で発生するサービス額は，ウィーン障害者法43条に基づき個別に決定されることとなった。この処分は本人とその当時の代弁人に伝えられ，入居前の代弁人と協会の間で行われた対話の中心的な内容となった。この対話において，本人のために支払われるべきウィーンからの日当に関係なく，本人はホームのために一定の金額を支払わなければならないとの取り決めがなされた。

　2003年10月23日に，代弁人は原告の協会に次のように伝えた。「1ヶ月215.98ユーロという金額について，具体的にはどのようなサービスがホームでなされているのかを，2003年12月1日までに書面で明らかにするようお願いいたします。期間を遵守しない場合には，支払いを一時的に中止することも考えています。適切なサービスの内容が記されているものを受領すれば，未払金額を支払います。」原告はこの代弁人の手紙に対応せず，代弁人は2003年11月の終わりに一月215.98ユーロの支払いを中止した。このため，協会は本人に対して報酬を請求する訴訟を提起した。第1審請求認容，本人が控訴。控訴審が報酬の減額を認めたため，本人および協会が上告した。

【判旨】破棄差戻し

　最高裁は，次のように述べて，ホーム契約の締結には裁判所の許可が必要であるとした。

　「第1審は，まず初めに協会がどのような具体的なサービスを被告に対して行ったのかを明らかにすべきであった。基本サービスについては，ウィーンによって被告のホーム滞在のために支払われた日当から支払われている。その後，原告が被告に対して基本的サービスを超えて追加的食事の世話および追加的サービスを行ったのであれば，このようなサービスについては，その都度適切な報酬額において，被告本人から協会に対して支払われる。

控訴審は，支払義務の基礎とされている当該（口頭による）申し合わせ（「ホーム契約」）を行った時点において，被告にはすでに代弁人が任命されていたことを見落としていた。このため，当該申し合わせは，その有効性のために監護裁判所の許可が必要かという疑問が生じる。

どのような措置が通常の経済活動に含まれないのかということは，個々のケースの状況によって異なる。（・・・）短期的な介護を超えたホームへの入居は，本人の生活に重要となる事務が問題となっているから，期限を定めないホーム契約は，通常監護裁判所の許可を得なければならない。

2006年の代弁人法改正法は，一般民法典284条a第2項において，障害者の居所を継続的に変更する場合には，最終的に裁判所の許可が必要であると規定している。最高裁の解釈によれば，同条に基づき，ホームへの期間を定めない入居を定める契約は，これが裁判所によって許可された場合に初めて遡及的に有効になるということが導き出される。」

第5項 小 括

1 要約

2006年の改正により，代弁人の居所決定権が立法化された（一般民法典284条a）。その規定内容は医療同意権と類似しており，本人が居所決定に関して認識能力および判断能力を有しない場合に限り，代弁人が居所決定を行うというものである。さらに，本人の居所が継続的に変更される場合には，代弁人の決定には裁判所の許可が必要となる。本条は，改正以前から実務で主張されていた内容を実現している。代弁人に強制的居所変更の権限を与えるかどうかが議論されたが，強い反対を受けたため，立法化されなかった。

居所決定に関連する代弁人の任務として，本人の住居の確保，自由制限措置およびホーム契約の締結を挙げた。代弁人は本人が住居を失わないよう見守る義務を負い，そのために措置入院を用いることもある。もっとも，代弁人として任命されるだけでは，代弁人は自由制限に関する権限を有さず，自由制限は措置入院法およびホーム滞在法に基づいて実施されなければならない。ホーム契約は，消費者法の要件を満たせば契約締結自体に裁判所の許可

を要しないが，ホームへの入居が居所の継続的変更を意味することから，一般民法典284条aに基づいて裁判所の許可が必要となる。

2 分析

代弁人の居所決定権も，医療同意権と同様に，2006年改正以前から立法化が望まれていた。本改正によって，医療同意権および居所決定権といった身上監護に関する代弁人の基本的権限が立法化され，代弁人の身上監護任務がより一層明確になったといえる。居所決定権は，自由制限に関連する権限である。オーストリアでは，1991年に措置入院法が施行され，2005年にホーム滞在法が施行されており，代弁人制度施行後に，本人の自由制限を根拠づける法律が相次いで制定された。これらの法律により，自由制限が代弁人法とは異なる法領域であることが明確にされた後に，代弁人の居所決定が立法化された。

第4節　代弁人と裁判所の関係

成年者保護の法領域では，成年後見人（代弁人）だけではなく，裁判所も重要な役割を果たす。それは，成年後見人（代弁人）を任命する時だけに限られない。裁判所は，成年後見人（代弁人）が活動していく中でも，成年後見人（代弁人）の活動を監督し，許可を与え，不正防止のための重要な任務を遂行しなければならない。しかし，序章において述べたとおり，日本では，近年成年後見人等の不正が相次いでおり，家庭裁判所の監督の充実が求められている[194]。この点，民法においては成年被後見人が居住する不動産を成年後見人が処分する場合に，家庭裁判所の許可が必要となると規定されているのみであり（日本民法859条の3，876条の5第2項および876条の10第1項），その監督は，比較法的観点からみると不十分である可能性が高い。また，広島高裁2012年2月20日判決において，成年後見人の横領を認識した家事審判官が

---

[194] 裁判所による後見監督の取り組みを紹介するものとして，光岡弘志「成年後見制度における家庭裁判所による後見等監督の在り方と裁判官の役割について」家庭裁判所月報61巻7号1頁以下参照。

これを防止する監督処分をしなかったことに対して，国家賠償責任を認める判決が出された[195]。

裁判所の監督および許可という2つの観点からオーストリア法をみると，監督についても許可についても，オーストリア法は，日本法よりも詳細な規定を置いている。そこで，日本法の問題点を認識し，かつ解決の道筋を探るために，本章ではオーストリアにおける代弁人と裁判所の関係を検討する。

第1項　代弁人の報告義務

1　原則

(1)　報告の期間

代弁人は，裁判所に対し，少なくとも毎年一度は障害者の個人的な状況に関する報告を行うよう法律により義務付けられている（非訟事件法130条）[196]。書面で行う義務はないが，代弁人協会では書面で行うことが通例となっている[197]。2006年の代弁人法改正法によって，この報告期間は3年に1度から最長でも1年に1度に短縮された。もっとも，裁判所は，さらに短期間における報告書を要求できる。つまり裁判所は，代弁人に対してこのような報告書を作成する任務をいつでも与える可能性を有しているのである。

2007年7月1日の時点（非訟事件法130条施行日）で，最後の報告から1年以上が経過し，裁判所によって報告の期限が定められていない場合には，代弁人は，長くてもその時点から半年以内に報告を行わなければならない（非訟事件法204条8項）[198]。もっとも，裁判所によって期間が定められている場合に

---

195)　金融・商事判例1392号（2012年）49頁以下。判例評釈として，藤原正則・実践成年後見43号（2012年）93頁以下がある。また，近時の成年後見制度に関する家庭裁判所の責任に対する通常裁判所の判断を批判するものとして，加藤雅信「成年後見と裁判所の責任」市民と法87号（2014年）2頁以下がある。
196)　非訟事件法130条
「代弁人は，裁判所に，適切な期間の後，しかしながら少なくとも毎年，その本人との個人的なコンタクト，その生活関係ならびにその精神的状態および身体的状態について報告しなければならない。裁判所は，代弁人に，このような報告書についての任務を与えることができる。」
197)　Barth/Ganner, a. a. O. 12, S. 94, FN349.
198)　非訟事件法204条8項

は、それが長期間であっても、この時期が尊重されるべきことになる。[199]

(2) 裁判所からの報告以外の指示

報告書の提出以外に裁判所が代弁人に与える指示は、決算の提出と財産管理の調査などの指示である（非訟事件法134条[200]、135条4項[201]および133条4項[202]）。身上監護の指示は、法的根拠を欠くために、裁判所は代弁人に指示を出すことができない。[203] このため、身上監護の領域では、代弁人の決定は本人に重大な結果をもたらしかねない。

一般民法典284条1項によっても、裁判所の指示権限は認められない。本人の福祉が危険にさらされている場合には、裁判所は、一般民法典281条4項を根拠として間接的に指示を与えることができるのみであると考えられている。これは、例えば、本人が代弁人の活動を妨害している場合には、第三者によって代弁人の活動を援助し、また代弁人が本人の福祉を実現できていない場合には、代弁人を交代させることなどの対応である。[204]

「(8) 連邦官報 2006/92における130条は、当該連邦法の施行以前に裁判所によって決められた期間に対し影響を及ぼさない。この時点において最後の報告書作成から1年以上が経過し、裁判所による期間が定められていない場合には、代弁人は遅くとも半年以内に報告しなければならない。」

199) Barth/Ganner, a. a. O. 12, S. 96.
200) 非訟事件法134条
「財産管理を監査する枠組みにおいて、法定代理人は、監査（開始決算）から満1年が経過した後に、その後は少なくとも3年という適切な期間（継続決算）において、および財産管理終了後（終了決算）に、裁判所に対し決算を提出しなければならない。これについて、裁判所は法定代理人に必要な任務を与えなければならない。継続決算と終了決算に関しては、必要な任務の付与は、最後の決算に関する決定とともに行わなければならない。」
201) 非訟事件法135条4項
「(4) 被監護者の福祉を危険にさらすことを回避するために、裁判所は、法定代理人に決算に関する特別な任務を与えなければならない。」
202) 非訟事件法133条4項
「(4) 財産調査のために、および財産確保も含めたその管理の監督のために、裁判所は、特別に法定代理人に任務を与えることができ、クレジット会社からまたは102条に基づき情報義務のある者から情報を入手でき、見積もり、銀行預金の凍結ならびに証書および動産の裁判所による保管を命じることができ、暫定的な予防措置を講じることができる。」
203) ErlRV 1420 BlgNR 22. GP. 19. もっとも裁判所が身上監護に関する指示を出せないのが通説となったのは、2001年の親子法改正以降である。
204) Barth/Ganner, a. a. O. 12, S. 95.

(3) 報告書で述べられる内容

代弁人は，報告書において本人とのコンタクトの頻度，本人の収入状況および財産状況も含めた生活状況ならびに本人の精神的状態および身体的状態について述べなければならない。重要となる情報は，医学的世話および社会福祉的世話である。つまり，身上監護の報告が重要になる。すなわち，健康に関する重要な措置，とりわけ措置入院法による強制収容，および世話と介護に関する重要な変更について報告されなければならない。[205]

(4) 報告義務違反による代弁人の解任

このような報告義務を課すことの目的は，代弁人の活動状況を調査するととともに，代弁人の変更および代弁人制度利用を終了する根拠を得ることにある。この報告義務違反は，代弁人の解任という結果をもたらすこともある。さらに，代弁人が弁護士である場合には，代弁人は懲戒処分を受ける可能性もある。

2 報告義務に関する判例

代弁人の報告義務に関連する最高裁判決もいくつか存在する。

(1) 憲法裁判所2009年9月21日判決――判例①[206]

本件において，憲法裁判所は，弁護士であった代弁人に対する懲戒処分は憲法違反ではないと判示した。

【事案の概要】

　　弁護士である代弁人は，地区裁判所の決定により，2005年11月14日から3週間以内に決算書を提出しなければならなかったが，実際に提出したのは，2006年2月24日であった。弁護士は，職務上の義務違反により，懲戒規約（Disziplinarstatut）16条1項1文に基づき懲戒処分を受けた。[207]これに対し，弁護士は異議を申し立てたが，2008年9月8日の上級職業・懲戒委員会において，この異議は棄却された。これに対して，弁護士は憲法裁判所に訴訟提

---

205) Barth/Ganner, a. a. O. 12, S. 95.
206) VfGH 21. 9. 2009 B 81/09, i FamZ (2010), S. 11.
207) 懲戒規約（Disziplinarstatut）16条1項1号「懲戒処分は，書面による戒告である。」

起した。

【判旨】請求棄却

憲法裁判所は次のように述べ，弁護士の訴えを退けた。

「官庁が恣意的に権利を行使した場合にのみ，本人は全ての国民に保障されている憲法における平等権を侵害される。しかし，本人が義務違反を行ったのであれば，官庁は権利行使を止めることはできない。この場合には，官庁は恣意的な行使または法適用として非難されない。当該懲戒処分は，納得でき，明確なものである。このため，本人は，全ての国民の法の下の平等に関する憲法上保障された権利を侵害されていない。」

(2) 最高裁 2003 年 2 月 12 日判決――判例②[208]

本判決は，報告書に関して裁判所から受けた指示を不服に思った代弁人が，不服申立てを行うことを認めた。

【事案の概要】

弁護士ペーター・D（以下代弁人とする）は，役所および裁判所で本人を代理するための代弁人として任命された。本人は，当時 2 件の訴訟を提起していた。代弁人は，その報告書において当該 2 件の訴訟で，本人に不利益になる判決がなされたと報告した。本人は，両訴訟について控訴することを望んでいたため，代弁人は訴状を用意し，訴訟遂行の許可を裁判所に申請した。

裁判所は，2002 年 10 月 30 日に，両訴訟の提起に許可を与えない旨の決定を行った。これに対し代弁人は，自分は本人の利益のために代弁人として当該決定を取り消す義務があるとして，控訴した。また，代弁人は監護裁判所の指示が本人にとって不利益になりうるとし，さらに訴訟を遂行する際に裁判所の許可が必要なことについても納得できないと主張した。加えて代弁人は，訴訟提起についての指示は弁護士には必要なく，結果的に本人に不利益をもたらすと主張した。代弁人が控訴。

控訴審は，代弁人の主張を退けた。これに対して，代弁人が上告した。

---

208) 9 Ob 7/03z.

【判旨】破棄差戻し

最高裁は，次のように述べ，破棄差戻しとした。

「控訴審の見解と異なり，代弁人の法的手段の行使は，第1審における代弁人の法的領域が関係していないという見解によって否定されることはなく，認められる。（・・・）法は，その任務領域の枠組みにおいて，自己責任によって本人を代理している代弁人が法的手段を用いて〔裁判所の〕指示の正当性を調査することを原則的に認めている。（・・・）

前述のとおり，控訴審により，代弁人自身の法領域も，本人の法領域も侵害されており，（・・・）このため控訴審は新たに判決を出し，代弁人の法的手段を本質に即して取り扱わなければならない。」

(3) 最高裁 2001 年 9 月 19 日判決――判例③[209]

本件では，報告義務を遵守しない代弁人を解任する際に，代弁人はその任務によって過大な負担を受けていることを主張することが認められた。

【事案の概要】

本ケースにおいては，代弁人は，その報告義務をその都度何度も催告されてようやく遂行していた。代弁人は，報告義務違反と本人のための賃料の未払い（2,180 ユーロ）の理由として，代弁人自身が自転車を購入する必要があったことと，代弁人の机が壊れたことを理由として説明していた。本判決では，代弁人の解任の際には，代弁人はその任務によって過大な負担をかけられているということを少なくとも主張できると判示された。[210]

【判旨】上告却下

「前審によって行われた事実の確定に関して，もはや異議は存在しない。（・・・）上告が許される控訴審の著しい誤審は存在しない。つまり，その報告義務を何回も催促されてようやく遂行していた代弁人は，少なくとも主に本人ではなく，他者が居住していた住居のために，本人の賃料の未払いを

---

209) 9 Ob 110/01v.
210) ここで，最高裁が収入管理または財産管理の範囲について述べることは，身上監護のより重要な領域にも適用されなければならないとされる（Barth/Ganner, a. a. O. 12, S. 95, FN360）。

30,000シリング以上にまで膨らませた。そして代弁人は、第1審において、この原因について代弁人自身が自動車を購入する必要性があったことを挙げ、さらに締め切りに間に合うように報告書を作成することおよび賃貸人の催告書に返事を出すことを遅らせた理由として、机が壊れていたと説明した。代弁人は、その任務について過大な要求を受けていたという控訴審の想定は、このため、少なくとも認められる。」

(4) 判例の分析

判例①および③は、代弁人が報告義務を遵守しないことを理由に解任されている。もともとオーストリアは報告書の提出を最長で3年に1度と定めていたが、2006年の改正により、当該義務を最長で1年に1度と改めた。この改正および判例①および③から、オーストリアにおいて、報告義務違反が代弁人の解任を生じさせる重大な違反であると認識されていることがわかる。さらに、判例②では、代弁人に、報告義務に基づいて裁判所が与えた指示に対する異議申し立てが認められている。ここから、報告書は代弁人と裁判所間の意思疎通の手段として、本人保護に資する重要な役割を有しているということができる。

第2項　裁判所による許可

成年後見人等が条文により家庭裁判所の許可を受けなければならないと明記されている事務は、成年被後見人等の居住用不動産の処分のみである[211]。これに対し、オーストリアでは、広汎な種類の事務について裁判所の許可が必要とされている。ここには、代弁人の任務には人格権の保護が含まれるという差異が現れていると考えられる。

---

211) 居住環境は精神医学的に本人の影響に多大な影響を与えるとのことから、居住不動産の処分は裁判所の許可が必要とされた（小林＝大門・前掲注93・149頁）。一方で、任意後見制度においては、このような制限は存在しない。この問題点を論じるものとして、上山・前掲注34・154頁以下がある。

1　条文の内容および判例
(1)　一般民法典に規定されている報告義務
　一般民法典275条2項および3項は，本人の身上に関する重要な事務および通常の財産管理の領域を超えた事務を代弁人が処理する際には，裁判所によって許可を受けるよう義務付けている。裁判所に許可を申請するのは基本的に代弁人の任務であり，親族は申請権限を有していない。もっとも，代弁人以外の第三者（例えば親族）が許可を求める場合には，手続きは職権により開始される[212]。監護裁判所は，代弁人が既に許可が必要となる法律行為を行ったことを知った場合にも，職権により事後的にその法律行為の許可をすることができる[213]。これについては，最高裁判例が存在するので後述する。

　同意に関して，裁判所は代弁人に代替して法律行為の同意を行えず，代弁人によってなされた代理行為または同意を許可すべきかどうかのみを検討する[214]。許可を与えるか，与えないかは，本人の福祉に合致するかどうかで決定される。本人の契約の相手方は，契約の許可が拒否された場合でも，これに対する異議申立てをすることはできない[215]。裁判所の許可なしに締結された法律行為は，本人に経済的な利益をもたらすかどうかに関係なく，不確定的無効のままとなる。したがって，許可されるまで，または不許可になるまで，両契約当事者は拘束されたままの状態となる。

(2)　最高裁2006年3月9日判決[216]
　本判決において，最高裁は，法律行為がすでに代弁人によって行われた後でも，監護裁判所は，事後的に当該法律行為を許可できると判示した[217]。

---

212) OGH 22. 10. 2007, 1 Ob 215/07k, iFamZ (2008), S. 76.
　　最高裁は，代弁人の任命の申立権者について，つぎのように述べている。「本人のみが代弁人の任命を申請する権限を有している。この他の者は，代弁人の任命を提案できるのみである。この者には，申請権も当事者の地位も認められない。このため，この者は法的手段についての権限も有しない。」
213) OGH 9. 3. 2006, 6 Ob 286/05k.
214) 医的治療の同意は裁判所の代替が可能な場合がある（一般民法典283条2項参照）。
215) Barth/Ganner, a. a. O. 12, S. 97, FN374.
216) 6 Ob 286/05k.
217) 日本では，家庭裁判所の許可を欠く居住不動産の処分行為は，無効とされている（小林＝大門・前掲注93・150頁）。これに対して，無権代理であるとする見解もある（上山・前掲注34・152頁）。

【事案の概要】

　本人は，2003年6月29日以降，Aによって運営されている共同住宅兼トレーニングハウスで世話されていた。2003年2月24日に，代弁人は本人の名前でAとの契約（ホーム契約）に署名した。この契約においては，財政的取決めを行うことが世話の要件とみなされていた。さらに，日常生活費として，本人からAへ1ヶ月200ユーロが支払われることとされた。本人が支払いを遅滞した場合には，Aは本人を世話しないということも取り決められた。

　2004年8月18日に，Aは書面により第1審に対し，日常生活費が2003年12月以降本人から支払われていないと申し出た。これに対し，代弁人協会側は，1ヶ月200ユーロという概算的支払いはこれ以上受け入れられないと述べた。このため，Aには経営困難が生じていた。代弁人は，本人はウィーン障害者法24条により他の介護施設を請求する権利があると述べた。本人は，自らの収容と世話のためにウィーンに対して年金および介護金の80％を支払っており，ウィーンから財政的援助を受け，その指定する施設を利用することが可能であった。

　2004年9月17日に，第1審は，代弁人に2003年12月1日から続く未払いの日常生活費の支払いを命じた。代弁人の報告書では，Aによる世話は本人の利益および福祉に適っていると記載されていた。このため，裁判所は，世話および居所を失う危険にさらすことは，本人の利益にはなり得ないと判断したのである。

　本人と代弁人が控訴した結果，控訴審はこの主張を認め，破棄差戻しとした。契約上の義務（支払義務）を代弁人に遵守させることが正しいかどうかは，Aと本人との契約が有効に成立している場合にのみ問題となる。当該契約は通常の経済活動に属さないことが明らかであるため，裁判所の許可を得ていなければ有効に成立していない可能性があることが指摘された。控訴審は，当該契約がホーム施行法以前に締結されているため，第1審は，一般民法典154条3項の意味において，代弁人とAとの間の契約の許可について審議しなければならないと述べた。

　2005年3月31日の決定により，第1審は，2003年2月24日に代弁人とAとの間で締結された契約に許可を与えた。この後，控訴審は次のように述べ，

本人の不服申立てを棄却した。

「当該契約は、一般民法典216条および154条3項により、監護裁判所の許可を得る義務がある。ある法律行為に監護裁判所が許可を与えるべきかどうかを判断する際には、その法律行為が本人の福祉に合致しているかどうかが問題になる。この際、全ての事情が考慮されなければならず、その結果、経済的な観点から見れば最善の選択肢が必ずしも本人の福祉にとって最善の解決策になるとは限らない。（・・・）代弁人が反対していても、本人は、日常生活費を支払うことは可能であった。このため、前審が日常生活費の負担よりも居所および世話を重視したことは妥当である。」本人が上告。

【判旨】上告却下

「一般民法典228条および282条に規定されている指示により、代弁人の権利および義務にも適用される一般民法典154条3項から、財産的事務における法定代理人の代理行為および同意は、その財産行為が通常の経済活動に属していない場合には、裁判所の許可を必要とする。許可についての判断がなされる場合には、とりわけ本人の福祉が考慮されなければならない。ある裁量が本人の福祉に合致するかどうかに疑いのある場合には、個々のケースごとにその都度判断して決定しなければならない。この問題は、監護裁判所によって、常に個々のケースの特別な事情を考慮して、義務に適った裁量によって判断されなければならず、重要な法的問題にはならない。

『個々のケースの具体的な事情に照らし、とりわけ本人の個人的な世話の必要性と本人が処分できる財産を鑑みて、当該契約は本人の福祉に合致する』という前審の判断は、その裁量を逸脱していない。

（・・・）第1審が、代弁人が明確に申請することなしに許可を行うことについて決定したことも、非難すべきではない。通常、代弁人の事務の許可は、監護裁判所の任務である。裁判所は、特別な保護の下にある者（一般民法典21条）の法定代理人の活動を監督し、法定代理人によって行われ、または予定されている法律行為の適法性および合目的性を吟味し、指示を与える。この際、裁判所は法定代理人の活動を一般的に適切な方法において監督しなければならず、予定している処理または処理しない場合の結果を教示しなければならない。裁

判所は，どのような方法であっても本人の法的領域および経済的領域が危険にさらされていると認識した場合には，常にこのような監督および教示を行わなければならない。裁判所が危険を認識した場合には，裁判所の同意がその有効性のために必要ではない法律行為についても，このような指示を与えることができる。

このような意味において，監護裁判所は，裁判所の許可が必要となる，代弁人によってすでに行われてしまった法律行為を関知することになった場合でも，一般民法典154条の意味における法律行為の許可について判断することができる。」

当該判決によって，裁判所はいつでも代弁人の事務の当否を判断できることが明らかになった。つまり，許可は常に事前に判断される必要はない。

2 身上監護に関する許可が必要となる事務

一般民法典275条2項は，「被監護者の身上にかかわる重要な事務において，代弁人（特別代理人）は，裁判所の許可を得なければならない」と規定している。本条の「身上に関係する重要な事務」とは，一般民法典167条2項[218]が列挙している事務であると考えられている[219]。一般民法典167条は親子法に関する条文であり，両親の同意が必要となる子の身上に関する事務が列挙されている。もっとも，同条で挙げられている任務の一部が両親と子の間にのみ関係するものであるという理由[220]から，代弁人法において本条の準用は，条文上明示されていない。というのも，2006年の代弁人法の改正では，親子法からの切り離しが目的とされていたからである。しかし，代弁人法は，その成立時から親子法の規定を広汎に準用していたため（旧282条参照），現在でも，当該規定は，裁判所の許可を得なければならない事務を判断する指針となると考えられたのである。

---

218) 前掲注18参照。
219) ErlRV 1420, BlgNR 22. GP, 14.
220) ErlRV 1420, BlgNR 22. GP, 14.

3 財産管理に関する事務

　財産に関する事務への裁判所の許可については，一般民法典275条3項が一般民法典214条から224条の準用を規定している。214条2項は，一般民法典167条3項を指示することにより，通常の経済活動を超える財産事務について裁判所の許可を義務付けている。このため，身上監護と異なり，財産管理に関する事務の許可には明確な根拠条文が存在する[221]。

(1) 条文に挙げられている法律行為

　財産管理については，通常の経済活動に属さない全ての代理行為および同意に対して，裁判所の許可を得ることが義務付けられている（一般民法典167条3項との関係において214条[222][223]）。何が通常の経済活動を越えているかは，本人の経済状態に応じてその都度個別的に判断しなければならず，障害者の財産，法律行為と関連するリスクおよび期間，当該法律行為と関連する義務，本人の健康状態および年齢などが考慮されるべき要素であるとされる[224]。つまり，一般民法典167条3項において例示的に述べられている代理行為および同意は，その全てのケースにおいて許可義務が生じるのではなく，これらの代理行為および同意が本人の通常の経済活動から逸脱している場合にのみ，許可義務が生じる。

　一般民法典167条3項において列挙されている法律行為は次のとおりである。

①不動産の譲渡および負担

　不動産の譲渡は，一般民法典223条により常に許可が必要となる法律行為である[225]。不動産の取得が負担を伴う場合には，その取得が無償であっても許

---

221) 日本では，「一般の財産管理を目的とする代理権の行使については，成年後見人の適格性の審査および後見監督の充実により適正な規制を加えていくのが相当である」とされている（小林＝大門・前掲注93・150頁）。
222) 前掲注179参照。
223) 前掲注177参照。
224) Stabentheiner, in: Rummel(Hrsg.), Kommentar zum ABGB Ⅰ (2003, 3. Aufl.), §154, 154a Rz 13.
225) 一般民法典232条
　「不動産は，緊急の場合または未成年者の明確な利益のためにおいてのみ，裁判所の許可によってのみ譲渡されることが許される。」

可が必要となる。
②企業の設立，獲得，変更，譲渡および解散について
　とりわけ経営方式の変更（例えば有限会社から株式会社への変更），経営対象の変更，清算，株式の受領および寄付の意思表示に許可が必要となる。
③会社または団体への加入またはその変更
　会社または団体への参加およびその参加に関する法的方式の変更は，裁判所の許可が必要となる。
④相続放棄の契約
　これは，生前に被相続人とかわした契約による相続放棄ならびに遺留分および遺贈の放棄を意味する。当該契約は，一般民法典551条[226]により公証行為または裁判所による証書の作成が必要となる。
⑤限定承認および放棄
　単純承認（一般民法典801条[227]）には，裁判所による許可が必要となる。これに対し，代弁人は限定承認をすることもでき，限定承認の場合には裁判所の許可は必要とならない。
　相続放棄については，本人の代理人が相続開始の意思表示を行う期間を徒過し，このために本人の福祉が危険にさらされている場合には，監護裁判所は必要な措置を講じなければならず，またこのことについて知らされなければならない（非訟事件法157条3項[228]）。もっとも，相続財産の価値が僅かである場合には，放棄は通常の経済活動に属するので，裁判所の許可を得る必要は

226）一般民法典551条
　「その相続権を有効に処分できる者は，被相続人との契約により事前に相続権を放棄する権限を有する。契約は，その有効性のために，公証行為による記録または裁判所による記録の証明を必要とする。当該放棄は，特段の定めがない限り，子孫にも効力を及ぼす。」
227）一般民法典801条
　「無条件の相続開始の意思表示は，たとえその遺産が十分でなくても，相続人が被相続人の全ての債権者に対してその債権について，かつ全ての受遺者に対しその遺贈について責任を負わなければならないという効果をもたらす。」
228）非訟事件法157条3項
　「〔3〕当該人物〔推定相続人〕が期限を徒過した場合には，この者が事後に意思表示を行わない限り，この者は，もはや今後の手続きに招致されない。被監護者の法定代理人がこの期限を徒過した場合には，監護裁判所は，〔これについて〕知らされなければならない。」

ない。[229]

⑥負担付贈与の受領または贈与の申し出の拒否

本人が負担付きでない贈与を受けることに対して，裁判所の同意および代弁人の同意は必要とならない。許可が必要となる典型例としては，乗馬用の馬の贈与，居住権および果実収集権付き不動産の贈与ならびに担保禁止および譲渡禁止付き不動産の贈与を受ける場合が挙げられる。[230]

⑦金銭の投資

代弁人が本人の金銭を投資する場合には裁判所の許可が必要となるが，一般民法典216条[231]および217条[232]に定められている金銭の投資は，許可を受ける必要はない。

⑧訴訟提起および手続法上の処理

訴訟提起だけでなく，和解，放棄，認諾または訴えの取り下げおよび本人と訴訟代理人の間に利益相反が生じる場合には，裁判所による許可が必要となる。[233]これは，離婚の訴えについても同様である。これに対して，通常の経

---

229) Stabentheiner, a. a. O. 224, §154, 154a Rz 13.
230) Barth/Ganner, a. a. O. 12, S. 101f.
231) 一般民法典216条
「預金が被後見人の名義であり，明確に『被後見人の金銭（Mündelgeld）』という名を有し，金融機関によって形成された，このような預金のその都度の額と調和しており，債務を負っていない補償金が，一般的に連邦または州の金融機関の拘束力について，または被後見人の金銭に利子をつけることおよびその払い戻しについて特別に責任を負う場合には，預金の受領に権限を有する国内の金融機関の預金は，被後見人の金銭の投資に適している。補償金は，被後見人にとって安全な有価証券（217条），法律に従って確実性を有する抵当付債券（218条），連邦または州が負う債権または現金の中にのみ存在しなければならない。」
232) 一般民法典217条
「以下の有価証券および債権の取得は，被後見人の金銭の投資に適性がある。
1　その利子および払戻しに連邦または州が責任を負う借入の部分的債務
2　国債の台帳に登録されている債権
3　法律の規定に従い，このような有価証券の交付を許されている国内の金融機関の担保証券および市町村の債権
4　金融機関が当該部分的債務からの請求を十分に弁済し，この弁済の担保として，連邦が責任を負う金融機関の債権，1号，3号および5号による有価証券または債権，または現金を設定するという義務を有し，これが部分的債権と明確にわかるようになっている限り，国内の金融機関から交付された部分的債権
5　特別な法律規定によって，被後見人の金銭の投資に適切と表明された，これ以外の有価証券」
233) iFamZ (2007), S. 244; Kremzow, Österreichisches Sachwalterrecht (1984), S. 180.

済活動に属する訴訟行為は，裁判所の許可は必要とならない。また，受動訴訟，訴訟行為の中止も裁判所の許可を必要としない。

(2) 通常の範囲内の経済活動

社会福祉法上の請求，介護金および社会扶助の請求，料金の支払いの免除およびその他の優遇などを代弁人が行う場合にも，代弁人は裁判所の許可を受ける義務はない。最高裁によれば，このような事務は一般民法典284条bによる近親者の法定代理権によって包括されているので，この事務処理のために複雑な法的問題が生じる場合にのみ，代弁人は裁判所からの許可を必要とする[234]。これに対して，複雑な法律問題が生じるか否かは判断基準とはならず，事務処理のために代弁人への報酬が生じる場合には，本人の経済的リスクが生じることから裁判所の許可が必要となるという見解もある[235]。

一般民法典167条3項に挙げられている事務以外でも，その事務が通常の経済活動に属さない場合には，代弁人は，事務処理の際に裁判所の許可を受ける義務を有する。この際，一般民法典222条[236]に基づき，譲渡される物の取引価値が1,000ユーロを超えないか，利用のために必要となる費用の合計が10,000ユーロを越えない場合には，代弁人は，裁判所による許可を得る必要はないとされる[237]。事務の内容という観点からみれば，扶養の申し合わせ，扶養の放棄，および通常の期間よりも長期の賃貸借などが裁判所の許可を受けるべき事務と考えられている[238]。

(3) 最高裁2008年11月25日判決[239]

本ケースにおいては，介護金の申請のための訴訟遂行に，監護裁判所の許可は必要性とならないと判示された。

---

234) OGH 25. 11. 2008, 1 Ob 211/08y, iFamZ (2009), S. 154f.
235) Barth/Ganner, a. a. O. 12, S. 103 FN418.
236) 一般民法典222条
「未成年者である子の現在のまたは未来の必要性を充足させるために必要とされない，または少なくともこれについて適切と思われない，通常の動産は，可能な限り利用されなければならない。個々の物の取引価値が推定で1,000ユーロを超えるか，または利用について定められる物の価値の合計が推定で10,000ユーロを超える場合には，裁判所の許可が必要となる。」
237) ErlRV 1420 BlgNR 22. GP, 9.
238) Barth/Ganner, a. a. O. 12, S. 103.
239) 1 Ob 211/08y, iFamZ (2009), S. 154f.

【事案の概要】
　第1審は，2007年3月に，収入と財産の管理，役所および裁判所ならびに私的な契約相手方に対する代理を任務範囲として，弁護士を代弁人に任命した。後日，本人は代弁人に代理され，介護金の増額を拒否した年金保険会社を訴えるための許可を裁判所に申請した。前2審共に却下。代弁人が上告。

【判旨】上告棄却
　最高裁は，次のように述べ，介護金の増額を要求する訴訟に対する，監護裁判所の許可の必要性を否定した。
　「2006年の代弁人法改正法において新たに設けられた一般民法典284条bでは，日常生活に関する法律行為の代理権に加えて，社会保険法上の請求，介護金および社会扶助の請求，手数料の免除ならびに他の支援について申請する権限も〔近親者の代理権限に〕導入されたことを考慮すると，代弁人制度の領域においても，例外的ケースにおいて複雑な法的疑問が存在しない限り，必要な訴訟遂行によってこのような請求を行うことは本人の通常の法律行為に分類されるべきであり，当該訴訟行為は，このために監護裁判所の許可を必要としない。」

　法律が明記していない以上，裁判所は，代弁人の事務処理に裁判所の許可が必要かどうかを判断する。このため，本件のように，具体的な事務処理に対する裁判所の許可の要否を個別に判断する判例が登場する。介護金の申請は親族による法定代理権の任務に含まれていることから，本判決は，近親者の法定代理権の任務とされている事務処理には，代弁人は裁判所の許可を必要としないことを明示する意義を有すると考えられる。

4　医的治療，不妊手術，研究

　医療同意の領域において裁判所の同意が必要となるのは，①障害者に認識能力および判断能力がなく，計画されている治療が本人の福祉を保持するために必要であるということを証明している，治療医とは別の独立した医師の診断書を，代弁人が治療医に提示できない場合，②認識能力および判断能力を有しない本人が治療を拒否する場合，または③代弁人が医療同意について

はじめから裁判所の許可を得る意向を有する場合となる。本人が認識能力および判断能力を有している場合には，本人のみが同意できる。

本人の継続的な生殖不能を目的とする措置およびその措置が本人の身体または人格の障害を伴う場合には，全てのケースにおいて，裁判所の許可が義務付けられている（一般民法典284条）。これらの措置は，これらの措置によって本人の生命と健康に関する深刻な障害が阻止され，研究が本人の健康にとって有益でありうる場合にのみ許される。[240]

5　居所決定

本人の居所が継続的に変更されるには裁判所の許可が必要となる。代弁人は，本人が認識能力および判断能力を有しておらず，かつこの事務がその任務として裁判所の決定により委託されている場合に限り，本人の居所を決定する。

6　自由制限

代弁人は，本人の自由制限を命じることもできず，自由制限に同意することもできない。代弁人が本人の精神科への入院の同意をその任務範囲として任命されている場合もあるが，これは本人が自ら入院を希望する場合である（措置入院法5条）[241]。この場合には，代弁人の同意は，裁判所の許可を必要としない。

7　ホーム契約の締結

ホーム契約は，原則として通常の経済活動を超えた事務である。しかし，

---

240) ErlRV 1420, BlgNR 22. GP, 21.
241) 措置入院法5条
「(1) その任務範囲に精神科における措置入院に関する意思表示を有する代弁人が任命されている者は，たとえ代弁人が同意したとしても，自己の要請によってのみ収容されることが許される。
(2) 未成年者は，その教育に権限を有する者および，未成年者が思慮分別を有する場合には，未成年者自身が収容を要請した場合にのみ，収容されることが許される。
(3) 1項および2項による法定代理人の同意は，自筆によらなければならない。
(4) 異議申立てについては，1項および2項により収容を要請できるか，または収容に同意できる1人の者の意思表示で足りる。」

①消費者保護法27条d第1項から5項までの内容上の要求および方式上の要求を満たしており，かつ②ホーム契約で定められている支払額が本人の経済力によってカバーされる場合には，消費者保護法27条d第6項により，代弁人は，ホーム契約締結について裁判所の許可を得る必要はない。これは，ホーム法の厳格な要件のもとではホーム経営者の裁量の余地が狭く，居住者を保護する必要性が低いと考えられているからである[242]。もっとも，代弁人が前述の①および②の要件の存否を判断できるかどうかを疑問視する声もある。

第3項　本人の福祉

1　本人の福祉という概念の内容

本人の福祉の確保は，代弁人法の基礎である。このため，代弁人のみならず裁判所も，本人の福祉に資するかどうかを考えながら活動していかなければならない。しかし，「本人の福祉」という概念は非常に抽象的かつ曖昧である。本人の福祉とは何かを明確に述べる条文は存在しない。このため，本人の福祉とは，その生活領域から形成される基準と価値観に基づいて解釈され，かつ社会的価値観によって方向付けられ，社会的価値観の変化によって影響を受けるものであると考えられている[243]。代弁人および裁判官にとって条文上の権利に，とりわけ基本権を基礎とする価値観が重要となる。特に，自主性のある生活形成の原則，人間の尊厳，プライベート領域ならびに基本権および自由権を尊重しなければならない[244]。

代弁人制度の実施に際し最高規範となる「福祉」とは，個別的に判断されるべきものと考えられており，裁判所によって確定された任務範囲，本人の主観的希望および利益が重要な基準となる[245]。

ドイツ法においても，福祉を定義づける規定は存在しない。政府草案によれば，客観的な基準だけではなく，本人の人生計画および主観的考えも本人

---

242) Barth/Ganner, a. a. O. 12, S. 107.
243) Barth/Ganner, a. a. O. 12, S. 85.
244) Kremzow, a. a. O. 233, S. 87.
245) Barth/Ganner, a. a. O. 12, S. 85.

の福祉を考慮する際の基準となる[246]。このため，本人の福祉を考える際には，本人の状況，病気または障害，可能性および財政状況を具体的に考慮しなければならない[247]。また，ドイツでは，世話人が本人の法益を妨害しないだけでなく，可能性に応じてその法益の増加または拡張をもたらすべきことが説かれている[248]。

オーストリア法においても，本人の福祉はドイツ法と同様に考えられている[249]。むしろ，オーストリア法においては，条文上明確に「障害者がその能力と可能性の枠組みの中でその希望および考えにより自己の生活を形成するよう，代弁人は努力しなければならない」と規定されている（一般民法典281条1項）。

2 本人の福祉に関する根拠条文

一般民法典275条1項2文は，本人の福祉について，代弁人は本人の福祉を可能な限り援助しなければならないと規定している。このことから，本人の福祉は，代弁人法の中心原則であるといえる。この他にも，本人の福祉の重要性を示す，代弁人法以外の条文として，一般民法典21条および137条[250][251]がある。特に一般民法典21条は，代弁人法および親子法の重要な根拠条文であり，代弁人法の個々の規定を解釈する際の根拠規定である[252]。本条は，法

---

246) BT-Drucks 11/4528, S. 133.
247) Schwab, in : Münchner Kommentar (2012, 6. Aufl.), §1901 Rn 9.
248) Schwab, a. a. O. 247 §1901 Rn 9
249) Barth/Ganner, a. a. O. 12, S. 86.
250) 一般民法典21条
　「(1) 未成年者と，未成年者であるということと別の理由から，全てのまたは個々の自己の事務を自ら適切に処理できない者は，法律の特別な保護の下にある。
　(2) 未成年者は，18歳がまだ終了していない者である。14歳がまた終了していない場合には，その者は，〔精神的に自立していない〕未成熟者（unmündig）である。」
251) 一般民法典137条
　「(1) 両親と子は，互いに扶助し合わなければならず，かつ敬意をもって対応しなければならない。父および母の権利および義務は，特段の定めがない限り同等である。
　(2) 両親は，未成年者の子の福祉を促進し，その監護，安全および注意深い教育を保障しなければならない。全ての暴力ならびに肉体的苦痛および精神的苦痛の付与は許されない。可能な限り，両親は監護を合意に基づいて実施すべきである。」
252) OGH 18. 12. 1991, 1 Ob 622/91.

的取引において保護を必要とする者の基本的な監護措置を根拠づける規定であることから，意思能力が不十分である者のための法的保護に関する一般条項と解されている。[253] 判例も，一般民法典21条から，未成年者および被監護者に対する監護裁判所の広汎な権利擁護義務を導き出している。[254] さらに，本条は法律行為における本人の保護だけでなく，例えば医的治療への同意および婚姻の同意といった一身専属上の事務に関する保護も包括しているとされている。[255]

3　本人の福祉のための裁判所の活動

代弁人が本人の福祉のために活動しなければならないことが条文上で定められているように（一般民法典275条1項，281条1項），裁判所も本人の福祉を重視すべきと定める規定が存在する。例えば，本人の福祉が危険にさらされていると裁判所が関知した場合には，裁判所は常に職権によって適切な処理をしなければならない（同281条4項）。この処理としては，代弁人職を他者に委託すること（同278条1項），医的治療に関する同意を代弁人に代替して行うこと（同283条2項），報告書の作成および決算の実施を代弁人に命じることなどがある。ただし，身上監護における裁判所からの指示に関しては，法的根拠は存在しない。また，全てのケースにおいて，裁判所は5年を超えない適切な期間で，本人の福祉が代弁人職の終了または変更を必要としているかどうかを調査しなければならない（同278条3項）。さらに，裁判所は，本人の福祉の危険が第三者によって生じている限り，代弁人をその活動において援助しなければならない。

第4項　小括

1　要約

代弁人は，少なくとも年に1度報告義務を負うと条文で定められている（非

---

253) Barth/Ganner, a. a. O. 12, S. 84.
254) OGH 9. 11. 1988, 1 Ob 32/88; OGH 4. 4. 1990, 1 Ob 532/90; OGH14. 7. 1992, 1 Ob 30/92.
255) Barth/Ganner, a. a. O. 12, S. 85.

訟事件法130条)。報告義務の遂行は，2006年の改正により，3年に1度から1年に1度へと改正された。報告義務違反は，代弁人の解任という結果をもたらすこともあり，代弁人制度の監督として有効に機能するものと考えられる。

さらに，代弁人に対するもう1つの監督機能として，裁判所による許可が挙げられる。代弁人が裁判所の許可を得なければならない事務は，非常に広範囲にわたる。

まず，本人の身上に関する重大な事務処理に対する許可は，一般民法典275条2項が指示している。そして，許可が必要な具体的事務は，原則として同167条2項に列挙されている事務である。もっとも，代弁人法は，同項の準用を明確に指示していない。同項は親子法に関する条文であり，同項の準用を指示する規定を置くことは，2006年の改正目的である親子法からの切り離しに反するからである。しかし，一般民法典旧282条では親子法の広汎な準用が指示されていたため，今でも同項を基準と考えることが通説となっており，同項の内容から，代弁人は人格権に関する事務も処理すると考えられている。

財産に関する事務については，同275条3項で214条の準用が指示されており，同条が167条3項を指示していることから，同項を根拠に通常の経済活動を超える事務処理については裁判所の許可が必要であると考えられている。167条3項には多くの法律行為が例示的に列挙されているが，これ以外にも，取引価格が1,000ユーロを超える場合には裁判所の許可が必要となると考えられている。

2 分析

本節から，裁判所は，報告義務および事務処理に対する許可によって代弁人を監督していることが明らかとなった。報告義務の程度および許可を要すべき事務の種類が具体的に法律によって規定されていることから，裁判所による監督は，日本のそれよりも厳格であるといえる。日本では，成年後見人の報告義務は定期的に定められておらず（日本民法863条参照），裁判所が許可すべき事務も「成年被後見人等が用に供する建物またはその敷地の売却，賃

貸，賃貸借の解除または抵当権の設定その他これらに準ずる処分（日本民法典859条の3，876条の5および876条の10）」のみである。オーストリアにおいては代弁人による横領は，日本ほど問題視されていない。これは，報告義務および事務処理に対する許可による代弁人の監督が効果的に機能している結果であるといえ，定期的な報告義務および裁判所の関与が代弁人の権限濫用に対する重要な予防策となることを示しているものと考えられる。

第5節　代弁人の責任

第1項　代弁人の責任の法的基礎

1　代弁人の責任を検討する意義

　代弁人として任命されると，本人と代弁人の間に法的関係が生じるため，代弁人は本人に対して法的責任をとる可能性がある。このような法的関係は，代弁人と本人の間だけでなく，代弁人と協会と本人の間にも生じうる。

　代弁人個人の本人に対する損害賠償は，これまでほとんど論じられておらず，取り扱った判例も多くはない。これには，代弁人によって本人にもたらされる損害が公にならないことが少なくないこと，本人の利益を行使できる人物が存在しない場合が多いこと，代弁人協会が関係している場合には保険が締結され，平和的解決がなされやすいことなどが関係していると思われる。

　しかし，近年，日本では成年後見人等の不祥事が相次いでおり，成年後見人の公的責任を明言した判例も出ている。そこで，今後の対応のためにも，成年後見人等の責任をより明確にするために，ここではオーストリアにおい

---

256) すでに，成年後見制度施行以前から，家庭裁判所の能力を考えると，定期的かつ比較的低額の財産管理については，行政が管理できるようにする個別の立法の必要性が指摘されていた（水野紀子「成年後見制度－その意義と機能と限界について－」法学教室218号（1998年）96頁）。藤原・前掲注195・99頁においては，「成年後見人の選任・監督には，本来は司法機関である家庭裁判所だけでは十分ではなく，行政機関の協力・援助，および，職業後見人だけでなく，社会による基本的には無償の成年後見人候補者という人的資源の用意が必要だ」と述べられている。

257) 最判平成24年10月9日・家庭裁判所月報65巻2号88頁，裁判所時報1565号3項。判例評釈として，坂元文彦・研修781号（2013年）3頁以下，清水晴生・判例時報661号（2014年）173頁以下がある。

て代弁人の責任がどのように扱われているのかを考察する。[258]

2 責任の法的基礎
(1) 2006年代弁人法改正法以前の法状況
　2006年の代弁人法の改正前は，一般民法典旧282条において，親子法規定の準用が指示されていた。このため，当時の代弁人は，一般民法典旧264条1項に基づき[259]，本人に対し自分が生じさせた損害に責任を負っていた。代弁人がその任務を履行する際に，その過失により不適切な人物を用い，かつ十分な監督をしなかった場合には，同条2項が適用された。なお，一般民法典旧265条により[260]，裁判官は，全ての事情を考慮して不適切と思われる場合には，代弁人の損害賠償義務を軽減および免除することができた。

(2) 2006年の代弁人法改正法の法状況
　2007年1月1日から親子法の規定は準用されず，代弁人の責任ならびにその軽減および免除は，一般民法典277条に独立して規定された。同条は，裁判官の軽減権（Mäßigungsrecht）を定めている。また，履行補助者は，代弁

---

[258] 日本における成年後見人の民事責任および刑事責任を扱うものとして，志村武「成年後見人の権利義務と民事責任－成年後見人による横領の事例を中心として－」田山輝明（編著）『成年後見－現状の課題と展望－』（日本加除出版株式会社，2014年）189頁以下，甲斐克則「成年後見人と刑事責任」同239頁以下がある。また，財産管理に関する成年後見人の責任を論じるものとして，清水恵介「成年後見人等の義務と責任の位置づけ」実践成年後見51号（2014年）7頁以下，平田厚「財産管理における義務と責任」同号16頁以下，身上監護に関するものとして，井上計雄「身上監護における義務と責任」同号23頁以下がある。財産管理および身上監護ともに，本人の意思を尊重した，成年後見人等による積極的な権限行使が主張されている（平田・22頁，井上・30頁）。

[259] 一般民法典旧264条
　「(1) 187条により監護を委託された者は，その過失によって生じた全ての損害に関して子に対し責任を負う。
　(2) 監護を委託された者がその遂行のために法律に基づいて他者を使用する限り，委託者は，過失により不適切で危険な人物を選任するか，受託者の活動を不十分に監督するか，受託者に対する未成年の子の損害賠償請求を過失により怠る場合にのみ，責任を負う。」

[260] 一般民法典旧265条
　「全ての事情，とりわけ過失の程度または未成年の子と監護受託者との間の特別に近しい関係を考慮して，賠償義務が監護受託者にとって不当に厳しいものである限り，裁判官は264条に基づく賠償義務を軽減するか，または全て免除することができる。」

人と本人の間に特別な関係が存在するために，一般民法典1313条 a[261]に基づいて責任を負うとされる。[262]

さらに2006年の法改正により，協会代弁人が代弁人となるケースにおいて，今後は協会によって推薦された人物（以下，協会代弁人とする）ではなく，協会自身が代弁人として任命されることとなった（一般民法典279条3項）。このため，協会代弁人自身と本人の間に法的関係は存在せず，協会代弁人が本人に損害を生じさせた場合には，協会が本人に対して責任を負う（一般民法典1313条a）。その後，協会は協会代弁人に求償できる。[263]

代弁人がどのような態度を取った場合に，本人に対して責任をとるべきかを判断することは困難である。[264]つまり，代弁人がいかなる態度をとるときに，注意義務違反が認められるのかを判断することは難しい。例えば，代弁人は本人の貯金を口座に貯金すれば足りるのか，それとも安全な場所を探さなければならないのか，本人が病気のときは週に1度の訪問では不十分か，などを判断するには，個々のケースの事情を踏まえなければならない。

さらに，代弁人は第三者に対しても法律上注意義務を負うのか，そして当該注意義務違反によって，第三者に対しどの程度損害賠償が生じるのかも問題となる。この点，最高裁判例[265]によれば，代弁人が負う行為義務は，本人の保護をその目的としている。このため，代弁人は第三者に対する注意義務を遵守する必要はない。

代弁人に対する損害賠償請求権の消滅時効には，一般民法典1489条が適[266]

---

261) 一般民法典1313条a
「他者に債務を負う者は，自己の法定代理人の過失およびその履行のために使用した者の過失につき，自己の過失と同様に責任を負う。」
262) ErlRV 1420, BlgNR 22. GP, 15.
263) Vogger, Die Haftung des Sachwalters, iFamZ(2007), S. 75.
264) Vogger, a. a. O. 263, S. 75.
265) 1 Ob 197/01d. 後掲259頁。
266) 一般民法典1489条
「全ての損害賠償請求は，被害者が損害および加害者を知った時から3年間の消滅時効にかかり，損害は，契約義務違反によって，または契約に関係なく生じたものである。被害者が，損害または加害者を知らなかったか，または損害が故意によってのみ行われえ，かつ1年以上の禁固刑によって威嚇されている裁判所によって処罰可能なひとつのもしくは複数の行為によって生じた場合には，訴権は，30年後にのみ消滅する。」

用され，損害賠償請求権は3年で消滅時効にかかる。この起算点は，被害者が損害および加害者を知ったときである。さらに，本人と代弁人の関係には一般民法典1495条1文[267]が適用される。本条により，本人と代弁人間の請求権の消滅時効は，代弁人制度利用期間中は進行しない。

(3) 最高裁1989年2月28日判決[268]

本件において，本人の母親は，代弁人としての本人への監督責任を問われた。最高裁は，母親であった代弁人の監督義務違反を認めず，その責任を否定した。

【事案の概要】

　　1979年2月22日に地区裁判所の決定により，第2被告（1950年12月25日生まれ）は，精神薄弱のために完全に行為能力を剥奪され，1979年3月21日の決定により，彼の母親（1914年3月26日生まれ，第1被告）が後見人（旧法）として任命された。1987年9月16日の決定により，母親は本人に対して優しすぎ，かつその年齢のために本人を適切に世話することができないことを理由に代弁人を解任され，ルドルフ・Fが代弁人として任命された。少なくとも行為能力剥奪宣言時から，第2被告は，繰り返しアルコール中毒に陥り，酒に酔った状態で暴力を振るうことがあった。また，酩酊状況で自転車に乗ることもあった。1984年に，彼は1度自転車で事故を起こしていた。このため，監護裁判所にはその居住区の市町村から本人の走行適切性についての情報が伝えられていたが，裁判所は本人の自転車走行を禁止する指示を出していなかった。

　　73歳になる母親（代弁人）は，事故当時，第2被告と同居していた。その家は，すぐ近くにある母親の姉妹の家を除いては，周囲に家のない郊外にあった。母親は1人で家事を担い，第2被告は家事を進んで手伝うことはなかった。

---

267) 一般民法典1495条1文
「夫婦間または登録しているパートナー間ならびに未成年者またはこの他の被監護者と監護受託者，代弁人および特別代理人の間においても，夫婦および登録しているパートナー同士が確固たるものであるかぎり，または監護，代弁人職および特別代理がまだ同一人物によって継続している限り，取得時効または消滅時効は，開始も進行もしない。（以下，略）」
268) 2 Ob 8/89.

第 1 被告は第 2 被告の精神状態について認識しており，彼が酒に酔った状態で自転車を走行することも知っていたことから，本人および他者に危険が及ぶのではないかと心配していたが，特に対策を講じることはしなかった。母親は息子のアルコール中毒に苦しめられており，息子は母親の言うことに従わない状況であった。しかし，母親は裁判所に解決策を求めることをせず，もはや息子に自分のいうことをきかせることができない状態であることを明らかにしなかった。むしろ，彼女は息子のことをかばい，周囲に対して息子の問題のある行動が取るに足りないことであるかのように振舞っていた。

1986 年 8 月 17 日に，第 2 被告は，自宅からあるガストハウス（食堂兼旅館）へ向けて，自転車で走行していた。第 1 被告はこのことを知っていた。走行中に，第 2 被告は原告の車に自転車を衝突させ，自身も大怪我を負った。その際，自動車には，保険を考慮してもなお 17,072 シリングの損害が残された。この事故を受けて，原告は代弁人である母親に対し，監督義務違反を理由に一般民法典 1309 条[269]に基づき，第 2 被告に対して一般民法典 1310 条[270]に基づき損害賠償を請求した。被告側も，原告に対して損害賠償請求を行った。

【第 1 審】一部認容，一部棄却

第 1 審は，第 1 被告に対して 17,072 シリングの支払いを命じ，原告の第 2 被告に対する損害賠償請求を棄却した。一方で，被告の原告に対する損害賠償請求を棄却した。被告が控訴。

---

[269] 一般民法典 1308 条
「理性を有しない者または未成熟者が，何らかの過失によってこれ〔損害〕について自らきっかけを与えた者に損害を与えた場合には，被害者は，損害賠償を請求できない。」
一般民法典 1309 条
「当該ケース以外で，被害者には，委託された監護を怠ったために損害を生じさせた者に対する賠償が認められる。」
[270] 一般民法典 1310 条
「被害者がこのような方法で賠償を受け取ることができない場合には，裁判官は，加害者が普段はその理性を用いることができないにもかかわらず，それでもなお特定の場合には，加害者に過失について責任を負わせることができるかどうか，または被害者が加害者を庇うために防衛を怠ったかどうか，という事情を考慮することによって，または最終的に加害者および被害者の財産，全ての損害賠償または損害賠償の一部分の額を考慮することによって，判決を下すべきである。」

【控訴審】一部変更

　控訴審は，前審の判決を次のように変更した。前審では，道路交通令（Straßenverkehrsordnung）65条に基づき，監督義務者である両親は，子供が年齢的には十分でも精神的および身体的に自転車走行に適切な能力を有していなければ，自転車を運転させないようにすべきであるとされていた。第1審によって確定された事実によれば，第2被告は6歳児と同程度の精神能力を有しており，もし公道を自転車で走行するのであれば，代弁人である母親は同令65条に違反している。もっとも，監督義務者は自分が監督義務を怠ったことに責任がないと証明できれば，損害について責任を負わない。控訴審においては，この監督義務の程度は，監督義務者の年齢，性格，監督の必要性，経済的状況，被監督者の生活条件に基づき決定されうるとされた。

　本件では，同居している母親が本人の自転車を監督することは当然であるとされた。第1審によれば，本人はすでに長年自転車を運転しており，1984年になって初めて，自転車で事故を起こしている。この事故の際に，監護裁判所は，代弁人である第1被告の報告をもとに，市町村から本人が自転車を運転することについて適性があるとの情報を得ており，市町村が何の懸念も示さなかったので，自転車走行の禁止に関し，代弁人に対して何も指示を出さなかった。市町村役場も，監護裁判所も，本人のアルコール中毒について関知していたにもかかわらず，自転車の走行について懸念を示さなかったことから，第1被告が第2被告に対し自転車走行の禁止を試みることは，母親である後見人にとって過大な要求であるといえる。さらに，第2被告は，病院に運ばれて初めて，その精神能力が6歳程度であると判明した。これを受けて控訴審は，第1被告は，第2被告が自転車で事故を起こし，第三者に損害を与えると心配していたという事実も，代弁人としての責任を生じさせないと判断した。そして，第1被告が70歳を超えた主婦であるということを考慮すると，彼女に息子の自転車走行を止めることは要求しえず，このため前

---

271) 道路交通令65条1項
　「(1) 自転車の運転手（自転車走行者）は，少なくとも12歳でなければならない。自転車を押している者は，自転車走行者とはみなされない。12歳に満たない子は，満16歳の者の監視の下で，または官庁の許可によって走行を許される。」

述の義務違反を根拠として彼女を非難することもできないとし，母親には代弁人としての責任を認めないとの判決を下した。原告が上告。

【最高裁判旨】上告棄却
　最高裁は次のように述べ，控訴審と同様に母親に代弁人としての責任を認めなかった。
　「原告の主張は認められない。
　原告は，第1被告が第2被告に自転車を買い与えることによって，彼の公道走行を可能にしたと主張した。つまり，母親は，第2被告である息子が比較的規模の大きな公道を走行することに納得していなかったが，監護裁判所に対してこの問題について援助を求めることをしなかった。このため，第1審は，一般民法典1309条に基づいて母親の責任を認めた。しかし，このような第1審の判断は妥当でない。一般民法典1309条の意味における監護義務に対して，監護義務者がその義務を遂行しえるかどうかという問題については，監督義務者の年齢，被監護者の発育と性格，被監護者の損害を起こしうる行動の予見可能性，被監護者が引き起こしうる第三者への損害の程度などに左右され，また監督義務者にその監督の遂行が酷ではないかどうかという点にも左右される。（・・・）
　以上の原則を本件に適用すると，まず初めに，第2被告は完全に行為能力を剥奪されることによって満7歳の子供と同視されており，代弁人法施行により，全ての事務処理のために代弁人が任命されている。最高裁の考えによれば，この状況は，道路交通令65条の第2被告への適用を正当化する。一般民法典21条1項は，未成年であることと別の理由でその事務を自ら処理できない者を未成年者と同視しているからである。
　原告の第2被告（本人）への損害賠償が認められなかったことを鑑みると，審理対象は，第1被告（母親）の監督義務違反に関する過失の問題になる。原告の主張に反し，第2被告のために自転車を購入するということに第1被告の過失は存在しない。さらに，第2被告である息子は第1被告である母親の言うことに従わないため，第1被告が息子に対して自転車走行を禁止することが不可能であったことを考慮すると，第1被告には少なくとも第2被告

に対し公道の自転車走行の禁止を怠ったことが非難される可能性がある。しかし，監護裁判所は，1984年の事故の際に，本人が居住している市町村に，第2被告が自転車を走行することによって自己または道路利用者を危険にさらすかどうかについて問い合わせを行っており，当該市町村は，この問い合わせに対し，第2被告の振る舞いについて最近この市町村では何の苦情も発生しておらず，本人は自転車の走行において自己も他者も危険にさらしていないと報告した。この報告に基づき，監護裁判所は本人のアルコール中毒について関知していたにもかかわらず，自転車走行を禁止するという措置は不要と判断した。本件における全ての事情を考慮すると，本審においても，(…)母親である代弁人の監督義務違反について，とりわけ彼女が監護裁判所の援助によって第2被告に自転車の禁止を試みなかったことに対して，母親に責任を負わせることはできず，このために母親が原告の損害に対して責任を負わないとの判断は，不当な判断ではない。」

本件において，代弁人は本人に対して監督義務を負うが，義務違反にあたるかどうかの判断は，監督義務者の年齢，被監護者の発育と性格，被監護者の行動の予見可能性，被監護者が引き起こしうる第三者への損害の程度に左右され，さらに監督義務者に監督の遂行が可能かどうかも判断要素として考慮されるとされた。親族が代弁人職を実施する場合に，その責任を厳格に追及すると，親族が代弁人職を受任しなくなるおそれが生じる。このため，親族代弁人の責任の判断は困難であり，個別的事情を考慮する必要がある。本件における代弁人は，本人の73歳の母親であり，本人はアルコール中毒で母親の監督下における状態でははかったことから，代弁人である母親に監督義務違反について過失はないものと判断された。2006年の代弁人法改正法において，代弁人の責任軽減規定が277条に制定されたが，本判決は，すでに改正以前から代弁人の責任が様々な要素を勘案して慎重に判断されていたことを示すものといえる。

一方で，日本では名古屋地裁平成25年8月9日判決において，認知症患

---

272) 判例時報2202号（2014年）68頁以下，金融・商事判例1445号44頁以下。

者が徘徊の際に，線路内に立ち入って死亡し，列車を遅延させたことによる損害について，鉄道会社から本人の妻および長男に対する損害賠償請求が認められた。名古屋地裁は，妻に対して，目を離さずに見守ることを怠った過失があり，これを怠っていなければ本件事故の発生は防止できたとして民法709条に基づき損害賠償責任を認め，さらに，長男が民法714条1項の法定監督義務者や同条2項の代理監督者と同視し得うる事実上の監督者であったとして，長男に対しても損害賠償責任を認めた。本判決には，介護を行う親族に対して厳しすぎる見守り義務を課すものとして，批判的な見解が相次いで出された[273]。その後，名古屋高裁平成26年4月24日判決においては長男の責任は認められず，714条1項に基づいて妻に対してのみ損害の賠償が減額して認められた[274]。妻が当時85歳であり，要介護1の認定を受けていたこと

---

[273] 清水恵介「認知症の人身事故における親族の監督責任－名古屋地裁平成25年8月9日判決を踏まえて－」実践成年後見49号（2014年）86頁以下では，「親族に徘徊防止義務を課し，本人の行動を必要以上に制約するような司法解釈を採用することは，障害者福祉の理念であるノーマライゼーションの原理に悖るばかりか，高齢者の適切な養護者に対する支援を行うため，必要な体制の整備に努めなければならない国の責務にも反する」とされ，宮下修一「認知症高齢者の列車事故と不法行為責任・成年後見制度のあり方－『JR東海列車事故第一判決』がもたらすもの－」法政研究18巻3・4号（2014年）71頁以下においては，「介護にかかわればかかわるほど『事実上の成年後見人』や『事実上の監督者』として法的な責任のみを負わされる可能性が高まるということであれば，できるだけ介護にはかかわらないようにするという一種の『萎縮効果』が生まれるのではないかということが危惧される」とされ，水野紀子「精神障害者の家族の監督責任」岩瀬徹＝中森喜彦＝西田典之『刑事法・医事法の新たな展開（下巻）－町野朔先生古稀記念－』（2014年，信山社）267頁では，「たしかに民法713条の明文があるだけに，A本人に不法行為責任を問うという解釈は，裁判所には難しかったのかもしれない。しかしAのもたらした損害は，Aが賠償責任を負うのが妥当な結論であったように思われる。（・・・）民法の解釈としては，精神障害者が加害者になった場合，介護する家族の責任は，よほど悪質な場合以外は問うべきではないと考える」とされ，田山輝明「事実上の成年後見」の課題と公的責任」田山輝明（編著）『成年後見－現状の課題と展望－』（日本加除出版株式会社，2014年）23頁においては，「代理監督者とは，幼児の親に代わって監督をしている保育園の保育士のような立場の者を指すのが通常である。成年後見開始審判の要件を満たしているが，それを申し立てていなかったために，後見人がいないので，それに代わって，見守りを行っている親族について同様に考えるには無理があるように思われる」とされている。また，この判決と関連して，成年後見人という職務にある者というだけでは，民法714条の法定の監督義務者にはあたらないという見解も主張されている（西島良尚「成年後見人の第三者に対する責任」実践成年後見49号（2014年）37頁）。

[274] 判例時報2223号（2014年）25頁以下，金融・商事判例1445号（2014年）24頁以下，判例評釈として，安達敏男＝吉川樹士・戸籍時報717号（2014年）36頁以下，清水恵介・実践成年後見53号（2014年）87頁以下，本山敦「認知症徘徊者の惹起した損害と責任」金融・商事判例1446号（2014年）1頁，等がある。

を考慮すると，前審に対する批判が依然として主張されうると考えられる。オーストリアおよび名古屋の事案は，成年後見人の任命の有無で差異が生じているが，本人の判断能力が不十分であることから親族に監督義務が生じており，かつ本人が加害者として第三者に損害を生じさせた点で共通している。オーストリアの事案では，代弁人が任命されていたために，監護裁判所が対応しなかった点が判決において言及された。しかし，この点を考慮しても，監督義務違反を否定するという同国最高裁の判断は，母親の年齢 (73歳) および本人との関係などの諸事情が総合的に判断されて，監督が遂行可能な範囲を超えていたことに基づいていたと思われる。名古屋の事案において，親族は本人に対する可能な限りの在宅介護を実施しており，本人の妻が高齢で軽度の認知症患者であることを鑑みると，当該オーストリアの事案と比較しても，名古屋の事案における親族の注意義務には，親族が遂行できる範囲を超えて，高すぎる要求がなされているといえる。

第2項　代弁人と国家賠償責任

1　官職賠償責任法との関係

代弁人は，2006年改正以前は親子法の条文に基づき，2006年改正法以後は代弁人法の条文に基づき民事法上の責任を負う。一方で，代弁人が公法に関する責任を負うかどうかが問題になる。代弁人は法律に基づき裁判官の決定によって任命されることから，国が官職賠償責任法 (Amtshaftungsgesetz) 1条により，代弁人の過失に対して責任を負うかどうかが問題となる。[275]

原則として，代弁人には官職責任 (Amtshaftung) は生じないとされている。[276] その理由として，代弁人は，その任務において国家主権に基づいて活動

---

[275] 官職賠償責任法1条1項および2項
「(1) 連邦，州，市町村，その他の公法上の団体および社会保険の担い手 (以下，法の担い手とする) は，民法上の規定により，その機関として行動していた者が法律の遂行の際に，違法な態度によって誰に対してであろうと有責的に加えた財産損害または人的損害について責任を負う。機関は，被害者に対して責任を負わない。損害は，金銭によってのみ補償される。
(2) 当該連邦法の意味における機関とは，この者が法律の遂行 (司法または行政) において行動している場合には，この者が継続的にもしくは一時的にまたは個々のケースのために任命されているか，この者が選任され，指名され，またはこの他の何らかの方法で任命された機関であるか，その法の担い手との関係が公法または私法により判断されるかに関係なく，全ての自然人である。」

しない点が挙げられる。代弁人が官職賠償責任法1条2項の「機関」となるのは，裁判官からの指示を実施する場合に限られる。

しかし，実際には，裁判官が，身上監護に関する指示することは認められていない。また，財産管理に関する事務も，報告義務，決算義務，財産管理の調査，確保およびその監督に関するもののみと規定されている（非訟事件法130条および134条）。さらに，一般民法典277条が代弁人の個人的責任を規定することにより，代弁人には国家の機関とてしての地位が認められないことが明確にされたとして，代弁人は，原則的に官職賠償法1条の意味の「機関」として評価されるべきではないとの見解もある。[277]

2　最高裁2001年10月22日判決[278]

本件は，代弁人の官職責任を原則的に認めない旨を判示する重要な判例であると考えられる。最高裁によれば，代弁人が国家の機関となるのは，財産管理に関する特定の裁判所の指示を遂行する場合に限られる。裁判所は，身上監護に関する指示を出すことが認められていないため，問題となるのは財産管理に関する事務処理のみとなる。もっとも，代弁人が裁判官からの指示を受けて行動する場合はそれほど多くないと考えられることから，代弁人が生じさせた損害につき，国家賠償責任は原則的に生じないということができる。

【事案の概要】

　　1998年1月19日の裁判所の決定により，被告は，一般民法典273条に基づき代弁人に任命された。その任務範囲は，役所における代理および財産管理であった。本人は，当該銀行に預金を有していた。1998年3月5日の決定により，監護裁判所は，「被後見人の金銭（Mündelgeld）」と名づけられた口座は裁判所の許可によってのみその使用が許されると命じた。当該銀行は，裁判所に対し書面で「1993年3月9日に当該口座は，被後見人の金銭とされた」

276）Barth/Ganner, a. a. O. 12, S. 128.
277）Vogger, a. a. O. 263, S. 75.
278）1 Ob 197/01d.

と報告した。これにより，裁判所の許可が下りた場合にのみ当該口座の金銭を自由に使用することが可能となった。

　1998年7月7日に，本人（被代弁人）は，息子を伴って原告の支店を訪れた。息子は，本人から渡された通帳を提示し，パスワードを言った上で，315,000シリングの支払いを要求した。被告である代弁人は，以前に本人にパスワードを教えていた。これを担当した原告の銀行職員は，裁判所によって当該口座が凍結されていることを見落とし，この支払い請求に応じた。この後裁判官は，銀行の支店長に電話し，1998年7月31日に引き出された315,000シリングをこの間の利子と共に，再び本人の口座に書き加えるように要求し，これは後日実際に行われた。

　原告である銀行は，まず初めに代弁人に157,500シリングを要求した。ここで原告は，本人に銀行通帳を手渡したことによって将来発生する損害の半分である157,500シリングについて，被告（代弁人）に責任があると主張した。さらに原告側は，パスワードを教えて通帳を本人に手渡すという代弁人の行為は全く許されないものであるという理由から，代弁人は代弁人としての法的義務に反しており，一般民法典1299条[279]および1300条[280]に基づいて，責任を負うと主張した。

　被代弁人である本人は，当該金銭は盗まれたと主張し，その銀行への払い戻しを拒否していた。

　これに対し被告（代弁人）は，自分は原告と契約関係にはないと反論した。被告は法に違反しておらず，当該支払いは銀行職員が裁判所による口座凍結を見落としたために生じており，自分はこの職員の見落としについて責任を

---

[279] 一般民法典1299条
　「ある職，技術，職業，手工業を業とすると明確に認めている者，または必要に迫られてではなく，自由意思で，その実施のために特別の技術知識または並外れた努力を必要とする仕事を引き受けている者は，この者が必要な努力および必要となる卓越した知識に自信を有しているということを示している。このため，この者は，これらの不足について主張しなければならない。しかし，仕事を委託した者が，その経験不足を知っていたか，または通常の注意をもって知り得た場合には，受任者とともに過失について責任を負う。」

[280] 一般民法典1300条
　「専門家は，報酬に対し，その技術または学問に関して，過失により不利益となる助言を与えた場合にも責任を負う。このような場合以外に，助言者は，彼が学問的に助言を与えたことによって他者に生じさせた損害についてのみ責任を負う。」

負うことはできないと述べた。

【第1審】一部認容，一部棄却

　第1審は，被告（代弁人）の責任を損害の4分の1において認め，これ以外の原告の請求を棄却した。その理由として，第1審は，被告は本人にパスワードを言った上で通帳を手渡したことによって，代弁人としての法的義務を怠っているが，原告の財産損害が生じたのは，銀行職員が凍結を見落としたことにあることを挙げた。

【控訴審】一部変更

　控訴審は，次の理由から，代弁人の行動は，銀行の損害と因果関係を有さず，代弁人に責任はないとした。
　代弁人の行動は，本人へ預貯金が支払われたことと因果関係を有している。代弁人は本人に財産管理人として通帳を手渡すべきではなかったし，パスワードも教えるべきではなかったという理由から，代弁人の行為は違法とされた。もっとも，代理人は，通常は想定し得ない事情が重なったことによって，損害を引き起こしたにすぎない。代弁人は，通常は，裁判所による口座凍結手続後には，本人に預金が支払われるということを想定しない。このため，代弁人には過失は認められないと判断された。原告が上告。

【最高裁判旨】上告棄却

　「代弁人は2重の役割を担っている。代弁人は，その役割の中で本人の利益を行使し，また，法的に必要な保護の保障について国家の利益のために行動する。しかし，だからといって，本人の代理人としての代弁人の行為が国家の実際の行為とみなされ，また代弁人が官職賠償責任法1条1項の国家にとっての法の担い手としてみなされることにはならない。なぜなら，法定代理人の行為に2重の機能を認める学説は，国家の法の担い手が国家主権を実行する行為によってのみ，公的利益に関する目的を達成することができるという考えに基づいているからである。(・・・)
　本件における重要な問題は，前述の裁判所の任務を考えることによって解決されるべきである。これによれば，裁判所は，本人を代理する際に行われる，

または行われると予想される代弁人の行為を監督しなければならず，その行為の目的適合性を吟味しなければならない。全ての財産管理は，裁判所によって継続的に，注意深く監督されなければならない。さらに，裁判所が代弁人の管理措置を本人の財産にとって危険であると判断すれば，裁判所はこのために安全措置を講じなければならない。従って，裁判所は，代弁人の財産管理が裁判所からの指示によって内容的に定められていない限り，代弁人の代理行為に協力するのではなく，むしろ必要な監督措置および安全措置をもってこれを制限する。この〔裁判所の〕任務が，少なくとも特定の代理行為を行うという代弁人への指示との関連における，国家による措置となる。

このため，代弁人が財産管理に関する特定の行為の際に，裁判所による指示を実施しただけであれば，代弁人はいわば裁判官の『伸ばされた手』として国家主権を遂行しており，この限りにおいて，官職賠償責任法1条2項の意味における機関であると判断されるべきである。この際，代弁人の行為により本人または第三者に損害が生じた場合には，官職賠償責任法1条1項に基づき，国の責任のみが考慮される。これに対して，代弁人が自己責任により本人の代理人として行動し，その際に損害を引き起こした場合には，代弁人は損害賠償法の一般規定に基づいて，個人的に責任を負わなければならない。(・・・)

このため，本審は次のような結論に至った。すなわち，代弁人は，裁判所によって委託された任務を実施する際に，裁判官の指示を実現するために行動している場合に限り，官職賠償責任法1条2項による機関として評価される。これ以外の場合には，代弁人はその行為によって引き起こした損害のために，損害賠償法の一般規定によって個人的に本人に対し責任を負わなければならない。〔本件では〕裁判官の指示に基づく代弁人の行為は問題にはなっていないので，官職賠償責任の問題にはならない。(・・・)

判例においてはすでに以前から，後見人，つまりここでいう代弁人は，第三者に対して法的な注意義務を果たさなくてもよいと主張されてきた。代弁人には，本人を法的不利益から保護すること，とりわけ財産損害から保護することが義務として課されている。これに対して，第三者が本人と直接取引をする際に，第三者自らの不注意で被る財産的損害から第三者を守ることは，

代弁人制度の目的ではない。このため，原告によって主張された損害は，被告である代弁人の法的義務と関係ない。」

第3項　未申請の社会扶助に関する代弁人の責任

1　問題点

障害者がその生活費を自ら稼ぐことができないと，本人は障害者年金および介護金といった社会保障給付を受けることになる。本人に代弁人が任命されている場合には，このような社会給付の申請は，代弁人の任務になることが多い。しかし，代弁人が社会給付を申請することを失念した場合には，本人には，社会給付を受給できないという損害が生じる。申請されなかった社会給付金を受給できるための要件がすでに相当以前から備わっていた場合には，損害額は相当な額になる。この場合に，代弁人にどこまで責任を問えるかが問題となる。

代弁人は，作為によってだけではなく，不作為によっても本人に対して損害を生じさせうる。例えば，本人は社会扶助を受ける権利を有していたが，代弁人による申請が行われなかったために，これを受給できない場合である。この損害について，代弁人は損害賠償義務を負うと考えられている[281]。

2　判例

未申請の社会扶助に関する代弁人の責任については，3つの判例が存在する。最高裁 2004 年 6 月 16 日判決[282]，ウィーン州裁判所 2008 年 4 月 26 日判決および最高裁 2010 年 4 月 20 日判決[283]である。

---

281) Parapatits, Die Haftung des Sachwalters für nicht beantragte Sozialleistungen, iFamZ (2008), S. 182.
282) OGH 16. 06. 2004, 7 Ob 11/04z. 本件においては，本人は，本人の父親の死後，孤児年金の申請が遅れたことに関して，以前の複数の代弁人に対し損害賠償請求を行った。この際，最高裁は，代弁人が数回交代する場合の損害賠償請求権の消滅時効を主たる論点として扱い，いつ代弁人によってこのような孤児年金が申請されなければならないかという点をほとんど取り扱わなかった。
283) 4 Ob 26/10t, iFamZ (2010), S. 275.

(1) ウィーン州裁判所2008年4月26日判決——判例①[284]

本件では，代弁人の責任が認められた。代弁人は，弁護士であった。

【事案の概要】

　ウィーン州裁判所の判決において，当該代弁人は，本人の経済的事務，役所および裁判所での代理，ならびに住居に関する事務についての代理を委託されていた。代弁人は本人のために障害者年金を申請しており，本人はこれを受給していた。しかし，本人には，他の社会扶助と同時に家族扶助も認められており，代弁人はこの家族扶助の申請を失念していた。ウィーン州裁判所は，申請されなかった社会扶助に関し，約27,000ユーロについて代弁人の責任を認めた。代弁人は弁護士であるために，一般民法典1299条の注意義務の基準が適用される結果，代弁人は本人に家族扶助支給の要件が満たされているかどうかを調査しなければならなかったとされた。このため，ウィーン洲裁判所は次のように述べ，代弁人は一般民法典282条に関連して264条に従い，家族扶助の申請を怠ったことによって発生する損害に対して責任を負うと判示した。

【判旨】

　「鑑定人は，原告が1983年からウィーンの精神病院で治療を受けており，すでに17回入院しなければならなかったと述べた。さらに，原告は1987年から仕事についていない。このような事実から，被告は，家族負担補償法（Familienlastenausgleichsgesetz）6条[285]に従い，家族扶助受給の可否について確証を得るために，本人である原告が稼働可能かを調査する義務があったで

---

284) OLG Wien 15R 33/07v, iFamZ (2008), S. 193f.
285) 家族負担補償法旧6条1項および2項d
「(1) 未成年の孤児も，次の場合に家族扶助の請求権を有する。
a) その子が国内に居所またはその通常の滞在地を有している場合,
b) その子に対し，その配偶者または元配偶者から扶養が支払われない場合，
c) その子のために他の者がだれも家族扶助を保障しない場合。
(2) 成年の孤児も，第1項aからcの要件を満たし，かつ次の場合には家族扶助の請求権を有する。
d) 21歳より以前に生じた身体的障害または精神的障害のために，またはその後の，少なくとも27歳未満の職業訓練の間に生じた身体的障害または精神的障害のために，おそらく継続的に自ら生活費を得ることができず，かつ施設において介護されていない場合（以下，略）。」

あろう。実際に原告は、その病気を理由に、生活費を自ら稼ぐことができない状況であった。代弁人がその調査義務を遵守していれば、本人は生活費を得ることができないことを理由に、家族扶助が認められるという結論に至ったであろう。この家族扶助は、適時の代弁人の申請があれば、1990年4月から本人である原告に認められたと思われる。(・・・)

　本人自身に課せられる情報収集義務は、障害を理由に原則的に軽減される。このため、弁護士である代弁人は、状況の包括的な解明に積極的に努めなければならない。弁護士による独自の調査が必要であるかどうかは、個々のケースの事情による。しかし、判例は、弁護士に対して非常に高いレベルにおける状況の周知と知識を要求しており、とりわけ弁護士は、法律の知識を完全に有していなければならない。(・・・)

　被告である代弁人は、家族負担補償法に基づく支給について必要な手続きを行うことが義務付けられていた。このため、被告はその違法な失念から生じる結果について責任を負わなければならない。」

(2) 最高裁2010年4月20日判決——判例②[286]

本件においても、弁護士である代弁人の責任が認められた。

【事案の概要】

　原告（本人）は、父親の死後、孤児年金を受給していた。被告は、当時弁護士として活動しており、1992年9月24日から2007年6月28日まで、全ての事務について原告の代弁人であった。原告の母親は、2004年12月1日に死亡した。この状況に関して、被告は関知していなかった。被告は、代弁人であった期間中、本人の母親が生存しているかどうかの調査を行わなかった。

　原告は、次のように主張して、被告に対し合計8,004.26ユーロを請求した。すなわち、被告である代弁人は、本人を経済的に世話する義務に反しており、母親の死後、2倍となるはずだった本人の孤児年金の申請を怠ったとしたのである。原告によれば、被告は、母親が死亡したかどうか、原告に孤児年金が認められるかどうかの調査を行わなかった。原告は、被告の重過失により、請求額の損害を被った。第1審請求認容、控訴審破棄差戻し、両者上告。

---

[286] 4 Ob 26/10t, iFamZ (2010)S. 275.

【判旨】上告棄却

　最高裁は，次のように述べて代弁人の責任を認めた。
「少なくとも，2001年の親子法改正法の施行から，代弁人は，本人の財産状況を調査する義務が課されている。2001年7月1日以前に任命された代弁人も，この義務を負う。

　財産状況は，動産および不動産だけではなく，私法および公法に基づいた請求権にも及ぶ。(・・・) このため，代弁人は，その職務開始とともに，状況の変化によって本人に新たな請求権が生じたかどうかを定期的に調査する義務を負う。18歳以上の孤児年金も，代弁人が請求すべき請求権である。前審は，代弁人が本人の母親の生存を調査せず，それにともなって孤児年金を申請しなかったという義務違反を認めており，これは正当である。

　このため，被告の主張は認められず，代弁人としての義務は過剰なものではなかった。役所への問い合わせは，過剰に負担のかかる行為ではない。さらに本審は，本件の状況において毎年の調査の実施は適切であるとする前審の見解を支持する。」

(3) 判例の分析

　判決①および②ともに，代弁人が弁護士であったケースである。両ケースにおいて，代弁人は，一般民法典277条ではなく，専門家の注意義務を規定する同1299条に基づいて，責任が認められた。ここから，弁護士が代弁人となる場合には，その任務に際し，弁護士としての注意義務が基準となって責任が判断されるといえる。

3　社会扶助申請義務に関する見解[287]

　社会扶助を申請するという代弁人の義務がどの程度のものかについて，パラパティツ[288]は，代弁人の情報収集義務と申請義務に分けて考察している。

---

287) Parapatits, a. a. O. 281, S. 182f.
288) パラパティツ (Parapatits) は，2008年の時点で，ウィーン大学民法研究所助手 (Assistent) である。

(1) 情報収集義務

まず，代弁人は可能な方法で，本人にとって問題となりそうな社会扶助の情報を収集する義務を負う。さらに，社会給付の申請をその任務として委託された代弁人は，その遂行のために必要な情報を入手しなければならない。この情報収集義務について，代弁人は個別的事情に左右される期間を遵守しなければならず，状況が変化する場合には，情報を頻繁に獲得しなければならない。代弁人が弁護士，公証人または代弁人協会である場合には，すでに情報を得ていることが想定される。もし，代弁人がその法的見識のために任命されたのでなければ，専門家に相談すべきことになる。

(2) 申請義務

情報収集後，代弁人は，どのような社会給付を申請すべきかが問題となる。パラパティツは，代弁人は事前の調査で把握できる社会給付の申請についてのみ義務を負うとする。このため，代弁人がある特定の社会給付について受給要件が備わっていることを認識していなければ，代弁人に責任は発生しない。さらに申請を怠った代弁人の責任は，裁判所によってその申請が通り，給付を受けられたであろうと確定される場合にのみ肯定される。

(3) 代弁人に一般民法典1299条を適用することの可否

代弁人の過失について，一般民法典1299条が規定する高度の注意義務が適用されるのか，代弁人が同条の意味における専門家かどうかが問題になる。前掲のウィーン州裁判所判決[289]および最高裁判決[290]は，弁護士である代弁人に同条の適用を肯定した。

学説においては，特別な能力のために代弁人が任命された場合には，一般民法典1299条が適用されるとする説も存在する[291]。同条の適用が想定されるのは，とりわけ弁護士，公証人および代弁人協会であるが，これ以外でも特別な適性によって選任された者に同条は適用されると考えられている[292]。これ

---

[289] OLG Wien 15R 33/07v, iFamZ (2008), S. 193.
[290] 4 Ob 26/10t, iFamZ (2010) S. 275.
[291] Parapatirs, a. a. O. 281, S. 183; Schauer, a. a. O. 7, S. 282. ここでは，協会代弁人，弁護士および公証人は，客観的な基準に基づいてその過失が判断されるとされる。
[292] Barth/Ganner, a. a. O. 12, S. 129f.

に対し，本人の「身近にいる人物」が代弁人に任命された場合には，同条の高度な注意義務違反は適用されない。2006年の代弁人法改正法の立法資料も，一般民法典1299条による注意義務基準は，とりわけ代弁人協会，弁護士または公証人が代弁人として活動する場合に適用されるとしている[293]。

パラパティツによれば，一般民法典1299条の適用には，特別な法的知識を理由とする選任が必要となる。つまり，弁護士および公証人以外の同条の適用は考えにくい。もっとも，代弁人協会は代弁人制度の実施をプロとして行っており，社会給付の申請は典型的な代弁人の任務となりうるから，特別な法的見識を有する者として考えられる。

(4) 法定代理権を有する近親者の責任との関係

代弁人に限らず，代理権を有する近親者（一般民法典284条bから284条e）が未申請の社会給付に対して責任を負うかどうかについても問題となる。

まず，法定代理権を有する近親者に行為義務があるかが問題となるが，パラパティツは原則的に肯定すべきとしている。理由として，近親者代理権が存在するために代弁人が任命されないのであれば，本人の保護が不十分になるおそれがあることが挙げられる。

一方で，近親者の法定代理権は，近親者に包括的な義務を課していない[294]。もし，義務違反の結果として損害賠償義務が生じれば，近親者が代理行為を行うことに対して消極的になり，代弁人を任命してその責任から免れようとする可能性がある。このことは，2006年の代弁人法改正法の目的に反し，代弁人の任命件数の増加をもたらしかねない。

そこで，パラパティツは，社会給付の申請を怠ったことに対する責任は，この近親者が代理権の登録をするなどして本人の事務を引き受ける意思を表明し，このために代弁人の任命が行われなかった場合にのみ，課せられるとしている[295]。

---

293) ErlRV 1420 BlgNR 22. GP, 15.
294) ErlRV 1420 BlgNR 22. GP, 23.
295) Parapatits, a. a. O. 281, S. 184f.

第4項　小　括

1　要約

　代弁人法と親子法の切り離しを目的として，2006年の代弁人法の改正の際に，代弁人の責任に関する条文が制定された（一般民法典277条）。同条の趣旨は専ら代弁人の責任軽減にあり，判例においても，代弁人に責任が追及される場合には，専門家の責任を定めた同1299条が適用されている。また，国家賠償との関係において，最高裁は，代弁人が裁判所の指示通りに行動した場合にのみ国家機関とみなされると判示した。このような指示が想定される場面はほとんど生じないために，ここでは，実質的に代弁人が生じさせた損害には官職賠償責任法が適用されないことが明らかとなった。

2　分析

　これまで判例の中で代弁人が責任を追及されているのは，弁護士が代弁人職を受任しているケースである。もともと，家族・親族が代弁人として任命される場合には，その不祥事が露見しにくい。加えて，代弁人が本人と親族関係にあれば，家庭内の事情も代弁人の業務の遂行に深く関与してくるのであるから，代弁人としての地位だけを強調して責任を追及することは難しい。この趣旨を具体化しているのが，一般民法典277条である。代弁人として任命されたとしても，その注意義務の基準は本人との関係や，代弁人の職業に基づいて決定される。このため，代弁人そのものに重い責任を課すよりも，報告義務や裁判所の許可義務による事前のチェック機能を充実させることが，不正防止に対して効果的であるといえる。また，国は，代弁人が生じさせた損害に対して基本的に責任をとることはない。これは，代弁人は裁判所から任命されるが，基本的には代弁人個人の判断に基づいて業務を遂行していくことを示すものであると考えられる。

第3章　オーストリア，日本およびドイツにおける成年後見人等獲得の取り組み

　日本において，成年後見人等の不足は，解決すべき大きな課題の一つである。制度成立後10年以上が経過し，親族後見の数は年々減少し続けている。このために必要となるのが第三者後見人であるが，第三者後見人を獲得することも，第三者後見人が活動していくことも簡単なことではない。オーストリアおよびドイツの状況をみると，両国共に，代弁人および世話人の人材確保に向けた努力を行っている。そこで，本章では，オーストリア，日本およびドイツにおけるそれぞれの成年後見人等の獲得に対する取り組みを比較し，日本の今後の対応について示唆を得ることを試みる。なお，オーストリアにおいては，代弁人協会が主体となって取り組んでいるが，代弁人協会発足の歴史は代弁人制度の成立および発展過程と密接に関連しており，前2章においてすでに考察した。このため，ここでは，現在の代弁人協会の活動内容を扱う。

第1節　オーストリアの協会代弁人制度

第1項　協会代弁人制度

1　適格な協会

　協会代弁人制度の目的は，代弁人職を受任するために訓練を受けた者を，裁判所が代弁人として任命できるように確保しておくことである。オーストリアでは，現在，①「Institut für Soziale Dienste - Vorarlberg」（フォアアールベルク州），②「VertretungsNetz - Sachwalterschaft, Patientenanwaltschaft, Bewohnervertretung」（フォアアールベルク州を除く全国に支部を有する），③「Nö Landesverein für Sachwalterschaft und Bewohnervertretung」（ニーダーエストライヒ州）および④「Hilfswerk -

Salzburg」(ザルツブルク州) の4つの代弁人協会が活動している[1]。司法省は，これら代弁人協会の活動を監督している。

2 代弁人協会の任務

代弁人協会の任務は，主として (1) 代弁人職の受任，(2) クリアリング，(3) 患者代弁人 (Patientenanwalt) の推薦，(4) 居住者代理人 (Bewohnervertreter) の推薦の4つである。

(1) 代弁人の推薦

代弁人協会の本来の任務は，裁判所に適切な者として任命される代弁人を備えることにある。代弁人職を受任するために，協会には専業代弁人およびボランティア代弁人が所属している。協会は，専業代弁人およびボランティア代弁人を訓練，指導，研修および監督する義務を負う。ボランティア代弁人の獲得は簡単ではないが，前述の4つの協会は，代弁人職を委託できるボランティア代弁人を多数有している[2]。もっとも，ボランティア代弁人の数は地域によって差がある。例えば，町では十分な数のボランティアが確保されていても，村では確保されにくい状況となっている。

(2) 患者代弁人の推薦

1991年の措置入院法の施行以降，代弁人協会「VertretungsNetz」および「Institut für Soziale Dienste」は，精神病院に強制収容されている者のために，地区裁判所に患者代弁人を推薦している (措置入院法14条)[3]。代弁人協

---

1) 代弁人の受任者を①本人の身近な者，②弁護士，③代弁人協会に分けて州別に統計をとると，③の代弁人協会が代弁人に受任される割合は，ザルツブルク (23%)，フォアアールベルク (23%)，ニーダーエスタライヒ (19%) の順で高くなっている (Pilgram/Neumann/Hanak/Kreissl, Wie viel (Vereins-) Sachwalterschaft braucht es? Eine Bestandaufnahme und eine Bedarfserhebung unter Richtern, RZ (2009), S. 262)。その理由として，これらの州が独自の代弁人協会を有していることが考えられる。
2) Müller/Prinz, Sachwalterschaft and Alternativen (2007), S. 108.
3) 措置入院法14条
「(1) 協会は，要請なくして収容された患者の入院に関して，法律に基づき，連邦法に定められている裁判手続き，およびとりわけ33条から39条に定められている権利行使のために，患者の代理人となる。これによって，患者の行為能力およびこの他の代理人の代理権は制限を受けない。
(2) 科の責任者は，患者が，だれが患者代弁人 (Patientenanwalt) かに関する情報を得るように，かつ患者が患者代弁人と対話できるように，配慮しなければならない。情報は，患者の要請によ

で研修を受け，推薦された患者代弁人は，裁判所から任命され，精神病院等において強制収容されている患者の権利および利益を代弁する。患者代弁人は，病院に所属するのではなく，独立して活動する[4]。患者代弁人は患者の法定代理人として活動するが，その任命により患者の行為能力が制限されることはなく，また，医療同意権および居所決定権はその任務権限に含まれていない。患者代弁人は強制収容されている本人を助言し，援助する地位にあるが，その性格は代弁人のそれと異なる。

(3) 居住者代理人の推薦

4つの協会には，ホーム滞在法に基づき精神病院以外の施設において自由制限が行われるか，または本人がその監視下に置かれる場合に，本人を代理する居住者代理人を施設および裁判所に推薦する任務が与えられている（ホーム滞在法8条3項[5]）。居住者代理人は，協会で研修を受けた後，例えば高

　り，患者の親族にも提供される。
(3) 要請により収容された者に対しても，その要求により，患者代弁人と対話する可能性が与えられる。患者代弁人が収容要請の有効性に疑念を抱く場合には，患者代弁人は，科の責任者にこれを伝えなければならない。患者の同意とともに，患者代弁人は33条から39条に定められている権利行使の際に，協会の名前で患者を代理する。1項2文を準用する。」
　なお，措置入院法33条から39条においては，自由制限，外界との接触および治療の際の権利等が定められている。

[4] Müller/Prinz, a. a. O. 2, S. 109.
[5] ホーム滞在法8条
「(1) 個人の自由に関する権利行使の際の居住者の代理は，このために本人から任命された者が義務を負う。居住者から任命された代理人は，当該権利の行使に関して記された書面による委任状を必要とし，施設と依存関係またはこの他の密接な関係にあってはならない。
(2) さらに，自由制限が行われるか，または予定される場合にはすぐに，居住者代理人の推薦について，施設の立地条件により，場所的に管轄を有する協会（協会代弁人法1条）は，法律に基づき居住者の代理人となる。当該代理権によって，居住者の行為能力および他の代理人の代理権は影響を受けない。
(3) 協会は，施設に担い手および管轄の地区裁判所の責任者に対して，協会によって研修を受け，かつ監護領域の特別な関係について学んだ，代理権行使を認める1人または複数の者（居住者代理人）を推薦しなければならない。地区裁判所の責任者は，居住者代理人の名前と職場の住所を公的ファイルにおいて公表しなければならない。協会が居住者代理人の推薦を撤回した場合には，地区裁判所の責任者は，公表を修正しなければならない。
(4) 居住者によって任命された代理人（1項）は，施設の責任者および（裁判所の手続きが継続している限りにおいて）裁判所に対して，代理権の成立または終了を遅滞なく知らせなければならない。

齢者ホームに入居している者に自由制限が行われる場合には，その自由制限を調査し，本人を代理する。

第2項　2006年の法改正において与えられた代弁人協会の課題

1　代弁人制度の利用件数の増加

代弁人任命件数の増加により，代弁人協会にも，2006年の法改正によって「クリアリング」という新たな任務が課せられることになった。この任務は，2007年7月1日に代弁人法改正法と同時に施行された，「協会代弁人，患者代弁人，居住者代理人に関する法律（Vereinsachwalter- Patientenanwalts- und Bewohnervertretergesetz（VSPBG），以下，協会代弁人法とする）」4条に定められている。

同法4条によれば，代弁人協会は，代弁人の任命前または任命手続中において，①制度利用提案者に対する代弁人制度および代弁人制度の代替制度に関する説明，②処理されるべき事務の確定，③代弁人制度に代替する選択肢の存否の確定，④本人の身近な者を代弁人として任命することの可否の調査，⑤代弁人として任命されることが確定した身近な者への助言といった任務を有する。

このような任務を代弁人協会に与えることによって代弁人の任命件数を制限するとともに，裁判所の負担の軽減が望まれた。また，改正当時は，代弁人協会が代弁人制度以外の社会福祉活動の代用として利用されることが懸念されていたので[6]，代弁人協会の任務を定義したとも考えられる。

2　任務範囲拡張の過程
(1)　モデル・プロジェクト前

クリアリングは，2006年の改正前に早急に考え出されたものではなかった。すでに1995年には，協会が代弁人制度に対してどのように取り組むべきかが模索され始めていた。この背景には，増加し続ける代弁人制度利用件

---

6) Vyslouzil, Neue Aufgaben für die Vereinsachwalterschaft, iFamZ (2006), S. 161.

数,それと同時に制限され続ける協会のキャパシティ,さらに協会の受任拒否による協会と裁判所の間の緊張関係があった。

この研究調査結果から,代弁人制度利用提案者を援助することが,代弁人制度利用の最善化につながるという結論が出された。この調査により,①代弁人の任命以外の援助方法を探るため,制度利用提案者に対して助言を行うこと,②代弁人の任命を回避するために,急を要する事務処理に協会代弁人を用いることが協会代弁人の重要な任務であると考えられた。[7]

1997年10月から1998年の10月まで,ウィーンのヘアナルス（Hernars）地区裁判所において,代弁人の任命手続きに際して,協会代弁人が代理人となる実験的調査が行われた。この結果,協会代弁人が代理を引き受けた手続きにおいては,代弁人の任命が相次いで中止されるという結果が得られた。この協会代弁人の手続代理は,本人,その親族および裁判所から高い評価が得られた。この調査結果から,代弁人制度利用提案者への助言,手続きにおける代理ならびに代弁人制度以外の可能性の説明および研修は,代弁人制度利用件数の抑制に対する大きな成果が期待できると見込まれ,「クリアリング」という新任務として想定されるようになっていった。[8]

まず,代弁人の任命前の段階において,クリアリングは,情報提供のイベントおよび提案者への助言によって行われる。ここでは,代弁人制度および代弁人制度利用に代わる選択肢が説明される。それでもやはり代弁人制度の利用が望まれる場合には,手続きは裁判所へと移ることになるが,裁判所は協会代弁人のクリアリングの報告書をその判断材料として使用する。また,協会代弁人は,代弁人任命手続きの段階においても,他の選択肢を探すと同時に,代弁人制度によって処理されるべき事務の確定および代弁人職を受任する適切な人物の確保を行う。近親者が代弁人の候補となっている場合は,代弁人協会は,これらの者を援助するために講習および助言を行う。

このようにクリアリングを経ることによって,弁護士,公証人および協会代弁人の任命が極力抑えられ,裁判所の負担も軽減されることになる。

---

7) Vyslouzil, a. a. O. 6, S. 161.
8) Vgl Schlaffer, Reformbedarf aus der Sicht der Vereins-Sachwalterschaft, in: BMJ (Hrsg), Recht and Würde im Alter, (2006), S. 213.

(2) モデル・プロジェクト[9]

1983年の代弁人制度成立の際にも，代弁人協会を設立するために，モデル・プロジェクトが実施された。これと同様に，2006年の改正の際にも，2005年9月から1年間，5つの地区裁判所において，「クリアリング」のモデル・プロジェクトが行われ，その結果として，協会代弁人法4条にクリアリングの任務が規定された。協会代弁人法4条は次のとおりである。

【協会代弁人法4条】
(1) 協会は，その可能性に応じて，代弁人の任命を提案した身近な者，その他の者または官署に，代弁人制度の本質および可能な他の選択肢について情報を伝えなければならない。
(2) 代弁人任命手続きの前段階または手続内において，協会は，特に裁判所の要請に基づき，その可能性に応じて，どの事務が処理されなければならないか，代弁人制度に代わる別の選択肢が存在するかどうか，および身近な者が代弁人として考慮の対象になるかどうかを明らかにしなければならない。協会は，代弁人手続きが係属しているか，または係属される予定である裁判所にこれらについて報告しなければならない。
(3) 協会は，代弁人として任命されている身近な者に，その可能性に応じて，代弁人制度の受任に際して助言しなければならない。

(ⅰ) モデル・プロジェクトで行われた代弁人制度利用提案者への助言

モデル・プロジェクトで行われたのは，まず代弁人制度利用提案者への助言である。ここでは，代弁人の任命の他に解決策がないかどうかを探ることが重要な課題となるが，助言を通じて手続代弁人[10]または代弁人の候補となる近親者を確定することも可能である。この調査は報告書としてまとめられ，

---

9) Vyslouzil, a. a. O. 6, S. 161ff.
10) 代弁人の任命手続きにおいて，裁判所がその第1回目の本人聴取により，代弁人を任命する手続きの続行を決定する場合には，本人は，その利益を保持するために代理人を必要とする。まず第一に，法定代理人（例えば，本人がまだ未成年の場合には両親）または本人自らが選んだ代理人に，手続内において本人を代理するという任務が認められる。代理人が挙げられないか，または本人とその代理人との間に利益相反が生じる場合には，裁判所は，適切な代理人を見つけ，手続代弁人として任命しなければならない（非訟事件法119条）。

手続きにおいて裁判所の判断の指針となる。

　モデル・プロジェクトにおいては，協会代弁人と代弁人制度利用提案者との間でコンタクトをとるために，様々な方法が用いられた。例えば，①提案者が協会において個人的に協会代弁人によって助言される，②書面によって裁判所に招致された提案者が，コンタクトをとった協会代弁人にその後援助される，③提案者が協会に電話し，助言されるなどである。

　提案者への助言は，モデル・プロジェクトの多くのケースにおいて代弁人の任命を回避し，他の解決策を見つけ出すという結果をもたらした。また，助言すること自体が，利用提案者によって非常に好意的に受け止められることが明らかになった。次に挙げるのは，その具体例である[11]。

【具体的事例1】
　　裁判所に，代弁人制度の利用を提案する書類が届いたため，協会代弁人は，本人，本人を援助している施設および提案者と対話を行った。本人は，脳卒中による身体的障害のために，自宅を離れることができない状態であった。もっとも，本人には心的病気および精神的障害の兆候は見られず，協会代弁人は，本人との会話において，全ての事務について何らかの方向性を決定することができた。本人は，介護サービスのために，月2回銀行から現金を引き出すことだけを必要としており，その他の経済的事務および人的関係も全て自ら決めることができる状態であった。このため，協会代弁人の方から，裁判所に対し，代弁人任命手続きの中止が勧められた。

【具体的事例2】
　　本人の夫は，病院側の勧めにより，妻に代弁人を任命する提案をするために裁判所を訪れた。妻は自宅に夫と共に住んでおり，介護ホームへの転居を拒否していた。経済的な事務については全て整理されており，夫が本人を世話していたので，代弁人が処理しなければならない事務は何も存在しなかった。クリアリングにおいて，協会代弁人は，この夫婦に必要なのは介護サービスであって代弁人制度ではないと判断し，介護サービスを利用するよう助言した。

---

11) Vyslouzil, a. a. O. 6, S. 162.

(ⅱ) モデル・プロジェクトにおいて行われた裁判所に対する援助

クリアリングにおける助言の段階で得られた情報は，協会代弁人によってクリアリング報告書にまとめられ，裁判官に提出される。この報告書においては，問題の所在とともに，今後の経過に対する協会代弁人の提案についても述べられる。提案としては，代弁人任命手続きの是非，すでに開始している手続きの中止，適切な代弁人候補の確定，急を要する事務処理のための代弁人の推薦などである。モデル・プロジェクトの大半のケースにおいて，裁判官は，クリアリング報告書に基づいて協会が提案した人物を代弁人として任命した。

(ⅲ) 親族の訓練と助言

協会代弁人法は，「代弁人協会は，代弁人として任命されている身近な者に，その可能性に応じて，代弁人制度の受任に際して助言しなければならない」と規定している（協会代弁人法4条3項）。これもクリアリングの任務内容のひとつであり，親族が援助され代弁人として任命されることで，専門職の代弁人の任命を制限することを目的としている。

親族への助言および援助は，代弁人を任命する前の段階および任命された後の段階の双方で行われる。前者では親族のモチベーションが高められ，後者では代弁人として必要となる知識および裁判所への報告書の書き方の指導などが行われる。加えて，既に長期間代弁人として活動している親族に対する代弁人法の研修も計画された。

(3) モデル・プロジェクトの結果

モデル・プロジェクトによって，第1に協会代弁人は多くのケースにおいて代弁人制度に代わる選択肢を見つけ出すことができ，代弁人が必要な場合には，受任する親族を確保することができるという結果が得られた[12]。第2に，代弁人職の受任は，親族にとって少なからず負担となるから，協会で研修や助言を受けられると周知することが重要であると判明した[13]。また，モデル・プロジェクトにおいては，代弁人制度利用提案者の4分の1が本人の親族で

---

12) Vyslouzil, a. a. O. 6, S. 163.
13) Rott/Vyslouzil, in: Barth/Ganner (Hrsg.), Handbuch des Sachwalterrechts (2010, 2. Aufl.), S. 343.

あった。このため，第3に近親者代理権の活用が代弁人制度利用数増加の抑制に役に立つとの見解が示された。もっとも，近親者代理権を利用する場合でも，やはり協会が親族を援助する必要があると主張された。

このモデル・プロジェクトは，法社会学・犯罪社会学研究所によって，その結果が分析された[14]。法社会学・犯罪社会学研究所は，代弁人制度成立の際にも，そのモデル・プロジェクトについて分析を行った。法社会学・犯罪社会学研究所の分析結果によると，モデル・プロジェクトでは，代弁人制度利用提案数の全体の4分の1から3分の1の割合で手続きの中止が生じた。代弁人制度利用手続きの中止が特に顕著だったのは，他者と自宅で生活している，低年齢，独身および離婚を含む配偶者のない男性のケースであった。これらの者は，心的病気または精神的障害の有無が不確かであり，日常生活に関する経済的な事務が管理されており，社会扶助等の要求も行われていたが，官庁または強制収容施設から代弁人制度利用の提案がなされていた。しかし，この場合は，代弁制度利用の要件を満たしていない。また，クリアリングでは，地域ごとに援助方法が異なることも判明した。

第3項　代弁人協会の任命と協会代弁人への代弁人職の委託

ここでは，代弁人としての代弁人協会の活動内容について述べる。

1　法人代弁人としての代弁人協会

オーストリアでは，法人を代弁人として任命することが条文上許容されている（一般民法典279条3項および4項）。しかし，実際に任命される法人は，代弁人協会のみである。2006の改正により，代弁人としては常に代弁人協会が任命され，代弁人協会は，代弁人職を協会の専任職員またはボランティアに委託するという形態が取られることとなった。このように，協会から委託を受けた代弁人を「協会代弁人」とよぶ（協会代弁人法3条2項参照）。なお，

---

[14] Pilgram/Hanak/Neumann, Begleitstudie zum Modellprojekt Clearing im Bereich der Sachwalterschaft, Forschungsbericht des IRKS（2007）Kap. 9. http://www.irks.at/ より入手可能。

法人代弁人として任命されるのは代弁人協会のみであるが，老齢配慮代理権の受任者としては，代弁人協会以外の法人の任命も可能である。

代弁人協会は，困難ケースの受任を期待されている。一般民法典278条2項は「障害者には，適切な，その者の身近な者が代弁人に任命されなければならない」と規定しており，代弁人協会は，近親者が代弁人として任命されえない場合にのみ任命されるべきとされている。

協会は，協会が同意した場合にのみ，代弁人に任命される（一般民法典279条3項）。もっとも，協会は，国（司法省）から広範な財政援助を受けているため，実際に代弁人職の受任を拒否できるのは，人的キャパシティがない場合に限られる。

2 協会代弁人への委託
(1) 協会代弁人に代弁人職を委託する場合

前述したように，代弁人として裁判所から任命されるのは代弁人協会である。しかし，実際には協会に所属する専任職員またはボランティアが，協会から委託される形で代弁人職を実施する。

代弁人協会が代弁人に任命される場合は，協会は，代弁人職を委託する人物（協会代弁人）を裁判所に公表しなければならない（協会代弁人法3条2項）。委託された協会代弁人には，代弁人としての権利および義務が認められ，協会代弁人は，代弁人職の実施において協会を代理する。協会は，本人の福祉および利益を独立した方法で守ることができる者だけを裁判所に推薦する。協会には代弁人を選任する際に，その者が適切かどうか熟考する義務がある[15]。

(2) 協会代弁人への委託を終了する場合

協会は，重大な理由があれば，協会代弁人の公表または推薦を取り消すことができる。協会が協会代弁人の公表を取り消す場合には，協会は裁判所に代弁人職を委託した別の者を公表し，この者にその委託に関する証書を交付しなければならない。

---

15) Barth/Ganner, a. a. O. 13, S. 67.

協会代弁人を解任する場合には，協会側から協会代弁人に解任の意思表示がなされる（協会代弁人法3条3項）。裁判所において別の協会代弁人が公表されることによって，前任の協会代弁人が解任されるわけではない。

なお，協会代弁人法3条3項では，代弁人協会は，前任者の代わりに委託する協会代弁人に対し，委託証明書を交付するよう義務付けられている。この証書の交付義務は，協会代弁人の交代が原因で生じる公表の取り消しの際にのみ定められている。しかし，証書の目的は法的取引における代理を容易にすることであるから，交代に限らず，協会代弁人が代弁人職を委託される際には必ずその交付を義務付けるべきであることが主張されている[16]。代弁人交替の際にのみ委託証書の交付が義務付けられたことについて，立法者は，新規に推薦した協会代弁人に委託証明書を交付する義務を課すことを看過したのではないかと考えられている。

3　協会代弁人の権利および義務

代弁人協会から代弁人職を委託されると，受任者である協会代弁人は，その任務範囲において，代弁人としての権利を有し，義務を負う。協会代弁人への委託には，裁判所の承認は不要である[17]。

協会は，官庁における手続きについて，委託した者に代理させることができる（協会代弁人法3条5項）。もっとも，協会の代弁人としての任務範囲が，官庁における手続きの代理行為を包括していることが前提である。協会が官庁における代理について協会代弁人に権限を与えたくないのであれば，協会は，そのことを協会代弁人に明示しなければならない[18]。

代弁人協会内で活動している代弁人，患者代弁人，居住者代理人およびその他の者には，代弁人制度および強制収容に関係する裁判所における手続き以外においては，本人の利益において必要である限り，活動によって知ることとなった全ての事実について守秘義務が生じる（協会代弁人法6条）。

---

16) Barth/Ganner, a. a. O. 13, S. 68.
17) ErlRV 1420 BlgNR 22 GP, 17.
18) Barth/Ganner, a. a. O. 13, S. 68.

4　協会代弁人の交代と代理

協会は，代弁人職の継続中に協会代弁人の公表を取り消し，その交代を行うことができる（協会代弁人法3条3項）。条文上は「重要な理由から」と規定されているが，実際には，重要な理由が存在しない場合であっても，本人の福祉のために明確に必要とされる場合には，協会代弁人の交代は可能であると考えられている[19]。重要な理由とは，例えば協会代弁人が本人と合わなかった場合や，排除事由（一般民法典273条2項）が生じた場合である。

協会代弁人が病気や休暇を理由に職務遂行のための代理を必要とする場合について，法律は何も規定していない。短期間の代理が許されるということについては争いはない。ここでも交代等の判断の基準となるのは本人の福祉である[20]。

第4項　代弁人へのインタビュー

本項では，実際にオーストリアで行ったインタビューを紹介する。執筆者は2010年9月にオーストリアにおいて3人の代弁人に対して，その活動内容および代弁人として活動するきっかけなどについてインタビューを行った。

1　協会代弁人ゴッドフリード・ガブリエルさんへのインタビュー

ガブリエルさん（以下，G）は，代弁人協会「VertretungsNetz」チロル州インスブルック支部所属の協会代弁人である。

(1) 代弁人協会の仕事は何ですか。

G：代弁人協会には，大きく分けて，4つの任務領域があります。助言，クリアリング，手続きの代理そして代弁人制度利用中の代理です。

毎週火曜日に，裁判所で助言がなされます。だれでも来ることができ，代弁人に質問できます。裁判所における助言は，裁判所自体とは何の関係もありません。代弁人は，毎週火曜日に，裁判所の一室で質問のために待機して

---

[19] Barth/Ganner, a. a. O. 13, S. 69.
[20] Barth/Ganner, a. a. O. 13, S. 69.

います。

(2) クリアリングの導入は，代弁人制度の状況を変えましたか。

　G：クリアリングの導入によって，状況は本質的に改善されました。クリアリングはまだ全国に広まっていませんが，チロル州では，クリアリングのおかげで代弁人制度を利用するケースは減っているように見受けられます。代弁人協会が調査するように依頼された4つのケースのうち，クリアリングによって3ケースが他の方法によって解決されています。残りの1つのケースだけが，代弁人制度の利用が必要となりました。これは，4分の3のケースが代弁人を必要とせず，別の選択肢で解決されているということになります。別の選択肢とは，例えば，社会福祉的サービス，親族による代理または老齢配慮代理権です。

　経済的な事務のための代弁人制度の利用は，本人が金銭を尋常ではない程度にまで浪費してしまう場合にのみ必要となります。

　精神病などの治療を行っている者には，代弁人制度ではなく患者代弁人制度があります。

　代弁人協会は，その活動費用の90％以上について司法省から経済的な援助を受け，協会として組織されています。しかし，職員は公務員としての地位を有していません。公務員は，例えば，解雇されないという利点があります。しかし，解雇について柔軟に対応できるようにするために，代弁人協会においては，このような公務員の地位を与えることは回避されることになりました。

(3) ボランティア世話人を見つけることは難しいですか。

　G：田舎では，ボランティアを見つけることは本当に難しいです。被代弁人の家に行くために，長距離移動が必要となるからです。ボランティアに支払われる費用補償が一律毎月65ユーロということもあり，ボランティアが田舎に居住する場合には，負担する交通費が高すぎてしまうのです。これに対して，町では十分なボランティア代弁人が確保されています。

(4) 現在の代弁人制度の問題点は何でしょうか。

　G：費用です。代弁人協会は，司法省から財政援助を受けています。また，代弁人協会は，毎年本人（被代弁人）からも費用を受けとっています。本人

から受けとる額は，本人の財産状況によります。つまり，本人に資産があれば，協会は毎年より多くの費用を受けとることができます。しかし，資産を有する者は，代弁人として弁護士を選びます。このため，代弁人協会に依頼する者のほとんどは，経済的に豊かではなく，多くの費用は望めず，協会に対して全く支払ってもらえないケースがほとんどとなっています。本人が協会に支払うとされている毎年の金額は，本人の収入の5％，本人の財産の2％です。

2　協会代弁人バーバラ・レーナー＝ビュルグルさんへのインタビュー

レーナー＝ビュルグルさん（以下，L）は，代弁人協会「VertretungsNetz」ニーダーエスタライヒ州ヴォルカーズドルフ（Wolkersdorf）支部に所属する協会代弁人である。

(1) 何ケース受任していますか？

L：48ケースです。このうち，自分が協会代弁人として受け持っているのが24ケースで，チームリーダとして世話しているボランティアが受任しているのが24ケースです。

困難ケースは，協会の専任職員が引き受けます。本人にどのような代弁人が適するかを決定するために調整し，ケースはボランティア代弁人に引き継がれます。このため，困難事例も，協会の専任職員がボランティアに委ねても大丈夫と判断すれば，ボランティア代弁人に委ねられることになります。

(2) クリアリングは，状況を変えましたか。

L：当支部では，キャパシティがないため，クリアリングは実施されていません。ここでも，クリアリングを実施してほしいと思います。

(3) 医療同意などの困難な決断もしますか。

L：医療同意は求められることが非常に多く，歯の治療など，少なくとも月に1度は行います。しかし，もし本人が拒否すれば，治療は行われません。

手術については，もし本人が手術を望むのであれば，代弁人は裁判所で許可を得なければなりません。

(4) 近親者代理権などの代弁人制度に代わる選択肢は機能していますか。

L：いいえ，近親者代理権は，少なくともここではうまく機能していませ

ん。その理由は、とりわけ国民がこの制度を知らないことにあります。近親者代理権に対する情報も説明もありません。また、代理範囲も狭すぎます。もし、本人が判断能力をもはや有しないのであれば、私は、近親者代理権よりは代弁人制度利用がより適切であると思っています。

(5) 現在の代弁人制度において何が問題だと思いますか。

L：代弁人制度の利用によって、本人の行為能力が制限されるということが問題だと思います。障害者権利条約が遵守されておらず、このため、本人は自動的に行為能力を制限されており、人権について配慮が十分になされていません。本人の保護のために行為能力を制限する必要はありません。行為能力の制限は過剰といえます。

代弁人制度の利用数がいまだに増加していることも問題でしょう。

3　ボランティア代弁人、クリスティン・ヘニングさんへのインタビュー

ヘニングさん（以下、H）は、代弁人協会「VertretungsNetz」チロル州インスブルック支部に所属するボランティア代弁人である。

(1) 代弁人となるきっかけは何でしたか。

H：私の希望は、ボランティアとして働くことによって、小さな社会貢献をすることでした。ボランティアの候補として、ボランティアの保護観察官または代弁人が挙がっていました。もともと、私はボランティアとして保護観察官の仕事を始めましたが、その後、そこで専任の保護観察官として雇用されました。そこで、ボランティアとして行う活動として、代弁人制度を選択しました。

(2) どのようにして働いていますか。

(i) Bさんのケース

H：ボランティア代弁人の仕事を始めたころ（約4年前）、私は、Bさん（59歳男性）の代弁人として任命されました。Bさんは、そのアルコール中毒がもとで、ある程度の認知症を患っており、自分で事務を処理できない状態でした。Bさんは、約4年前から介護つき高齢者ホームに収容されています。それ以前、彼は、一定期間家を失った状態であったと考えられます。でも、私はこのことについてよく知りません。というのも、彼の説明は、その病気

のせいで信用できないからです。

　Ｂさんは，自分の家族とのコンタクトがありません。このため，いわゆる「訪問サービス」が開始されました。このサービスでは１人の女性がＢさんを定期的に訪問し（週に２回），彼と散歩をしたり，カードゲームをしたりします。その目標は，少しの社会的な交流と生活を分かち合うことです。Ｂさんは，自らホームでの催しに参加せず，他の積極的な生活形成を行いません。この訪問サービスには少額の費用が必要となりますが，Ｂさんはこれを自分の定期的な収入から問題なく支払うことができます。

　Ｂさんのケースでは，私は，財産上の事務と役所および官庁における代理ならびに法的事務の代理を担当しています。具体的にいえば，彼のお金を管理し（年金および介護金），場合によっては，必要な申請を役所に行います。私は，Ｂさん，Ｂさんを介護する人，訪問サービスを行っている人およびホームの管理者とコンタクトを取っています。そして，月に１度はＢさんを訪問します。訪問時間は，２，３時間です。このような方法で，Ｂさんが必要なものを全て有しているか，そして最善の世話を得ているかを保障しています。なぜなら，彼は，自ら自己の利益および権利を行使できないからです。以前は，私が日常的な買い物（タバコ，衛生用品，洋服）を行っていました。しかし，訪問サービスの女性の方がＢさんと頻繁に会い，より迅速な対応ができることから，今は，この日常生活に関する買い物は，彼女が行っています。その後で，私がＢさんのお金から買物代金を支払います。

　Ｂさんがホームに収容され，そこで十分に世話されるようになり，最小限の社会参加を保障する訪問サービスが行われるようになって（そして今のところ，本質的な改善は計画されていないし，また必要ではありません），代弁人としての任務は，非常に少なくなりました。今の任務は，ホーム，訪問サービスそしてＢさんの他の必要な買い物についてＢさんの金銭の管理をすることです。

　私は，毎週，特定の小遣いをＢさんの口座に振り込みます。この額は，被代弁人毎に異なります（１人は100ユーロ，もう１人は10ユーロ）。

　被代弁人が使うことができるお金は，社会扶助，障害者年金，介護金または被代弁人自らの財産になります。例えば，１人の被代弁人は，毎月約1,200ユーロを受け取っています。

(ⅱ）Mさんのケース

　H：約2ヶ月前から，私は，別の被代弁人も引き受けることになりました。Mさん（男性）です。Mさんの代弁人は，これまで，私が所属しているボランティア代弁人のチームの1人でしたが，このボランティア代弁人は，チロル州から引っ越してしまったので，私が引き継ぎました。Mさんは46歳で，2008年から再び代弁人制度を利用することになりました。Mさんは，それ以前も代弁人制度を利用していましたが，Mさんの希望で，Mさんが自分でその事務を処理するということが試みられました。これは，残念ながらうまくいかず，結果的に高額な賃料の請求がきて，Mさんは非常に条件のいい市内の住居（特別に助成され，このために賃料は非常に安かった）を失うところでした。したがって，結果として再び代弁人制度の利用が提案され，決定されました。Mさんは今1人で生活しており，その住居に訪問し，買い物，通院，申請などのような日常生活の用事を個人的に支援する協会（Verein Integriertes Wohnen（IWO協会））によって世話されています。Mさんには兄弟がいますが（この兄弟もMさん同様に代弁人が任命されています），Mさんは自分の家族とほとんどコンタクトをとっていません。Mさんは，養育費を支払わなければならなかった1人息子がいますが（しかし，この息子は，今はもう自分で収入を得ています），Mさんはこの息子と個人的な連絡を全くとっていません。

　Mさんのケースでも，私は「財産上の事務」と「役所における代理および法的な事務」について任命されています。Mさんは，障害者年金を受け取っています。障害者年金を受け取るということは，Mさんが働くことができず，このためにすでに今，年金を受給しているということを意味します

　Mさんが自立して1人で生活し，生活に十分に慣れた後，私はたくさんの申請と経済的な事務を処理しなければなりませんでした。しかし，彼がIWO協会によって集中的に世話されるようになった後は，その大部分は，Mさんとその世話をしてくれる女性が一緒に行うようになりました。例えば，その女性は，テレビの受信料と電話料金の免除を申請するために，Mさんと一緒に役所へ行ったり，Mさんと共に賃料の助成金（低所得者への賃料の援助）の申請を行います。私は，代弁人としての法的地位が必要でない限り，

これら全てを遠くから一緒に行うにすぎません。ここでも目標は，Mさんの独立性を可能な限り保ち，強化することです。このような意味において，彼の世話をしている女性が彼と共に処理するか，または世話をしている女性がいない場合には，私が代弁人として可能な限り事務を彼と一緒に行い，私が1人で申請を行わないことが理想です。私が1人で申請を行ってしまうと，彼に残されている自主性をさらに制限してしまうからです。

　一般的な任務および義務は，裁判所への毎年の報告書および，代弁人チームへの毎月の参加です。

(3) 代弁人として，どのような費用補償を受けているのですか。

　H：私は，代弁人協会「VertretungsNets」から被代弁人1人あたり毎月65ユーロの支払いを受けています。これは，場合によって生じる費用（電話，飲み物および交通費）を概算的に支払うものであり，実際にかかった費用とは無関係です。被代弁人が代弁人協会に対して支払わなければならない費用がどのように算出されているかは，私には分かりません。

(4) ボランティア代弁人のための研修はありますか。

　H：約1月に1度定期的なボランティアチームのメンバーが集まって情報提供を行い，また1年に1度，全てのボランティア代弁人のための研修があります。最後に参加したのは，精神的に障害を有する被代弁人との付き合い方についての研修であり，非常に興味深いものでした。

(5) 代弁人協会は，代弁人として活動する際にサポートしてくれますか。

　H：はい，とても。まず代弁人協会によって，被代弁人がボランティア代弁人に任せるのに適しているか，つまり私にまかせても大丈夫かどうかがチェックされます。そして必要な次のステップ（例えば，介護金の申請や口座の開設など）について，協会がボランティア代弁人に詳しく説明します。世話の過程において，全ての質問について（例えば，申請をすべきかどうか，だれが担当か，法律上の要件はどうなっているのかなど）決まっているチームリーダーに相談し（私の場合は，ガブリエルさん），チームリーダーはそのボランティア代弁人を援助します。役所への手紙（例えば，私の場合は，実際に，騒音をたてて迷惑をかけたことへの刑罰の知らせに対する異議）は，ガブリエルさんがすぐに自ら行い，私はそのための処理をしなくてすみました。

裁判所への毎年の報告書および付随する決算も，私は単に準備するだけでよく，その後は，協会によって清書されます。

私の場合は，ボランティア代弁人を具体的な仕事において指導する協会職員がいるおかげで，ボランティア代弁人の仕事を十分に果たせていることは明らかです。

(6) 代弁人職遂行に関して難しいと思うことは何ですか。

H：私が重要だと感じることは，いつも自分の役割と任務について繰り返しよく考えることです。一面では代弁人の任務は非常に重要で責任のある任務であり，他方ではその任務は明確に制限されています。私は，タバコやアルコールが本人に害を与える結果をもたらすとしても，タバコやアルコールを禁止する「母親」ではなく，また「母親」になることもできず，なるべきでもありません。

第5項 小 括

1 要約

代弁人協会は，代弁人制度のために設立された組織である。しかし，協会は，近年，代弁人制度だけでなく，精神病院およびそれ以外の施設における自由制限に際し，本人を保護する活動を行っている。具体的には，患者代弁人および居住者代理人と呼ばれる代理人の推薦である。

代弁人制度に関しても，2006年の改正により，代弁人協会に新たな任務が課せられることとなった。これは，代弁人制度の利用増加に起因する。国家負担を軽減するために，代弁人協会は，代弁人を任命する前に代弁人制度に代替する制度を探る，この調査によって明らかになった事項を裁判所に伝える，および親族代弁人を助言するといった任務を負うことになった。この任務を「クリアリング」という。

2 分析

2006年の改正によって，代弁人協会は，代弁人を供給するだけでなく，代弁人制度の利用を抑制する任務を負うことになった。このことは，代弁人

制度の利用増加が早急に対応しなければならない問題であることを示すとともに，代弁人協会が依然として代弁人制度にとって重要な役割を果たしていることを明確にしている。つまり，代弁人協会は，単に代弁人を供給する場所であるだけでなく，制度の運営のために，その時々の制度利用状況に応じて必要な役割を担う組織であるといえる。さらに，代弁人制度以外にも，精神病院および施設における自由制限に際して本人を保護する活動をしている代弁人協会も存在する。ここから，代弁人協会は代弁人制度成立時と比較するとその任務を拡大しており，成年者保護のための総合的組織として発展しているといえる。

代弁人への聞き取り調査から，代弁人協会の活動は地域によって差が生じていることが明らかとなった。代弁人協会は，主として国家による補助金により運営されているため，その地域の中心となる都市以外に位置する代弁人協会には，さまざまな制約があると推測される。もっとも，中心的任務である代弁人の供給に関しては，専任の協会代弁人とボランティア代弁人が協力しており，ボランティアはその職務遂行に際し，協会代弁人から常にサポートされている状態にある。代弁人職の遂行に際してボランティア代弁人が孤立することはない。この点は，協会代弁人制度の意義を示すものであるといえる。

第2節　日本における成年後見人等の確保に対する取り組み

日本における成年後見人等の確保に対する取り組みは，オーストリアのように国家によって統一されたものではない。代弁人協会のような成年後見制度を一手に引き受ける組織は存在せず，国，地方公共団体，職能団体および社会福祉協議会がそれぞれ独自の取り組みを展開している。

第1項 「成年後見の社会化」に対する国および地方公共団体の取り組み

1 成年後見制度の必要性
(1) 措置から契約へ

2000年の介護保険法施行によって、高齢者への介護サービスの主要な給付形態は、契約方式へと切り替えられた。また、2003年4月以降は、支援費制度[21]を通じて、身体障害者および知的障害者に対する福祉サービスも契約方式による給付が中心になった。いわゆる措置から契約への転換である。このように、福祉サービスの給付を契約によって行うようになると、障害者や高齢者は、契約当事者としてサービス提供者と対等な立場に立ち、自己決定に基づいて契約することになる。

(2) システム移行に伴う成年後見制度の必要性

しかし、契約方式が導入されたからといって、福祉サービス提供者と利用者は実際に直ちに対等とはならない。福祉サービスの利用者は、契約能力に何らかのハンディキャップを抱えているケースが多い。その結果、契約方式への転換は、福祉サービスを必要とする者に対して負担をかける場合もある。このために、利用者の契約締結を支援するシステムの整備が必要となる。ここに、契約締結支援システムとしての役割を果たす制度としての成年後見制度の意義がある。つまり、成年後見制度を利用し、成年後見人が本人の代理人となって介護サービスなどの契約を結ぶのである。この限りにおいて、成年後見制度は、単なる民法上または家族法上の制度であることを超えて、社会福祉諸法との架橋を果たす機能を併有しているといわれる。成年後見の利用可能性を広く保障することは、社会福祉に関するインフラ整備の一環として国および地方公共団体の責務であると考えられており、「成年後見の社会化」と呼ばれている[22]。オーストリアにおいても同様であったが、成年後見制度の利用可能性を保障するためには、成年後見人としての人材を十分に確保

---

[21] 支援費制度とは、身体障害者および知的障害者がその必要に応じて市町村から各種の情報提供や適切なサービス選択のための相談支援を受け、利用するサービスの種類ごとに支援費の支給を受け、事業者との契約に基づいてサービスを利用できる制度である。2003年4月に施行され、2006年4月に障害者自立支援法へ移行した。
[22] 上山泰「『成年後見の社会化』について」みんけん552号（2003年）4頁以下。

しなければならない[23]。そこで，日本では人材確保のためにこれまでどのような取り組みが行われてきたのかを，制度設立時を中心に検討する。

2　区市町村長の申立権と成年後見制度利用支援事業

成年後見制度に関連する人材確保および制度利用促進のための，国による制度としては，「区市町村長の申立権」と「成年後見制度利用支援事業」が挙げられる。区市町村長の申立権は，成年後見人を確保するための制度ではなく，成年後見制度申立権者を確保する制度である。オーストリアおよびドイツと異なり，日本では成年後見制度を開始する際に職権主義をとっていない。このため，民法に規定されている申請権者が存在しなければ，成年後見制度を利用することができないことになる。そこで，成年後見制度申請者を確保するために，1999年の法改正の際に，法律により区市町村長に成年後見制度開始の申立権が与えられた。

(1) 区市町村長の申立権

(ⅰ) 制度の概観

身寄りのない認知症の高齢者・知的障害者・精神障害者に対する適切な成年後見制度の開始を保障するために，民法の改正に伴い，老人福祉法32条，知的障害者福祉法28条，精神保健および精神障害者福祉に関する法律51条の11の2において，区市町村長に補助・保佐・後見開始の申立権を付与する旨の規定が設けられた。これにより，区市町村長は，認知症の高齢者・知的障害者・精神障害者について「その福祉を図るために特に必要があると認めるとき」は，補助・保佐・後見開始の審判の申立てをすることができる。「特に必要があると認めるとき」とは，本人に配偶者もしくは4親等内の親族がいなかったり，これらの親族があっても音信不通の状態にあるなどの事情により，区市町村長が本人の保護を図るために申立てを行うことが必要な状況にある場合である[24]。

区市町村長の申立権は，身寄りのない者，親族から虐待または放置を受け

[23) 新井誠「成年後見制度の現状と課題」法律のひろば58巻6号（2005年）8頁。
[24) 黒沼忠良「新成年後見制度－期待される高齢社会の社会基盤－」法令ニュース36巻5号（2001年）18頁。

ている者などのため，活発な制度の利用が期待され，成年後見制度を変えるともいわれた[25]。しかし，その利用は，制度施行後，期待されたほど進まなかった。それでも，区市町村長の申立件数は年々増加しており，2013年には，全体の申立件数の13.2％を占め，対前年度で11.1％の増加となっている[26]。

(ⅱ) 利用の伸び悩み

区市町村長申立権の利用が伸び悩む一因として，申立要件の解釈，運用に問題があると考えられた。「福祉を図るために特に必要と認められるとき」とは，申立権を有する親族がいない場合または親族がいても音信不通などにより申立てが期待できない場合が想定されたが[27]，実際にこれらの事情を調査するには，膨大な時間と労力が必要となる。このため，成年後見制度利用を必要とする者が長期間保護されずに放置されるという弊害が生じた[28]。

区市町村長の申立てを促すために，厚生労働省は改正後早期から動き始めており，「4親等内の親族があることをもって一律に区市町村長の請求権の行使が制限されるものではない」との見解を公表している[29]。

また，日本弁護士連合会は，2003年8月22日に「成年後見制度の市町村長申立権の活性化と成年後見人等報酬助成の速やかな実施を求める意見書」を発表し，区市町村長申立てによる成年後見制度の利用が，福祉サービス利用に不可欠な社会サービスであることを示した。同時に，区市町村長申立事案に関する支援を行うため，社会福祉士会および司法書士会リーガルサポートと協力することを表明した[30]。

また，区市町村長の申立権は，無資産者の申立てにも利用された。成年後見制度利用の申立ては，通常鑑定費用を含めて10万円程度必要となるため，これが用意できないと事実上申立てができない。しかし，区市町村長の申立てには，申立て費用を含む補助システムがある。区市町村長による申立権は，本来，申立権者が見つからない場合のために新設された制度だが，財産的負

---

25) 新井誠「成年後見制度施行2年後の現状と課題」民事法情報192号（2002年）12頁。
26) 最高裁判所事務総局家庭局「成年後見関係事件の概況－平成25年1月から12月－」
27) 小林昭彦＝大門匡（編著）『新成年後見制度の解説』（金融財政事情研究会，2000年）50頁。
28) 赤沼康弘「成年後見制度の課題と弁護士の役割」法律のひろば58巻6号（2005年）17頁。
29) 厚生労働省老健局計画課長事務連絡平成12年7月3日付。
30) 赤沼・前掲注28・17頁。

担を伴うために，補助金が導入されているのである。資産を有する者が本制度を利用する場合には，申立の費用は，後に本人に求償される[31]。

(2) 成年後見制度利用支援事業

(ⅰ) 事業主旨

　厚生労働省は，2001年から介護予防生活支援事業のひとつとして「成年後見制度利用支援事業」を設立した。事業内容は，成年後見制度利用促進のための広報・普及活動の実施および成年後見制度の利用にかかる経費の助成である。その制度趣旨は，介護保険サービスの利用などの観点から，認知症高齢者などが成年後見制度の利用が有効と認められるにも関わらず，制度に対する理解が不十分であることや，費用負担が困難なこと等から利用が進まないといった事態に陥らないために，市町村が行う成年後見制度の利用を支援する事業に対して補助を行うこととされた[32]。ここから，制度利用支援事業は基本的には区市町村が行うことが前提とされていたといえる。

(ⅱ) 経費の助成

　経費の助成とは，区市町村が行う区市町村長申立てにかかる費用の補助事業を，国と都道府県が補助するというものである。この事業の費用の2分の1を国が，4分の1を都道府県が補助するため，区市町村が負担するのは，結果的に4分の1になる。ひとつの例では，当該補助事業においては，本人の申立費用については5万から10万，成年後見人報酬については在宅で月2万8000円，施設に関する1万8000円を上限とする補助がなされる[33]。これにより，制度利用の支障は一定程度解消されたといわれた[34]。

　補助制度の利用対象者は，①介護サービスの利用が必要であるが，身寄りがないこと，②重度の認知症高齢者など，区市町村長が老人福祉法32条に基づき，民法7条，11条，15条1項等に規定する審判の請求を行うことが必要と認められること，③後見人等の報酬等必要となる経費の一部について，

---

31) 田山輝明「これからの成年後見制度」月報司法書士387号（2004年）5頁。
32)「成年後見制度利用支援事業について（平成13年7月18日家裁事務局長あて家庭局第一課長通知）」家庭裁判所月報第53巻11号（2001年）151頁以下。
33) 新井誠「成年後見施行後の1年を振り返って」ジュリスト1211号（2001年）22頁。
34) 赤沼康弘「成年後見制度定着のための課題」ジュリスト1211号（2001年）61頁。

助成を受けなければ成年後見制度の利用が困難と認められることの3つの要件全てに該当する者である[35]。この要件は厳格すぎるため，利用対象者が限られるとの見解も見受けられた[36]。本制度は，区市町村長の申立権を利用する場合のみの助成である。しかし，市民のセーフティ・ネットとして成年後見制度を位置づける場合には，十分な財産がないから利用できないということがあってはならない。さらに，財産を有しない者によるこの制度の利用を地域行政のみの課題とすべきでもないから，本人および親族の申立ての場合についても，「国による補助事業」を検討すべきであるといわれた[37]。

(3) 市民後見推進事業

近年の国による市民後見人育成の取り組みとして，老人福祉法の改正ならびに市民後見推進事業および都道府県市民後見人育成事業が挙げられる。

老人福祉法32条の2は，2012年（平成24年）4月1日に施行された。

【老人福祉法32条の2】
　　市町村は，前条の規定による審判の請求の円滑な実施に資するよう，民法に規定する後見，保佐及び補助（以下「後見等」という。）の業務を適正に行うことができる人材の育成及び活用を図るため，研修の実施，後見等の業務を適正に行うことができる者の家庭裁判所への推薦その他の必要な措置を講ずるよう努めなければならない。
　2　都道府県は，市町村と協力して後見等の業務を適正に行うことができる人材の育成及び活用を図るため，前項に規定する措置の実施に関し助言その他の援助を行うように努めなければならない。

また，国は，平成23年度から市民後見推進事業を開始した。これは，区市町村において市民後見人を確保する体制を整備・強化し，地域における市民後見人の活動を推進することを目的とする。その費用は，国が全面的に負担する。具体的な事業内容は，①市民後見人養成のための研修の実施，②市民後見人の活動を安定的に実施するための組織体制の構築，③市民後見人の

---

35) 前掲注32・152頁。
36) 松井秀樹「担い手と費用負担」法学セミナー575号（2002年）60頁。
37) 田山・前掲注31・6頁。

適正な活動のために，弁護士，司法書士，社会福祉士等の専門職による支援体制の構築や，市民後見人養成研修修了者等の後見人候補者名簿への登録から家庭裁判所への後見人候補者の推薦のための枠組みの構築など，④その他，市民後見人の活動の推進に関する事業となっている[38]。

さらに，区市町村の取り組みを支援するものとして，都道府県市民後見人育成事業がある。これは，平成24年度に養成事業として創設され，平成25年度に育成事業として拡張されたものである。この事業では，区市町村による単独の市民後見人の育成が困難である場合に，都道府県が市民後見人の育成，活動支援を行う。具体的には，市民後見人候補者への研修および専門職による支援体制の構築が想定されており，国はその2分の1を補助する[39]。この取り組みは，市民後見の枠を越えて市町村が後見人の養成・支援を行う公的後見の可能性を有する一方で，家裁と市町村の連携の強化等課題も指摘されている[40]。

3 地方自治体の取り組み

日本においては，地方自治体が中心となって成年後見制度に関する直接的支援を行っている[41]。ここでは，その一例として東京都，横浜市および多摩南部成年後見センターを取り上げる。

(1) 東京都の取り組み

東京都の取り組みは，区市町村への援助を基本的な目的としている。東京都の主な特徴として，社会貢献型成年後見人等の育成が挙げられる。

---

38) 厚生労働省老健局高齢者支援課　認知症・虐待防止対策推進室「市民後見人養成・支援における厚生労働省の取組み」実践成年後見42号（2012年）14頁以下。
39) 厚生労働省老健局高齢者支援課　認知症・虐待防止対策推進室・前掲注38・15頁以下。
40) 上村泰「市民後見推進事業の意義について」週刊社会保障2679号（2012年）47頁以下。
41) 品川区，世田谷区および大阪市における成年後見（支援）センターの取り組みも公表されている。斉藤修一「品川区における市民後見システム」実践成年後見32号（2010年）32頁以下，田邉仁重「世田谷区区民成年後見人活動支援の現状と課題」実践成年後見32号（2010年）41頁以下，藤原一男「大阪市における市民後見人養成とその活動支援の状況」実践成年後見32号（2010年）49頁以下。成年後見制度に対する自治体の取り組みは日進月歩であり，この他にも多数の文献がある。

(ⅰ) 区市町村への支援

　東京都は，2005年から「成年後見活用あんしん生活事業」を開始した。本事業は，区市町村による成年後見制度活用促進のための取り組みを支援することを目的としている。

　前述した財政援助の他にも，東京都から区市町村に対して，次のような支援が行われている。①成年後見制度の普及・PR，②区市町村および成年後見制度推進機関からの相談の対応，③区市町村および成年後見制度推進機関の職員を対象とした研修の実施，④成年後見人等の養成，⑤成年後見制度の関係機関および推進機関との連絡会などの開催である[42]。

(ⅱ) 成年後見人等の養成

　東京都は，成年後見人等を市民一般から公募して養成している。リフォーム詐欺および強引な訪問販売など悪質商法の被害が続出する中，成年後見人等を増やす必要があるためで，担い手には定年退職する「団塊の世代」を念頭に置いている。当該事業は，都道府県が直接，成年後見人を養成する初めての試みとなった。このような後見人は，「社会貢献型後見人」とよばれている。

　東京都は，一般公募に加え，区市町村が推薦した人を対象に，必要な法律や福祉の研修を行う。候補者は，弁護士や司法書士との現場実習を経て，成年後見人として各自治体や社会福祉協議会などに登録する。ここで養成された成年後見人は，少額の財産管理や生活費の受け渡し，普段の見守り活動など，複雑な法律が関係しないケースを担当することが予定されている。この者を完全なボランティアとするか，若干の報酬を受け取るかは，登録先の各区市町村が判断する。各自治体と成年後見人が地域の中で連携することで，成年後見人の質を担保することが望まれている。また，ボランティアか，少額の報酬で済む成年後見人が増えれば，収入の少ない人も利用しやすくなり，専門家が法律問題のある複雑なケースに専念できると考えられている[43]。

　2005年から2012年までの間に東京都の基礎講習の修了者は延べ494名であり，後見活動メンバーとして区市町村等に登録している者は321名である。

---

42) 東京都福祉保健局ウェブページ（http://www.fukushihoken.metro.tokyo.jp/）参照。
43) 東京都福祉保健局ウェブページ・前掲注42。

実際に，社会貢献型後見人として選任されたケースは，2013年3月25日の時点で延べ135件となっている。[44]

　社会貢献型後見人等に対する監督や支援業務を行っている社協も存在する。この内容は，随時の相談支援（24時間体制）から助言，重要書類の預かりまで多岐に渡っている。[45]

(2) 横浜市後見的支援を要する障害者支援条例
(ⅰ) 条例制定までの経緯

　横浜市では，成年後見制度施行前にも障害者が地域で自立した生活を営むことができるよう積極的な支援が行われていた。その一方で，障害者およびその世話を行う親などは，親がいなくなったとき，または親が現に世話を行うことができなくなったときの当該障害者の生活に対して不安を抱いていた。この不安を解消することが横浜市の障害者福祉施策における課題となっていた。

　このため，横浜市は，条例に基づき障害者に対する支援施策を実施することで，障害者とその親を安心させることが必要と考え，2001年7月に横浜市障害者施策推進協議会に対し，条例制定に向けた検討を依頼した。同協議会が設置した専門委員会は，同年10月に中間報告を，11月に中間報告を踏まえた条例案を同協議会に報告した。横浜市は，同協議会からの報告をもとにして条例案を作成し，市議会の議決を経て「横浜市後見的支援を要する障害者支援条例」を2002年7月1日に施行した。同条例は，1人では日常生活を営むことが困難な障害者で，特に親などがいない，または親が世話できない人への支援を市の責務として行うことを定めた全国で初めての条例となった。[46]

(ⅱ) 条例の内容

　同条例6条の内容は次のとおりである。

---

44) 東京都福祉保健局「後見人等候補者の養成に係る検討会報告書（平成25年3月）」24頁（東京都福祉保健局ウェブページより入手可能）。
45) 社会福祉法人・東京都社会福祉協議会『区市町村社会福祉協議会における成年後見制度への取り組みに向けて－検討委員会報告書－』（社会福祉法人・東京社会福祉協議会，2003年）11頁。
46) 横浜市福祉局ウェブページ（http://www.city.yokohama.jp/me/fukushi/index.html）。

【横浜市後見的支援を要する障害者支援条例 6 条】
　市が実施する後見的支援を要する障害者に対する支援施策は，次のとおりとする。
　(1) 後見的支援を要する障害者の生活に関する相談を受け，および助言，指導等を行うこと。
　(2) 民法の規定による後見開始，保佐開始または補助開始の審判の請求を行うために必要な支援を行うこと。
　(3) 後見的支援を要する障害者が地域において生活を営むための場および費用の確保を行うこと。
　(4) 後見的支援を要する障害者が保有する資産の保全または活用のための助言，あっせんを行うこと。
　(5) 現に障害者を養護している市内在住の親等を対象として，後見的支援を要する障害者に対する支援に関する相談を受け，および助言，指導等を行うこと。
　(6) その他後見的支援を要する障害者に必要な支援を行うこと。

第2項には，成年後見制度の審判の申立てのために必要な援助を行うことが規定されている。このため，この条例は，「成年後見の社会化」を具体化したものといわれた[47]。

　なお，横浜市は後見的支援等の相談を各区保健センターで受け付けているが，成年後見制度利用に関する援助は「あんしんセンター」と連携して行っている。あんしんセンターとは，1998年10月1日に，横浜市が横浜市社会福祉協議会に業務委託する形で設立された成年後見制度に関する支援も行う機関である。

(3) 多摩南部成年後見センター

　区市町村も成年後見センターを設立している。多摩南部成年後見センターは，調布市，日野市，狛江市，多摩市および稲城市による成年後見制度利用者支援システムの一部である。同センターの設立は，成年後見制度を活用し，

---

47) 新井・前掲注23・8頁。

法人後見を行う法人を設立するという調布市の発想がきっかけであった。調布市は2000年度から法人後見に関する研究を事業化し，委員会を設置した。その後も検討が重ねられた結果，2003年7月に調布市，日野市，狛江市，多摩市および稲城市の5市により多摩南部成年後見センターが設立された。

多摩南部成年後見センターは，判断能力が十分でないために，自らの権利・利益の擁護を十分に行えない認知症の高齢者，知的障害者，精神障害者および支援を求める人に対して後見事務を提供し，支援を必要とする市民の日常生活の安心および福祉の向上を図ることを目的としている。

同センターは法人後見の担い手として設立された法人であり，後見事務の提供がその中心業務である。センターが成年後見人等に就任した場合は，他の成年後見人と同様に財産管理および身上監護全般を行う。この他の業務としては，成年後見監督人等への就任，成年後見制度に関する広報・普及・啓発などがある。[48]

また，成年後見人等の養成も行っており，2011年11月の時点で10名の実務研修生を受け入れ，7件の受任がなされている。[49]

第2項　成年後見人の確保に対する各職能団体の取り組み

1　第三者後見の増加

成年後見制度成立時は，親族後見が全体の約9割を占めていたが，親族以外の第三者が成年後見人等に選任される「第三者後見」の割合が年々増加している。平成25年（2013年）の最高裁判所事務総局家庭局「成年後見関係事件の概況」によると，親族等が成年後見人等に選任された割合は，全体の42.2%である。一方で，第三者が成年後見人等として選任された割合は全体の57.8%となっており，第三者後見の割合が親族後見の割合を上回った。ここから，成年後見制度施行後十数年で，後見人として任命される者と本人と

---

48) 田山輝明（監修）『成年後見の最前線－後見センターからの実践報告－』（中央法規，2005年）32頁。
49) 小林有紀子「成年後見制度における市民後見人の養成と活用－多摩南部成年後見センターの取組みからの考察－」21世紀社会デザイン研究10号（2011年）253頁。

の関係は，確実かつ急速に変化しているといえる。

2013年において，弁護士が任命されたのは5,870件（前年は4,613件）であり，対前年度比で約27.2％増加している。司法書士が任命されたのは，7,295件（前年は6,382件）であり，対前年度比で約14.3％の増加である。社会福祉士が任命された件数は，3,332件（前年は3,119件）であり，対前年度比で約6.8％の増加である。[50]

高齢者人口の増加や核家族化傾向により，第三者後見の必要性は今後さらに増加することが見込まれる。第三者後見の担い手を供給するために，日本では，成年後見制度設立後から各専門団体が制度に取り組み，候補者を推薦してきた。次からは，弁護士，司法書士，社会福祉士が改正以前から行ってきた取り組みについて述べる。もっとも，今後制度利用者が増加すると，既存の団体の候補者だけでは対応しきれないことが危惧されている。このため，成年後見人などの候補者については，適切な公的養成機関を設けて候補者を養成するとともに，選任された後にはその支援をし，後見の水準を確立する施策が求められている。[51]

2　弁護士の取り組み
(1) 成年後見制度改正に対する弁護士会の取り組み

日弁連は，1995年に欧米6カ国に成年後見制度調査団を派遣し，同年秋の人権擁護大会では「高齢者の尊厳にみちた生存の権利を求める決議」を行い，「自己決定権を尊重する成年後見制度の立法化」を求めた。また，1998年には，一元的行為能力制度，家庭裁判所の直接監督による任意後見制度などを求める「成年後見大綱」を策定した。[52]

(2) 高齢者および障害者支援センターの設立
(ⅰ)「ゆとり～な」の設立

一方で，全国の弁護士会において，高齢者・障害者支援センターが設立され始めた。

50）最高裁判所事務総局家庭局「成年後見関係事件の概況－平成25年1月から12月－」（2012年）。
51）赤沼・前掲注28・18頁。
52）岩澤勇「成年後見制度導入の経緯と意義」法学セミナー575号（2002年）40頁。

1997年4月には，第二東京弁護士会のもとで，高齢者を対象とした財産管理を行う組織である高齢者財産管理センター「ゆとり～な」が設立された[53]。「ゆとり～な」では，老後の財産管理を考える高齢者からの相談に基づいて，財産管理を行う弁護士が紹介され，依頼者と受任弁護士との間で財産管理の委任契約が締結される。

(ⅱ)「ひまわり」の設立

1998年5月には大阪弁護士会により，高齢者・障害者総合支援センター「ひまわり」が設立された。「ひまわり」では，家庭裁判所の選任する成年後見人等および任意後見監督人候補者の受け皿として，成年後見人に相応しい視点と知識・経験を有する者を養成し，家裁からの推薦依頼に対応できるよう準備された[54]。

(ⅲ)「オアシス」の設立

東京弁護士会は，1999年10月から高齢者・障害者総合支援センター「オアシス」をスタートさせた[55]。「オアシス」では，法的支援活動として，①高齢者・障害者のための専門法律相談，②財産管理・身上監護支援，③精神保健福祉法に基づく退院請求のための弁護士請求を行っている。

(3) 弁護士会の支援センターの特性と役割

(ⅰ) 特性

弁護士会の支援センターの任務は，その設立当初は，高齢者のための財産管理から始まった。しかし，その後，支援対象が障害者にも拡大され，総合支援センターに発展していった。

財産管理の面においては，権限濫用を防止するために，弁護士会は，財産管理の受任弁護士に対する監督機構を設け，弁護士賠償保険に加入するなど

---

53) 額田洋一「弁護士会の財産管理サービスと成年後見制度」判例タイムズ1030号（2000年）213頁。
54) 青木佳史「大阪弁護士会・高齢者・障害者総合支援センター『ひまわり』の取り組み－あいあいねっとや大阪社会福祉士会との連携の中で－」判例タイムズ1030号（2000年）225頁。近年の文献として，井上計雄「ひまわり」新井誠＝赤沼康弘＝大貫正男（編）『成年後見法制の展望』（日本評論社，2011年）435頁以下がある。
55) 赤沼康弘「支援センター『オアシス』－東京弁護士会の高齢者・障害者支援－」法学セミナー575号（2002年）45頁。近年の文献として，土肥尚子「オアシス」新井誠＝赤沼康弘＝大貫正男（編）『成年後見法制の展望』（日本評論社，2011年）424頁以下がある。

信頼性の高い制度を設けるための努力を行っている。

　身上監護の面においては，障害者および高齢者の法的支援のために，弁護士も，高齢者，障害者の特性を理解し，福祉に関する知識を備える必要があると考えられた。このため，弁護士会では，受任する弁護士に対して研修を行い，研修を経た者を成年後見人等の候補者として家庭裁判所に推薦している。

(ⅱ) 支援センターの役割

　弁護士会の財産管理支援制度は，任意後見法が施行されても重要な役割を果たすと考えられた。その理由として，法定後見も任意後見も精神上の障害により判断能力が減退した者のための制度であり，重度の身体障害により意思疎通が不十分だという者は制度利用対象者にならないこと，裁判所を利用すること自体に抵抗を示す高齢者も多いこと，将来は任意後見を利用するにしても，判断能力が減退するまでは任意の財産管理を利用したいという要求があると見込まれること，などが挙げられた[56]。

3　司法書士の取り組み

(1) 取り組みの経緯

　日本司法書士会連合会は，1995年8月に「成年後見制度創設推進委員会」を立ち上げた。同委員会では，まず，当時の制度でも実施可能な高齢者・障害者の財産管理方式の検討が行われ，ここから立法の提言が試みられた。そして，1996年に2月に開催した「第二回ころばぬさきのシンポジウム」において，「財産管理センター構想」が公表された。その後，この「財産管理センター構想」に基づき，各地でシンポジウムや実践活動が行われた。

　また，日本司法書士連合会は，カナダ，アメリカ，ドイツにおいて海外視察を行い，1998年には「財産管理センター構想」を発展させ，「成年後見大綱（素案）」を公表した。

　さらに，同連合会は，成年後見制度の健全な発展には，成年後見業務のノウハウの確立と新しい成年後見制度を支える人材が必要であると考え，1999

---

56) 赤沼・前掲注55・46頁。

年6月から全国的に成年後見人養成講座を開始した。その後，同連合会は，新しい成年後見制度の受け皿団体として，成年後見センターの具体化を急ぎ，同年12月には法務省の設立許可を得て，「社団法人・成年後見センター・リーガルサポート」を設立した[57]。

(2) リーガルサポートの活動内容
(ⅰ) 人材の育成

リーガルサポートの事業は，大きく分けて専門職後見人（第三者後見人）の養成および供給，法人後見，会員への執務支援，広報および普及，調査および研究の5つであるが，中でも中心的事業は専門職後見人（第三者後見人）の養成および供給と考えられた[58]。

有能な人材の供給は，制度の信頼を得る基本的な課題であるとの考えから，リーガルサポートでは人権および倫理，福祉，医療，財産管理などの研修に力が注がれている。また，リーガルサポートに入会しても，一定の研修を修了し，「後見人候補者名簿」（全国の家庭裁判所に提出）に登録されなければ成年後見人等として適任とみなされないという仕組みが採用されている。さらに，候補者は2年ごとに更新研修を履修しなければ名簿から抹消される。

(ⅱ) 受任後の対応

司法書士が成年後見人等に就任し，職務を開始すると，定期的にリーガルサポートに職務遂行状況を報告しなければならない。権限濫用などの法律違反があれば，本人だけでなく制度自体の信頼性を損ねるからである。会員の報告した内容に何か問題や疑義があれば，学者・弁護士・社会福祉士等で構成される業務審査委員会の意見を聞くなどして適正な遂行の確保が図られている。それでも会員が依頼者に損害を与えてしまう場合に備えて，リーガル

---

[57] 岩澤・前掲注52・40頁，大貫正男「成年後見センター・リーガルサポート－設立経緯と意義，活動状況－」法学セミナー575号（2002年）48頁以下。この他にも，リーガルサポートの近年の動向を扱う文献として，芳賀裕「成年後見制度の現状と今後の課題と展望（上）（下）－リーガルサポート設立10周年にあたって－」登記研究744号（2010年）1頁以下，同745号（2010年）1頁以下，矢頭範之「リーガルサポート」新井誠＝赤沼康弘＝大貫正男（編）『成年後見法制の展望』（日本評論社，2011年）414頁以下がある。

[58] 大貫正男「リーガルサポートにおける実績と司法書士の役割」法律のひろば58巻6号（2002年）23頁。

サポートでは保険会社との間で包括的保険契約が締結されている[59]。
(ⅲ) 制度の普及

また，リーガルサポートは成年後見制度の普及にも力を入れており，全国一斉無料成年後見相談会などや，親族が成年後見人等に選任された場合でも，法的知識の不足によって適正な支援ができないことのないよう，各支部において親族などを対象にした成年後見人養成講座を開設している[60]。

4 社会福祉士の取り組み
(1) 権利擁護センター「ぱあとなあ」の設立

日本社会福祉士会では，1996年に「成年後見制度委員会」を設け，「成年後見制度に関する要綱試案」に対して意見表明を行ったり，制度に関するシンポジウムを行っていた。後見人としての人材を養成するため，日本福祉士会は，1998年から「成年後見人養成研修」（第一期定員350人）を開始した。1999年には，制度施行に向けて成年後見センター「ぱあとなあ」（2003年に権利擁護センター「ぱあとなあ」に改称）を設置し，2000年4月から研修を修了した受講者（社会福祉士）を「後見人候補者」として登録し，以降毎年研修を行っている[61]。後見人候補者の名簿は，支部を通じて家庭裁判所に提出される。2013年1月末の時点で，名簿登録者は，5,652人，活動中の受任者は，3,781人，受任件数は，11,940件となっている[62]。

(2) 「ぱあとなあ」の活動

「ぱあとなあ」では，成年後見人養成研修後に候補者として名簿登録している者に対して，成年後見実務に関する支援を行っている。「ぱあとなあ」は，社会福祉士会の都道府県支部にも設置されており，都道府県支部の「ぱあとなあ」は，主に市民や市町村等関係機関などから成年後見に関する相談を受

---

59) 大貫・前掲注58・23頁。
60) 大貫・前掲注58・27頁。
61) 古井慶治「社会福祉士が担ってきた役割と実務上の課題」法律のひろば58巻6号（2005年）30頁。「ぱあとなあ」に関する近年の文献として，星野美子「権利擁護センター　ぱあとなあ」新井誠＝赤沼康弘＝大貫正男（編）『成年後見法制の展望』（日本評論社，2011年）417頁以下がある。
62) 権利擁護センター「ぱあとなあ」ホームページ（http://www.jacsw.or.jp/12_seinenkoken/index.html）。

けたり，成年後見人等の受任に関するコーディネート，福祉関係向けの研修および啓発活動を行っている。

なお，社会福祉士の多くは，福祉施設や社会福祉協議会などに勤務しており，成年後見に関する活動のために休日や有給休暇等を活用しているが，近年では既存の福祉サービス提供機関に所属せずに地域で活動する「独立型社会福祉士」として成年後見業務を中心に行っている者も増えている。[63]

(3) 身上監護面における活動

社会福祉士は，社会福祉専門職として，成年後見制度の身上監護面の活動で制度に関与する意味があるとされている。[64]もっとも，「ぱあとなあ」が抱える問題点として，①福祉関係者であれば無料・低額な報酬で後見事務を引き受けてくれるのではないかという期待が裁判所にもあり，法律職が受任したがらない生活保護受給者などの案件が回ってくるという状況があること，②社会福祉・介護に詳しいので，こまごまとした面倒までみてくれるのではないかという期待から事実行為が多く要求されることの2点が指摘されている。[65]

5 エフピックの取り組み

(1) エフピックとは

「エフピック（FPIC）」は，社団法人「家庭問題情報センター」の略称で，「Family Problems Information Center」の頭文字である。エフピックは，家庭問題に関する調査，研究，広報，講演および相談などの活動を通じて，健全な家庭の育成に寄与貢献することを目的としている。正会員は，家庭問題に関する調査，研究に従事した経験を有する者で，この法人の目的に賛同して入会した個人であり，多くは長年家庭紛争の調査や，非行少年の指導に携わってきた元家庭裁判所調査官である。[66]

---

63) 古井・前掲注61・30頁。
64) 池田恵理子「ぱあとなあ－設立経緯と意義, 活動状況－」法学セミナー575号（2002年）52頁。
65) 岡田和代「『成年後見制度シンポジウム－もっと身近な成年後見制度を目指して－』傍聴記」実践成年後見5号（2003年）63頁。
66) 藤本和男「成年後見制度へのエフピックの取り組み」判例タイムズ1030号（2000年）234頁。

(2) エフピックの活動

エフピックにおける成年後見制度に関する業務や活動方針は，次のとおりである。

①成年後見人等候補者名簿を作成，保管し，名簿を家庭裁判所に提出する。②その名簿から適切な候補者を推薦する。③候補者であった成年後見人に指導し，助言する。④法人として成年後見監督人に就任する。⑤その他研修会などを企画し，実施する。

家庭裁判所調査官の経験を有する会員は，在職中に後見監督の実務を経験している。このため，エフピックでは成年後見監督業務に比重が置かれている[67]。

(3) 個人による後見の重視

また，新制度の理念の一つである身上監護には，本人等の日常生活も熟知するような密接な人間関係を保つことが望ましいから，エフピックでは成年後見人等に選任される者は，法人より個人が相応しいと考えられている。そこで，エフピックが成年後見人等を引き受ける場合には，法人後見として受任するのではなく，会員個人をその候補者として家庭裁判所に紹介し，選任された場合には，必要に応じて様々な応援を行うという形が基本形態とされている[68]。

第3項　社会福祉協議会の成年後見制度に対する取り組み

1　社会福祉協議会とは

(1) 社会福祉協議会とは

社会福祉協議会（以下社協とする）とは，地域社会において民間の自主的な福祉活動の中核となり，住民の参加する福祉活動を推進し，保健福祉上の諸問題を地域社会の計画的・協同的努力によって解決しようとする，公共性・

近年の文献として，永田秋夫「社団法人　家庭問題情報センター（FPIC）」新井誠＝赤沼康弘＝大貫正男（編）『成年後見法制の展望』（日本評論社，2011年）469頁以下がある。
67) 藤本・前掲注66・237頁。
68) 藤本・前掲注66・237頁。

公益性の高い民間非営利団体であり，住民が安心して暮らせる福祉コミュニティづくりと地域福祉の推進を使命とする組織である[69]。社会福祉法では，「地域福祉の推進を図ることを目的とする団体」と規定されている（社会福祉法109条）。

社協は，民間の社会福祉活動の強化を図るため，1951年に全国，都道府県段階で設立され，その後，市町村で組織化がすすみ，福祉活動への住民参加を進めながら現在まで一貫して地域福祉活動推進の中心的役割を果たしてきた。社協は，地域住民，社会福祉関係者などの参加・協力を得て組織され，活動することを大きな特徴とし，民間組織としての自主性と，住民や社会福祉関係者に広く支えられるという公共性の2つの面を併せ持った，民間非営利組織である[70]。

(2) 組織体系

社協は，全国，都道府県，指定都市，市区町村段階の区域を対象として存在している。社会福祉法で規定されている社協は，2,017である（2006年10月1日全国社会福祉協議会地域福祉部調べ）。内訳をみると，全国（1），都道府県（47），指定都市（15），市町村（1,826），区（128）となっている。各社協は独立した人格をもって組織されているが，全国，都道府県，指定都市の社協は連合体機能があり，組織的連携をもっている。

社協は，社会福祉施設，民生委員・児童福祉委員，住民組織および福祉団体などの参加により構成されている[71]。

(3) 事業内容

市区町村社協の事業内容として，①地域の実情に応じて行われる多様な社会福祉を目的とする事業の企画および実施，②ボランティア活動など社会福祉に関する活動への住民参加のための援助，③社会福祉を目的とする事業に関する調査，普及，連絡，宣伝，調整および助成，④社会福祉を目的とする事業の健全な発達を図るために必要な事業が規定されている（社会福祉法109

---

[69] 『新版・社会福祉学習双書』編集委員会（編）『新版・社会福祉学習双書2007＜第15巻＞社会福祉協議会活動論』（全国社会福祉協議会，2007年）2頁。
[70] 『新版・社会福祉学習双書』編集委員会（編）・前掲注69・2頁。
[71] 『新版・社会福祉学習双書』編集委員会（編）・前掲注69・43頁。

条)。

2 社会福祉協議会と地域福祉権利擁護事業
(1) 地域福祉権利擁護事業の創設の経緯

2000年4月1日の介護保険法と成年後見法の同時施行によって,「措置制度による社会的弱者の保護」から「契約を媒介とする福祉サービス」への転換がなされた。これを法的システムとして支えるのが成年後見制度である。成年後見制度は,裁判所手続きを経て利用する制度であり,かつ成年被後見人等がその費用を負担する制度である。しかし,制度を改正したからといって,一般市民が突然に裁判所手続きを気軽に利用するようになるとは期待できない。そこで,社会福祉の領域の制度でこれを補完する必要があった。介護保険のスムーズな実施のために,都道府県の社会福祉協議会の責任において実施されるサポートシステムが用意された。これが,地域福祉権利擁護事業[72]（以下,地権事業とする）である[73]。

当該事業には,様々な福祉関係者が取り組むことが予想された。厚生省は,介護保険の導入に併せて早急に当該制度ををを利用できるようにするため,全国にネットワークのある公益団体である社協を中心に,当事者団体,NPO等が協力関係を築きながら,各都道府県の区域において当該事業を利用できる体制を図った。地権事業は,1999年10月から全国で開始された[74]。

判断能力が不十分になった場合に,親族がいても様々な理由により適切な親族の援助が得られるとは限らない。そのような場合には,親族は社協に相談し,本人が地権事業を利用できるように最小限の協力をすることができる。社協で地権事業を利用していた場合には,判断能力の低下が進行した場合に社協の援助により,本人は成年後見制度の利用を申請することができる[75]。

---

72) 地域福祉権利擁護事業は,2007年4月に「日常生活自立支援事業」に名称変更されたが,本書では「地域福祉権利擁護事業」と表記する。
73) 田山輝明「成年後見制度と地域福祉権利擁護事業」総合リハビリテーション32巻11号（2004年）1072頁。
74) 青木重仁「社会福祉基礎構造改革と地域福祉権利擁護事業」判例タイムズ1030号（2000年）164頁。青山登志夫「東京都における権利擁護事業の新たな展開にむけて」判例タイムズ1030号（2000年）188頁以下も参照。
75) 田山・前掲注31・4頁。

(2) 地域福祉権利擁護事業の援助内容

　地権事業の利用主体者は，認知症高齢者，知的障害者，精神的障害者などの判断能力が不十分で，福祉サービスが必要な者である。

　地権事業で実施する援助内容は，大きく分けて①福祉サービスの利用援助，②日常的金銭管理サービス，③書類の預かりサービスとなっている。

　①の福祉サービスの利用援助は，福祉サービスの利用に関する相談・助言および事業者や行政関係などとの連絡調整により，本人の意思決定を援助するものである。また，これには，利用を中止するために必要な手続き，福祉サービスの利用料を支払う手続き，苦情解決制度を利用する手続きも含まれる。本人の判断能力が減退する場合は，成年後見制度への移行の提案も行う。

　②の日常的金銭管理サービスには，年金および福祉手当の受領に必要な手続き，医療費を支払う手続き，税金や社会保険，公共料金を支払う手続き，日用品等の代金を支払う手続き，以上のような手続きに支払う預金の払い戻し，預金の解約，預金の預け入れの手続きなどが含まれる。

　③の書類の預かりサービスの対象は，年金証書，預貯金の通帳，権利証，契約書類，保険証書，実印・銀行印，その他，実施主体が適当と認めた書類（カードを含む）などである[76]。

　以上が地権事業の主な内容である。なお，入所施設の利用といった居所の変更を伴う契約の代理は，生活に及ぼす影響が大きいことから，対象外とされている[77]。

　利用者の利益のために行われるという理由から，地権事業にかかる費用は，原則として利用者負担である。実施主体が利用料について，標準的な金額を定めることになるが，生活保護世帯については全国を通じて免除の取り扱いとしており，その他の低所得者についても，実施主体が個別の利用者の事情を勘案し，設定して差し支えないとされている[78]。

76）山下興一郎「社会福祉協議会の地域福祉権利擁護事業－福祉サービス利用者本人の意思決定と生活を支える制度－」判例タイムズ1030号（2001年）205頁。
77）青木・前掲注74・167頁。
78）青木・前掲注74・168頁。

(3) 援助の担い手

　地権事業の実施主体である都道府県社協は，本事業の運営のために，事業の責任者，事業の企画および運営に関わる職員，専門員および生活支援員を配置する。実際に地権事業の実務を行うのは，専門員と生活指導員である。都道府県社協は本事業の一部を市区町村社協等に委託できるため，専門員と生活支援員は実際には市区町村社協に雇用されるケースが多い[79]。

　専門員の業務は，利用者などからの初期相談から利用援助契約締結までが中心となる。専門員は，生活支援員が適切に支援するよう，その指導・監督を行う。生活支援員は，締結された契約内容に沿って具体的な援助を行う[80]。

　本事業の運営にあたっては，利用者の生活状況や需要を的確に把握し，本人の自立支援の観点から適切な援助計画を作成するとともに，生活支援員の業務の監視も行う専門職を一定数確保することが不可欠である。この専門職員には，社会福祉援助技術についての高度な専門性および権利擁護に関する高い意識が求められ，社会福祉士などの中から，一定の研修を受けた者を充てる必要があるとされる[81]。

3　社会福祉協議会の具体的な取り組み
(1) 東京都社会福祉協議会の取り組み

　東京都社会福祉協議会は，区市町村社協における福祉サービスの利用支援状況を明らかにするとともに，どのような期待が区市町村社協に寄せられているのかを把握するため，2002年に「区市町村社協における権利擁護に関する取組状況アンケート」を実施した（2002年8月実施・調査対象：62社，回答：61社，回答率98.4％）。社協として成年後見の利用支援を行っているかという質問に対しては，「特に行っていない」と回答したのは12社協で，残りの49社協では何らかの利用支援を行っていた。権利擁護センターとして支援している社協が8社協，センター等は開設していないものの，「専門の相談

---

79) 青木・前掲注74・166頁
80) 厚生省「施策の紹介地域福祉権利擁護事業の概要－判断能力が不十分な人に対し各種福祉サービスの利用等を援助－」時の動き44巻2号（2002年）34頁。
81) 田山輝明「成年後見制度と地域福祉権利擁護事業への期待」月刊福祉82巻8号（1999年）67頁。

窓口を設けている」社協は9社協存在した。また,「改めて位置づけていないが,地域福祉権利擁護事業の相談の中で支援している」と回答した社協は31社協であった。2002年の時点では,全ての社協が成年後見制度について取り組んでいるわけではなく,各社協ごとに取り組みに差が生じている結果となっていた。[82]

東京都の区市町村社協の成年後見制度に関する取り組みとして想定されたものとして,①成年後見制度の利用支援,②成年後見人等の支援および育成,③成年後見監督人の受任,④法人後見の受任が挙げられる。[83]

①の成年後見制度の利用支援には,制度の普及活動,制度内容および申立手続きに関する相談・支援,相続や遺言などの成年後見制度の周辺領域に関する相談,区市町村長申立てへの橋渡しおよび支援,鑑定医・成年後見人等の紹介などが含まれる。

②の成年後見人等への支援および養成は,成年後見人等への相談および支援,成年後見人等と関連機関との調整の場をもうけること,成年後見人等の研修などが含まれる。

③の成年後見監督人の受任は,成年後見業務の監督である。

④の法人後見の受任は,法定後見と任意後見の受任であり,さらに方法としては,単独での法人後見と専門家や親族などとの複数後見がある。想定される業務内容としては,福祉サービスの利用契約の締結,身上監護義務としての日常生活の見守り,日常生活の金銭の管理および必要な諸手続きの援助,財産管理などがある。

(2) 横浜市社会福祉協議会の具体的取り組み

横浜市社会福祉協議会は,判断能力の低下した高齢者・障害者の後見的支援機関として,1998年10月1日に「あんしんセンター」を発足させた。1996年1月に横浜市が「高齢者・障害者の権利擁護に関する検討委員会」を発足させ,その検討の結果,市が横浜市社会福祉協議会に業務委託をするという形で「あんしんセンター」が設立されたのである。

センター業務の中心は任意後見であるとされた。任意後見法成立以前は,

---

82) 社会福祉法人・東京都社会福祉協議会・前掲注45・8頁。
83) 社会福祉法人・東京都社会福祉協議会・前掲注45・16頁。

本人の判断能力喪失後も財産管理を継続するという特約つきのサービスが行われていたが，任意後見契約法施行後は，本サービスは，全て任意後見に移行することとなった。同センターの方針は，任意後見契約ができないか，もしくは成年後見人等の候補者がいない場合に限り，区市町村長の申立てにより，センターが成年後見人等に就任するというものであった。自己決定権の尊重の観点から，あんしんセンターの後見業務は任意後見人としての業務が基本であり，法定後見人への就任は副次的なものと捉えられていた。親族などの候補者がいる場合は，あえてあんしんセンターが後見人等になる必要はないと考えられたのである[84]。

同センターの行う後見業務は，身上監護が中心とされた。あんしんセンターで扱うケースには，もともと各区の福祉事務所のケースワーカーなどの福祉関係者が関わっているものが多く，あんしんセンターが成年後見人等に選任された後も福祉関係者との関係が継続する。このため，身上監護との関係でいえば，同センターでは，重層的な見守りが確保されている[85]。

4 成年後見人等へのサポート

減少傾向にあるが，現在も，成年後見人等を受任する親族の割合は全体の約半数を占める。親族は，後見人として必要となる十分な情報を有していない場合も多く，後見業務を引き受ける上で大きな精神的負担を受けることも想定される[86]。そこで，社協が成年後見人等を支援することにより，成年後見人等が後見業務を行う上で不安が軽減され，後見業務の質を高めると考えられている。社協は，地域のネットワークに基づく福祉分野の幅広い相談機能を有しているため，成年後見人等への相談や支援を有効に行えると考えられている[87]。

---

84) 石渡和美＝延命政之「社会福祉協議会の取り組み－横浜あんしんセンター」ジュリスト1211号（2001年）75頁。近年の文献として，「横浜市社会福祉協議会　横浜生活あんしんセンター」新井誠＝赤沼康弘＝大貫正男（編）『成年後見法制の展望』（日本評論社，2011年）455頁以下がある。
85) 石渡＝延命・前掲注84・75頁。
86) この点は，オーストリアでも同様に考えられている。
87) 社会福祉法人・東京社会福祉協議会・前掲注45・22頁。

さらに，成年後見人等が業務において法的な対応を必要とする場合には，成年後見人等を支援しつつ，社協が本人と関係団体との橋渡しなどを行うことや，弁護士などの専門家による相談対応などの個別支援も必要となる。[88]

第4項　日本における法人後見

1　明文化の経緯

1999年の成年後見法改正前は，法人を成年後見人に選任できるという明文規定がなく，法人を成年後見人として任命できるかどうかが不明確であった。実務においても，法人を後見人・保佐人に選任することは認められていなかった。[89]

改正に伴い，社会福祉協議会などの法人が成年後見業務を遂行することが必要かつ適切な場合があると指摘された。また，本人に身寄りがない場合には，適当な成年後見人等の候補者を見出すことが困難であることが少なくなく，そのような場合の受け皿として法人後見人を認める必要性も指摘されていた。そこで，試案では，認知症高齢者・知的障害者・精神的障害者のニーズの多様化に応え，成年後見体制についての選択肢を広げるという観点から，解釈上の疑義を解決するために，適切な規定形式により，法人を成年後見人に選任することができる旨を法文上明らかにするものとされていた。

改正により，「成年後見人となる者が法人であるときは，その事業の種類及び内容並びにその法人及びその代表者と成年被後見人との利害関係の有無」を考慮しなければならない（843条4項，876条の2第2項および876条の7第2項）と規定され，法人も成年後見人等として任命されることが明らかにされた。

2　現在の法人後見の利用状況

新制度が施行された直後は，東京家庭裁判所本庁において，法人を成年後見人等に選任した例は，ごくわずかであった。当時，法人を選任した具体例

---

88) 社会福祉法人・東京社会福祉協議会・前掲注45・22頁。
89) 田山輝明『続・成年後見法制の研究』（成文堂，2002年）215頁。

として，被害妄想型精神病と診断された本人の相談者として対応していた者が所属する団体を成年後見人に選任したケースがある。本ケースにおいては，実際に事務を遂行するのは，本人の相談に対応していた者であると考えられる。しかし，本人の障害のために，本人と当該担当者との間にトラブルが生じることが予想されたため，成年後見人の辞任許可などの手続きを経ることなく担当者の交代で対応ができるよう，法人が成年後見人として選任されたのである[90]。

その後，法人の選任件数は，年々増加していった。2000年度は13件であった法人の選任件数は，2013年では1,017件（このうち，社会福祉協議会は560件）となった[91]。

3　法人後見の意義
(1) 利用者側から見た法人後見のメリット・デメリット
（ⅰ）法人後見のメリット

法人後見のメリットとして，①長期継続可能性のある事案に対応しやすいこと，②事務の対象が広範囲に及ぶ事案に対応しやすいこと，③後見事務担当者の交代がしやすいこと，④法人に対する信頼感や，事務担当者側の心理的負担の軽減などが指摘されている[92]。①については，被後見人の年齢が若く，後見が長期に及ぶことが予想される場合には，法人後見の方が後見事務の継続性が保たれる。③に関しては，個人後見では成年後見人が不慮の事故に遭ったり急病になったりすると，自分の後には後見人がいないといった不安を後見人側も持つことがあるが，法人後見ではその不安を解消できる。④については，日本では個人よりも法人の方が信頼されるという意見も存在する[93]。

（ⅱ）法人後見のデメリット

一方，デメリットとして，法人後見一般に言えることは，①後見事務担当

---

90) 橋本和夫＝山田真紀「東京家庭裁判所本庁における成年後見制度の運用の実情」判例タイムズ1055号（2001年）89頁。
91) 最高裁判所事務総局家庭局「成年後見関係事件の概況－平成25年1月から12月－」。
92) 前田稔「法人後見の活用と任意後見契約」実践成年後見3号（2002年）23頁。
93) 松井秀樹（語り手）＝伊藤真希（聞き手）「法人後見と公的後見人（パブリックガーディアン）」月報司法書士370号（2002年）8頁。

者の意識が低下し，無責任になるおそれがあること，②後見事務を遂行するための人員の確保が必要なことが挙げられる[94]。法人が成年後見人であれば，担当者は，成年後見人としてではなく，一担当者として事務を遂行してしまうおそれがある。さらに，不正や事故が発生した場合には，即座に法人全体に波及してしまう。つまり，法人後見といっても，担当者を決めて後見事務を遂行しているため，その者が不正を行うと，法人の信頼が崩れてしまうのである。

また，法人の場合，重要な意思決定に時間を要し，迅速な対応ができないという問題点もある。さらに，後見事務を遂行するためには人員の確保が必要であり，法人として後見を受けるためには，後見事務担当者の人員の確保ができていなければならない。

(2) 成年後見人職受託者からみた法人後見のメリット

法人から成年後見人職を委託される者の立場から見た法人後見のメリットとしては，まず組織的なバックアップを受けられるという点が挙げられる。実務では，成年後見人が介護・医療等に関する最終的判断を求められることも多く，チームによるフォローが欠かせない。実際に，オーストリア代弁人協会は，ボランティア代弁人をその活動において全面的にサポートしている。成年後見人職は，本人への配慮などからその業務の複雑化および専門化が進み，任務の遂行が難しくなっているため，このメリットは大きい。

(3) 法人後見の活用方法

(i) 個人による後見の優先[95]

後見は，やはり個人によって実施されることが原則である。これは，成年後見人は親族，隣人または友人でなければならないということではなく，成年後見人が本人と個人的なコンタクトを取りながら後見人職を遂行することが重要であることを意味する。つまり，被後見人側からすれば，誰が自分の成年後見人であるかを認識し，その成年後見人に自らのニーズを理解してもらうことが重要となる。例えば，法人後見の担当者が自己の担当する成年被後見人の顔を見たこともないという場合には，本人のニーズに合致した後見

---

94) 松井＝伊藤・前掲注93・9頁。
95) 田山・前掲注89・244頁。

は実施できない。また，頻繁に担当者が変わり，その交代ごとに書類を見る必要があるというような後見方法においても，被後見人の本当のニーズを把握することは難しい。たとえ法人職員が有能であっても，このような後見は，社会福祉の理念にそぐわないとされる。

(ⅱ) 法人後見を行う法人の種類[96]

オーストリアでは，代弁人協会のみが法人として代弁人に任命されるが，日本民法は，成年後見人等になる法人の種類を限定していない。このため，様々な法人が成年後見人として任命される可能性を有している。しかし，公益法人と営利法人を比較した場合には，成年後見人としては公益法人の方が適切となる。営利法人は採算が取れなければ後見業務から撤退してしまい，場合によっては，後見法人が倒産してしまうことにより，成年被後見人等に取り返しのつかない損害を与えることも予想されるからである。法人は自然人と異なり死亡しないことがその利点であるが，法人でも倒産の可能性が高いものについては，その利点が生かせない。したがって，必要があって営利法人に後見を依頼する場合には，倒産の危険が少なく，かつ福祉の分野に理解のある法人を選ぶべきことになる。このようなものとしては，特定贈与信託などを通じて実績のある信託銀行などが考えられている。

(4) 後見人としての法人の選任

(ⅰ) 法人を選任する際の基準[97]

成年後見人の選任は，後見人の業務内容から検討しなければならない。後見人の仕事には，一般的に財産管理と身上監護がある。財産管理といっても，高額な財産管理から，日常の金銭管理に至るまで様々である。実際には，両者は単純明快に区別できる場合ばかりではないから，いずれに重点があるかにより判断すべきであるとされる。

まず，財産管理，とりわけ不動産の管理などを行う必要がある場合には，弁護士によるサービス提供のほかに，成年後見センター・リーガルサポートのような法人を利用することが可能である。これらの職能団体は法律的な知識を有しており，さらに組織内における研修を通じて，サービスの質の向上

---

96) 田山・前掲注89・245頁。
97) 田山・前掲注89・245頁，246頁。

に努めているからである。

　次に，身上監護を中心としたニーズがある場合には，社会福祉士などが適任であるとされる。しかし，社会福祉士は，実際は既に一定の職場で仕事をしている場合が多く，誰でも直ちに具体的要請に応えることができるとは限らない。将来的課題としては，法律家や社会福祉士などを構成員とする成年後見人協会などの結成を検討すべきであり，そこにボランティア等のマンパワーを確保すべきとされる。現在，法人後見人の候補者としてはまず社会福祉協議会が想定されているが，社協も本来の業務以外のために人員を余裕をもって待機させるわけにはいかず，現実の問題として，人的組織の問題として検討すべきであると考えられている。

(ⅱ) 法人後見の際の利益相反

　成年後見制度における利益相反の問題は，法人に限られたことではない。しかし，実際には，入所施設である法人が成年後見人の候補として挙がることが考えられるので，法人後見においては利益相反が重要な問題となる。認知症高齢者，知的障害者および精神障害者のいずれの場合であっても，本人が施設入所している場合に，その施設が成年後見人等になることは避けなければならないとされる[98]。施設に財産管理権がなくても，施設入所者は一日の生活のほとんどを施設で過ごしているのであり，本人の生活の大部分は施設の管理下にある。その上，個人の財産までも施設に管理されてしまうと，その人の生活は，ほぼ完全に施設の支配に入ってしまうからである。もともと，施設を運営する社会福祉法人は，後見事務を行うことを予定していない。このため，利益相反の防止という観点からも，国や自治体が成年後見人等を供給する公的組織または法人を設立することが望まれている[99]。

4　社会福祉協議会と法人後見

(1) 法人後見の担い手としての社会福祉協議会

(ⅰ) 法人後見に取り組む社会福祉協議会

　すでに，法人後見を受任している社協も存在する。2009年10月の時点で，

---

98) 田山・前掲注89・247頁。
99) 高村浩「すてっぷの相談事例から見た今後の課題」判例タイムズ1030号（2000年）201頁。

法人後見を行う区市町村社協は77あり，484件（後見377件，保佐58件，補助26件，任意後見23件）を受任している[100]。成年後見制度施行後には，品川区社協の「さわやかサービス」，東京都社協の「ステップ」，大阪府社協の「あいあいねっと」，横浜市社協の「あんしんセンター」などが法人後見に取り組み始めていた[101]。また杉並区では，区と杉並区社会福祉協議会が出資・社員となり設立した一般社団法人「杉並区成年後見センター」において，後見人のサポートや法人後見が行われている。

社協が法人後見を行う場合には，大きく2つの方法が考えられている。ひとつは，品川区社協の成年後見センターの取り組みに見られるように，後見業務を行うために必要な専門家を組織内部に確保し，単独で法人後見を受任する方法である。もうひとつは，社協と専門家および社協と親族など，本人の状況に応じて複数後見で対応する後見である[102]。これは，世田谷区社協および調布市社協において行われている。なお，社協においても，法人後見は，他に適切な成年後見人等が得られない場合が基本とされている[103]。

(ⅱ) 区市町村社協における法人後見および法人後見監督の受任状況

2009年に，東京社会福祉協議会は地権事業基幹的社協等（54社協・団体）ならびに杉並区成年後見センターおよび多摩南部成年後見センターの計56機関に法人後見・法人後見監督に関する方針および受任状況に関する調査を行った。その結果，「受任する方針である」と回答したのが19機関，「検討中」が14機関であり，「受任しない方針である」としたのが7機関であった。これには，「体制が整わない」，「社会貢献型後見人の養成およびその監督業務に取り組むための体制作りを優先して取り組む」といった理由が挙げられている[104]。

実際の法人後見の受任は，モデル事業として取り組んでいる機関等も含め

---

100) 全国社会福祉協議会地域福祉部「社会福祉協議会における成年後見の取組みの現状・課題」月刊福祉93巻10号（2010年）34頁。
101) 新井誠「法人後見・任意後見業務の実践と課題」ジュリスト1193号（2001年）64頁。
102) 社会福祉法人・東京都社会福祉協議会・前掲注45・24頁。
103) 社会福祉法人・東京都社会福祉協議会・前掲注45・24頁。
104) 社会福祉法人・東京都社会福祉協議会『区市町社会福祉協議会における成年後見制度の取り組み－法人後見と法人後見監督のあり方を中心に－』（2010年）8頁。

て18機関で行われており，受任件数は254件となっている。このうち，後見類型が225件（88.6%）で最も多い。この他の特徴的数字として，区市町村申立てケース171件（67.3%），施設入所のケース185件（72.8%），認知症高齢者ケース198件（78.0%）が挙げられる[105]。

また，法人としての後見監督人の受任については，「法定後見監督・任意後見監督ともに受任する方針」4機関（7.1%），「法定後見監督のみ受任する方針」14機関（25.0%），「現在，検討中」18機関（32.1%）となっている。実際に受任しているのは9機関であり，成年後見監督人42件，保佐監督人3件，補助監督人1件の計46件となっている[106]。

(2) 将来的な社会福祉協議会の役割

社協は本来成年後見人の仕事を中心として活動する組織として創設されたものではない。そこで，制度設立時には社協の責任において後見協会を創設することが提唱された[107]。今後も第三者後見人の不足は続くと思われることから，社協の役割として，社協が生活支援員や専門員の研修などを通じて人材の育成を行い，社協の周辺に任意の世話人団を育成していくことが必要であると考えられたのである。ここで，人材の育成に成功すれば，裁判所から社協に対し後見人職の受任依頼がなされる場合においても，作成されたリストに基づいて後見人協会の援助を受ける者を裁判所に推薦することが可能になる。

5 リーガルサポートと法人後見

(1) 法人後見受任前の検討

リーガルサポートでは，成年後見法施行後3ヶ月を過ぎたあたりから，法人後見の受任について問い合わせが入り始めた。その後，法人後見の受託件数は増加し，2002年の受任件数は，成年後見人，監督人などで134件であり[108]，2010年7月の時点の受任件数は，全国50支部中25支部において，約

---

105) 社会福祉法人・東京都社会福祉協議会・前掲注104・8頁。
106) 社会福祉法人・東京都社会福祉協議会・前掲注104・9頁。
107) 田山・前掲注89・248頁。
108) 大貫正男「リーガルサポートにおける実績と司法書士の役割」法律のひろば58巻6号（2002年）25頁。

110件であった。[109]

　法人後見の一番の課題は，後見事務についての履行体制，管理体制を確保する点にあるとされる。[110]また，法人後見という形で対応することが望ましいのかについても検討されなければならない。そこでリーガルサポートでは，実際に法人後見の依頼があった場合には，依頼を受けた各支部は事案の概要と必要事項を事前に本部に報告し，支部での履行体制を整備する。本部では，法人後見の必要性の有無，法人後見の実施が成年後見制度の理念に即しているか，支部の履行体制はどうなっているか，また特定の者の利益のために制度が利用されている可能性はないか等の検討が行われる。

(2) リーガルサポートにおける法人後見の特徴

　リーガルサポートが法人後見を受任するケースの特徴は，①後見期間が長期に及ぶことが予想される場合，②本人の財産が全国各地にある場合，③本人が無資力の場合，④個人による後見人職の実施が難しい場合の4つに分類されている。

　①については，リーガルサポートは，20代30代の知的障害者のケースを相当数受任している。[111]②のケースについては，本人が東京に居住しており，その財産が九州や北海道にもあるような場合には，リーガルサポートが全国組織であるという特徴を活かし，各支部が連携して後見業務を進めていく。③の本人が無資力であるケースについては，家庭裁判所の強い要請によって，リーガルサポートが法人後見に就任してきた。リーガルサポートも財政面・人材面の点から限界があるので，どこまで受任できるかが問題とされた。④の場合は，端的にいえば暴力の問題である。本人が成年後見人や利害関係人に暴力を振るう可能性が高いことから，成年後見人等の受任者がなく，家庭裁判所の要請によってリーガルサポートが就任する場合である。[112]

　一方で，任意後見は，身元引受人のない者が高齢者ホームなどへの施設入所を予定している場合に必要となる。法人が任意後見受任者になると，その

---

109) 橋本健司「成年後見センター・リーガルサポートが行う『法人後見業務』のしくみ」月報司法書士464号（2010年）56頁。
110) 前田・前掲注92・24頁。
111) オーストリアの代弁人協会も，若年齢層の代弁人職を受任することが多い。
112) 岡田・前掲注65・64頁。

安定性から身元引受人がいなくても施設入所契約ができるからである。このため，リーガルサポートでは法人による任意後見契約の需要が伸びると考えられた[113]。

(3) 問題点

問題点としては，①リーガルサポートとしても財政面・人材面に限界があるので，公的後見人制度などを考える必要があること，②成年後見人，保佐人は，精神保健福祉法における保護者（2014年3月廃止）になりうるため，それが負担になる場合があること，③成年被後見人が第三者に対して損害を与えた場合には，成年後見人は民法714条に基づき責任無能力者の監督者として責任を追及される可能性があること，④成年後見人として本人からの暴力にどう対処するかといった点が指摘された[114]。

第5項　小　括

1　要約

日本においては，国によって統一された成年後見制度のための組織は存在しない。国は，各地方自治体にその取り組みを委ねてきた。日本でも，地方自治体によって成年後見センターが各地に設立されつつあるが，活動内容を定める法律は存在しない。この他にも，弁護士，司法書士および社会福祉士が成年後見制度に関する活動を行うための組織を立ち上げている。このように，日本には統一された法および組織が存在せず，各自治体と職能団体が自発的に成年後見制度について取り組んでいる状況である。弁護士，司法書士および社会福祉士の数は限られているので，法人後見の意義も大きく，その任命件数は改正直後と比較すると飛躍的に増加している。

2　分析

成年後見制度施行直後における親族後見は，全体のおよそ9割を占めていた。改正時には，家族・親族が後見人職を受任するとの認識が依然として強

---

113) 岡田・前掲注65・64頁。
114) 岡田・前掲注65・65頁。

かったため，第三者後見のための組織の設立は，重視されなかったと考えられる。しかし，2013年における新規の親族後見は全体の約5割弱となっており，状況は改正時と大きく異なるといってよい。日本には専業的成年後見人が存在せず，社会貢献型成年後見人も全国規模で供給されているわけではない。また，職業後見人の数も限りがあることから，今後も第三者後見人の需要が続くのであれば，法人後見の意義が大きくなると考えられる。日本では，いかなる法人も後見人として任命可能である。とすれば，本人が入居している施設が後見人となる可能性が生じ，また法人が「顔の見えない後見」を実施するといった危険が生じうる。このような危険を回避するためにも，法人後見の任命は最終手段とするといった法人後見に対する法的規制が必要となると思われる。この点，オーストリアでは，法人代弁人として任命可能なのは代弁人協会のみであり，本人が入所している施設と密接な関係を持つ者が代弁人候補者として挙がる場合には，その関係が任命の際に考慮されなければならないと明文で規定されている（一般民法典279条1項）。さらにドイツでは，本人が入居している施設関係者が世話人として任命されることが条文により禁止されている（ドイツ民法典1897条3項）。

第3節　ドイツ世話協会の取り組み

　ドイツの成年後見制度は世話制度（Betreuung）といい，成年後見人は世話人（Betreuer）という。ドイツ世話法は，1992年1月1日に施行された。このドイツ世話法は，日本の成年後見法改正の際に参考にされている。ドイツでも，オーストリア，日本と同様に世話人の確保に対する取り組みがなされている。本節では，当該取り組みを担うドイツの世話協会の活動内容を検討する。[115]

---

115) ドイツの取り組みをモデルとして，日本の公的成年後見制度の導入について論じるものとして，上山泰「日本における公的成年後見制度の導入について−ドイツの運用スキームを参考に」大原社会問題研究所雑誌641号（2012年）44頁以下がある。この他にも，新井誠「障害者権利条約と成年後見法−「前門の虎，後門の狼」−」千葉大学法学論集28巻1・2号（2013年）49頁以下において，公的支援システムの導入が主張されている。

第1項　ドイツの世話制度の利用状況

　ドイツの世話協会について述べる前提として，ドイツの世話制度の利用状況についてみていきたい。

　ドイツでは，後見制度に代わり，1992年1月1日に世話法が施行された。その後，利用者は年々増え続け，2012年末の時点で，連邦全土において132万5,013人が世話制度を利用している[116]。

　2012年に新規に世話人が任命された件数は，23万2,896件（2011年：24万3,644件）である。このうち，名誉職（ボランティア）による受任は60.49％（2011年：62.17％）であり，うち親族でないものは5.39％（2011年：5.58％），新規の親族による受任は全体の55.10％（2011年：56.59％）となっている。職業世話人による受任は39.51（2011年：37.83％）であり，うち協会による受任が6.27％，官庁による受任が0.24％となっている。協会や官庁に属さない独立した世話人による受任は，33％であり，うち弁護士による受任が6.77％となっている。

　日本における2013年の親族の新規任命件数は42.2％であることから[117]，親族後見の割合は日本がやや低いものの，ほぼ同程度と考えてよいだろう。

第2項　世話協会の活動の歴史

1　世話法改正前の後見協会

　ドイツの世話協会は，世話法成立時にその全てが新設されたのではなく，改正以前から後見に関して活動していた団体が認可を受けて世話協会に移行したケースも存在する。この点が，オーストリア代弁人協会と異なる。ドイツでは，孤児院，養老院および宗教団体が，すでに古くから孤児，疾病者および高齢者の世話を行っていた。これらの組織から保護された者は，福祉活動を行っている団体から世話を受け，法的な保護が与えられ，その財産を管理されていた。世話法成立の100年ほど前から，社会的地位を有する市民が，

---

116) Deinert, Betreuungszahlen 2012, BtPrax (2013), S. 242.
117) 最高裁判所事務総局家庭局「成年後見関係事件の概況－平成25年1月から12月－」。

このような福祉団体を統括していたといわれている[118]。

後見活動を行っていた協会（以下後見協会とする）は，ドイツ西部および南部に古くから存在していた[119]。特にドイツ西部の州および西ベルリンにおいて，後見協会が高齢者，障害者および疾病者の後見活動を行っていたことが認められている[120]。

かつての旧東ドイツもその法において後見制度を有してはいたが，後見協会そのものは存在していなかった。このため，旧東ドイツでは，世話法成立に伴い，後見裁判所，世話官庁および世話協会といった社会インフラが新たに創設されなければならなかった[121]。

世話法成立前は，教会が後見および障害監護に関する活動を行っていた。しかし，世話法成立により，個人が世話人職を受任すると州司法省金庫から費用が支出されるが，従来の教会が世話をすると，その教会の運営機関がそのまま費用を負担しなければならなくなった。このような経済的理由から，教会で後見活動を行っていた人の多くが教会を辞めて独立して新たに世話協会を設立したために[122]，現在では，世話活動の場は教会から世話協会に移行したと考えられる。

2 組織化された後見

(1) SkFにより始められた「組織化された後見」

世話協会の活動のモデルは，「Sozialdienst katholischer Frauen（以下，SkFとする）」の後見活動であった。SkFは，カトリック信者の女性からなる福祉活動の専門団体であり，子，青年，女性，家族および生活困難者に対する援助活動を行っている。SkFは，世話法改正のおよそ100年前から後見活動を行っており[123]，世話法改正前には協会後見として後見人職を受任してい

---

118) Oelhoff, Gesetz und Wirklichkeit : Der Betreuungsverein gem. § 1908f BGB, BtPrax (1996), S. 136.
119) Bienwald, Betreuungsrecht: Gesetz zur Reform des Rechts der Vormundschaft und Pflegschaft für Volljährige (Betreuungsgesetz-BtG) (1994), S. 491.
120) Hellmann, Betreuungsvereine-Perspektiven und Probleme, BtPrax (1992), S. 4.
121) Hellmann, a. a. O. 120 S. 7.
122) 田山輝明『成年後見法制の研究（下）』（成文堂，2000年）358頁。
123) Kleinz, Probleme und Chancen der Umsetzung des Betreuugsgesetzes in der verbandlichen

た。[124]

　SkFの行っていた後見活動は,「組織化された個々の後見」と呼ばれていた。「組織化された個々の後見」という概念は，20世紀初頭にSkFの創立者であるアグネス・ノイハウス（Agnes Neuhaus）が考案したものであり，後見活動の場で，ボランティアと専任職員が協力し合うという内容のものであった。「組織化された個々の後見」は，カリタス連盟の本部が置かれているドルトムントから普及したという理由から「ドルトムントの制度」とも呼ばれた。その後，この「組織化された個々の後見」は，専門家から高い評価を得ることとなった。[125]

(2)「組織化された個々の後見」の特徴

　SkFで行われた後見活動においては，まず，後見を必要とする者に対してボランティア後見人が紹介される。後見人となったボランティアは，SkFの地区協会と緊密に連絡を取り，地区協会の専任職員と協力し合って後見活動を行っていく。このように，SkFの専任職員とボランティアが協力しながら活動を行うのが「組織化された個々の後見」の特徴であり，かつ長所でもあった。

　本人を直接援助するのは，ボランティア後見人であった。もっとも，SkFの専任職員がボランティアを選び，指導し，助言などの援助を行っていたので，SkFでは，ボランティア後見人による質の高い後見が保障されていた。特に専任職員から助言を受けられることで，ボランティアの心理的負担が軽減され，その活動に良い影響が生じると考えられていた。[126]

(3) 世話法成立時

　世話法成立に際し，世話法の立法者はSkFの「組織化された個々の後見」に着目し，全ての協会が「組織化された個々の世話」を実施すべきであると主張した。世話法改正当時の後見活動はうまくいっているとは言い難い状況であった。具体的にいえば，青年局職員が何百人もの被後見人を担当してお

　　Praxis, FuR (1990), S. 287.
124) Kleinz, a. a. O. 123, S. 289.
125) Kleinz, a. a. O. 123, S. 287.
126) Kleinz, a. a. O. 123, S. 288.

り,「個人的な後見」は行われていなかった。このような状態を改善するために,SkFの「組織化された後見」が世話法のモデルとして着目された。この「組織化された後見」を条文化したものが,ドイツ民法典1908条fである。同条は,世話協会の認可要件を規定している。

(4)「組織化された個々の後見」の問題点

「組織化された個々の後見」は,後見の理想的あり方とされたものの,SkFにおいては,実際に実施する上で問題も発生していた。問題点として,次の2点が挙げられていた。1点目として,専任職員がボランティアと十分に協力し合えていないことが挙げられた。当時は,専任職員に課せられる後見人職の件数が多すぎて,専任職員がボランティアのために十分な時間を確保できなかったのである。2点目として,専任職員の側においても,ボランティアとの共同作業を行うために必要となる知識および能力が欠けていた。この問題点が解決されないために,責任が重く,時間を要するケースがボランティアに委託されるという事態も生じていた。ここから,「個人的な世話」を成功させるためには,専任職員がボランティアを支援する時間をいかに確保できるかが重要となると考えられた。

3 ボランティア世話人の経緯

(1) 世話法改正前の状況

世話法において,ボランティア世話人は世話を成功させる重要な役割を担っている。すでに世話法施行前から,ドイツではボランティアによる成年後見が行われていた。このことが,世話法におけるボランティアの投入につながったと考えられる。1986年の旧西ドイツでは,約34万3,000人の成年後見および成年監護が22万人のボランティアによって行われていたという研究所調査結果が存在した。もっとも,大勢のボランティアが活動していたにもかかわらず,当時は,ボランティアの活動はそれほど注目されていなかっ

---

127) 田山・前掲注122・260頁
128) Kleinz, Organisierte Einzelbetreuung – ein Modell mit Zukunft?, BtPrax (1993), S. 114.
129) Kleinz, a. a. O. 123, S. 288.
130) Kleinz, a. a. O. 128, S. 113.

た。このような学術的調査によりボランティアの活動実態が明らかになるにつれて、ボランティアに対する関心が高まり始めた。

(2) ボランティアを投入する際の問題点

ボランティア側は、世話法改正当時、自分たちの職務への援助が不十分であると感じていた。ボランティア後見人が困難ケースに遭遇した場合に、適時に適切な援助が受けられないと、後見業務の中断という結果も生じうる。しかし、専任職員がボランティアとの共同作業に関する知識を有しておらず、さらに専任職員も多くの後見人職を受任しており、ボランティアの支援に費やす時間が確保できない状況であった。

すでに、世話法制定前には十分な数のボランティアによる個人的な世話の実施が重要であると判明していたため、「組織化された個々の世話」をどのように実現すべきかが議論され始めた。

世話法改正前も、確かにボランティアは後見活動を行っていたが、ボランティアと専任職員の協力体制がうまく築けているとは言い難い状況であった。ボランティアが世話法にとって必要不可欠な存在であるという事実は変わらないので、まずは、ボランティアと専任職員が協力し合う方法を定めることが必要と考えられた。もっとも、「組織化された個々の世話」には、ノウハウだけではなく、専任職員がプロとしての自覚を有することも大切であった。すなわち、専任職員はボランティアが専任職員のライバルではないと認識すること、ボランティアも協会世話人と同じ権利を有することを肯定すること、専任職員がボランティアを支える意思を持つことが必要とされたのである[131]。

このような自覚とともに、専任職員は、ボランティアのために必要となる時間を確保しなければならなかった。このためには、自らの受任ケースを制限する必要がある。そして、専任職員の受任ケースを制限するためには、ボランティアの数が必要となる。専任職員とボランティアが任務を果たすためには、ドイツ民法典1908条fに規定された協会の任務に対する、十分な財政保障が必要であると考えられた[132]。

---

131) Kleinz, a. a. O. 128, S. 115.
132) Kleinz, a. a. O. 128, S. 116.

第3項　世話協会の必要性

1　個人的な世話

　世話法改正時に，本人に対する「個人的な世話（persönliche Betreuung）」がほとんど実施されていないことが批判として挙がっていた。個人的な世話は，個人的なコンタクト，つまり世話人と被世話人の個人的な対話を通じて行われる。世話人の任務が財産管理のみでも，このようなコンタクトがとられなければならない。つまり，個人的な世話は世話業務の基本形態なのである。[133]

　個人的な世話は，全ての世話ケースにとって重要である。そして，世話人が処理しなければならない事務の数が多ければ多いほど，またこの事務が重要であればあるほど，個人的な世話がより必要となる。しかし，世話法改正当時，被後見人が意思疎通能力を有するにもかかわらず，自らの後見人が誰であるかを認識していないという事態がたびたび生じていた。世話法制定の過程で，このような事態は許されないとされ，「個人的な世話」が世話法のスローガンとなるに至った。

　当時，「個人的な世話」が行われなくなった原因は，1人の後見人が受任するケース数の増加にあると考えられた。世話法改正以前においては，適切な後見人を見つけることが非常に困難であった。さらに，後見人を確保するような，組織的取り組みが極めて不足していた。これらの結果として，個人的な世話の遂行が不可能となっていた。特に，官庁職員が後見人となる場合に受任件数が集中した。当時，青少年官庁職員またはその他の管轄官庁の職員は，1人で平均約100件の後見人職を受任していた。

　改正時に，「個人的な世話」は，世話人の数を増やせば実施可能と考えられた。[134]もっとも，このためには，世話人の確保および教育ならびに世話法のための組織の設立が必要であった。世話人を獲得し，指導し，研修を継続的に行い，助言し，援助することが，個人的な世話を実現するために重要と考えられたため，この任務を担う組織の設立および任務の設定が必要とされたのである。

---

133) BT-Drs. 11/4528, S. 68.
134) BT-Drs. 11/4528, S. 68.

そこで，個人的な世話を実現するために，新法には世話協会の任務内容が規定された。もっとも，オーストリアと異なり，ドイツでは，1人の世話人が受けもつ世話人職受任件数の上限は規定されなかった。このような件数を遵守することは不可能であると考えられたのである[135]。

2 自然人の任命の優先
(1) 自然人の任命を定めた規定

改正前においては，民間の社団や少年局などの官庁自身が後見人に就任することが比較的広汎に認められていた。しかし，後見人職を受任することは，個々の職員にとって負担が重過ぎ，担当職員の交代により，被後見人・被監護人と職員の間で安定した信頼関係を築くことが困難であると指摘されていた。このような状態を回避するために，世話法改正時には，協会または官庁による世話よりも，自然人による世話の遂行が優先さなければならないと主張された[136]。

世話法は，世話人を自然人と法人の2種類に分類して規定している（ドイツ民法典1897条および1900条）。1897条は自然人を世話人として任命する旨を規定しており，さらにその中で優先順位を定めている。ドイツ民法典1897条は，次のとおりである。

【ドイツ民法典1897条】
(1) 世話裁判所[137]は，裁判所によって定められた権限の範囲内において被世話人の事務を法的に処理し，そのために必要な範囲内において被世話人を個人的に世話するのに適した自然人を世話人に任命する。
(2) 専任またはパートで世話人として世話協会で活動している，1908条fにより認可された世話協会の職員（協会世話人）は，協会の同意によってのみ任命されることが許される。専任またはパートで世話人として活動している世話業務を管轄する官庁職員（官庁世話人）も同様とする。

---

135) BT-Drs. 11/4528, S. 70.
136) BT-Drs. 11/4528, S. 131.
137) 2009年9月1日付けで，従来の後見裁判所は世話裁判所と名称が変更された。

(3) 成年者〔本人〕が入所しまたは居住している施設，ホームまたはその他の施設と従属関係またはその他の緊密な関係に立っている者が，世話人に任命されることは許されない。

(4) 成年者〔本人〕が世話人に任命される者を提案する場合には，本人の福祉に反しないときは，この提案に応じるべきである。本人が特定の者を任命しない旨を提案する場合には，これに対して配慮がなされるべきである。1文および2文は，本人が世話手続開始前に行った提案についても適用される。ただし，本人が当該提案を維持する意思がないことが明らかな場合は，この限りではない。

(5) 本人が世話人に任命されうる者を提案しない場合には，世話人の任命にあたっては本人の親族関係およびその他の個人的な関係，特に両親，子，配偶者および人生のパートナー（Lebenspartner）との関係ならびに利益相反の危険に配慮しなければならない。

(6) 職業遂行の範囲内において世話を行う者は，世話の名誉職としての実施に備えている，他の適切な者がいない場合にのみ，世話人として選任される。本人が，職業遂行以外に1人または複数の他の適切な者によって世話を受けることができるという事情が生じたことを世話人が関知するようになった場合は，世話人はこのことを裁判所に通知しなければならない。

(7) ある者が，6項1文の要件のもとで，世話裁判所の管轄区において初めて世話人に任命される場合には，裁判所は，選ばれた世話人の適性について，ならびに後見人および世話人の報酬に関する法律1項1文後段に基づいてなされるべき確認について，事前に官庁に意見を聴取すべきである。管轄官庁は，その者に無犯罪証明書および債務者名簿からの情報，回答の提供を要請すべきである。

(8) ある者が，6項1文の要件のもとで任命された場合には，その者は，職業的に実施する世話の数および範囲を明らかにしなければならない。

自然人としての世話人には，「名誉職世話人（ehrenamtlicher Betreuer）」と呼ばれるボランティアによる世話人（以下，ボランティア世話人とする），職業世話人，協会世話人および官庁世話人の4タイプがある。ボランティア世話人とは，自ら進んで被世話人のために無償で尽力し，与えられた職務範囲内に

おいて責務を引き受ける者のことを指す[138]。法人には，世話協会と世話官庁がある。

(2) 自然人である世話人の種類

(ⅰ) ボランティア世話人

世話法は自然人による世話を原則とし，その上で名誉職による実施を優先すべきとしている。ボランティア世話人とは，世話を原則として無報酬で行う世話人という意味であり，親族による世話もこれに含まれる。ボランティア世話人としては，主に親族，友人，知人および隣人が重要な担い手として挙げられるが，本人とこのような関係を持たない者も，ボランティア世話人となりうる。

(ⅱ) 職業世話人

職業世話人には，ソーシャルワーカー，社会教育家（Sozialpädagogen），弁護士，税理士および介護職従事者が想定されている。世話法において，職業世話人は，適切なボランティア世話人が存在しない場合にのみ任命されうると規定されており（ドイツ民法典1897条6項），基本的に，ボランティアの任命が優先される[139]。

法律によれば，世話人職は，世話人が10件以上の世話を行うか，または世話の遂行のために必要な時間が週20時間を下らない場合に，職業性を帯びる（後見人および世話人の報酬に関する法律（Gesetz über die Vergütung von Vormündern und Betreuern（VBVG））1条1項および4条1項）。

(ⅲ) 協会世話人

協会世話人とは，認可を受けた世話協会の職員であり，専任またはパートタイマーで世話人として活動している者である[140]。

協会世話人は，世話協会の同意のみによって任命される。同意は任命以前になされていなければならないが，同意されていない場合でも，任命は有効となる。協会が後に同意を拒んだ場合は，協会世話人は解任される。また，

---

138) ベーム＝レースルマイヤー（新井誠監訳）『ドイツ成年後見ハンドブック』（勁草書房，2000年）38頁。
139) Dodegge/Roth, Betreuungsrecht. Systematischer Praxiskommentar (2005), S. 106.
140) Dodegge/Roth, a. a. O. 139, S. 107.

協会が最初は同意していたが，後にその世話人の解任を申請する場合にも，協会世話人は解任される（ドイツ民法典1908条b第4項）。

また世話裁判所は，その指示の遵守に関して，協会世話人に強制金（Zwangsgeld）を課すことができる（同1908条i，1837条3項）。

なお，オーストリアでは，代弁人協会の職員だけでなく，代弁人協会に所属するボランティアに代弁人職が委託された場合でも，この者を「協会代弁人」と呼ぶ（協会代弁人法3条1項参照）。しかし，ドイツでは，「協会世話人」と呼ばれるのは，世話協会に所属する職員のみである。[141]

(iv) 官庁世話人

官庁世話人は，世話について管轄を有する官庁職員が世話人として任命された者である。協会世話人に関する規定は官庁世話人にも準用され，官庁は官庁世話人が選任される際に同意しなければならず，その解任を申請することができる（ドイツ民法典1908条b第4項）。官庁世話人は，世話職務を遂行するにあたり，官庁から一般的な監督を受けるのみであり，個々のケースについての指導は受けない。[142]

3 法人による世話の必要性
(1) 法人による世話に関する規定

改正前の法人後見の状況が非難を受けたにもかかわらず，法人による世話を完全に禁止することは回避された。以前から後見活動を行っていた諸団体が，法人による世話の必要性を主張したからである。このような諸団体は，法人による世話の禁止が，特定のケースにおいて，個人の世話人の負担をもたらす可能性を指摘した。[143] つまり，困難ケースの対応のために，法人による世話の可能性を残すべきであると主張したのである。

立法者は，この指摘に従い，協会および官庁を世話人に任命する可能性を残した。このため，世話法においても，ドイツ民法典1900条に基づき，特別なケースにおいては協会または官庁を世話人に任命することができる。

---

141) Dodegge/Roth, a. a. O. 139, S. 106.
142) Dodegge/Roth, a. a. O. 139, S. 108.
143) BT-Drs. 11/4528, S. 131.

もっとも，同条1項1文は，世話協会を世話人に任命できるのは，自然人による世話が受けられない場合であることを明記している。世話人として任命される協会は，世話協会のみである。[144] ドイツ民法典1900条は，次のとおりである。

【ドイツ民法典 1900条】
(1) 本人が1人または複数の自然人によって十分に世話を受けることができない場合には，世話裁判所は，認可された世話協会を世話人に任命する。この任命は，協会の同意を必要とする。
(2) 協会は，世話人職の受任を個人に委託する。協会は，反対すべき重大な理由がない限り，本人の提案に応じるべきである。協会は，世話職の受任を誰に委ねたかを直ちに裁判所に通知する。
(3) 協会は，本人が1人または複数の自然人によって十分に世話を受けることができる事情が発生したことを知った場合には，それを裁判所に通知しなければならない。
(4) 本人が1人もしくは複数の自然人または協会によって十分に世話を受けることができない場合には，裁判所は，管轄官庁を世話人に任命する。2項および3項を準用する。
(5) 被世話人の不妊手術における同意についての判断は，協会または官庁に委ねてはならない。

(2) 法人による世話の必要性が主張された具体的事例

個人の世話人に代わり，協会または官庁を世話人に任命することは，次の2種類の事例において重要となるとされた。[145]

第1に，被世話人が複雑な疾病または障害，もしくは複雑な人格を有している場合である。被世話人がアルコール中毒であったりすると，本人が暴力によって世話人を攻撃するなどして，個人による世話が困難になる可能性がある。このような場合に協会および官庁が世話人に任命されていれば，裁判

---

144) Dodegge/Roth, a. a. O. 139, S. 109.
145) BT-Drs. 11/4528, S. 131.

所の決定に拘束されずに担当者を交代でき，柔軟な対応が可能となる。

第2に，被世話人が猜疑心が強く，世話人を信頼せず，信頼関係が築かれない場合である。このような場合でも法人後見という形態をとれば，世話人職担当者として何人かの候補者を立て，本人と最も相性の良い者に世話人職を委託することが可能となる。

原則として自然人による世話を優先するために，世話人となった協会または官庁は，被世話人が自然人によって十分世話される場合には，裁判所に通知するよう義務付けられている（ドイツ民法典1900条3項および4項）。

改正によっても，世話人の選任について多様な選択肢が残されたのは，適切な世話人を見つけることの難しさの現れであると考えられている[146]。

4　協会による世話人職の受任

世話協会は，世話人として任命されることに同意しなければならない（ドイツ民法典1900条1項2文）。この同意は，形式に拘束されず，複数のケースについてまとめて行うことも，撤回することもできる。協会は，この同意を世話官庁に対してではなく，世話裁判所に対して行わなければならない。なお，世話協会は，協会世話人を推薦する義務を法律により課されているわけではなく，世話人職の受任義務も課されていない[147]。

協会が法人世話人として世話裁判所から任命された場合でも，協会自身が世話の受任を引き受けるのではなく，協会は，その職員に世話人職を委託する（ドイツ民法典1900条2項1文）。協会は，世話による報酬を受けることはできない（同1908条ⅰ第1項1文，1836条3項）。また，協会は費用補償を受け取ることもできず（同1908条ⅰ第1項1文，1835条a第5項），被世話人本人が十分に収入および財産を有する場合にのみ，費用についての前払いおよび補償を要求できるにすぎない（同1908条ⅰ第1項1文，1835条5項1文）。

---

146) ペーター・ヴィンターシュタイン（著）＝石井道彦（訳）「ドイツ世話法の実務上の諸問題」実践成年後見5号（2003年）55頁。
147) Dodegge/Roth, a. a. O. 139, S. 115. この点，オーストリア代弁人協会も法律による受任義務は課されていない。しかし，代弁人協会は司法省からの多大な補助金によって運営されているために，実際は，キャパシティがないとき以外は受任を拒否することができないとされている。

世話裁判所は，世話人職を委託した者が世話人としての義務に従わない場合には，協会に対して介入できる。協会がこの者を指導しないか，または受託者を交代させない場合には，協会自身が法人世話人から解任される（同1908条ｂ第１項）。

第４項　世話協会の認可要件

1　ドイツ民法典における世話協会の認可要件
(1)　世話法における世話協会の意義
ドイツにおいては，個人的な世話を実現するために世話人の確保が重要と考えられ，この任務は世話協会に託された。前述したとおり，世話制度を強化するために多くの世話人の確保が重視された。このため，世話協会の職員やボランティアなどに関係する規定を，新法である世話法に導入することが重要であった。協会が世話人確保などの活動を行うために，世話協会の組織の基本的枠組みの規定が必要とされたのである[148]。改正により，世話法は世話協会の認可要件を規定し，ここから世話協会が世話制度にとって重要な役割を担うことが明らかになった。この世話協会の任務は，世話協会の認可要件として，ドイツ民法典1908条ｆに規定された。

(2)　ドイツ民法典1908条ｆ
ドイツ民法典1908条ｆは，世話協会の認可要件を規定している。内容は次のとおりである。

【ドイツ民法典1908条ｆ】
(1)　権利能力を有する協会は，次に掲げる事項を保障する場合には，世話協会としての認可を受けることができる。
1　協会が十分な数の適性を有する職員を有し，これらの職員を監督し，継続して研修し，これらの職員がその職務の範囲内で他者に与えうる損害を適切に保障すること，
2　ボランティア世話人の獲得について計画的に努力し，ボランティア世話人

---

[148] BT-Drs. 11/4528, S. 131.

をその任務へと指導し，研修し，かつボランティア世話人および老齢配慮代理権受任者に助言を与えること，
2a．老齢配慮代理権（Vorsorgevolmacht）および世話配慮処分証書（Betreuungsverfügung）について計画的に情報を与えること，
3　職員間における経験の交流を可能にすること。
(2)　認可は，その州についてのみ効力を有する。認可は，州の一部に限定できる。認可は，撤回することができ，また負担付で与えることもできる。
(3)　詳細に関しては，州法が定める。州法は，認可について他の要件も定めることができる。
(4)　認可を与えられた世話協会は，個々の事例において，老齢配慮代理権の作成の際に助言をすることができる。

　オーストリア代弁人協会の適性は，一般民法典ではなく，協会代弁人法が規定している（協会代弁人法1条1項）。これに対し，ドイツでは，世話協会が世話法と密接な関係を持つと考えられたため，世話協会の認可要件は民法典に規定された。
　オーストリアにおける代弁人協会の適性は，連邦司法大臣が命令をもって確認しなければならない。つまり，州は代弁人協会の設立に管轄権を有していない。一方ドイツでは，世話協会の詳細について，州法が定める。州法は，認可について他の要件を定めることができる（ドイツ民法典1908条 f 第3項）。世話協会の認可を行うのも，国ではなく州である。州は，世話協会を認可する官庁を指定し，この官庁は「世話官庁」と呼ばれる[149]。
　特定の協会が優遇されることを避けるために，世話官庁は，認可を与えるかどうかの裁量を有しない。特定の協会が優遇されてしまうと，世話人の確保に支障をきたすからである[150]。このため，協会は，1908条 f の要件および州によって定められる要件を満たす限り，認可されなければ行政裁判所に異議を申し立てることができる。認可要件は認可の時点で存在する必要はないが，将来存在することが協会によって保障されなければならない。

---

149) Jürgens (Hrsg.), Betreuungsrecht: Kommentar zum materiellen Betreuungsrecht, zum Verfahrensrecht und zum Vormünder-und Betreuervergütungsgesetz (2010, 4. Aufl.) S. 339.
150) BT-Drs. 11/4528, S. 157.

(3) 世話協会の数

2012年12月31日の時点において，829の世話協会が認定されている。このうち，州から経済的援助を受けている協会は613である。協会の州ごとの数は，バーデン・ビュルテンベルク79，バイエルン133，ベルリン13，ブランデンブルク40，ブレーメン5，ハンブルク9，ヘッセン56，メクレンブルク・フォアポンメルン29，ニーダーザクセン57，ノルトライン・ヴェストファーレン188，ラインラント・ファルツ115，ザールラント12，ザクセン31，ザクセン・アンハルト27，シュレスヴィヒ・ホルシュタイン20，チューリンゲン15となっている。[151]

2012年の1年間に州から支払われる世話協会への援助金額は，平均で16,623.47ユーロであった。

2 認可の具体的要件
(1) 組織化された個々の世話

ドイツには改正以前から後見協会が存在した。後見協会では，専任職員とボランティアが協力して活動しており，この活動形態は，「組織化された個々の後見」と呼ばれ，一定の成果を挙げていた。

このため，改正により「組織化された個々の世話」を実現するための理想的な組織構造が認可要件として規定された（ドイツ民法典1908条f第1項）。本条においては，世話協会が十分な数の職員を雇用し，指導すること，およびボランティアの獲得に向けて努力し，獲得したボランティアを，教育，指導および援助する者が規定されている。世話の理想は「個人的な世話」である。そしてこの個人的な世話を実現するためには，まず人的資源の確保が重要であると考えられたために，このような要件が課された。

オーストリアの代弁人協会の認可要件は，ドイツほど明確ではない（協会代弁人法1条参照）。しかし，その組織形態は，職員とボランティアが協力するという点で，非常に類似している。

---

151) Deinert, a. a. O. 116, S. 244.

(2) 職員およびボランティアに関する規定

　世話法に従事する人的資源が重要と考えられたため，世話法には，職員とボランティアの獲得に関する規定も設けられた。

　第1に，世話協会の専任職員は，専門的な職業教育を必要とする（ドイツ民法典1908条f第1項1文）。しかし，法は「継続的に研修し」と規定するのみであり，どのような教育を施すべきか定めていない。世話人への要求は多岐にわたるため，様々に異なった職業教育に意味があると考えられたからである。オーストリアにおいても，代弁人への具体的教育内容は規定されていない。協会自身が研修を行う必要はなく，外部組織が行うこともある[152]。協会は，実務に即した教育の継続を保障しなければならない。

　第2に，協会は，その職員が被世話人に対して与えた損害のための保険を締結しなければならない（ドイツ民法典1908条f第1項1文）。保険締結義務は協会職員にのみ課され，ボランティアには課されていない。立法者は，被世話人および第三者が損害を受けた場合に，協会世話人が損害賠償を支払うことが不可能となる事態が生じないように，また協会世話人が責任を負うリスクを心配して，活動する際に萎縮しないよう，当該要件を定めた[153]。

　3点目として，世話協会として認可されるためには，計画的にボランティア世話人の獲得に努め，ボランティア世話人の仕事を指導し，教育し，助言しなければならない（ドイツ民法典1908条f第1項2号）。ボランティア世話人の獲得には，適切な活動，イベント，宣伝，PR活動など多様な方法を用い，かつ長期的計画を立てる必要がある。このような助言義務は，裁判所および世話官庁にも課せられている（ドイツ民法典1908条i第1項1文，1837条1文，世話官庁法4条）。助言および支援は，ボランティアが世話人職を遂行する上で必要不可欠である。オーストリアの代弁人協会「VertretungsNetz」では，チームを形成してボランティア代弁人を担当する専任職員を定め，ボランティアへの助言にあたっている。

　最後に，世話人間の交流も，世話協会の認可要件として定められている（民

---

152) Damrau/Zimmermann, Betreuung und Vormundschaft: Kommentar zum materiellen und formellen Recht (1995, 2. Aufl.), 1908f Rn 3.
153) Damrau/Zimmermann, a. a. O. 152 1908f Rn 4.

法1908条f第1項3文)。世話人は,協会内では守秘義務を負わず,担当ケースについて報告する権限を与えられている。[154] もちろん,情報は,会議のグループから出されないようにしなければならない。一方で,オーストリアでは,経験者間の交流が,代弁人の協会設立の要件として規定されていない。しかし,オーストリアの代弁人協会「VertretungsNetz」では,専任職員とボランティア代弁人とがチームを組み,チームの会合の場が月に1度設けられている。この会合において,専任職員とボランティアとの間で経験交流が行われ,疑問等の解決がなされている。ここから,ドイツ,オーストリアともに,世話人(代弁人)間の交流が必要不可欠と考えられているといえる。

3 州法における認可要件

ドイツでは,民法典に規定されている認可要件に加えて,州も独自の要件を課すことができる(民法1908条f第3項)。世話法の立法者は,世話協会の認可要件について民法では基本的な要件のみを規定し,その他は,それぞれの州の考えおよび特徴に委ねようとしたのである。

多くの州は,協会の所在地および活動領域が認可する州内にあること,ならびに世話協会の公共性を認可要件として規定している。[155] ニーダーザクセンとシュレスヴィヒホルスタインは,協会の公共性を州からの財政援助の要件としている。

また,協会の活動が,その内容,範囲および期間に基づき認可に値するものであること,ならびに協会が人格および専門的に適切な人物によって運営されることを認可要件として規定する州も存在する。

さらに,ドイツ民法典1897条3項に関連して,世話協会の職員が,本人が収容されているか,または居住している施設と密接な関係に立つべきではない旨を規定する州も多数存在する。ドイツ民法典1897条もこの旨を規定しているので,州法は二重に禁止していることになる。ブレーメンとハンブルクは,このような関係性を世話裁判所または世話官庁に公にする旨を規定

---

154) BT-Drs. 11/4528, S. 158.
155) Jürgens, a. a. O. 149, S. 339 ; Vgl Winterstein, Die Landesausführungsgesetze und die Förderung von Betreuungsvereinen – ein Länderüberblick, BtPrax (1995), S. 194ff.

している。

　管轄官庁が協会をコントロールするために，協会は，1年に1度（バイエルン，ノルトライン・ヴェストファーレン，ハンブルク）または2年に1度（ザールラント），受任している世話件数，協会職員の数，協会での活動にかかる費用および協会の資金調達について，管轄官庁に報告しなければならないと規定する州もある。他者や官庁との協力への準備が整っていることを要件として課す州も存在する（ブランデンブルク，ハンブルク）。

　認可手続きに関する規定は，それほど多く置かれていない。例えば，認可は期限付きで与えることができること（ハンブルク），協会が認可要件を速やかに満たさないか，その業務を適切に行わない場合には，認可が取り消されること（ニーダーザクセン）が規定されている。

4　支部協会が世話協会になる場合の問題点

　世話法施行後，ドイツ赤十字などの支部協会が世話協会として認可を申請するケースが増加した[156]。このような支部協会が世話協会として認可された場合には，この世話協会は世話活動だけでなく，その大元の団体の業務である世話以外の福祉業務も引き受ける場合が生じる。例えば，団体が世話協会と高齢者施設の両方を経営している場合に，世話協会の職員が，高齢者施設の入居者となった本人の世話人として任命されることが容易に想定される。このような場合には，世話人と本人との間で利益相反が生じる。

　そこで，このような利益相反を回避するために，支部協会の世話協会職員をドイツ民法典1897条3項により世話人に任命しない方法が考えられる。しかし，これでは十分な世話人の数を確保できないという理由から，州は，支部協会の世話協会に認可を与えることを拒否すべきであるとの主張がなされている。そして，独立している世話協会のみを認可し，そこに世話人を所属させ，世話人の数を一定数確保させるのである[157]。つまり，この見解によれば，1987条3項よりもより確実に利益相反を防止するために，支部協会の

---

156) Dahle, Der Kreisverband als Betreuungsverein? BtPrax (1993), S. 12.
157) Dahle, a. a. O. 156, S. 13.

認可を事前に拒否することになる。日本でも，本人が施設入所している場合に，本人の生活のほとんどが施設の管理下に入ってしまうことから，その施設の成年後見人等への任命を回避すべき旨が主張されている[158]。もっとも，日本には，ドイツ 1897 条 3 項のような施設と世話人の関係について明確に言及した条文はなく，施設との成年後見人との関係は，裁判所の判断に委ねられている（日本民法 843 条 4 項参照）。

5 独立した世話協会の具体的な活動状況

世話協会には，以前から活動していたものと新たに設立されたものがあるが，ここでは，新たに設立された世話協会を 2 つ紹介する。

(1) 世話協会「Fürsorge」

世話法施行からおよそ 1 年半が経過した 1993 年 9 月 21 日に，「Fürsorge」がザクセンで世話協会として設立された。この「Fürsorge」は，福祉団体の支部協会としてではなく，独立した世話協会として設立されており，経済的基盤や資金調達手段が不足する一方で，順応しなければならない大元の組織構造がないことが「Fürsorge」の利点として挙げられていた。

設立から 1 年後には，「Fürsorge」は，教師，会社員など 13 人から構成されていた。このうち，専任職員（協会世話人）として活動する者は 3 人であり，ボランティア世話人として実際に活動していたのは 6 人であった。より多くのボランティアが必要とされていたが，協会のキャパシティからみてこれ以上のボランティアの獲得は困難な状況であった。「Fürsorge」に所属する世話人は，設立から 1 年で後見裁判所から 52 件の世話人職を委託されていた。世話の内容は，主として財産管理，賃貸借関係の事務，そして本人の健康管理であり，特に本人がアルコール中毒であるケースが多かった。設立から 1 年が経過するにつれ，世話活動に費やす時間は増え，世話ケースの難易度も上がっていった[159]。

世話人として必要なのは，世話に関係する専門知識および判断能力と考え

---

158) 田山・前掲注 89・247 頁。
159) Poschmann, Der Betreuungsverein "Fürsorge" e.V-Ein Jahr nach der Vereingründung, BtPrax (1995), S. 90f.

られていたため,「Fürsorge」は構成員全員に対して毎月研修を行っていた。この研修で取り上げられるテーマは,データ保護法,社会法,賃貸借法,相続法などであった。

(2) 世話協会「SKFM Cochem-Zell e.V.」

　世話協会「SKFM Cochem-Zell e.V.」は,1992 年 7 月 1 日にラインラント・ファルツにおいて活動を開始した。本協会も独立して設立された世話協会のひとつであり,1992 年 7 月の時点では 25 人の構成員が活動を行っていたが,1 年後の 1993 年 10 月では 78 人の構成員が世話人として活動していた[160]。その内訳は,男性が 49 人,女性が 29 人であり,最年少が 21 歳,最年長が 78 歳,平均年齢が 48 歳であった。もっとも,全ての構成員が世話人職を受任していたわけではなく,構成員のうち,51 人のボランティアが 58 件のケースを受任しており,14 人が受任の前段階にいた。7 人が現時点での受任は不可能であるが,将来受任する意思を示しており,6 人が世話人として活動するのではなく,構成員として協会を援助することを望んでいた[161]。

　本世話協会は,協会設立初期の段階で,世話協会の任務と目的を協会以外の関係機関に示すために,協会外部で行われている様々な企画に参加した。このような企画の参加を通じて世話協会のアピールを行うとともに,ボランティア,公共機関,社会福祉活動を行う教会が運営する施設,地方自治体,官庁および教会などに対して,世話協会との協力を要請した。この活動から,本協会はさまざまな職種の世話人を得ることに成功し,さらに,これ以外でも,情報提供のための資料の作成,新聞への広告掲載などにより,ボランティアの獲得が図られた。

　本世話協会は,大きな福祉団体の支部ではないために,世話法施行と同時にその活動を開始した。このため,ボランティアへの指導や活動方法は,協会が独自に考案し,実施していた。それにもかかわらず,協会設立後 1 年間の活動内容は実りあるものとの評価され,さらに本協会の近隣に位置する世話協会との経験交流が非常に重要であるとの結果が出された。

---

160) Jaeger, Situationsbericht des Betreuungsvereins SKFM Cochem-Zell e.V., BtPrax (1994), S. 55.
161) Jaeger, a. a. O. 160, S. 56.

第5項　小括

1　要約

　ドイツは，世話法施行の際に，世話協会の認可要件を民法典に規定した。本人とコンタクトをとりながら行う，いわゆる個人的世話の実施を徹底するために，世話協会は，世話制度の成功に重要な役割を担うと考えられたためである。その背景には，オーストリアと同様に，後見人職が100件単位で実施されていた制度実態に対する反省があった。ドイツでは世話法施行以前から後見協会が存在していたために，オーストリアのような国家による学術的実験（モデル・プロジェクト）は実施されず，ある後見人協会で確立されていた方法が「組織化された個々の後見」として民法典の中に条文化された。これは，協会の専任職員とボランティアが協力し合い活動するというもので，オーストリア代弁人協会における方法と非常に類似している。なお，ドイツでは官庁が世話人となることができるが，世話協会の任命が優先される。

2　分析

　ドイツおよびオーストリアは，世話制度または代弁人制度のための人材を確保するために，組織を設けることが必要と考え，その組織の認可要件を法律によって規定した。この点は，ドイツとオーストリアの類似点であると同時に，両国と日本との相違点となる。もっとも，このような組織（代弁人協会および世話協会）の設立は，職業後見または法人後見の推奨を意味していない。組織の設立は，あくまでも改正前の実態から脱却し，新制度の適切な運営を目指すためのものであった。職業後見または法人後見は，困難ケースに対応するための選択肢として残されたに過ぎない。

終　章

　本章では，本書で行った考察をまとめ，序章で提示した問題について検討し，最後に今後の課題を述べる。

第1項　オーストリア代弁人法と日本の成年後見法の比較

　まず，本書で得られた結果をもとに，代弁人法と成年後見法を比較する。
(1)　補充性の原則の促進
　まず，注目すべき点は，補充性の原則の差異である。日本においては，成年後見制度の利用が進まず，潜在的利用需要者（これは国民の1％といわれている）に利用が行きわたるにはどうすべきかといったことが議論されてきた。これに対し，代弁人法がとる姿勢は全く逆である。代弁人法においては，本人が何らかの法的手段によって援助される限り，代弁人制度は用いないという姿勢が明確に示されている（一般民法典268条2項）。この補充性の原則を徹底するために，2006年の代弁人法改正において，老齢配慮代理権，患者配慮処分，近親者の法定代理権およびクリアリングといった制度が創設された。オーストリアは，精神的障害を有する成年者の保護を代弁人制度だけで実施するのではなく，複数の制度による保護を実現しようとしており，その結果として代弁人制度の利用が制限される場面が生じるのである。代弁人制度に代替する制度の特徴として，まずは自己決定の尊重が挙げられる。老齢配慮代理権および患者配慮処分は，本人が認識能力および判断能力を有するうちに，能力喪失後の自己の代理人および処理すべき事務ならびに治療の拒否を意思表示しておくための制度である。もうひとつの特徴として，日常的に行われている家族による代理を法的に正当化する制度を設けたことが挙げられる。この近親者の法定代理権制度は，これまで家族が正当な権限を有することなく行ってきた代理行為を法的に正当化するものであり，この制度によって，代

弁人制度の補充的性格がより強調される結果となった。これらの新制度を生かすために，実務においては代弁人協会にクリアリングという任務が与えられた。

このようなオーストリアの状況から，日本の今後の成年者保護を主に成年後見法だけで担っていくのか，他の法制度（例えば患者配慮処分や近親者代理権）を整備し，法的保護を多様化すべきなのかという問題が導かれる。本問題を検討するにあたっては，今後引き続きオーストリアの改正結果を調査していきたい。

(2) 成年後見制度利用の要件

次に，成年後見制度と代弁人制度の利用要件を比較する。日本では，成年後見制度の利用要件として求められるのは，事理弁識能力の欠如である。つまり，事理弁識能力が存在しないだけで制度利用が可能となる（日本民法7条，11条，15条）。このため，特に後見および保佐において，本人がその事務処理を必要としていなくても，事理弁識能力が存在しないだけで，一定の法律行為を行う行為能力の制限が生じる。これに対し，オーストリアにおいては代弁人の任命要件として，本人が「心的病気に罹りまたは精神的に障害を受けている（障害者〔である〕）成年者」であることに加えて，その者が事務の全部または一部を受損なしに自ら処理できないことが要求される（一般民法典268条1項）。これを日本法の要件と比較すると，代弁人法は，制度利用に課される要件がひとつ多いことになる。これに加えて，さらに代弁人制度以外の他の援助方法が存在すれば，代弁人の任命は許されないので（一般民法典268条2項），日本と比較するとオーストリアの成年者保護領域においては，行為能力の制限を伴う保護が生じにくいことになる。つまり，日本では本人の精神状態だけで後見類型と判断される可能性があるが，オーストリアでは本人の精神状態に加えて，本人がどの事務を必要としているか，他の援助方法があるかどうかまで検討される。さらに，全ての事務について代弁人を任命する場合には，これが避けられない限りとの制限が条文上明記されている（一般民法典268条2項）。ここから，両国共に制度利用には行為能力の制限が生じるが，本人の行為能力が制限されやすいのは，日本であるといえる。

(3) 代弁人の権利および義務

3点目として，代弁人法では本人への配慮が条文上詳細に規定されていることが挙げられる。一般民法典275条1項は，代弁人が本人の福祉を尊重するよう義務付けており，281条1項は代弁人の本人の希望調査義務を，同条2項は，代弁人の本人への情報提供義務および本人の発言権を明記している。さらに，裁判所も必要な場合には，本人の福祉に関する処分を行わなければならない（一般民法典281条4項）。日本においても，成年後見人は本人の意思を尊重しなければならず，かつその心身の状態および生活の状況に配慮すべきことが規定されているが（日本民法858条），代弁人法と比較するとやや抽象的な内容となっている。オーストリアにおいては，本人の希望調査義務，本人への情報提供義務，本人の発言権などが明文化されることによって，代弁人制度が本人のために利用されることが明確にされており，ここから，本人が主体となる保護が実施されているといえる。

(4) 代弁人および成年後見人等の選任

4点目として，成年後見人等と代弁人の選任を比較する。

まず選任の段階において，代弁人法においては，本人がだれを代弁人とするかを自ら決めておくことができる。これは，「代弁人への処分委託証書」として条文に規定されており（一般民法典279条1項），本人が判断能力を喪失する前に表明した希望は，それが本人の福祉に合致している限り顧慮されなければならない。日本では，成年後見人等について希望を述べる法的手段は存在しない。代弁人への処分委託証書は日本には存在しない制度であり，オーストリア法における自己決定の強化を特徴づけていると考えられる。

次に，代弁人の任命段階を比較すると，オーストリアでは代弁人を選択する際には，代弁人が，障害者が滞在しているかそれによって世話されている，病院，ホームまたはその他の施設と依存関係もしくは他の密接な関係に立っていないことを考慮しなければならない旨が規定されている（一般民法典279条1項）。ここでは，ホームなどの職員が代弁人になることを明確に禁止はしていないが，代弁人として任命すべきではないとの考えが明確に打ち出されている。さらに，ドイツ法は，本人が入居している施設関係者が世話人になることを禁止している（ドイツ民法典1897条3項）。日本では民法843条4項が

成年後見人となる者（法人も含めて）と被後見人との利害関係の有無を考慮すべきことを規定しているが，オーストリアおよびドイツほど具体的な内容となっていない。このため，ホームやその職員などが成年後見人として任命される場合には，家庭裁判所における十分な検討が必要となる。

また，オーストリアでは代弁人として任命されるべき優先順位も規定されており，本人の身近な者，代弁人協会，弁護士および公証人という順序となっている（一般民法典279条）。さらに，1人の代弁人が受任できる件数も，原則的に1人につき5件，弁護士または公証人は25件までと上限が定められている（一般民法典279条5項）。

最後に，日本の成年後見人には受任義務は存在しないが，オーストリアでは学説により受任義務が認められている点を挙げる。2001年の親子法改正によって条文が削除されたために，現行法において受任義務は法定されていないが，学説により，受任義務は配偶者，両親，子，祖父母，孫，ならびに弁護士および公証人に存在するとされる。もっとも，受任義務があっても，裁判所は，代弁人として活動できる者のみを任命しなければならない。配偶者，両親，子の受任義務の法的根拠は，家族間の援助義務（一般民法典90条および137条）である。この援助義務は，夫婦間および親子間には生じるが，籍を入れていない実質的な配偶者（人生のパートナー）や兄弟姉妹間には生じない。弁護士と公証人の受任義務の法的根拠は，一般民法典274条2項である。もちろん，本人の意思に反してまで代弁人の受任を強制させられることはないが，オーストリアでは，ここに挙げられた者が代弁人となることが望ましいと考えられている。

(5) 身上監護についての比較

オーストリアと日本の身上監護を比較すると，まず，代弁人（成年後見人等）が介護などの事実行為を行わないとするのが支配的見解であるという共通点が見られた。すなわち，代弁人は法定代理人であるから，法律行為を行う者であるというのが通説および判例の見解となっている。

次に，一般民法典282条は代弁人の身上監護義務を定めているが，これは代弁人の一般的な努力義務を定めているにすぎず，本条から代弁人に具体的な法律行為に関する代理権は生じないことが明らかになった。つまり，施設

入所契約や介護サービス契約の締結については，オーストリアの代弁人は，裁判官から委託されなければ権限を有することはない。日本でも，保佐および補助であれば，身上監護事務に関する代理権の付与が必要となる。

　それでは，オーストリア法と日本法の身上監護の差異は何か。それは，オーストリアにおいて代弁人が本人の人格権を保護する者であると認識されていることが大きい。日本では，成年後見制度の目的は財産管理であり，成年後見人等は原則的に本人の財産を保護する者として位置づけられている。ここから，成年後見人等が行うことは原則として財産管理を中心とする法律行為に限られ，成年後見人等に医療同意権を認めることが躊躇されている。これに対し，オーストリアでは，すでに行為能力剥奪宣告令の時代から，後見人は本人の人格権を保護するために任命されることが支配的見解となっていた。人格権とは，人として存在することと乖離できない個々の主観的権利であると解されており，一般民法典 16 条に基づいている[1]。16 条は開かれた規定であり，何が人格権かは具体的な検討を経て決められる。その具体例として，身体の完全性に関する権利，自由権，名前に関する権利，肖像権，婚姻に関する権利，自己の言葉に関する権利，秘密保持に関する権利，データ保護の権利などが人格権として挙げられている。ここから，後見人は本人に代わり医療同意権や居所決定権を有するという結論が導かれていたのである。

　代弁人法においても，この姿勢が変わることはなかった。代弁人が本人の人格権を保護する権限を有することの根拠として，2006 年の改正以前に，代弁人法が親子法を準用していたことが挙げられる。一般民法典 275 条 2 項は，代弁人が重大な身上監護に関する事務を処理する際に裁判所の許可を得なければならないと規定している。この重大な身上監護に関する事務が何かを考える際には，167 条 2 項に挙げられている事務を基準とする。2006 年の改正法の目的のひとつが代弁人法と親子法を完全に分離させることであったために，明確な準用指示は存在しない。しかし，今でも 167 条 2 項の事務処理を代弁人が行う際には，裁判所の許可を得ることが必要であると考えられている。この 167 条 2 項の事務内容が本人の人格権保護と深く関係している

---

[1] Posch, in: Schwimann (Hrsg.), ABGB Praxiskommentar (2005, 3. Aufl.), §16 Rz12.

ために，代弁人が行う事務を考える際には，同じく人格権を認める一般規定である16条も考慮しなければならない。このように，代弁人法においては本人の人格権を代弁人が担うことについて，一般民法典167条2項および16条がその根拠条文になると考えられている。

このような歴史的背景および民法の条文から，判例も，代弁人が医療同意権を有することを以前から認めていた。このような実務を反映して，2006年の改正により従来から望まれていた代弁人の医療同意権および居所決定権の立法化が実現された。身上監護を考えるにあたり，日本とオーストリアは類似する部分もあるが，人格権の保護に関しては大きく異なっている。この差が医療同意権を考える際に，成年後見法と代弁人法のそれぞれの立法者の見解を異なるものにしている。

(6) 代弁人の監督制度

成年後見人等（代弁人）の監督という観点から比較すると，日本の成年後見人等に対するにおける監督は非常に弱いと言わざるを得ない。監督を行う官署は両国共に裁判所である。監督機能を果たすものとして，成年後見人等（代弁人）が裁判所に提出する報告と，重要な事務を行う際の裁判所による許可がある。

まず，日本についてみると，日本では，成年後見人等の報告義務は定期的に課されておらず（日本民法863条），裁判所が許可すべき事務も，成年被後見人等がその居住の用に供する建物またはその敷地の売却，賃貸，賃貸借の解除または抵当権の設定その他これらに準ずる処分（日本民法859条の3, 876条の5および876条の10）のみである。

これに対し，オーストリアにおいては，代弁人の報告義務は少なくとも年に1度と条文で定められている（非訟事件法130条）。2006年の改正において，報告義務は3年に1度から1年に1度と改正された。報告義務違反は，代弁人の解任をもたらすこともあり，代弁人制度の監督手段として有効に機能するものと考えられる。

さらに，もう一つの裁判所の監督機能として，重大な事務処理の際に裁判所から許可を得る義務が挙げられる。代弁人が裁判所の許可を得なければならない事務処理は非常に広汎に及び，身上監護と財産管理に分かれて規定さ

れている。

　まず，身上監護の事務に関する許可は275条2項が根拠条文となり，許可が必要となる事務は167条2項に列挙されている事務と考えられている。同項は，代弁人法において明確に準用を指示されていない。前述したように，同項は親子法に関する条文であり，準用規定を置くことは，2006年の改正目的である親子法からの切り離しに反するからである。しかし，旧282条は親子法の広汎な準用を指示していたため，今でも同項を基準と考えることが通説となっており，同項の内容から代弁人は人格権に関する事務も処理するものと考えられている。

　財産に関する事務については，275条3項で214条の準用が指示されており，同条2項が167条3項を指示していることから，同項を根拠に通常の経済活動を超える事務処理については裁判所の許可が必要であると考えられている。167条3項には多くの法律行為が例示的に列挙されているが，これ以外にも，取引価格が1,000ユーロを超える場合には裁判所の許可が必要と考えられている。

(7) 成年後見人等の確保に関する比較

　本書では，保護者の獲得に関する取り組みについて，日本，オーストリアおよびドイツを比較した。ここから，日本はオーストリアおよびドイツと比べると，立法時に成年後見人の確保という問題に関する国の取り組みが不十分であったといえる。確かに1999年の改正において法人が成年後見人になれることが明らかにされたが（日本民法843条4項），成年後見制度をサポートする組織について計画および立法がなされることはなかった。このため，成年後見制度に関する支援活動は，弁護士，司法書士，社会福祉士などの職能団体，社会福祉協議会および各地方自治体が中心となり行った。

　これに対し，オーストリアおよびドイツには，制度について専門的に活動する協会が存在する。オーストリアでは代弁人協会が，ドイツでは世話協会が，それぞれボランティアと専任職員を含めた代弁人および世話人の供給を行い，親族代弁人（世話人）の援助を行っている。注目すべきなのは，オーストリアでもドイツでも，制度設立時に協会に関する認可規定が立法化されたことである。両国ともに，制度成功のためには保護者の十分な確保が必要

不可欠であると考えたため，国は代弁人協会や世話協会の設立に関与するに至った。これは結果的に成功し，代弁人（世話人）の供給およびサポートにつき一定の成果が得られた。両国を比較すると，オーストリアの世話協会は，民間といえども国の組織としての性格が強い。ドイツは世話法改正以前から後見人協会が存在し，ノウハウや経験を有していたが，オーストリアには代弁人法成立まで専門的協会は存在せず，国が統率して代弁人協会を新規に設立したからである。つまり，オーストリアには経験もノウハウも蓄積されていなかったので，代弁人法施行前に国による協会設立のための学術的実験が行われ，その実験結果に基づいて代弁人協会についての法律が制定され，協会が設立されていったのである。

　日本では，成年後見人等の人材不足が長年指摘されているが，それは日本が成年後見制度設立時に成年後見人等の確保に関する立法レベルでの対策が取られなかった結果であると考えられる。改正の際に，日本は各国の制度を検討していながら，オーストリア，ドイツともに非常に重要視した保護者の確保という問題に立法の段階で立ち入らなかった。これには，初年度においては90％以上が親族後見であったこととの関連から，当時の日本社会の意識が第三者後見人の供給という段階に至っていなかったことが原因として考えられる。オーストリアやドイツでは，以前から後見人が１人で100件単位の後見人職を受任していることが問題となっていた。協会の整備が立法の段階で強化されたのは，この問題の解決が重視されたからである。これに対し，日本では，成年後見制度施行直後も親族後見が９割を占めていたため，成年後見制度改正時には成年後見人の供給およびサポートといったことは，ドイツ・オーストリアほどには重要視されなかったと推測される。しかし，現在新規に成年後見人として任命される親族後見は全体の５割を切っており，成年後見人には親族が任命されるのが当たり前という時代ではなくなりつつある。比較法的にみても，成年後見制度に関する公的な組織の設立の有要性は十分に肯定される。日本には，これまで10年以上に渡り蓄積された，職能団体および社会福祉協議会などの経験がある。このような経験を活かし，成年後見法に関する組織について国が関与することも必要になってくると考えられる。

第2項　序章で提示した問題提起に対する考察

　ここでは，序章で行った問題提起について，得られた結果をもとに考察する。

1　本人の能力を必要以上に制限する側面について

　本人への法的規制の強さとは，他者決定が広汎に及び，必要以上に本人の行為能力を制限し，または剥奪することを指す。これを，専門用語の変遷，行為能力の剥奪および制限の歴史的流れから考察する。

(1) 制度における専門用語の変遷

　制度の改正をたどると，成年者保護に関する法制度の歴史には，制度利用者に対する社会的偏見を払拭するために改正を行ってきたという流れが存在するといえる。この法領域の立法には，その時代ごとの人権に対する意識が反映される。人権意識が高まるにつれて改正が生じるが，それは頻繁に起こることではない。オーストリアでも，1811年から現在に至るまでの改正は数回にとどまる。そこで常に改正の対象となったのは，その制度で使われる専問用語であった。

　オーストリアでも日本でも，制度改正のたびに変更されるのが利用者と保護者の名称である。オーストリアについてみれば，1811年成立の一般民法典では，本人は「狂乱した者」「気の狂った者」「痴愚の者」，保護者は「Curator（後見人）」という言葉で表現されていた。本人をこのような言葉で表現したのは，対象者を一般市民が分かりやすい言葉で表現することが最重要視されたためであった。しかし，一度このような語が使われると，制度に対するイメージを払拭するのは困難となる。次の行為能力剥奪宣告令では，本人は「精神的病気または精神薄弱のためその事務を自ら処理することができない7歳以上の者」，「その事務を処理することができないわけではないが，精神的病気または精神薄弱を理由としてその事務の処理のために援助者を必要とする成年者」と表現され，保護者は「Kurator（後見人）」と「Beistand（援助者）」となった。しかし，同令では，現在に至るまで代弁人制度の利用を敬遠させ

るほどの差別を生じさせる用語が導入された。それが「行為能力の剥奪 (Entmündigung)」である。行為能力の剥奪という語は本来ドイツ法において用いられていたが，同令の立法者はこの表現をオーストリア法に導入した。もちろん，1811年の一般民法典でも実質的には本人の行為能力は制限されていたのだが，今でも観念される行為能力の剥奪という表現は同令から登場した。

行為能力の剥奪が国民の間で敬遠され，制度の利用件数が減少したことから，1983年に新制度が設立された。これが代弁人制度である。代弁人制度において，保護者の名前は「Sachwalter（代弁人）」となった。前制度の保護者の名前であった「Kurator」は，現行法においては一般民法典269条[2]，270条[3]，271条[4]および272条[5]にそれぞれまだ生まれていない者，不在者，利

---

[2] 一般民法典269条
「まだ生まれていない者を配慮して，特別代理人（Kurator）は，子孫全体またはすでに存在する胎児（22条）のために立てられる。前者においては，特別代理人は，子孫に定められている遺産を失わないように配慮しなければならない。後者においては，まだ生まれていない子の権利が維持されるよう配慮しなければならない。」

[3] 一般民法典270条
「不在者または，ある法律事項に関して，目下，裁判所において，いまだ不詳である参加者が，通常の『代理人』を定めていなかったが，そのような代理人なしでは，その者の権利が危険にさらされるか，または他者の権利が妨げられるか，例えば，判決を下す特定の裁判所の手続内において特別代理人を任命するなどの他の方法において，このような権利の保持のために配慮がなされえない場合には，このような者のために特別代理人が任命がされる。不在者の居所が明らかになる場合には，その特別代理人は，本人にその事務の状態について教示しなければならず，他の処理がなされない場合には，未成年者の事務処理のように，その事務処理を行わなければならない。」

[4] 一般民法典271条
「(1) ある特定の事務において，未成年者，または未成年ではないが完全な行為能力を有しない者とその法定代理人の利益が互いに相反する場合には，裁判所は，事務処理のための者として特別代理人を任命しなければならない。
(2) 未成年の子または未成年ではないが完全な行為能力を有しない者の利益の危険が懸念されず，かつ未成年の子または未成年ではないが完全な行為能力を有しない者の利益が裁判所によって十分に行使されうる場合には，特別代理人の任命は必要とならない。これは，一般に187条，188条および231条に基づく子の権利を実施するための手続きにおいて，世話をしている両親の一方によって代理されている場合においても，および229条1項2項または230条に基づく請求権に関する手続きにおいても，同様である。」

[5] 一般民法典272条
「(1) 同一の法定代理人を有する2人または複数の未成年者または未成年ではないが完全な行為能力を有しない者の利益が互いに相反する場合には，この法定代理人は，これらの者を代理する

益相反事例のためにのみ任命される特別代理人となった。つまり，1811年の一般民法典と現行法において，「Sachwalter」と「Kurator」は，その役割が入れ替わったのである。1811年の一般民法典においては，「Kurator（Curator）」は，自らの事務を処理できない成年者のために裁判所から任命された者であった。そして，「Sachwalter」は，生まれていない者，耳の不自由な者，不在者および妻のための事務の管理人として任命される者であった。2006年の代弁人法改正法では，行為能力の剥奪から生じる「烙印」のイメージを払拭することが法改正の目的のひとつだった。ここでは，代弁人という言話を用いることにより，前制度がもっていたイメージ（行為能力剥奪宣告令が持っていた社会的偏見を与えるマイナスイメージ）を払拭することが目的とされたと考えられる。

(2) 行為能力の制限・剥奪

専門用語とあいまって制度利用者に社会的偏見を与えてきたもうひとつの原因が行為能力の制限および剥奪である。行為能力の制限および剥奪は，民法において権利の主体となる「人」とはどういう存在かという問題に直結し，その時代の意識を反映させる。しかし，人の意識はそう頻繁に変化するわけではない。オーストリアにおいても，一般民法典約200年の歴史の中で行為能力の制限および剥奪について改正されたのは2度にすぎない。そしてその改正は，制度に対する不信感といった重大な原因を必要とした。このような長い年月を経て，制度の重心は次第に保護する側から保護される側へと移っていった。つまり，民法が権利主体として想定する「人」は，人権意識の変化に伴い，決定的な原因を必要としながら，長い時間をかけて変更されてきたといえる。

オーストリアおよび日本では，今でも成年後見制度内における行為能力の制限は維持されている。しかし，今，障害者権利条約との関係から他者決定および行為能力の制限のあり方が問われている。成年後見制度の制度趣旨は，意思決定が困難な者の判断能力を補うことにあり，その意思代行の手段とし[6]

ことは許されない。裁判所は，これらの者それぞれについて特別な特別代理人を任命しなければならない。
(2) 271条2項を準用する。」

て，法定代理と行為能力の制限がとられている。条約は，本人が決められることは本人自らが決定することを求めているのであり，本人が能力を有しない部分にまで保護を与えないことを求めているのではない。確かに条約は平等な法的能力の享有を規定しているが，もし本人に法律行為を行うための意思能力がなければ，だれか代わりの者が本人のために法律行為を行う必要がある。むしろ，この代理人がいなければ本人は他の者と等しい法的能力を有しなくなり，ここに不平等が生じることになる。したがって，条約との関係で現在問題となっているのは，本人が法律行為を行う能力を有している可能性があるにもかかわらず，一定の要件をみたせば，自動的に他者に広汎な代理権が与えられ，かつ行為能力が制限または剥奪されてしまうことであり，条約は行為能力の制限そのものをタブー視するものではないと考えられる。これは，後見についてはもちろんであるが，本人の事理弁識能力の状態のみで一定範囲の事務に関する行為能力を剥奪する保佐についても同じことが言える。後見および保佐は，事理弁識能力の程度を後見人等の任命要件とするため，本人が必要としない法律行為についても代理権の付与および行為能力の制限をもたらす。特に後見類型は，現在鑑定が十分に行われていないにもかかわらず，その利用割合は全体の約85％ともいわれる。このような利用実態は，明らかに条約の精神と抵触するものである。ここから，代理権の範囲および行為能力の制限を法によって自動的に決定するのではなく，個人の判断能力を個別に判断して決定していくことが必要となると思われる。

　オーストリアにおいても，代弁人の任務範囲においては，280条が代弁人の同意なしに法律行為を行えない旨を規定している以上，制度利用の法的効果は，日本の後見および保佐のそれと同様である。もっとも，本人が全ての行為能力を剥奪されている割合は日本より低く，全体の約55％となっている。

(3) 今後の対応の必要性

　一般民法典の歴史から，行為能力の制限は時代とともに変化していくことが明らかになった。そして，制度の重心は，本人の意思を尊重し，その必要性に応じた保護に移行してきている。現在問われている問題は，代理権を付

---

6) 小林昭彦＝大門匡（編著）『新成年後見制度の解説』（金融財政事情研究会，2000年）

与する範囲および行為能力を制限する範囲を，法律によって自動的に決定することは許容されえないのではないかという点にある[7]。従って，現在の後見制度および保佐制度における自動的な代理権（同意権）および取消権の付与には問題があるといえる。これに対しては，今後，何らかの対応が必要となると考える。

2 本人保護が不十分である側面について

まず，身上監護については，オーストリアと日本の間では人格権の保護に関する差異が見受けられた。オーストリアにおいて，代弁人は人格権を保護することが当然とされている。その一方で，日本の成年後見制度は財産管理を中心とした法律行為の法定代理人を任命する制度であり，ここから，成年後見人等に医療同意権を簡単には与えられないという結果が生じる。しかし，今後，社会の法化，少子高齢化が進むにつれて，法的正当性を有する医療同意権者の存在が必要とされるのは想像に難くない。リヴィング・ウィルなどによって成年後見制度を補充するといった方法も考えられるが，成年被後見人等は自己の意思を表明できない場合がほとんどである。このような場合には，比較法的にみても，社会の変化に適合した本人保護のために，法定代理人である成年後見人等が医療同意権者となるべきであり，その権限は立法化されるべきと考える。立法に際して，重大な治療に関しては，オーストリアのように，裁判所の許可を要するなどの配慮を行うべきである。

裁判所による監督が不十分であることも問題である。親族が代弁人職を受任することも多く，その場合は不正が露見しづらいことに加えて，どこまでその親族に責任を追及すべきかを見極めることも難しい。本書においても代弁人の責任について検討したが，責任が認められていたのは，代弁人が弁護士などの専門職であるケースであった。ここから，代弁人（成年後見人等）を

---

7) 成年後見設立以前においても，すでに，能力制限による保護と自己決定について論じられていた（大村敦「能力に関する覚書」ジュリスト1141号（1998年）16頁）。民法制定以降の能力制限の変遷に関する先行研究として，広中俊雄「成年後見制度の改革と民法の体系（上）（下）－旧民法人事編「人の法」の解体から一世紀余を経て－」ジュリスト1184号（2000年）94頁以下，同1185号（2000年）92頁以下がある。

監督することによって事前に不正を防止することが非常に重要となるといえる。もし，家庭裁判所にすでにキャパシティが不足しているのであれば，行政機関による監督を設けることも本人保護のために必要となるのではないだろうか。

　成年後見人等の確保に関しても，ドイツおよびオーストリアと比較すると，日本ではその公的取り組みの必要性に対する意識が希薄であったように思われる。今後も社会の高齢化は続き，制度利用は増加することはあっても減少することは予想できない。このため，成年後見制度を含めた，成年者保護に対する公的組織が必要になると考えられる。

第3項　統括と今後の課題

　本書においては，オーストリア代弁人法を検討し，日本法への示唆を得ることを目的とした。ここでは，最後に本書で得られた結果を統括し，今後の課題について述べる。

1　統括

　第1章においては，代弁人法の成立・発展過程と現在の法状況について検討した。ここからいえるのは，法律行為を行う「人」は時代とともに変化し，法律による包括的代理権の付与ならびに行為能力の自動的剥奪および制限はもはや許容されえないということである[8]。そして，代弁人法が改正により本人意思を配慮する条文を増設していることから（本人の福祉の尊重，代弁人の情報提供義務および本人の発言権），代弁人法が改正前と比較して本人意思の尊重をより重視していることも明らかとなった[9]。ここから，日本法でも法による自動的な包括的代理権の付与ならびに行為能力の自動的剥奪および制限の撤廃が必要となるという示唆が得られた。日本では，行為能力の自動的剥奪お

---

[8] 本書第1章第1節「一般民法典成立から代弁人法成立まで」第2節「代弁人法成立から2006年の代弁人法改正まで」第3節「2006年の代弁人法の改正」参照。小括については，それぞれ43頁以下，78頁以下，116頁以下参照。
[9] 本書96頁。

よび制限は，後見類型および保佐類型において行われている。後見類型においては，本人が事理弁識能力を欠く常況にあれば後見人の任命が可能となり，法が定めた範囲で代理権および取消権が付与される結果（日本民法9条，859条1項），本人の行為能力はほぼ全て剥奪される。保佐類型においては，本人が事理弁識能力について著しく不十分な状態にあれば，保佐人が任命可能となり，特定の法律行為について同意権および取消権が自動的に付与される（日本民法13条1項および4項，120条1項）。このような法状況に対して，障害者権利条約を発端とするオーストリアの議論状況や後述するスイスにおける改正法と照らし合わせると，何らかの対応を必要とすることは避けられないといってよい。すなわち，法律による包括的代理権の付与ならびに行為能力の自動的剥奪および制限の代わりに，本人の必要性に合わせた他者決定および行為能力の制限を考える必要がある。

　また，日本の成年後見法とオーストリアの代弁人法の比較から，両国における成年者の法的保護が異なる方向性を有しているという結果が得られた。日本には，成年者保護のための法制度として成年後見制度と任意後見制度が存在する。どちらも，判断能力が不十分になる場合に用いられる制度であるが，任意後見は事前に自己の判断能力が不足する事態に備えて，任意後見人を誰にするかを本人自らが事前に決めておく点に特徴がある。この任意後見制度であるが，施行10年以上が経過し，利用件数自体は増加傾向にあるものの，利用件数は成年後見制度と比較すると極めて低い。2013年の成年後見関係事件の申立件数の合計が34,548件であるのに対し，任意後見監督人選任審判の申立件数は716件となっている[10]。日本では，成年後見制度を利用する前に，本人の事前配慮に重きをおく制度（任意後見制度）の活用を促すという姿勢がオーストリアほどには明確に打ち出されていない。どちらかというと，日本ではむしろ成年後見制度の積極的活用が推奨されているようにも見受けられる。これに対し，オーストリアではいかに代弁人制度の利用を抑制するかが検討されており[11]，このためにオーストリアは老齢配慮代理権[12]，近

---

10) 最高裁判所事務総局家庭局「成年後見関係事件の概況－平成25年1月～12月－」。
11) 本書80頁以下。
12) 本書100頁以下。

親者代理権[13]，患者配慮処分および協会代弁人制度のクリアリング[15]といった制度を整備し，本人の意思をできる限り尊重するための法的可能性を広げる方向性をとっている。

第2章においては，オーストリアと日本では，身上監護に関する歴史的基盤および制度の基本的性格が異なるという結論が得られた[16]。ここから，日本では成年後見人等に医療同意権を認めることが躊躇された。しかし，社会の法化，少子高齢化から，今後は法的正当性を有する医療同意権の立法化が本人保護のために必要となると考えられ，そこに成年後見人等も含まれると考えられる。

裁判所と保護者の関係においては，日本における成年後見人等に対する監督がオーストリアと比較すると不十分であるという結論が得られた[17]。この監督面における不十分さが，現在増加している成年後見人等の不祥事という結果を招いている可能性がある。家庭裁判所が成年後見人等を任命するのであるから，監督人として最適であるのは家庭裁判所である。しかし，もし家庭裁判所にキャパシティがないのであれば，家庭裁判所以外の公的機関が成年後見人等の監督を行う必要性を考慮しなければならないのではないだろうか。親族が代弁人を受任した場合には代弁人の責任の追及が難しいことを鑑みても[18]，成年後見人等に対する監督を強化し，不祥事を事前に防ぐことが重要となると思われる。

第3章においては，日本，オーストリアおよびドイツの第三者成年後見人等の獲得方法およびその活動内容を検証した。ここでは，オーストリアおよびドイツは，それぞれの協会の設立段階を除けば，保護者の獲得方法および活動内容について極めて類似する方法をとっていることが明らかになった[19]。両国は，法律で専門協会の要件を定めており，それぞれの協会では専任職員

---

13) 本書103頁以下。
14) 本書111頁以下。
15) 本書274頁以下。
16) 本書第2章第1節「代弁人法における身上監護概念」参照。
17) 本書第2章第4節「代弁人と裁判所の関係」参照。
18) 本書第2章第5節「代弁人の責任」参照。
19) 本書第3章第1節「オーストリアの協会代弁人制度」，第3節「ドイツ世話協会の取り組み」参照。

とボランティアが協力しながら制度について活動を行っている。[20] この代弁人協会および世話協会の取り組みを日本と比較すると，協会に関する国の関与の程度が大きく異なっている。日本では，国レベルで設立された成年後見制度に関する組織および組織に関する法律は存在しない。このような差異が生じたのは，オーストリアとドイツでは，制度改正前に，後見人職が本人の顔を見ないで行われていたという共通の過去を有することが大きい。それに対する反省から組織に関する立法化がなされた。日本も今後親族後見が減少し続け，職能団体がより多くの受任件数を引き受けなければならない状況を迎えれば，公的な成年後見センターおよびこのような組織に関する法的規制が必要になる可能性がある。

2　今後の課題

今後の課題として，次の2点を挙げる。第1の課題は，成年者保護制度の多様化の必要性を検討すること，第2の課題は，成年後見制度の改正提言である。

(1) 成年者保護制度の多様化の必要性

現在，日本における成年者保護制度は，成年後見制度と任意後見制度の2制度であるが，その利用件数から，成年後見制度がその中心的制度であるといえる。これに対し，オーストリアでは，基本的に異なる方向性が取られている。代弁人制度が予想以上に国民から受け入れられ，制度利用者が著しく増加したことにより国家の負担が増加した結果，2006年の改正によって代弁人制度の利用は，最終手段とされるようになった。すなわち，本人は老齢配慮代理権により判断能力が不十分になった時に備えて代理人を自ら定めておくか，近親者代理権により一定の範囲内の家族・親族の援助を受けることが求められるようになったのである。また，本人は，患者配慮処分を利用して医療行為の拒否を表明することができる。中でも，老齢配慮代理権は，本人の自己決定を尊重できるために，その利用が推奨されている。日本では，今後さらなる高齢者人口の増加が見込まれていることから，成年者保護制度

---

20) 本書第3章第2節「日本における成年後見人等の確保に対する取り組み」参照。

のあり方を検討する必要がある。このような自己決定による制度および代理権のみを付与する法定代理制度を用いることによって，行為能力の制限を回避することも可能となる。ここから，高齢化社会に対応するだけでなく，行為能力の制限を検討するに際しても，成年者保護制度の多様化は重要な意義を有する。さらに，成年者保護を国家のみに委ねるのは国家負担の増加を意味することから，制度の質を保つためには，国家負担の軽減も必要となる。成年者保護制度の多様化は，本人自身が決めた保護，本人の身近にいる者による保護および国家による保護といった選択肢を有し，成年後見制度が中心となることによって生じる，同制度関与者への負担の一局集中を避ける効果を有すると考えられる。

そこで，今後は，オーストリアにおける老齢配慮代理権，近親者代理権，患者配慮処分が代弁人制度の制度利用件数をどれほど減少させ得るのかを調査する。調査対象は，この3制度が国民に広く受け入れられると代弁人制度の需要も減少するのか，またこのような制度を設立しても，行為能力の制限も含めた代弁人制度の利用が一定程度必要とされるのかといった点が中心となる。ここから，成年者保護制度の多様化の必要性および行為能力の制限の必要性をより具体的に明らかにすることができると考えられる。

オーストリアは，判断能力が不十分な者の法的保護の領域に関して，新たな局面を迎えたばかりである。つまり，これまで代弁人法のみで行ってきた保護を，行為能力の制限を伴わずに，本人の自己決定と家族の代理に法的正当性を与えて行うという方法が取られたのである。このような方向性が日本に必要となるかどうかを今後の検討課題とする。

(2) 成年後見制度の改正提言

第2の課題として，成年後見制度の後見類型および保佐類型の改正を挙げる。代理権，同意権および取消権の法律による自動的付与は，国際的潮流に鑑みると，もはや許容される保護手段ではないといえる。1999年の制度改正時にドイツ世話法に類似する一元的制度の創設も主張されたが，実現には至らなかった[21]。また，補助類型を利用すれば代理権のみの付与も可能だが，

---

21) 田山輝明『成年後見法制の研究（上巻）』（成文堂，2000年）169頁以下。

実際には補助類型の利用は低調である[22]。そこで，現行の成年後見制度の類型を維持したまま，障害者権利条約の趣旨に合致する制度にするためには，成年後見制度の改正が必要となると考える。具体的には，後見類型の利用を，どうしてもそれが避けられない場合に限定するべきである。実際に，オーストリアでは，代弁人に全ての事務に関する権限を与える場合には，「それが避けられない限り」という条件が明記されている（一般民法典268条3項3号）。そして，保佐類型においても，13条1項の法律行為の中から，本人の必要としているものについてのみ，保佐人に同意権を与えるべきである。そうすることで，同意権の法律による自動的付与が回避される。また，補充的方策として考えられるのが，成年後見制度の利用制限である。成年後見制度利用者の中には，比較的狭い範囲の事務処理を必要とする者および代理権のみを必要とする者も存在すると思われる。そこで，他の制度および他の者によってその法律行為が処理できるのであれば，成年後見制度の利用要件を厳格にして利用を制限することで行為能力の制限を生じさせない保護が実現可能となる。つまり，成年後見制度の利用の際には，補充性の原則を徹底させることが重要となる。

　この点，オーストリアでは，成年者保護制度の多様化により，代弁人制度の利用制限がすでに実施されている。しかし，その必要性はすでに提唱されているが，行為能力の自動的制限の部分はいまだ改正されるに至っていない。

　そこで，成年後見制度の改正提言と関連し，本課題の検討手段としてスイス法の検討を挙げる。スイスでは，日本の成年後見制度にあたる後見制度が改正され，新法が2013年1月1日に施行された[23]。新法は，成年者保護法

---

22) 2013年における成年後見関係事件（後見開始，保佐開始，補助開始及び任意後見監督人選任事件）の申立件数は34,548件であるが，そのうち補助開始の審判の申立件数は1,282件にとどまる。

23) スイス成年者保護法には，次の文献等がある。Botschaft zur Änderung des Schweizerischen Zivilgesetzbuches (Erwachsenenschutz, Personenrecht und Kindesrecht) vom 28. Juni 2006, BBl 2006 S. 7001ff.（以下，Botschaft）; Fassbind, Erwachsenenschutzrecht (2012); Wolf, Erwachsenenschutz und Notariat, ZBGR (2010), S. 73ff ; Kostkiewicz/Nobel/Schwander/Wolf (Hrsg.), ZGB Kommentar (2011, 2. Aufl.), S. 1663ff; Rosch/Büchler/Jakob (Hrsg.), Das neue Erwachsenenschutzrecht, (2011, 2. Aufl.); Taban, Das neue Schweizer Erwachsenenschutzrecht, iFamZ (2012), S. 80ff.

　なおこの他にも，法律雑誌「Zeitschrift für Kindes- und Erwachsenenschutz（ZKE，2009年

(Erwachsenenschutzrecht）という。本法も，成年者保護制度の多様化および行為能力の自動的制限の撤廃に関連した内容を有している。スイスにおける本改正は，自己決定の強化および家族による援助が強調された内容となっており，オーストリアの 2006 年の改正と類似する。

まず，自己決定の強化という観点からみると，老齢配慮委託 (Vorsorgeauftrag，スイス民法典 360 条以下) と患者配慮処分 (Patientenverfügung, 同 370 条以下) の 2 制度が新たに民法典に導入された。老齢配慮委託によって，本人は，その判断能力を失う場合に備えて他者に自己の身上監護，財産管理を委託するか，または法的取引における代理権を与えておくことができる (スイス民法典 360 条 1 項)。この制度は，日本の任意後見制度およびオーストリアの老齢配慮代理権 (Vorsorgevollmacht) に相当する。一方，患者配慮処分は，判断能力を有しなくなった場合に備えて，特定の医療措置の同意または拒否を表明する制度である (同 370 条 1 項)。さらに，患者配慮処分によって，自分の代わりに医師と医療措置について話し合い，治療について判断する者を決めておくこともできる。つまり，この 2 制度によって，自己決定による事前配慮に法的正当性が与えられたことになる。

次に，家族による援助の強化という観点からみると，スイスでは本改正において新たに 3 制度が設立された。「配偶者，登録されたパートナーによる代理」(同 374 条以下)，「医療措置の際の代理」(スイス民法典 377 条以下)，「居住施設または介護施設における判断無能力者の保護」(同 382 条以下) である。「配偶者，登録されたパートナーによる代理」は，老齢配慮委託または補佐制度 (Beistandschaft)[24] (法定後見制度) の利用がなければ，判断能力を失う者と

---

12 月 31 日まで，Zeitschrift für Vormundschaftswesen (ZVW))」に関連文献が多数存在する。旧制度については，次の文献等がある。Riemer, Grundriss des Vormundschaftsrechts (1997, 2. Aufl.); Vogel/Noser, Vormundschaft.Von der Beistandschaft bis zur Fürsorgerischen Freiheitsentziehung (2003); Hausheer/Geiser/Aebi-Müller, Das Familienrecht des Schweizerischenzivilgesetzbuches (2007, 3. Aufl.), S. 311ff; Tuor/Schnyder/Schmid/Rumo-Jungo, Das schweizerische Zivilgesetzbuch (2009, 13. Aufl.), S. 544ff.

24) 補佐 (Beistand) の邦訳は，松倉耕作「スイス後見法 (条文訳と概要紹介)」南山法学 17 巻 4 号 45 頁以下，岡孝「スイス新法から日本の任意後見制度を再検討する」能見善久＝岡孝＝樋口範雄＝大塚直＝沖野眞已＝中山信弘＝本山敦 (編)『民法の未来－野村豊弘先生古稀記念論文集－』(商事法務，2014 年) 1 頁以下に倣う。

家計を共にするか，またはその援助を行っている配偶者および登録されたパートナーに法定代理権が付与される制度である（同374条1項）。これは，オーストリアの近親者代理権に相当する制度である。もっとも，スイス法において，代理権を有する者は，配偶者または登録されたパートナーに限られている。また，代理権の範囲は，生活の必要性を充足するために通常必要となる全ての法律行為（同374条2項1号），収入および通常の財産価値を有する物の管理（同374条2項2号），および必要な場合には，郵便物を開封し，処理する権限（同374条2項3号）に及ぶ。ここから，オーストリアとスイスにはその制度内容に差異があるといえるが，本人の身近な者に法定代理権を与える制度を設けたことに変わりはない。また，本改正により，医的治療についても，老齢配慮委託または患者配慮処分が存在しない場合には，親族は判断能力を喪失した者の名前で医療措置について同意するか，または拒否することができることとなった（同377条以下）。さらに，判断能力を有しない者が居住施設または介護施設に滞在する場合には，書面により世話契約（Betreuungsvertrag）の締結が必要となった。この世話契約によって，施設が行うサービスおよびそれに対する報酬が定められる（同382条1項）。この契約の締結，変更および撤回を行う法定代理人を決定する際に，前述の医療同意の際の代理人の規定が準用されることとなった（同382条3項）。このように，スイスでも，自己決定および家族・親族による代理を法的に正当化し，成年者保護制度の多様化が図られている。

　日本の成年後見制度に相当する制度も改正された。もともと，旧法は，行為能力の制限・剥奪を生じさせる制度として，後見（Vormundschaft）および保佐（Beiratschaft）の2制度を規定していた。そして，行為能力の制限を伴わない制度として，補佐（Beistandschaft）が存在した。もっとも，この旧補佐制度は，自己により昏睡状態に陥った者の保護として用いられるなど，一時的な保護制度として想定されていた。しかし，類型が複雑多岐にわたることおよび制度内容が時代にそぐわないことが主たる改正要因となり，行為能力制限を伴う制度は，「補佐制度（Beistandschaft）」という制度に一本化されたのである（同390条以下）。

　補佐制度には，支援補佐（Begleitsbeistandschaft），代理補佐

(Vertretungsbeistandschaft)，協力補佐（Mitwirkungsbeistandschaft)，包括補佐（umfassende Beistandschaft）の4類型が存在する。さらに，支援補佐，代理補佐，協力補佐はそれぞれ組み合わせることが可能である（同397条）。このように詳細な類型を設けることによって，本人の必要性に即した保護を与えることを可能とした。本人の残存能力が多い順に支援補佐，代理補佐，協力補佐，包括補佐となる。支援補佐においては本人の行為能力は制限されない。代理補佐および協力補佐では本人の行為能力は部分的に制限される。そして，包括補佐においてのみ，完全に行為能力が剥奪される結果となるが（同398条3項），包括補佐の利用は，スイスにおいても最終手段とみなされている[25]。前者3類型を組み合わせることによって，行為能力の剥奪を回避することが試みられていると考えられる。

　この補佐制度は，類型を本人の必要性に適切に合わせられるよう創設されている。また，代理補佐においては，本人の行為能力を制限することなく本人の財産の代理が可能となっている。ここから，スイス法は，日本の成年後見制度における改正提唱への示唆を有しているといえる。スイス法の先行業績はオーストリアの代弁人法と同様に決して多くはない[26]。しかし，スイス法は，本書から導き出された課題を検討するための有効な素材を提供している。また，昨今，成年後見制度では国際的潮流が重視されており，スイス法の検討はそれに資することができる。そこで，成年者保護制度の多様化および成年後見制度における法定代理権のあり方を検討する手段として，オーストリア法とともに，スイス法を対象とする研究も必要となると考えられる。

　成年後見制度は，日本における人権感覚のみならず，国際社会におけるそれにも影響を受けて発展していく制度である。また，人権に対する意識の変

---

25) Botschaft, a. a. O. 23, S. 7048.
26) スイス法の先行業績として，注24に挙げたものの他に，松倉耕作『スイス家族法・相続法』（信山社，1996年），同「新しいスイスの後見法－二〇〇六年連邦評議会草案－」名城ロースクール・レビュー18号（2010年）241頁以下，同「新スイス後見法，親子法－二〇一三年一月一日施行法の邦訳－」名城ロースクール・レビュー25号（2012年）81頁以下，ダニエル・ロッシュ（著）＝上山泰（訳）「スイスにおける成年者保護法の改正」法政大学大原社会問題研究所＝菅富美枝（編著）『成年後見制度の新たなグランド・デザイン』（法政大学出版局，2013年）395頁以下，拙稿「スイス成年後見法における法定代理権の変遷」五十嵐敬喜＝近江幸治＝楜澤能生（編）『民事法学の歴史と未来－田山輝明先生古稀記念論文集－』（成文堂，2014年）579頁以下等がある。

化だけではなく，社会の法化，高齢化も，その変化の要因となる。そして，その変化は，成年後見制度に対して迅速な対応を要求する。まずは，成年後見制度は社会での関係において絶え間なく変動する制度であると認識することが重要となってくる。人権感覚の水準が向上することによって，本人の自律を尊重した保護が要求される。このような状況において，自律と保護のバランスが，本人，家族および国家によってどのように図られていくべきかが今後の成年者保護の重点となる。

資 料

一 2006年オーストリア代弁人法改正法（BGBl I 2006/92）[1]

1 一般民法典改正条文
「第4章　他者の監護（Obsorge）について」

第216条

(2) 通常，重大なもしくは持続的な身体の完全性の侵害または人格の侵害を伴う医的治療について，監護を委託されている者は，治療する医師から独立している医師が，子が必要な認識能力および判断能力を用いることができず，かつ治療を行うことがその福祉の維持に必要であると診断書で証明した場合にのみ，同意できる。そのような診断書が存在しないか，子が治療を拒否することを明らかにしている場合には，その同意は，裁判所の許可を必要とする。監護を委託されている者が医的治療への同意を与えず，それによって子の福祉が危険にさらされる場合には，裁判所は同意を代替するか，または監護を他の者に委託することができる。

第229条

(2) 154条3項および4項は，財産に関する事務における代理行為および同意について，準用する。

「第5章　代弁人制度，その他の法定代理および老齢配慮代理権について
　a) 障害者のための代弁人または特別代理人の任命についての要件」

第268条

(1) 心的病気に罹りまたは精神的に障害を受けている成年者（障害者）が，その者の事務の全部または一部を受損なしに自ら処理することができない場合には，その者の申請または職権により，その者に対して代弁人がその事務のために任命

---

[1] ここに掲載するのは，2006年におけるオーストリア代弁人法改正法である。2006年改正の後も改正が行われており，それ以後の改正は本文中の条文に反映させている（2014年2月まで）。

される。

(2) 障害者の事務が，他の法定代理人によってまたは他の援助の枠内において，特に家族，介護施設，障害者援助施設において，または社会福祉的業務もしくは精神社会福祉的業務の枠組みにおいて必要な程度に処理される限り，代弁人の任命は許可されない。代理権によって，特に老齢配慮代理権，拘束力のある患者配慮処分によって，障害者の事務の処理について必要な程度にあらかじめ配慮されている限りにおいても，代弁人は，任命されてはならない。代弁人の任命は，訴訟上の行使から，〔それが〕単に妄想上のものであっても，〔その行使から〕第三者を守るためにのみ，なされてはならない。

(3) 障害の程度と処理されるべき事務の性質および範囲に応じて，代弁人は，次に掲げる事務を委託される。

　1　個々の事務の処理，例えば，請求権の行使もしくは防御または法律行為の着手および履行

　2　一定範囲の事務の処理，例えば，財産の全部または一部の管理

　3　このことが避けられない〔場合に〕限り，障害者の全ての事務の処理

(4) 障害者の福祉がこれによって危険にさらされない限り，裁判所は，特定の物，収入またはその収入の一部に関して自由に処分または義務を負担することを，代弁人の任務範囲から除外する旨の決定も行うことができる。

任命

第273条

(1) 代弁人または特別代理人の選定に際し，代理されるべき者（被監護者）のために処理される事務の性質が配慮されなければならない。

(2) 代弁人制度および特別代理（Kuratel）は，次に掲げる者に委託されてはならない。

　1　自らその権利を有することができない者

　2　特に刑法上の有罪判決のためにも，被監護者の福祉に有益な代弁人職または特別代理の実施が期待され得ない者

第274条

(1) 裁判所が代弁人（特別代理人）に任命する予定である者は，その任命について不適切であると思わせる全ての事情を裁判所に伝えなければならない。この者

がこの伝達をその過失により怠った場合には，この者は，被監護者にそのことから生じる全ての不利益について責任を負う。

(2) 1人の弁護士または公証人は，代弁人職（特別代理）の受任がその者に，その個人的，家族的，職業的〔状況〕およびそれ以外の状況を考慮して，要求されえないという場合にのみ，その受任を拒否できる。これは，5件より多い代弁人職（特別代理）の場合に推定される。

権利および義務

第275条

(1) 代弁人制度（特別代理）は，代弁人（特別代理人）に委託された事務を処理するために必要となる全ての活動を包括する。代弁人（特別代理人）は，その際，被監護者の福祉を，可能な限り最善に援助しなければならない。

(2) 被監護者の身上にかかわる，重要な事務において，代弁人（特別代理人）は，裁判所の許可を得なければならない。遅滞によるリスクが存在しない限り，許可なしに行われた措置または代理行為は許容されず，無効である。

(3) 229条から234条までの規定は，財産に関する事務について，準用する。

補償，報酬および費用補償

第276条

(1) 代弁人（特別代理人）には，その活動の，特にまた身上監護の範囲における性質と範囲，ならびにその活動に通常伴う時間および労力の性質と範囲を考慮して，年間の補償が支払われる。これは，収められなければならない公租公課を収入から差し引いた，全ての収入の5％の金額である。その際，法律の特別な指示に基づき，特定の出費を補填するために用いる収入は，収入として考慮されるべきではない。特別に広汎かつ成果を有する代弁人の努力には，裁判所は，補償をこの収入の10％まで見積もることもできる。被監護者の財産価値が10,000ユーロを上回る場合には，さらに一年ごとに補償について2％の割り増し金が認められなければならない。特別な理由からこれが適切であると思われる場合には，裁判所は，補償額を減額しなければならない。

(2) 代弁人（特別代理人）がこれ以外ではその処理を第三者に有償で委託しなければならない事務のために，その特別な職業知識および能力を用いる場合には，代弁人は，このために適切な報酬の請求権を有する。しかし，被監護者に，手続

援助の付与に関する要件が備わっているか，またはこの費用が法律上の規定に基づいて相手方から返還される場合には，この請求権は，法に親しむ代理の費用については存在しない。

(3) これが法律上の規定により第三者によって直接負担されない限り，代弁人制度（特別代理）の目的に適った実施に必要な現金支出，実際の費用および責任を補填するために，277条に基づいて締結された責任保険の費用は，被監護者から代弁人に必ず支払われなければならない。

(4) 上記の条項に基づく請求権は，それによって被監護者の生活必需品の充足が危険にさらされるであろう限り，存在しない。

責任

第277条

代弁人（特別代理人）は，被監護者に対し，その過失によって引き起こされた全ての損害について責任を負う。賠償義務が，全ての事情，特に過失の程度または被監護者と代弁人（特別代理人）の特別な関係の近さを考慮すると不当に厳しいものとなる限りにおいて，裁判官は，賠償義務を軽減または全て免除することができる。

変更および終了

第278条

(1) 代弁人（特別代理人）が死亡した場合，必要な適性が存在しない場合，その者に職務の実施が要求されえない場合，273条2項の事情のひとつが生じるか，もしくは明らかになる場合，または被監護者の福祉がこのことを他の理由から必要とする場合には，裁判所は，代弁人職（特別代理）を申請または職権により他の者に委託しなければならない。145条3項を準用する。

(2) 代弁人（特別代理人）は，268条から272条までに基づいたその任命のための要件が存在しなくなった場合には，申請または職権によって解任される。この要件が代弁人（特別代理人）に委託された事務の一部についてのみ存在しない場合には，その任務範囲は制限される。その任務範囲は，これが必要である場合には，拡大される。被監護者が死亡する場合には，代弁人職（特別代理）は消滅する。172条2項を準用する。

(3) 裁判所は，適切な，5年を超えない間隔で，被監護者の福祉が代弁人職（特別

代理）の終了または変更を必要としているかどうかを調査しなければならない。

代弁人制度に関する特別な規定
a) 代弁人の選定

第279条

(1) 代弁人の選定の際には，特に障害者の要求について，および代弁人が，障害者が滞在しているかそれによって世話されている，病院，ホームまたはその他の施設と依存関係または他の密接な関係に立っていないことについて考慮されなければならない。障害者の希望，特にその者が行為能力および認識能力ならびに判断能力を喪失する以前に表明していた希望（代弁人への処分委託証書）および本人の身近な者の提案は，それが障害者の福祉に合致している限り，顧慮されなければならない。

(2) 障害者には，適切かつ身近な者が代弁人に任命されなければならない。障害者が成年に達する場合には，これが傷害者の福祉と反しない限り，これまで監護を委託されていた両親のいずれか一方が代弁人に任命される。

(3) 適切であり，身近にいる者が代弁人として任命されえない場合には，適切な協会がその同意とともに代弁人に任命される。協会が考慮されない場合には，274条2項に従い，弁護士（弁護士試補）または公証人（公証人試補）もしくは他の適切な者が，その同意とともに代弁人に任命される。

(4) 弁護士（弁護士試補）または公証人（公証人試補）は，とりわけ，事務の処理が主として法律知識を必要とする場合に任命され，適切な協会は，とりわけ，それ以外の特別な要請が代弁人職と結び付けられる場合に任命される。

(5) 1人の者は，代弁人の義務，特に個人的にコンタクトを取る義務を考慮し，その者が適切に処理できるだけの数の代弁人職を引き受けることが許される。1人の者は，ひとつの適切な協会を除いて，全部で5件より多い代弁人職を引き受けてはならず，1人の弁護士または公証人は25件より多い数の代弁人職を引き受けてはならない。ここでは，個々の事務の処理についての代弁人職は考慮されない。

b) 障害者の行為能力

第280条

(1) 障害者は，代弁人の任務範囲内において，その明示または黙示の同意なしに法律行為を行い，義務を負担することはできない。

(2) 障害者が代弁人の任務範囲内で，重要ではない日常生活の事務に関する法律行為を行う場合には，この法律行為は，障害者に課されている義務の履行によって遡及的に有効になる。

c) 障害者の意思および必要性の配慮
第281条
(1) 代弁人は，障害者がその能力および可能性の範囲内において，その生活状況を自らの希望および考えによって形成することができるよう努めなければならない。
(2) 障害者は，計画されている，その身上またはその財産にかかわる重要な措置を代弁人から適切な時期に知らされ，そしてこれについて，他の措置と同様に，適切な期間において意見を述べる権利を有する。ここで表明されている希望が，障害者の福祉に少なからず合致している場合には，この発言は考慮されなければならない。
(3) 代弁人が障害者の財産または収入の管理を委託されている場合には，代弁人は，これを優先的に個人的な生活状況に合致する障害者の要求を充足するために用いなければならない。
(4) 障害者の福祉が危険にさらされている場合には，それが知らされれば，裁判所は常に，その福祉の確保のために必要な処理を行わなければならない。

d）身上監護
第282条
　代弁人は，個々のケースの事情に応じて必要な程度において，障害者と個人的なコンタクトを保たなければならず，障害者が必要な医学的世話および社会福祉的世話を与えられるよう努力しなければならない。代弁人が単に個々の事務を処理するためだけに任命されたのでない限り，コンタクトは，少なくとも1月に1度とられるべきである。

第283条
(1) 医的治療において，認識能力および判断能力を有する限り，障害者は，自らによってのみ同意できる。それ以外では，その任務範囲がこの事務の処理を包括する代弁人の同意が必要となる。
(2) 通常，身体の完全性または人格の重大なまたは持続的な障害を伴う医的治療に，

代弁人は，診察した医師から独立している医師が，診断書において，障害者が必要な認識能力および判断能力を用いることができず，かつ治療を行うことがその福祉の保持に必要であると証明した場合にのみ，同意することができる。そのような診断書が存在しない場合，または障害者がその治療を拒否することを明らかにした場合には，同意は裁判所の許可を必要とする。代弁人が医的治療について同意を与えず，そのことによって障害者の福祉が危険にさらされる場合には，裁判所は，代弁人の同意を代替でき，また代弁人職を他の者に委託することができる。
(3) 治療が緊急を要するため，〔本人の〕同意，〔代弁人の〕同意または裁判所の決定に伴う延期が，障害者の生命を危険にさらすであろう場合，または健康への重大な損害の危険を伴うであろう場合には，認識能力および判断能力を有する障害者の同意，代弁人の同意および裁判所の決定は必要とならない。

第284条

代弁人は，その措置を行わなければ，持続的な身体上の疾患のために，障害者の深刻な生命に関する損害または健康に関する重大な損害の危険が存在する場合を除いて，障害者の継続的な生殖無能力を目的とする医療措置に同意できない。同様に代弁人は，障害者の身体の完全性または人格への侵害を伴う研究に，その研究がその健康のために直接的に有益でありうる場合を除いて同意することができない。同意は，全ての場合において，裁判所の許可を必要とする。

第284条a

(1) 障害者は，認識能力および判断能力を有する限り，その居所を自ら決定する。
(2) それ以外では，これが障害者の福祉の保持に必要である限り，およびその権限範囲がこの事務の処理を包括している限り，代弁人は，この任務を処理しなければならない。障害者の居所が継続的に変更される場合には，この変更は，裁判所の許可を必要とする。

近親者代理権

第284条b

(1) 成年者が心的病気または精神的障害のために，日常生活の法律行為を自ら処理できず，このために代弁人およびそれ以外の法定代理人または任意代理人を有していない場合には，障害者は，この法律行為の際に，それがその生活状況に合致する限り，近親者によって代理される。介護の必要性を充足するための法律行

為ならびに年齢，疾病，障害または貧困が原因で生じる請求権，とりわけ社会保険法に関する請求権，介護金，生活扶助に関する請求権ならびに，手数料の免除および他の援助に関する請求権の主張についても同様とする。

(2) 近親者は，被代理人の現在の収入およびこの者の介護に関するサービスについて，これが日常生活の法律行為の処理および介護の必要を充足するために必要である限り，自由に使用，処分する権限を有する。

(3) 近親者代理権は，これが通常重大なまたは持続的な身体の完全性の侵害もしくは人格の侵害を伴わない限り，かつ被代理人に必要な認識能力および判断能力が不足している限り，医的治療に関する同意も包括する。

第284条 c

(1) 近親者とは，両親，成年者である子，代理される者と同じ世帯で生活している配偶者および，この者が被代理人と少なくとも3年間同じ世帯で生活している〔籍を入れていない〕同棲相手である。

(2) 複数の親族が代理権を有する場合には，1人の者の意思表示で足りる。意思表示の受領者に矛盾する意思表示がなされている場合には，どの意思表示も有効ではない。154条 a は，民事法上の手続きにおける代理について，準用される。

第284条 d

(1) 近親者は，被代理人に，その代理権の受任を知らせなければならない。

(2) 近親者代理権は，被代理人がその行為能力または認識能力および判断能力を喪失しているにもかかわらず，近親者に異議を唱えたか，唱えている限り，発生しないか，または終了する。

第284条 e

(1) 代理権を有する場合には，近親者は，被代理人の福祉を可能な限り最善に援助し，そして被代理人がその能力および可能性の枠組みにおいて，その生活状況を自らの希望および考えによって形成できるように努力しなければならない。

(2) 近親者は，代理行為を行う前に，その代理権をオーストリア中央代理〔権〕目録に登録しなければならない。第三者は，近親者が第三者に代理行為を行う際に，284条 b に従い，オーストリア中央代理〔権〕目録における代理権の登録に関する証明書を提示した場合には，近親者代理権を信用してよい。これは，増額された一般的な最低限度の収入の基本額（執行法令（Exekutionsordnung）291条 a 第2

項1号）を毎月超えない限り，被代理人の口座からの金銭の受領についても同様である。第三者が近親者の代理権が存在しないことを知っている場合，または過失によって知らない場合には，第三者の信用は，保護されない。

老齢配慮代理権

第284条 f

(1) 老齢配慮代理権は，その内容により，委託された事務の処理について必要な行為能力または認識能力および判断能力または発言能力を，老齢配慮代理権委任者〔以下，委任者とする〕が喪失する場合に有効となる代理権である。その処理のために代理権が授与される事務は，明確に列挙されなければならない。老齢配慮代理権受任者〔以下，受任者とする〕は，委任者が滞在しているか，または委任者が世話されている病院，ホームまたはその他の施設と，依存関係または他の密接な関係に立つことは許されない。

(2) 老齢配慮代理権は，委任者によって自筆で執筆され，かつ署名されなければならない。委任者が代理権に確かに自筆によって署名はしたが，自筆で〔老齢配慮代理権の内容を〕記載しなかった場合には，委任者は，3人の公正で，自己の権利を有し，言語に通暁している証人の面前で，委任者によって署名された老齢配慮代理権証書の内容がその意思に合致していることを確認しなければならない。この形式に関する必要条件の遵守は，証人によって，委任者の意思表示の後，すぐにその証人資格に関して記している付記によって，証書上で確認されなければならない。委任者が老齢配慮代理権証書に署名していない場合には，公証人は，委任者による確認を文書に記録しなければならない。老齢配慮代理権は，常に公証行為としても容認されうる。

(3) 老齢配慮代理権が283条2項の意味における医的治療の同意，居所の継続的変更の決定および通常の経済活動に属さない財産に関する事務の処理を包括する場合には，老齢配慮代理権は，この事務の明確な名称のもとに，弁護士，公証人の面前でまたは裁判所において作成されなければならない。その際，委任者は，このような老齢配慮代理権の法的効果および常なる取り消しの可能性について教示されなければならない。弁護士，公証人または裁判所は，この教示の実施を代理証書において，その名前および住所の記述のもとに，自筆による署名によって証明しなければならない。

第284条 g

　この限りで老齢配慮代理権を授与した障害者は，受任者が活動しないか，または受任者が代理契約の意味において活動しないであろう場合，それ以外に受任者の活動によって委任者の福祉が危険にさらされるか，または障害者が受任者によってもはや代理される意思がない意思表示をする場合を除いて，代弁人を必要としない。代理権が284条fの前提要件を満たしていないが，個々のケースの事情に基づいて，受任者がその任務を障害者の不利になるように処理するおそれがない場合も，代弁人の任命は，考慮されえない。

第284条 h

(1) 受任者は，委託された事務の処理の際に，代理契約において表現されている委任者の意思に添わなければならない。これが委任者の福祉に少なからず合致している場合には，受任者は，老齢配慮事例の発生の後に委任者の発言からか，またはそれ以外に個々のケースの事情から生じる委任者の意思を考慮しなければならない。確認しうる意思が存在しない場合には，受任者は，委任者の福祉を可能な限り最善に援助しなければならない。

(2) 第三者は，受任者が代理行為を行う際に，オーストリア中央代理〔権〕目録における老齢配慮代理権の効力が発生したという登録証明書をこの者に提示する場合には，老齢配慮事例の発生を信用してよい。第三者の信用は，第三者が老齢配慮事例が生じていないことを知っているか，過失によって知らない場合には保護されない。

(3) 受任者は，医的治療における同意または居所変更の決定に関する代理権を他の者へ譲渡することができない。

第1034条

　祖父母，養父母，監護を委託された他の者，代弁人および特別代理人の，その被監護者の法律行為を管理するという権利は，裁判所の命令に基づく。両親（両親の一方）は，直接法律によって，その未成年の子の代理を委託される。同様のことが，211条，212条および215条1項末文により青少年福祉の担い手について，および284条bから284条eまでにより近親者についてもいえる。

2 非訟事件法改正条文

第 122 条 3 項

(3) 中止に関する決定は，近親者代理権（一般民法典 284 条 b から 284 条 e）が存在するかどうかを述べていなければならない。

第 122 条第 4 項 1 文

(4) 中止に関する決定は，本人，その代理人およびその代理権をオーストリア中央代理〔権〕目録に登録した（一般民法典 284 条 e 第 2 項）近親者に送達される。

第 123 条第 1 項 7 号

7 場合によっては，同時に近親者代理権（一般民法典 284 条 b から 284 条 e）が存在するかどうか

第 124 条 1 項

(1) 代弁人の任命についての決定は，本人の手元に，およびその代理人，その代理権がオーストリア中央代理〔権〕目録に登録されている（一般民法典 284 条 e 第 2 項）近親者，ならびに代弁人に送達される。

第 126 条 1 項

(1) 近親者代理権を登録した公証人（公証人規則 140 条 h 第 5 項），およびオーストリア中央代理〔権〕目録に老齢配慮代理権の効力が発生したことが登録されている受任者（一般民法典 284 条 h 第 2 項），および手続きの結果により，特に代弁人の申告により，それ〔代弁人の任命〕に基づく利害を有する者および官署は，代弁人の任命を適切な方法で知らされる。

(3) 裁判所は，オーストリア中央代理〔権〕目録における近親者代理権を登録する公証人に，代弁人の任命およびその任務範囲に関する問い合わせならびに代弁人手続きの状況に関して情報を提供しなければならない。

第 127 条

異議申立ては，本人，その代理人，手続代弁人，代弁人に任命される予定の者およびその代理権がオーストリア中央代理〔権〕目録に登録されている近親者（一般民法典 284 条 e 第 2 項）に認められる。119 条末文を準用する。46 条 3 項は適用されない。

第 130 条

代弁人は，裁判所に，適切な間隔において，少なくとも毎年，本人とのその個

人的なコンタクト，本人の生活状況ならびにその精神および身体の状態について報告しなければならない。裁判所は，代弁人に当該報告に関する指示を与えることもできる。

第199条2項
(2) 連邦法律広報2006年1巻92号における122条3項および4項，123条1項6号および7号，124条1項，126条1項，3項および4項，127条および130条は，2007年7月1日に施行する。これらの規定は，(以下で別段に定められていない限り，) この連邦法の施行以前に係属した手続きに関しても適用される。

第204条8項
(8) 連邦法律広報2006年1巻92号における130条は，裁判所によって当該連邦法の施行以前に定められた期間に対して影響を及ぼさない。この時点において，最後の報告から1年以上が経過し，そして裁判所による期間が定められていない場合には，代弁人は，遅くとも半年以内に報告しなければならない。

3　消費者保護法改正条文

第27条d第1項6号
6　報酬の支払い期限および報酬額，宿泊，食事の世話，基本的な世話，特別な介護サービスおよび追加的なサービス，ならびに社会扶助または障害者援助の担い手によって補填されるサービスに関するその都度の対価区分および

第27条d第6項
(6) ホーム契約が内容的および形式的に1項から5項までの要件を満たし，かつ対価が障害者の収入および財産状況において支払い可能であり，または社会扶助によって負担される場合には，障害者の代弁人（一般民法典268条）は，ホーム契約の締結のために裁判所の許可を必要としない。

第41条a第19項
(19) 連邦法律広報2006年1巻92号における27条d第1項6号および6項は，2007年7月1日に施行される。27条d第1項6号に定められた，社会扶助または障害者援助の担い手によって負担される給付の公開および27条d第6項は，この時点より前に締結された契約には適用されない。

4 協会代弁人法および患者代弁人法改正条文

「代弁人，患者代弁人および居住者代理人を推薦する協会に関する連邦法
（協会代弁人，患者代弁人および居住者代理人に関する法律（VSPBG））」

第1条

(1) 一般民法典279条3項および4項に従って代弁人に任命され，措置入院法13条1項に従って患者代弁人を推薦し，またはホーム滞在法8条3項に従って居住者代理人を推薦するという協会の適性は，連邦司法大臣が命令をもって確認しなければならない。

(2) 当該命令は，当該協会の同意によってのみ発せられる。

(3) 命令には，協会の事物的活動および領域的活動が記載されなければならない。

第3条

(1) 1項によりその適性の確認を受けた協会は，その事物的活動範囲，領域的活動範囲に応じて，専業的な協会代弁人，患者代弁人および居住者代理人を養成し，公表または推薦し，研修を受けさせ，指導し，監督しなければならない。ボランティアが適切に指導され，かつ監督されることを協会が保障する場合には，ボランティアとして活動する適性のある者を協会代弁人として公表しうる。

(2) 代弁人に任命された協会は，代弁人職の受任を委託された者（協会代弁人）を裁判所に公表しなければならない。協会は，本人の福祉および利益を独立した方法で守ることができる者のみを公表することが許される。患者代弁人および居住者代理人の推薦についても，同様とする。

(3) 協会は，重大な理由から，公表または推薦を取り消すことができる。協会が協会代弁人の公表を取り消す場合には，協会は，裁判所に代弁人職の受任を委託された別の者を公表し，この者にその委託に関する証書を交付しなければならない。

(4) 協会によって公表された者（2項）への代弁人制度手続きにおける送達は，協会の送達場所になされる。

(5) 協会は，協会が裁判所に代弁人職の受任を委託したと（2項）公表した者によって，代弁人としての官庁における手続きを代理されうる。

第4条

(1) 協会は，その可能性に応じて，代弁人の任命を提案した身近な者またはその他の者もしくは官署に，代弁人制度の本質および可能な他の選択肢について情報

を提供しなければならない。

(2) 代弁人の任命手続きの前段階またはその枠内において，協会は，特に裁判所の要請に基づき，その可能性に応じて，どの事務が処理されるべきか，代弁人制度に代替する他の選択肢が存在するかどうか，および身近な者が代弁人として考慮の対象になるかどうかを明らかにしなければならない。これらのことについて協会は，代弁人手続きが係属しているか，または係属される予定である裁判所に報告しなければならない。

(3) 協会は，代弁人として任命されている身近な者に，その可能性に応じて，代弁人職の受任に際して助言しなければならない。

第 6 条

(1) 協会の枠組みにおいて活動している代弁人，患者代弁人および居住者代理人は，秘密の保持が本人の利益において必要である限り，監護裁判所および措置入院裁判所以外に対し，専らこのような活動から明らかになった事実に関して守秘義務を負う。

(2) 1 項に反して事実を明らかにし，または利用し，そしてそのことによって本人の正当な利益を侵害した者は，裁判所によって 6 ヶ月以下の自由刑または 360 日以下の日額の罰金に処する。

(3) 行為者は，明らかにしたことまたは利用したことが，内容および形式により，公的な利益または正当で私的な利益により正当化される場合には，罰せられない。

第 8 条

(1) 連邦司法大臣は，協会に，その職員によってもたらされた代理および助言の遂行と関係する支出を，その都度連邦経済法において，この目的のために使用できる助成金の範囲内で補償しなければならない。その際，協会代弁人，患者代弁人および居住者代理人による，可能な限り十分な本人の世話が保障されなければならない。

(2) 協会は，連邦に対し，助成金の趣旨に適った使用について年度ごとに報告し，決算し，助成金の目的に適った使用を監査するために，連邦の機関に対し，帳簿および帳票の閲覧および現場の視察による施行状況の監査を許し，かつ必要な情報を提供する義務を負う。さらに，協会は，助成金の趣旨に適った使用がなされない場合または所定の義務に違反する場合には，助成金を連邦に返還する義務を

負う。この場合,返還金には,支払いから返還までの期間につき,その都度有効である基本年利の3%増しの利子が付される。

5 公証人規則改正条文
第140条h
(1) オーストリア中央代理〔権〕目録（ÖZVV）は,次に掲げる登録に用いられる。
1 公証人または弁護士に提示された老齢配慮代理権（一般民法典284条f）および公証人または弁護士に提示された書面による（一般民法典886条）代弁人への処分委託証書（一般民法典279条1項),
2 公証人または代弁人に提示された書面による（一般民法典886条）近親者代理権に対する異議,
3 近親者代理権（一般民法典284条bから284条e）および
4 公証人に提示された老齢配慮代理権の効力の発生およびその異議申立て

(2) オーストリア中央代理〔権〕目録における登録は,公証人または弁護士によって,1項3号から4号までのケースにおいては,公証人によって行われなければならない。当事者の要請に応じて,公証人および弁護士は,1項1号に挙げられている証書の届出について義務を負う。1項2号による異議,1項3号による代理権および1項4号による老齢配慮代理権の効力の発生は,必ず登録されなければならない。

(3) 登録に際して,特に次のことが申告されなければならない。
1 老齢配慮代理権,代弁人への処分委託証書もしくは異議申立てとしての証書の名称または近親者代理権の存在もしくは老齢配慮代理権の効力の発生,
2 委任者,処分者または異議申立人および受任者,提案されている代弁人または代理人の氏名,生年月日および住所
3 登録する公証人または弁護士の氏名および事務所の住所
4 当事者の申立てにより,老齢配慮代理権,代弁人への処分委託証書または異議の保管者および証書の作成期日

登録する公証人または弁護士は,委任者,処分者,異議申立人または代理人に,オーストリア中央代理〔権〕目録における登録について知らせなければならず,1項3号および4号のケースにおいて,登録する公証人は,代理人（受任者）にオース

トリア中央代理〔権〕目録における登録およびその結果について，情報を提供しなければならない。

(4) 老齢配慮代理権の取消し，代弁人への処分委託証書取消しまたは異議の取消しの登録は，3項に従い行われ，かつ取消しの期日を付して行われる。

(5) 近親者がその身近である関係を証明し，これに関する適切な医師の診断書が，被代理人が心的病気または精神的障害により一般民法典284条bに挙げられている事務を自ら処理できないことを提示した場合には，公証人は近親者代理権を登録しなければならない。この近親者代理権に対する異議が登録されている場合には，代理権は登録されない。代弁人の任命または登録されている老齢配慮代理権が〔近親者〕代理権の妨げになっている限り，同様のことがいえる（一般民法典284条b第1項）。代弁人制度の手続きが係属している場合には，公証人は，監護裁判所に代理権の登録について知らせなければならない。公証人は，登録がなされた後，この近親者に，オーストリア公証人会の名前において，その代理権の登録に関する証明書を交付しなければならない。証明書と共に，近親者代理権と結び付けられる権利および義務に関する概説書が，特に代理権の終了後もはや法的取引において証明書を使用しないという義務に関する概説書が交付されなければならない。

(6) 公証人は，委任者に必要な行為能力，認識能力および判断能力，または発言能力が不足していることに関する医師の適切な診断書が提出された際に，公証人に提示された老齢配慮代理権の効力の発生を登録しなければならない。代弁人制度の手続きが係属している場合には，公証人は，監護裁判所に老齢配慮代理権の効力発生の登録について伝達しなければならない。公証人は，登録がなされた後，受任者にオーストリア公証人会の名前において，老齢配慮代理権の効力発生の登録に関する証明書を交付しなければならない。証明書と共に，老齢配慮代理権と関連する権利および義務についての概説書が，特にまた代理権の終了後，証明書をもはや法的取引において使用しないという義務に関する概説書が交付されなければならない。

(7) 公証人が，裁判所によって代弁人の任命を知らされた場合には（非訟事件法126条1項），（代弁人が一般民法典284条bにおいて挙げられている事務のために任命されている限り，）公証人は，代理権の終了を登録しなければならない。被代

理人が既に登録されている代理権に対し，書面による異議を登録するか，委任者またはその代弁人が老齢配慮代理権を取り消す場合には，公証人は，同様の措置をとらなければならない。登録をした公証人は，代理人（受任者）に代理権の終了およびその効力，特に証明書をもはや法的取引において使用しないという義務について伝えなければならない。委任者が，その行為能力または認識能力および判断能力を喪失した後に，受任者によってもはや代理される意思がないことを明らかにした場合（一般民法典284条g）には，公証人は，同様に老齢配慮代理権の効力の消滅を登録しなければならず，さらに監護裁判所にその保護の必要性について知らせなければならない（非訟事件手続法117条1項）。

(8) 5項および6項による証明書の交付のために，そしてこれと関係のある全ての登録を行うために，登録を行う公証人の〔所属する〕オーストリア公証人協会は，機関として奉仕しなければならない。近親者代理権の登録または老齢配慮代理権の効力の発生の登録もしくは代理権の終了の登録の際における瑕疵，また5項6項による証明書の交付の際における瑕疵について，オーストリア公証人会も責任を負う。オーストリア公証人会の責任については，官職賠償責任法の規定が適用される。

(9) オーストリア公証人会は，問い合わせに対し，裁判所，登録をする公証人または弁護士，社会保険の担い手，社会扶助の担い手およびその他の社会権に関する事柄における決定者（連邦介護金法（Bundespflegegeldgesetz）22条1項3号から8号），代理人（老齢配慮代理権受任者），被代理人（老齢配慮代理権委任者），処分者および異議申立人に目録の閲覧を認めなければならない。

6 最終規定および経過規定

指示

第1項

(1) 当該連邦法において，他の連邦法が指示されている場合には，その時の現行法が適用される。

(2) 他の連邦法において，一般民法典273条による代弁人制度が指示されている限り，この指示の代わりに，一般民法典268条の指示が生じる。

人に関係する表記

第 2 項

人に関係する全ての表記について，選択された形は両性に適用される。

施行

第 3 項

この連邦法は，特段の定めがない限り，2007 年 7 月 1 日に施行される。

経過規定

第 4 項

(1) これまで有効であった一般民法典 281 条 2 項に従って代弁人が任命された場合には，代弁人職は，連邦法律広報 2006 年 1 巻 92 号の施行に伴い，この者を推薦した協会に移行する。これまでの代弁人は，当該連邦法における一般民法典 279 条 2 項に従って協会によって公表された，代弁人職の受任を委託されている者（協会代弁人）とみなされる。

(2) 連邦法律広報 2006 年 1 巻 92 号における一般民法典 279 条は，代弁人への任命が初めてである場合には，2007 年 7 月 1 日から適用される。さらに裁判所は，適切な間隔において，一般民法典 279 条 5 項の要件を満たしていない代弁人の代わりに，他の代弁人が考慮されるかどうかを調査しなければならない。2010 年 7 月 1 日までに，できる限り全ての代弁人がこの要件を満たすべきである。

(3) 第 6 款〔公証人規則の改正〕は，2007 年 6 月 30 日までに公証人または弁護士もしくはオーストリア公証人会に届いた全ての意思表示に適用される。

執行

第 5 項

この連邦法の執行は，連邦司法大臣に委託されている。

二　ホーム契約法（消費者保護法からの抜粋）

ホームの担い手とホーム居住者の間の契約

消費者保護法第 27 条 b

(1) 27 条 b から 27 条 i は，高齢者ホーム，介護ホームおよび少なくとも 3 人が収容されうる他の施設の担い手および居住者の間の，民法上の契約に関する特別な

側面を規定している。これらの規定は，そのような施設における継続的な，または一時的な宿泊，世話および介護に関する契約（ホーム契約）に適用される。ホームまたは他の施設における未成年者の監護および教育の受任に関する契約，および医学的なリハビリ措置のための病院ならびに入院施設における被介護者の収容，介護または世話に関する契約について，これらの規定は適用されない。
(2) 第1項の意味におけるホーム契約は，その都度現行の料金法（Gebührengesetz）（BGBl. Nr.267/1957）33条料金制度（Tarifpost）5による料金義務の下に置かれない。

情報義務
第27条c

ホームの担い手は，その施設に収容しうる〔入居に〕関心を有する者に，書面で，契約の締結およびホームにおける宿泊，世話および介護に関する基本的な要件に関する情報を提供しなければならない。ホームの担い手は，その施設に関する全ての広告において，どこでこれらの情報を請求できるかを周知しなければならない。

ホーム契約の内容および形式
第27条d（1）

ホーム契約は，少なくとも，〔次に掲げる〕情報を有していなければならない。
1　契約当事者の名前（会社）および住所
2　契約期間
3　部屋（居住者が収容される居室，共同スペースおよび共同施設），その設備
4　ホーム居住者の一般的な食事
5　基本的な世話の枠組みにおけるサービス，例えば，短期間の病気の介護，緊急時の救援活動の設備，および個人的な事務における居住者への援助
6　料金の満期および金額，宿泊，食事の世話，基本的世話，特別な介護サービスおよび追加的なサービスならびに社会扶助または障害者援助の担い手によって支払われるサービスに関するそれぞれの料金の分類，ならびに
7　契約終了の際のホームの担い手が取るべき経過
(2) ホームの担い手が，そのサービスを提供し，仲介し，または要求する限り，ホーム契約は，加えて〔次に掲げる〕情報を含んでいなければならない
1　特別な食事サービス，例えば食事療法に関する費用情報

2 特別な介護サービスの種類および程度
3 医学上のサービスまたは療法上のサービス，例えば，医師，それ以外の療法士およびケースワーカーが常駐しているか，およびこれらの者への連絡可能性，ならびにそれらのサービスを提供するための設備
4 第三者によって提供されるそれ以外の業務サービス
5 例えば，教育の催し，仕事に関する催しおよび文化的催しといったホーム居住者の社会的世話および文化的世話，ならびに
6 ホーム居住者によって支払われる敷金

ホームの担い手が，これらのサービスを行わず，仲介せず，そして要求しない場合およびこの限りにおいて，ホーム居住者は，これをホーム契約の中で示さなければならない。

(3) さらにホーム契約は，とりわけ次に掲げるホーム居住者の人格権に関する特別な規定を有していなければならない。

1 人格の自由な発揮，きちんとした応対，自己決定，私的領域およびプライバシーに関する領域の尊重に関する権利
2 手紙，郵便物および電信電話の秘密の保持に関する権利
3 政治的自己決定および宗教的自己決定に関する権利，自由な意見を発言する権利，集会に関する権利，および特に，ホーム居住者の利益を実行する集団結成に関する権利
4 外界との交流，親族および知人による訪問，および電話の利用に関する権利
5 性別，出自および家柄，人種，言語，政治的信条および宗教的告白に左右されない平等な待遇に関する権利
6 適時の医学的世話，医師および療法の自由な選択，および適切な鎮痛治療，ならびに
7 個人的な衣服および自己の家具調度品に関する権利

(4) 契約の個々の内容は，簡単かつ理解できるように，しかしまた広汎かつ正確に規定されるべきである。

(5) ホーム契約は，ホーム居住者の収容までに，しかし，無期限の継続的契約関係においては，少なくとも収容から3ヶ月以内に，書面によって作成されなければならない。ホームの担い手は，ホーム居住者，その代理人および信頼する人物（27

条e第1項）に，契約書のコピーを手渡さなければならない。ホーム居住者のみが，方式の瑕疵について，申し立てることができる。

(6) 障害者の代弁人（一般民法典268条）は，ホーム契約が内容的および形式的に，1項から5項までの要件を満たしており，料金が，障害者の収入および財産関係において支払われるか，または社会扶助によって担われる場合には，裁判所の許可を必要としない。

信頼できる人物

第27条 e

(1) ホーム居住者は，ホームの担い手に，いつでも信頼できる人物を推薦する権利を有する。居住者が特段に定めない限り，ホームの担い手は，重要な民法上の事務において，信頼できる人物にも相談しなければならない。

(2) ホーム居住者が，契約上の義務を著しく侵害したか，ホームの運営を著しく妨害した場合には，担い手は，信頼できる人物に警告を与えなければならず，その態度の継続がもたらしうる結果を示さなければならない。ホーム居住者の代理人および信頼できる人物は，この期日に，理由を公示して，書留郵便によって招致される。ホームの担い手は，ホーム居住者，その代理人および信頼できる人物に，遅滞なくその警告のコピーを交付するか，書留によって送付しなければならない。

料金の減額

第27条 f

ホームの担い手のサービスに瑕疵がある場合には，その瑕疵の期間および程度にしたがって，料金が減額される。ホームの担い手がホーム居住者の不在中に3日を超えて行わなかったサービスについても，同様とする。

敷金および許されない取決め

第27条 g

(1) ホームの担い手が，ホーム居住者に敷金を要求する限り，その額は，1ヶ月の料金を超過してはならず，料金が全てまたは部分的に社会扶助の担い手によって支払われているホーム居住者の場合には，300ユーロを超過してはならない。ホームの担い手は，ホーム居住者，その代理人および信頼する人物に，遅滞なく書面によって敷金の受領を証明しなければならない。

(2) ホームの担い手は，居住者によって支払われた敷金を，居住者に対する料金

請求，損害賠償請求または不当利得返還請求を補填するために使用してはならない。ホームの担い手は，敷金を，担い手によって個別に開設された信託口座（Treuhandkonto）に支払わなければならない。敷金には，ホームの担い手の所有権は及ばない。

(3) ホームの担い手が敷金を要求する意思を有する場合には，ホームの担い手は，ホーム居住者，その代理人および信頼する人物に，この意思を書面によって理由を示して知らせなければならない。

(4) ホームの担い手が敷金を要求しない限り，ホームの担い手は，契約終了後，普通預金に適用される銀行利子を加えて，担い手によって支払われた税金および口座管理費用を控除して，ホーム居住者およびその権利承継人に敷金を支払わなければならない。

(5) ホーム居住者が，ホームの担い手または他の者に同価値の反対給付なしに何かを給付しなければならないか，または契約関係の終了後に，ホーム居住者の物が，不適切に短い期間を経てホームの担い手または他の者に帰属する旨を定めた契約規定は，拘束力を有しない。

ホーム居住者による解約，死亡

第 27 条 h

(1) ホーム居住者は，（重要な理由による即時の解約を条件として，）1ヶ月の解約期間を遵守して，その月の終わりに，いつでも契約関係を解約することができる。ホームの担い手は，居住者，その代理人および信頼できる人物に，遅滞なく書面によって解約の受領を証明しなければならない。

(2) ホーム契約は，ホーム居住者の死亡によって解消される。ホーム契約の担い手は，ホーム居住者の権利継承人に，すでに事前に支払われた料金を割合に応じて一部返還しなければならない。

ホームの担い手による解約

第 27 条 i

(1) ホームの担い手は，契約関係を重要な理由によってのみ，書面により理由を示して1ヶ月の解約期間を，しかし1号の場合においては3ヶ月の期間を遵守して，その月の終わりに解約することができる。とりわけ，重要な理由は，次に掲げる場合に存在する。

1　ホーム運営が停止するか，または本質的に制限される場合
2　ホーム居住者の健康状態が変化したので，適切かつ医学的に必要となる世話および介護が，ホームにおいてもはや実施されえない場合
3　ホーム居住者が，ホームの担い手の警告（27条e第2項）にもかかわらず，またホームの担い手によって講じられた無理のない対策措置にもかかわらず，ホーム運営を繰り返し著しく妨害し，その結果，ホームの担い手または他の居住者にとってそのホーム居住者の今後の滞在がもはや許容しえない場合，または
4　ホーム居住者が，支払期日後になされた料金の支払いに関する警告（27条e第2項）にもかかわらず，少なくとも2ヶ月間遅滞に陥っている場合

(2) 1項4号による解約に依拠する裁判上の明渡訴訟において，義務付けられる金額に争いがある場合には，裁判所は，これを口頭審理の終結前に決定によって判断しなければならない。未納金が当該決定の規範力により14日以内に支払われた場合には，1項4号に依拠する解約は，無効である。しかし，その支払いがなく，ホーム居住者に対して費用賠償義務が課される限り，そしてホーム居住者がその遅滞に帰費性を有する限りにおいて，ホーム居住者は，ホームの担い手に手続費用を弁償しなければならない。

(3) ホーム居住者がホームの担い手に対して異議を申し立てない限り，ホームの担い手は，契約関係を解約する場合には，解約と同時に，その場所に管轄を有する社会扶助および障害者援助の担い手に，この解約を知らせなければならない。他の法律上の通知義務または契約上の通知義務は，影響を受けない。

主要条文索引

《 日本法 》

民法7条　58
民法9条　3, 359
民法13条　3, 359
民法120条　359
民法709条　257
民法714条　257
民法843条　314, 342
民法858条　10, 148, 347
民法859条　3, 12, 228, 350, 359
民法863条　11, 142
民法876条の5　12, 228, 314, 350
公職選挙法11条　118, 133
老人福祉法32条の2　295

《 オーストリア法 》

1811年一般民法典21条　31
1811年一般民法典187条　28
1811年一般民法典269条　27
1811年一般民法典270条　32
1811年一般民法典273条　33
一般民法典16条　136, 154, 349
一般民法典21条　86, 246
一般民法典167条　153, 221, 238
一般民法典277条　250
一般民法典279条　93, 323, 347
一般民法典280条　15, 47, 54, 134, 139
一般民法典282条　149
一般民法典865条　60, 214
一般民法典1299条　260
一般民法典1300条　260
一般民法典旧273条　56
一般民法典旧273条a　57, 60

官職賠償責任法1条　258, 262
患者配慮処分法2条　111
患者配慮処分法6条　113
患者配慮処分法7条　113
患者配慮処分法8条　113
患者配慮処分法9条　113
協会代弁人法第4条　276
行為能力剥奪宣告令1条　40
国民議会選挙令24条　120
国民議会選挙令66条　121, 126
婚姻法2条　166
婚姻法3条　62, 142, 155
婚姻法102条　166
消費者保護法27条d　221
措置入院法2条　164
措置入院法3条　162
措置入院法4条　219
措置入院法14条　272
措置入院法33条　218
措置入院法36条　219
非訟事件法118条　80
非訟事件法130条　97, 229
ホーム滞在法4条　219
ホーム滞在法8条　273
連邦憲法26条　120

《 その他 》

障害者権利条約12条　119, 136, 139, 140, 141, 142,
障害者権利条約29条　119
ドイツ民法典1897条　323, 330, 347
ドイツ民法典1900条　334
ドイツ民法典1908条f　336
ドイツ民法典旧1910条　64

主要判例索引

最高裁 1977 年 12 月 12 日判決（1 Ob 735/77.）
....199
最高裁 1986 年 12 月 4 日判決（8 Ob 674/86.）
....156
最高裁 1987 年 10 月 21 日判決（8 Ob 652/87.）
....197
最高裁 1989 年 2 月 28 日判決（2 Ob 8/89.）
....252
最高裁 1991 年 4 月 30 日判決（5 Ob 518/91.）
....201
最高裁 1992 年 11 月 12 日判決（6 Ob 601/92.）
....162
最高裁 1992 年 5 月 22 日判決（7 Ob 555/92.）
....161
最高裁 1994 年 5 月 30 日判決（1 Ob 561/94.）
....164
最高裁 1995 年 1 月 17 日判決（4 Ob 575/94.）
....216
最高裁 1996 年 3 月 26 日判決（1 Ob 518/96.）
....169
最高裁 1997 年 11 月 11 日判決（7 Ob 355/97z）
....204
最高裁 1998 年 7 月 14 日判決（4 Ob 176/98f.）
....158
最高裁 2001 年 10 月 22 日判決（1 Ob 197/01d.）
....259
最高裁 2001 年 9 月 19 日判決（9 Ob 110/01v.）
....233
最高裁 2002 年 1 月 30 日判決（Ob 328/01p.）
....175
最高裁 2003 年 2 月 12 日判決（9 Ob 7/03z.）
....232
最高裁 2003 年 5 月 28 日判決（7 Ob 94/03d.）
....168
最高裁 2004 年 6 月 16 日判決（4 Ob 26/10t）
....263
最高裁 2005 年 5 月 10 日判決（5 Ob 94/05t.）
....171
最高裁 2006 年 3 月 9 日判決（6 Ob 286/05k.）
....235
最高裁 2006 年 3 月 21 日判決（5 Ob 54/06m.）
....181
最高裁 2006 年 11 月 21 日判決（4Ob 188/06k）
....225
最高裁 2008 年 11 月 25 日判決（Ob 211/08y）
....242
最高裁 2010 年 4 月 20 日判決（4 Ob 26/10t）
....265
クラーゲンフルト州裁判所 2005 年 12 月 1 日判決（4 R 425/05z）..................180
フェルトキルヒ州裁判所 2006 年 1 月 3 日判決（3R 321/05m）..................179
ウィーン州裁判所 2008 年 4 月 26 日判決（15R 33/07v）..................264
憲法裁判所 1987 年 10 月 7 日判決（G109187）
....121
憲法裁判所 2009 年 9 月 21 日判決（B 81/91）
....231

主要事項索引

《 あ 》

アメルング（Knut Amelung） 191
あんしんセンター 299, 312, 313
医学的適応 189
遺言能力 38, 62
遺言の作成 177
医師 32, 42, 43
　——の診断書 195
　——の同意 33, 34
意識不明の者 207
一身専属上の権利 165
一般民法典 13, 21, 23, 24
　1811年成立の—— 353
医的治療の強制的実施 212
医療同意権 357, 360
　子による—— 77
　成年後見人の—— 10, 188
　代弁人の—— 97, 193, 208, 209
　本人の—— 189, 190
援助方式 6, 137
援助者 38, 54, 55, 130, 131, 353
　一時的な—— 39, 40, 55, 65
オーストリア中央代理〔権〕目録 89, 107, 110
親子法 147
　——2001年改正 77, 187
　——からの分離（切り離し） 89, 148, 149, 238, 351
　——の準用 250

《 か 》

介護金の申請 242, 243
家族間の援助義務 94
家族による援助の強化 364
家族の援助 124, 132
家族形態の変化 82
監護 25, 26, 173
　身体障害者の—— 58
監護人の任命 66
患者代弁人 50, 273, 289
　——の推薦 272
患者配慮処分 111, 345, 361
　拘束力を有する—— 112
　顧慮すべき—— 113
　適格要件を満たした—— 114
患者配慮処分法 76, 111
官職責任（Amtshaftung） 258
官職賠償責任法 258, 269
官庁 329, 330, 335
　——の裁量 25
官庁後見 52
官庁世話人 333
監督義務 254
　親族の—— 258
　代弁人の—— 256
　代弁人の——違反 252, 253
　——者 255
キャパシティ 81, 280, 284, 358
教会 325
協会世話人 332
協会代弁人 69, 83, 279, 280, 281
　——の交代 282
　——への委託 281
協会代弁人制度 15, 48, 67, 271
　——の拡充 73
　——の設立 52
協会代弁人法 87, 274
強制収容 35, 36, 46, 76, 161, 162, 164
居所決定権 100
　代弁人の—— 210, 227, 228
居所決定能力 211, 223
居所指定権 210
居所変更
　継続的—— 211, 213, 221
　——の強制的実施 212
居住者代理人 273, 289
近親者 63, 91
近親者代理権 14, 103, 285, 345, 361
　——に対する本人の異議 107
　——の登録 106
　——の発生要件 104

主要事項索引　　*395*

　　――の範囲　　105
　　――の濫用防止措置　　106
　　――を有する者　　104
禁治産制度　　5
禁治産制度・準禁治産制度　　2
区市町村長の申立権　　292, 293
クリアリング　　16, 84, 85, 117, 274, 275, 283
憲法裁判所　　123
権利能力　　24, 136
行為能力　　95
　　――の自動的剥奪・制限　　5, 15, 18, 139, 140, 358
　　――の制限　　4, 6, 60, 134, 139, 143, 144, 285, 346, 356, 362
　　――の剥奪　　25, 26, 36, 37, 42, 44, 47, 54, 64, 79, 354
　　――の剥奪・制限　　17, 47, 54, 55, 65, 66, 355
行為能力剥奪宣告　　36, 41, 46
行為能力剥奪宣告令　　34, 36, 37, 44, 54, 353
　　――との差異　　56
　　――の改正　　45
　　――の利用の減少　　78
後見　　26
　　顔の見えない――　　47
　　組織化された個々の――　　326, 327, 344
後見協会　　325, 338
後見人　　27, 28, 30, 32, 38, 54, 55, 353
後見類型　　4, 359
　　――の改正　　8, 362
公証人　　40, 91, 107, 108, 112, 267
公証人会
　　オーストリア――　　114
公的機関　　13
公の責任　　249
国際的潮流　　8, 119, 366
国家機関　　269
　　――としての地位　　259
国家賠償責任　　11
婚姻　　155
　　――に対する代弁人の同意　　166
　　――の取消し　　167, 168, 178
婚姻能力　　38, 62, 166
コンタクト　　97, 150, 316
困難ケース　　160, 284, 333, 344

《　さ　》

財産管理　　239
裁判官　　26, 42, 75, 80, 250
裁判所からの援助要請　　51
裁判所の監督　　18, 357
裁判所の許可　　57, 240, 241, 248, 350
　　医的治療に対する――　　99, 196, 209
　　居所決定に対する――　　100, 213, 221, 227, 244
　　財産に関する事務への――　　239
　　身上監護の事務に関する――　　153, 351
　　成年後見人の代理行為に関する――　　11, 12
　　通常の経済活動に属さない事務に対する――　　237, 242
裁判所の同意　　196
裁判所の負担　　80, 116
　　――の軽減　　274
3類型　　56, 78
自己決定　　87, 345, 364
事実行為　　10, 145, 146, 147, 151, 179, 183, 187, 348
施設との依存関係　　93, 102, 347
支部協会　　341
司法省　　49, 86, 283
司法書士会　　303
市民後見推進事業　　295
市民後見人　　295, 296
事務　　56, 58, 150, 186
　　家族法に関する――　　155, 165, 178
　　個々の――　　93
　　財産に関する――　　151, 248
　　身上監護に関する――　　151
　　身上監護に分類される――　　152
　　身上に関する重大な――　　153, 235, 238, 248
　　全ての――　　75, 84, 90, 363
　　通常の経済活動に属さない――　　242
　　通常の経済活動を超える――　　351
　　通常の財産管理を超える――　　235
社会貢献型後見人　　297
社会の法化　　367
社会福祉協議会　　307, 308, 319, 320
社会福祉士　　306

住居所有権法　215
自由裁量能力　138
自由制限　76, 217, 219, 244
　　——措置　218
受任　88, 92, 330, 348
受任義務　348
　　世話人職の——　335
　　代弁人職の——　94
　　弁護士と公証人の——　94, 348
障害監護制度　42, 65, 66
障害者権利条約　6, 7, 15, 134, 355
情報収集義務　265
　　代弁人の——　266
情報提供義務
　　代弁人の——　96, 347
職業教育　339
職業世話人　332
職権　39, 57, 235, 247
人格権　154, 349
　　——の保護　151, 154, 234, 350, 357
人権意識の変化　355
身上監護　10, 18, 63, 73, 145, 146, 147, 148, 150, 165, 182, 183, 184, 185, 186, 187, 348, 350
　　見守り的——　156
　　——概念　187
　　——規定の充実　117
　　——に関する事務　349
　　——の指示　230
　　——の任務からの免除　158
申請義務
　　代弁人の——　266
親族　313
　　——への助言および援助　278
親族後見　352
親族代弁人　40
身体拘束　193
心的病気（psychische Krankheit）　54, 78
信頼する者　223
スイス　23, 363
スイス民法典　24
生活環境の維持　214
生活支援員　311
制限行為能力者制度　4
精神的障害（geistige Behinderung）　54, 78

精神薄弱（Geistesschwäche）　33, 37, 54, 78
精神病（Geisteskrankheit）　33, 37, 54, 78
成年後見監督人　312, 320
成年後見制度　291, 309
成年後見制度利用支援事業　294
成年後見センター・ぱあとなあ　305
成年後見センター・リーガルサポート　304, 320, 321
成年後見人　12, 19, 271, 350, 351, 358, 360
成年後見の社会化　291, 299
成年者保護制度　117
成年者保護制度の多様化　361, 362, 365
成年者保護法　363
責任能力　62
世話　328, 329, 338
世話官庁　337
世話協会　20, 325, 338, 342, 343, 351, 352, 361
　　——の認可要件　336, 340, 341, 344
世話裁判所　330
世話制度（Betreuung）　323
世話による報酬　335
世話人（Betreuer）　17, 323, 330
　　——間の交流　339, 340
　　——の確保　336
　　——の任命件数　324
世話法　85
専業代弁人　48, 68, 272
　　——の活動　71
　　——の職業教育　68
選挙管理委員　129, 130
　　移動する——会　128, 130
選挙権　9, 38, 119, 129, 132
　　——の制限　18, 63
選挙能力　119
専門員　311
専門用語の変遷　353
措置から契約へ　291
措置入院法　76, 162, 164, 217, 218
　　——における施設　162

《た》

第三者後見　300, 301, 352
第三者後見人　323
第三者の信頼　109
第三者の利益　59

主要事項索引　　*397*

代弁人（Sachwalter）　1, 17, 27, 54, 55, 354
　暫定的――　55, 71, 74, 75
　私的――　30
　――の2重の役割　261
　――の解任　231
　――の交代　230
　――の責任　19, 269
　――の損害賠償義務　263
　――の任命　29, 58, 66, 80
　――の任命要件　90
　――への処分委託証書　88, 92, 347
代弁人協会　16, 20, 49, 67, 79, 83, 267, 279, 289, 351, 352, 361
　――の認可要件　338
　――の任務　272
　――の任務の拡張　86
代弁人職　247
代弁人制度（Sachwalterschaft）　29, 78
　――の終了または変更　64
　――の利用要件　346
　――利用件数の増加　72, 80, 81, 82, 83
　――利用提案者への助言　275, 276
代弁人法　1, 17, 54
　――2006年改正　14, 87
代理監督者　257
代理権の自動的付与　3, 357, 362
代理権の付与　356, 359
多摩南部成年後見センター　299, 300
地域福祉権利擁護事業　309, 310
注意義務　251, 264, 266, 267, 268
聴取　39, 276
治療　189
　重大な――　194
　通常の――　98
　特別な――　99
　――の拒否　111, 193
ツァイラー（Franz von Zeiller）　22, 23, 30
テレジア法典　22
同意権の自動的付与　3, 362
同意留保（ドイツ世話法）　8, 15
特別代理人　55, 89
都道府県市民後見人育成事業　295, 296
取消権の自動的付与　3, 357, 362
取消権の付与　7, 359
取引の安全　108

努力義務　148, 149, 150, 182, 186, 187

《 な 》

日常生活自立支援事業　309
日常生活に関する法律行為　38, 61
2類型　42, 56
任意後見制度　359
認知　155, 173

《 は 》

発言権　57, 96, 347
平等原則　132, 201
平等命令　123, 125
費用補償　288, 335
不確定的無効　6, 61, 235
弁護士　40, 91, 107, 112, 264, 265, 267
弁護士会　301, 302, 303
　オーストリア――　115
法益の増加または拡張　246
報告義務　233, 234, 248, 350
　成年後見人の――　11, 350
法社会学・犯罪社会学研究所　81, 84, 86, 279
法人　102, 314, 315, 318
　――による世話　333, 334
　――の種類　317
法人後見　319, 321, 323
　――人　314
　――人の候補者　318
　――のデメリット　315
　――のメリット　315, 316
法定代理　5, 137, 143
　――の放棄　138
　――権の付与　6, 7
　――人　3
法的保護の多様化　346
法典編纂　21, 22
訪問サービス　286
ホーム契約　223, 245
　――の締結　220, 224, 225, 226
　――法　220
ホーム滞在法　76, 219
保険締結義務　339
保護者制度　218
補佐制度　365, 366
保佐類型　359

——の改正　8, 362
補充性の原則　7, 59, 87, 116, 345, 363
補助類型　8
ボランティア　328, 339
ボランティア世話人　327, 332
ボランティア代弁人　48, 69, 272, 283, 285
　　——の活動　70
　　——の教育　70
本人意思の尊重　358
本人の希望尊重義務　88, 347
本人の福祉　57, 95, 96, 245, 246, 247, 347

《 ま 》

マルティーニ草案　22
モデル・プロジェクト　48, 49, 50, 51, 53, 67
　クリアリングに関する——　276, 277

《 や 》

郵便投票　127, 129, 131

養子縁組　175
ヨーゼフ法典　22, 26
ヨーロッパ人権条約　45
横浜市後見的支援を要する障害者支援条例
　　298

《 ら 》

利益相反　93, 102, 318, 341
離婚訴訟　171, 172, 178
離婚の合意　168, 169
リヒテンシュタイン　23
ルートビヒ・ボルツマン研究所　49
浪費者　25, 34, 40, 58, 65, 78
老齢配慮委託　364
老齢配慮代理権　14, 100, 103, 345, 361
　簡単な事務についての——　101
　特別な事務についての——　101

著者紹介
青木 仁美（あおき ひとみ）
2003年　早稲田大学法学部卒業
2006年　早稲田大学大学院修士課程修了
2007年から2009年　オーストリア政府奨学金給付生としてインスブルック大学に留学
2011年　早稲田大学法学部助手
2013年　早稲田大学大学院博士課程修了
　　　　博士（法学・早稲田大学）
2014年　早稲田大学高等研究所助教

主要論文
Hitomi Aoki "Die Auswahl des Vormundes für Volljährige in Japan" BtPrax (2011)
「オーストリアにおける被代弁人の選挙権」田山輝明（編著）『成年後見制度と障害者権利条約』（三省堂, 2012年）
「スイス成年後見法における法定代理権の変遷」五十嵐敬喜＝近江幸治＝棚澤能生（編）『民事法学の歴史と未来－田山輝明先生古稀記念論文集－』（成文堂, 2014年）
「オーストリア成年後見法における本人死亡と成年後見人の権限」田山輝明（編著）『成年後見－現状の課題と展望－』（日本加除出版株式会社, 2014年）

オーストリアの成年後見法制

2015年3月10日　初版第1刷発行

著　者　青　木　仁　美

発行者　阿　部　耕　一

〒162-0041　東京都新宿区早稲田鶴巻町514番地

発行者　株式会社　成　文　堂

電話 03(3203)9201　Fax 03(3203)9206
http://www.seibundoh.co.jp

製版・印刷　藤原印刷　　　　　製本　弘伸製本
©2015 H.Aoki　　　　　Printed in Japan
☆乱丁・落丁本はおとりかえいたします☆
ISBN978-4-7923-2665-4　C3032　　検印省略

定価（本体7600円＋税）